Jo-Jo

Fibel

Handreichungen für den Unterricht

Erarbeitet von

Nicole Namour
Henriette Naumann-Harms

Unter Mitarbeit von

Christiane Pfläging-Meyer
Kerstin Rahm
Beate Weiß

Fachliche Beratung
zur Silbenstrategie,
zum Verlängern, zum Ableiten
und zu Merkwörtern

Günter J. Renk

Cornelsen

Inhaltsverzeichnis

Sie interessieren sich für die didaktisch-methodischen Grundlagen des Jo-Jo Leselehrgangs und für die FRESCH-Methode.

Inhaltsverzeichnis

Inhaltsverzeichnis

Der Jo-Jo-Verbund

Die Jo-Jo Fibel ist Teil der Verbundlehrwerkreihe Jo-Jo, gemeinsam mit dem Jo-Jo Lesebuch 2 und dem Jo-Jo Sprachbuch 2.
Der Verbund wird von Jahrgang 1 bis 4 durchgängig durch gemeinsame Sachthemen getragen, die eng an der Lebenswirklichkeit der Kinder orientiert sind.
Als weiteren Schwerpunkt sind die Jo-Jo Fibel und das Jo-Jo Lesebuch durch eine Fülle von Bezügen zur Kinderliteratur gekennzeichnet.

Neben allen Verbindungen bewahrt jeder Bestandteil des Verbundes seine fachspezifischen Besonderheiten und ist selbstverständlich einzeln nutzbar.

Darüber hinaus ist die Jo-Jo Fibel aber auch zusätzlich für den jahrgangsgemischten bzw. jahrgangsübergreifenden Unterricht konzipiert.

Die Jo-Jo Fibel folgt dabei der Kapitelstruktur von Jo-Jo Lesebuch 2 und Jo-Jo Sprachbuch 2. Einheitliche Kapitelvignetten sowie ein auf die Themen im Verbund abgestimmtes Farbleitsystem helfen bei der Orientierung innerhalb der Bücher.

Analog zum Jo-Jo Lesebuch 2 beginnt jedes neue Kapitel mit einer Kapiteleinstiegsseite, auf der ein Kinderbuch vorgestellt wird. In der Fibel geschieht dies jeweils auf einem reduzierten Niveau oder mit einem anderen Schwerpunkt, sodass die Kapiteleinstiegsseiten für beide Jahrgänge parallel eingesetzt werden können.

Innerhalb der thematischen Kapitel werden in Fibel, Lesebuch 2 und Sprachbuch 2 sowohl identische Unterthemen als auch einander ergänzende Inhalte behandelt, die wahlweise genutzt werden können.

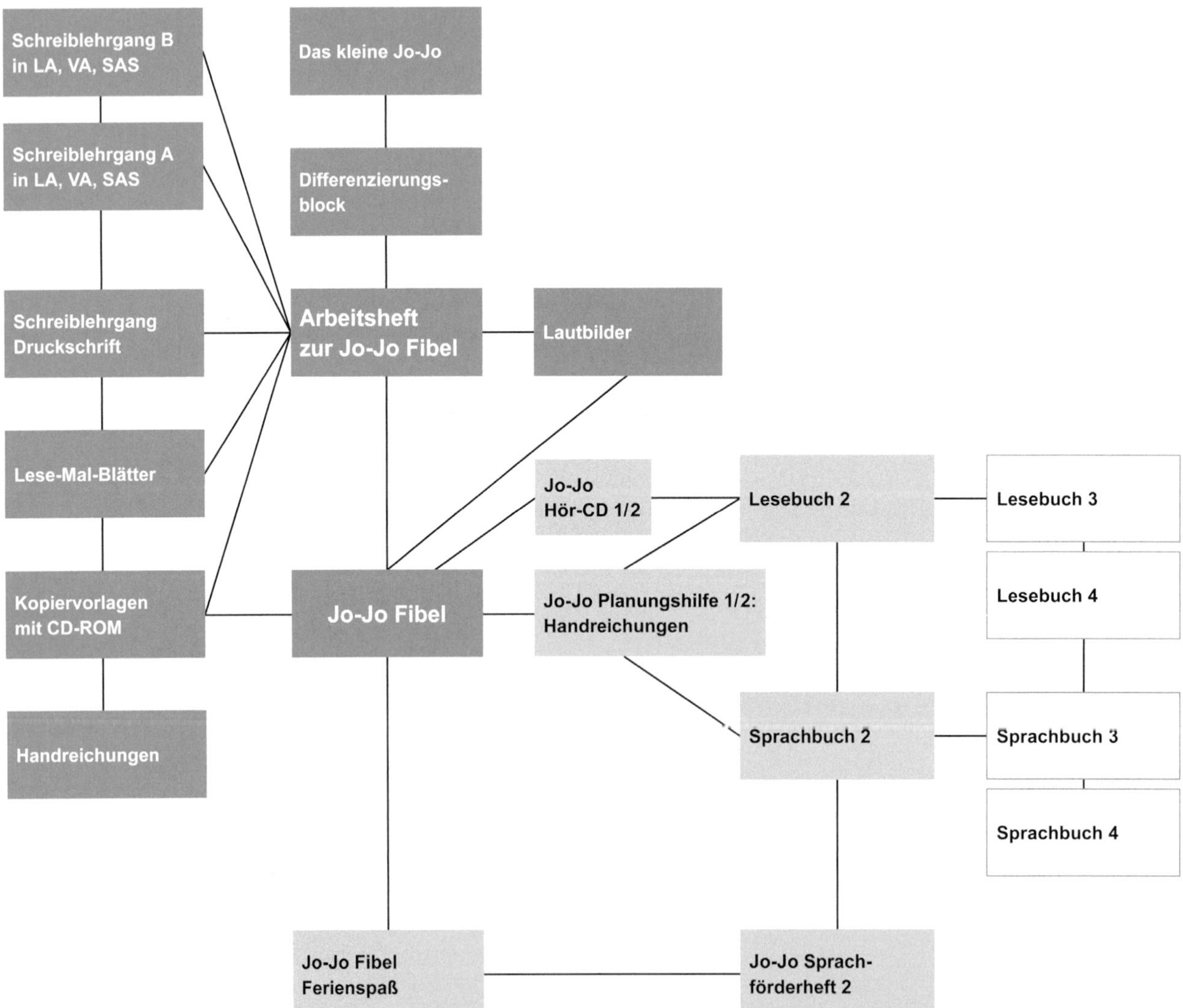

1 Zur Konzeption des Jo-Jo Leselehrgangs

Der Unterricht im ersten Schuljahr stellt an ein Lehrwerk zum Erstlesen Anforderungen auf verschiedenen Ebenen:

- Einführen und Einüben der Kulturtechniken Lesen und Schreiben
- Entwicklung und Förderung bereits bestehender Kompetenzen im Lesen und Schreiben durch Differenzierung
- Identifikationsbasis für die Schulanfänger durch emotionale Zuwendung zu den Fibelfiguren und deren Lebenswelt
- Motivation, sich auf die Schulsituation und das Lernen einzulassen
- optionale Einsatzmöglichkeit im jahrgangsübergreifenden Unterricht

Diesen Anforderungen trägt die Jo-Jo Fibel mit ihren Begleitmaterialien auf vielfältige Weise Rechnung:

- Der Jo-Jo Leselehrgang ist ein **analytisch-synthetischer Leselehrgang mit durchgängiger Integration der Silbenarbeit** und bietet so eine sichere Grundlage für das Erlernen des Lesens und Schreibens. Der Kommunikationsaspekt des Schreibens wird darüber hinaus durch die konsequente Einbeziehung des freien Schreibens berücksichtigt.

- Die **intensive Einführung** in die Struktur unserer Buchstabenschrift sowie die **behutsame Progression**, insbesondere während der ersten Phase des Lehrgangs, führen zu schnellen Erfolgserlebissen und erhalten so die Motivation der Kinder, sich den Aufgaben des Lesenlernens zu stellen.

- **Wiederkehrende Aufgabentypen** im Arbeitsheft **unterstützen das selbstständige Lernen der Kinder**. Nach Abschluss der ersten Phase des Lehrgangs (inkl. Einheit W/w) kann sowohl arbeitsgleich als auch stark differenzierend bis weit gehend offen damit gearbeitet werden.

- **Vielfältige Differenzierungsmöglichkeiten**, die sowohl in die Fibel als auch in das Arbeitsheft integriert sind, unterstützen das individuelle Voranschreiten im Lehrgang. Zusätzliche Arbeitsmaterialien, wie z. B. „Das kleine Jo-Jo", der Differenzierungsblock, die Lese-Mal-Blätter sowie die Kopiervorlagen (z. T. editierbar), ermöglichen eine noch stärker **individualisierte Förderung** einzelner **Kinder. Editierbare Beobachtungsbögen** erleichtern dabei die Umsetzung im Schulalltag.

- Die Fibel bietet den Schulanfängern über die „Fibelkinder" Tina und Tino eine direkte Identifikationsmöglichkeit. Dies wird unterstützt durch die **kindgemäße Darstellung verschiedener Lebenswirklichkeiten**, die sich an den Erfahrungsbereichen der Kinder orientiert und vielfältige Anlässe zum Gespräch, zum Erfahrungsaustausch und vor allem auch zum handlungsorientierten Umgang mit den Texten bietet.

- Die **für Jungen und Mädchen gleichermaßen interessante Themenauswahl**, die vielen besonders humorvollen Beiträge, die anregenden Illustrationen und Fotos sowie **zahlreiche Bezüge zur Kinderliteratur** erhalten ebenfalls die Motivation und fordern das literarische Interesse der Kinder.

- Beim **Einsatz der Fibel im jahrgangsübergreifenden Unterricht** im Jo-Jo Verbund mit dem Jo-Jo Lesebuch 2 und dem Jo-Jo Sprachbuch 2 ergeben sich, durch die analoge Kapitelstruktur dieser Materialien, zahlreiche weitere Differenzierungsmöglichkeiten.

2 Die Materialien des Jo-Jo Leselehrgangs

2.1 Die Jo-Jo Fibel

Themenauswahl und Kapitelstruktur
Die Jo-Jo Fibel ist eine in 14 Kapitel unterteilte themenorientierte Fibel, die **sowohl jahrgangsorientiert als auch jahrgangsgemischt** (s. Hinweise unter 2.11) im Verbund mit dem Jo-Jo Lesebuch 2 und Jo-Jo Sprachbuch 2 eingesetzt werden kann, da allen Materialien dieselbe Kapitelstruktur zu Grunde liegt.

Die **Fibelfiguren Tina und Tino** begleiten die Leseanfänger durch die Fibel. Innerhalb der Fibeltexte steht die zeitgemäße und **altersgerechte Lebenswelt der Kinder** im Vordergrund. Alltagssituationen aus allen Lebensbereichen werden präsentiert:

in der Schule, beim Ausflug, im Tierpark,
in der Familie, auf dem Schulweg, unsere Sinne,
Freundschaft, Gefühle, Pflanzen und Tiere,
Kennenlernen anderer Kulturen,
Nutzung moderner Medien ...

Menschen nicht deutscher Herkunft und **unterschiedliche Familienstrukturen** sind dabei selbstverständlich und gleichberechtigt in die Lebenswelt von Tina und Tino integriert.

Verschiedenste Textsorten sorgen für Abwechslung, Spannung und Spaß, wobei darauf geachtet wurde, **für Jungen und Mädchen gleichermaßen interessante Themen** zu berücksichtigen.
Die Texte und Bilder sind durchgängig handlungsorientiert angelegt: Sie regen zum Suchen, zum wiederholten Lesen, zum Lachen, Staunen, Forschen, Nachdenken oder zum Weiterspinnen und zum freien Schreiben an. Die Fibelseiten motivieren so ganz unmittelbar zum Austausch und zum gemeinsamen Unterrichtsgespräch über die Inhalte.

Seitengestaltung
Die **Illustrationen** sind **zeitgemäß** und klar. Sie wiederholen nicht ausschließlich die Inhalte eines Textes, sondern eröffnen eine ergänzende, zur Entdeckung reizende weitere Ebene, oft auch mit Schriftbeispielen aus der Umwelt, die zusätzlich (ggf. mit Hilfe der Lauttabelle) entziffert werden können. Neben den Illustrationen enthält die Jo-Jo Fibel auch zahlreiche spannende Fotos und einige Kunstwerke, die zur Bildbetrachtung und zum Erzählen einladen.

Die Fibeltexte sind zu Beginn in **besonders großer Schrift**, in **kurzen, überschaubaren Zeilen** und **mit großen Zeilenabständen** abgedruckt. Erst nach und nach werden Schriftgröße und Zeilenabstände behutsam reduziert, die Textmengen erweitert.

Zusätzlich enthalten die meisten Textanteile **abwechselnd schwarz-grün gefärbte Sprechsilben**, die das optische Erfassen größerer Wortanteile wesentlich unterstützen und das Erlesen der Wörter beschleunigen.

Alle Texte sind im Flattersatz gedruckt und in klare Abschnitte unterteilt.

Identifikations- und Motivationsfaktoren
Für die **Kindernamen** wurden ganz bewusst **keine Kunstnamen** gewählt, um die Identifikationsmöglichkeit mit den Fibelkindern zu fördern.
Dadurch, dass alle Texte und Themen in der **realistischen Welt der Fibelkinder** und ihrer Umwelt angesiedelt sind, können die Leseanfänger sich dauerhaft auf diese Welt einlassen, ähnlich wie bei einem Kinderbuch. Auf diese Weise, und besonders auch durch die vielen humorvollen Anteile, wird die **emotionale Zuwendung der Kinder zu den Inhalten der Fibel** ganz wesentlich gefördert.
Diese Inhalte knüpfen einerseits unmittelbar an der Lebenserfahrung der Schulanfänger an, andererseits bieten sie auch viele erweiternde Aspekte, die neugierig machen und zum Weiterlesen anregen.

Zu den Kapiteleinstiegsseiten ist ein kleines **Such- bzw. Ratespiel** eingebaut, das auf Fibelseite 5 erläutert wird: Der Pfeil über der Seitenzahl auf jeder Einstiegsseite verweist dabei auf die Fibelseite 97, auf welcher alle auf den Einstiegsseiten **vorgestellten Kinderbücher** mit ihren Covern präsentiert sind. Die Kinder können dort den jeweils zur Einstiegsseite passenden Buchtitel heraussuchen.

Als weiterer Motivationsfaktor ist bis einschließlich Seite 69 auf jeder Doppelseite zur Buchstabeneinführung außerdem ein Jo-Jo versteckt, das die Kinder suchen können.

2.1.1 Aufbau der Fibel

Die Fibel enthält zwei Beileger:

- eine farbige Lauttabelle
  (Hinweise dazu, s. Abschnitt 2.2)
- ein farbiges Lernentwicklungs- bzw. Lernstandsheft
  (Hinweise dazu, s. Kapitel 7)

Die erste Doppelseite 2/3 präsentiert zunächst noch einmal gesondert die Vorderseite der Lauttabelle und eine exemplarische Basisübung dazu, mit allen Vokalen und den ersten fünf Konsonanten des Lehrgangs.
Wann und wie intensiv diese Doppelseite eingesetzt wird, sollte den speziellen Voraussetzungen jeder Klasse angepasst werden (Hinweise dazu: s. Abschnitt 2.2.2).

Danach ist die Fibel ist in drei Hauptbereiche untergliedert:

1. Kapitel zur Buchstabeneinführung
2. Textteil (Textsammlung parallel zur Kapitelfolge)
3. Textwerkstatt (Aufgaben zu den Texten des Textteils, Schreibanregungen ...)

Zu jedem Kapitel des Buchstabenlehrgangs enthält der Textteil (Seiten 100 bis 129) eine Doppelseite (zu Kapitel 1 zwei Doppelseiten) mit Leseangeboten, insbesondere für fortgeschrittene Kinder. Diese Seiten können aber auch gemeinsam im Klassenverband auf unterschiedlichen Niveaustufen bearbeitet werden. Auf jeder Doppelseite gibt es beispielsweise Texte mit und ohne Silbenfärbung zur Auswahl.

Die Jahreszeitenkapitel sind in den Lehrgang integriert, jedoch ohne Thematisierung der entsprechenden Feiertage, sodass das individuelle Lerntempo jeder Klasse nicht danach ausgerichtet werden muss. Zu den jahreszeitlichen Festen finden sich, unabhängig von der Buchstabenprogression, jeweils Angebote im Textteil.

2.1.2 Kapitel zur Buchstabeneinführung

Aufbau

Jedes Themenkapitel beginnt mit einer **Kapiteleinstiegsseite**, auf der ein Kinderbuch vorgestellt wird. Inhaltlich und gestalterisch orientieren sich diese Seiten an den jeweiligen Kapiteleinstiegsseiten des Jo-Jo Lesebuchs 2 und bieten damit z. B. eine Verbindungsmöglichkeit für den jahrgangsgemischten Unterricht.
Sicherlich wird es den Kindern Freude bereiten, aus dem ein oder anderen Buch etwas vorgelesen zu bekommen.

Jede Einstiegsseite ist aber auch jahrgangsorientiert und unabhängig von dem jeweils vorgestellten Buch zu bearbeiten, weil sie eine in sich geschlossene Einheit bildet.
Die Kapiteleinstiegsseite dient vornehmlich zur Einstimmung auf das folgende Kapitelthema, es wird jedoch noch kein neuer Buchstabe eingeführt.

Ein großer Anreiz für die Kinder, sich selbst mit Büchern zu beschäftigen, kann dadurch gegeben werden, dass einige oder alle Bücher zu den Kapiteleinstiegsseiten in der Klassenbibliothek zum Schmökern zur Verfügung gestellt werden. Alle Buchtitel zu den Kapiteleinstiegsseiten sind außerdem auf Fibelseite 97 noch einmal zusammen abgedruckt und können von den Kindern dort gesucht werden.
Die Quellenangaben befinden sich in diesem Handbuch bei den Buchverweisen zu jedem Kapitel sowie auf der letzten Fibelseite. Unter Umständen sind einzelne Bücher nicht mehr lieferbar. Aber selbstverständlich können die Bücher auch gezielt zum Kapiteleinstieg in Bibliotheken entliehen werden.

Nach jeder Einstiegsseite folgen die jeweiligen **Inhaltsseiten mit der Buchstabeneinführung**. Der neu eingeführte Buchstabe wird dabei stets deutlich sichtbar am Seitenkopf auf einem „Zettel" präsentiert. Auf dem Fußbalken unten befinden sich ergänzende Übungen oder Anregungen zu den Texten, wie z. B. Leseübungen (Analyse-Synthese, Silben, Reime), Anregungen zur Textrezeption, zum Forschen und zum freien Schreiben.

Die **Kapitelabschlussseite** kann für einzelne Kinder zur Differenzierung oder aber auch zum Vorlesen und (mündlichen) Bearbeiten für alle eingesetzt werden. Hier werden die zuletzt erlernten Buchstaben vertieft, stets eingebunden in konkrete handlungsorientierte Anregungen (Schreibanlässe, Rätsel, Spiele, Bastelanleitungen ...).

Wie intensiv die Einstiegs- bzw. Abschlussseiten genutzt werden, kann der jeweiligen Klassensituation angepasst werden, da deren Bearbeitung für den Buchstabenlehrgang nicht zwingend erforderlich ist. Beide Seiten sind also optional zu nutzen und können ggf. auch von der Buchstabeneinführung abgekoppelt werden.

Buchstabenprogression

Die Buchstaben werden sukzessive aufeinander aufbauend eingeführt. Dabei wurde auf eine **behutsame Progression** geachtet: Nach der Einführung der Kindernamen wird in der Regel **nur ein neuer Buchstabe pro Fibeltext** eingeführt *(Ausnahmen: Sp/sp und St/st auf den Seiten 74/75; Äu/äu und C/c auf den Seiten 94/95; Qu/qu und X/x auf den Seiten 98/99).*

Eine – scheinbare – Ausnahme bilden die Seiten 6 bis 13 des ersten Kapitels:

Im Jo-Jo Leselehrgang werden alle neuen Buchstaben stets im Zusammenhang mit vollständigen Analyse-Synthese-Prozessen erlernt, d. h., sie werden nicht isoliert eingeführt, sondern immer im Sinnzusammenhang eines Wortes und dessen Schriftbildes (s. a. Erläuterungen zur Methodik unter 3.8).
Deshalb widmen sich Seiten 6 bis 9, einem kleinen Vorkurs vergleichbar, zunächst ausschließlich der intensiven Analyse und Synthese der beiden Fibelnamen Tina und Tino.
Bei diesen Kindernamen handelt es sich um ein so genanntes **Minimalpaar**, d. h. die Namen unterscheiden sich nur in einem Laut bzw. Buchstaben. Die gründliche Erarbeitung dieser Namen, deren Buchstaben und Laute, dient damit zur Gewinnung grundlegender Analyse-Synthese-Erfahrungen.
Die Namen eignen sich darüber hinaus besonders gut zur Einführung in die Silbenarbeit, da sie jeweils aus zwei lautlich eindeutigen, einfachen offenen Silben bestehen.

Auf den Seiten 10 bis 13 werden diese den Kindern dann bereits bekannten Buchstaben (10/11: A/a – I/i und 12/13: N/n – O/o – T/t) noch einmal wiederholt und innerhalb neuer Wörter vertiefend geübt. Es handelt sich hierbei also nicht um eine Neueinführung.

Im weiteren Verlauf des Buchstabenlehrgangs werden bei jedem Text zu einem neuen Buchstaben die zuvor eingeführten Buchstaben stets innerhalb bereits bekannter und neuer Wörter weiter geübt und somit systematisch in neuen lautlichen Zusammenhängen gefestigt und vertieft.

Weiterführende Anregungen
Vielfältige Anregungen zum vertiefenden oder erweiternden Umgang mit den Fibelseiten sind entweder direkt innerhalb der Texte und Bilder angelegt, oder sie werden in gesonderten Anregungen auf dem Fußbalken der jeweiligen Seite präsentiert.

Zunächst geht es innerhalb der Illustrationen meist um das Finden von abgebildeten Begriffen mit dem neuen Laut. Auf dem Fußbalken werden in der Regel Leseübungen zum Wortaufbau und/oder mit Silben sowie Reime angeboten. Einige Beispiele dazu seien hier exemplarisch aufgeführt:
Seite 10:
Finden von Begriffen mit einem A/a-Laut
(Ast – Apfel – Ameise – Affe – Ananas – Hase ...)
Seite 11:
Lösen der Aufgaben auf der abgebildeten Tafel (Ermitteln der Silbenanzahl der Begriffe zu den Kinderzeichnungen; Entdecken der „falschen“ Abbildung der Flasche, die keinen i-Laut enthält)
Seite 12:
Suchen der Gegenstände vom Fußbalken innerhalb der Illustration

Im weiteren Verlauf kommen dann komplexere Anregungen hinzu, z. B.:
Seite 38/39:
Zuordnung der Texte zu den Bildern in der richtigen Reihenfolge
Seite 40/41:
Ergänzung der möglichen Aussagen von Tina am Telefon
Seite 63:
Entschlüsseln der Geheimschrift

Alle Anregungen werden in den unterrichtspraktischen Vorschlägen (Kapitel 5.3–5.5) jeweils erläutert.

Das **sinnerfassende Lesen** wird so stets gefordert und gefördert, das wiederholte Lesen der Texte und das freie Schreiben werden angeregt. Die Bearbeitung vieler dieser Aufgaben dient darüber hinaus zur ersten Anbahnung der Entwicklung von Lesestrategien.

2.1.3 Textteil und Textwerkstatt

Im Textteil der Fibel ab Seite 100 werden alle 14 Themenbereiche durch kapitelbezogene Texte erweitert. Zu jedem Kapitel enthält er, unabhängig von der Buchstabenprogression, eine Doppelseite (zum ersten Kapitel zwei Doppelseiten) mit anspruchsvolleren und/oder umfangreicheren Texten. Dabei wurden unterschiedlichste Textsorten aufgenommen und verschiedene Schwierigkeitsgrade und Schrifttypen berücksichtigt:

Textauszüge aus der Kinderliteratur, Sprachspiele, Gedichte, Sachtexte, Bastelanleitungen, Rollenspiele, Witze, weitere Texte mit Tina und Tino ...

Hinweise zum Einsatz des Textteils
Diese Texte können parallel zum Buchstabenlehrgang, insbesondere für fortgeschrittene Kinder zur Differenzierung, oder auch zum Vorlesen und zur mündlichen Bearbeitung im Klassenverband eingesetzt werden.
Sie eignen sich aber ebenso zum weiterführenden Lesen gegen Ende des Buchstabenlehrgangs.
Der Einsatz des Textteils ist grundsätzlich optional und kann der speziellen Klassensituation angepasst werden.

Die **Textwerkstatt im Anhang** enthält Aufgaben und Anregungen zu ausgewählten Texten des Textteils, u. a. finden dort folgende Aspekte Berücksichtigung:

Arbeitsanregungen lesen, verstehen und umsetzen – Vortrag üben – Informationen zu Sachthemen finden – Texte schreiben – Texte gestalten – kleine Texte nach vorgegebenem Muster schreiben – Tabellen schreiben – einen Geschichtenschluss erfinden – Wörter in fremden Sprachen erforschen – einem Text Informationen entnehmen – Fragen zu einem Text beantworten – mit Instrumenten Gefühle darstellen – eine kurze Spielanleitung strukturieren und vortragen – ein Rollenspiel planen und durchführen – Komposita bauen, aufschreiben und dazu malen

Die Bearbeitung dieser Aufgaben fördert weiter die **Entwicklung von Lesestrategien** und vermittelt unterschiedlichste Verfahrensweisen zur Textrezeption.

2.1.4 Übersicht: Kapitelthemen und Unterthemen

Kapitel	Buchstabenteil	Textteil
Ich – Du – Wir	Sprachbegegnung (Fremdsprachen) – Wortspielereien – Kindernamen – Anlautbilder – Groß- und Kleinbuchstaben – in der Klasse – gemeinsames Picknick – sich gern haben – miteinander teilen	Zungenbrecher – Abzählvers – konkrete Poesie – Wörterrätsel – Sprachbegegnung (Fremdsprachen) – Gedichte zum Thema „Miteinander leben“ – Kinderbuchauszug zum Thema „Freundschaft“
Herbst	Samenkörner – Spielen und Basteln im Herbst – Drachen steigen lassen	Herbstgedichte – Sankt-Martinslied
Natur entdecken: Tiere	Die Sprache der Tiere – im Tierpark – Haustiere – Tierpflege	Tierwitze – Tier-Rondo – Tierlexikon
Räuber, Ritter und Rabauken	Vorstellung literarischer Figuren – Märchen – Fragen zu Bildern und Geschichten – Ideen zu Bildern artikulieren	Ein Rätsel für Rabauken – Wortspielerei – Kinderbuchauszug
Winter	im Winter auf der Straße – Freizeit zu Hause – krank sein – Basteln eines Winterheftes	Vier Lichter / Die Heilige Nacht (Gedicht/Gemälde) – Lichter basteln – Weihnachten – Zuckerfest – Lichterfest
Zeiten und Räume	Jahreszeiten – Umgang mit Zeit – Tag und Nacht auf dem Erdball	Lebenszeiten – Zeitgefühl – Zeitwörter – Tageslauf
Das bin ich	Stimmungen – Gefühle – persönliche Vorlieben – Ernährung – Wortspielereien zum Thema	Gedichte zum Thema – Tinos Steckbrief
www.freizeit	Lieblingsbücher – Fantasiereisen – Freizeit nach der Schule – miteinander spielen – Bildbetrachtung (Gemälde) – Freizeigedichte und -reime – Akrostichon schreiben	Freizeitbeschäftigungen – Spiele aus anderen Ländern
Frühling	Frühlingsboten – Frühblüher/Blumensteckbrief – draußen im Park – April-Lied – Amselnest basteln	Frühlingsgedicht – Ostereier-Leporello – Gedicht zum Muttertag
Für Spürnasen	einen Kriminalfall lösen – ein Rätsel lösen – Picknick der Tiere (ein Missverständnis klären) – Tiere enttarnen	IM KINO: Emil und die Detektive – Detektivin Segugio löst ihren ersten Fall (Rollenspiel)
Natur entdecken: Pflanzen	Pflanzen-Vermehrung – Wildblumen pflanzen – Pflanzennamen – Pflanzenrätsel (Gedicht) – Wildblumen-Karten herstellen	Gartenlandschaft (Gemälde) – Pflanzenwörter bauen – Wälder und Wiesen (Umweltschutz)
Wie wir leben	Wenn ich du wäre ... – Geschwisterstreit (Rollenspiel) – Aufgaben im Haushalt – Familienstrukturen – Generationen	Familien aus anderen Ländern – sich streiten und vertragen (Kinderbuchauszug)

Kapitel	Buchstabenteil	Textteil
Sommer	Angst vorm Schwimmen (Kinderbuchauszug) – Geräusche imitieren – Fremdwörter – Medien – Feriengrüße per Postkarte und E-Mail	Urlaubstagebuch schreiben – Die Flaschenpost (Kinderbuchauszug)
Ich liebe Bücher	aktuelle Kinderbücher – Besuch in der Bücherei – Medien – Fremdwörter	Kinderbuchauszug: Pippi Langstrumpf

2.1.5 Differenzierungsmöglichkeiten mit der Jo-Jo Fibel

Zahlreiche unterschiedliche Differenzierungsmöglichkeiten sind schon in der Fibel angelegt:
Differenzierungsmöglichkeiten ergeben sich zunächst grundsätzlich dadurch, dass für das Verständnis der Texte sowohl das sinnerfassende Lesen als auch die genaue Betrachtung der Illustrationen erforderlich sind. So können, insbesondere zu Beginn des Lehrgangs, auch die Kinder, die noch Leseschwierigkeiten haben, ihren persönlichen Beitrag zur Erarbeitung der Seiten leisten, indem sie mitteilen, was sie auf den Bildern entdeckt haben, wie z. B. auf Seite 10:
Finden von Wörtern mit A/a-Laut *(Ast – Apfel – Ameise – Affe – Ananas – Hase ...)*;
Entdecken der Ameisen am Mülleimer; Entdecken des Jo-Jos auf der Fensterbank ...

Alle Fibeltexte sind in klare kürzere Abschnitte aufgeteilt, die abwechselnd von verschiedenen Kindern erlesen werden können (z. B. auch in Partner- oder Gruppenarbeit). Besonders bei den später umfangreicher werdenden Texten bietet es sich an, die schwächeren Kinder zunächst nur einen oder einzelne Absätze selbstständig erlesen zu lassen.

Wer das Lese-Prinzip erfasst hat, kann sich mit Hilfe der Lauttabelle *(Fibelseiten 2 und 3 sowie Fibeleinleger)* und der Fibel die neuen Buchstaben sukzessive selbstständig erarbeiten und die Texte selbst lesend erschließen. Alle neuen Buchstaben sind auf den jeweiligen Seiten oben auf einem Zettel abgebildet.

Darüber hinaus enthalten viele Fibelseiten optional zu lesende Schriftbeispiele aus der Umwelt, die von fortgeschritteneren Kindern bereits erlesen werden können, z. B.:

Seite 5:	Aufschriften auf Postern, Buchrücken, Computer ...
Seite 10/11:	die Kindernamen auf den grünen Namenskärtchen
Seite 32:	Märchennamen auf den Märchenblöcken
Seite 48:	Planetennamen mit noch nicht eingeführten Buchstaben
Seite 63:	einzelne Aufschriften auf der Pinnwand
Seite 69:	Blumensteckbriefe
Kapiteleinstiegsseiten:	Überschriften

Vereinzelt tauchen auch immer wieder Wörter aus anderen Sprachen auf oder Fremdwörter, deren Aussprache und Herkunft sowohl in der Gruppe gemeinsam erarbeitet als auch von den fortgeschritteneren Kindern erforscht werden kann.

Ab Seite 32 enthält die Fibel **auf den Fußbalken zahlreiche zusätzliche Anregungen** zum Erzählen, zum freien Schreiben, zum Nachforschen sowie weitere Aufgaben, die optional zu bearbeiten sind (z. B. auf den Seiten 32/33, 47, 48, 52, 54/55, 58/59, 62/63, 64, 75, 82, 87).

Ab Seite 47 sind einzelne **zusätzliche Textanteile** mit einem bunten Jo-Jo gekennzeichnet, das sie als optional ausweist. Diese Textanteile sind ohne Silbenfärbung und später auch in kleinerer Schrift gedruckt.
Sie sind für die inhaltliche Erschließung des Basistextes nicht erforderlich und können freiwillig bzw. differenzierend gelesen werden.

Die **Kapiteleinstiegs- und -abschlussseiten** bieten sich ebenfalls für den differenzierenden Einsatz im Unterricht an, da auf ihnen einerseits keine neuen Buchstaben eingeführt werden, andererseits teilweise Texte / Aufgaben auf unterschiedlichem Niveau oder aber auch umfangreichere Texte angeboten werden.
Die Kapitelabschlussseiten sind ebenfalls mit einem bunten Jo-Jo gekennzeichnet.
Schließlich stehen für die bereits sehr gut lesenden Kinder als zusätzliches Lesefutter zu jedem Kapitel die jeweiligen **Texte aus dem Textteil** (und ggf. eine dazugehörige **Aufgabe aus der Textwerkstatt**) zur Verfügung.

Die doppelseitig aufgebauten Kapitel des Textteils sind außerdem so angelegt, dass in der Regel auf der linken Seite die leichteren, auf der rechten Seite die schwierigeren Texte angeboten werden.
Dazu gehören wiederum Texte mit und ohne Silbenfärbung zur Auswahl.

Zu vielen Fibelseiten gibt es darüber hinaus noch weitere Differenzierungsangebote innerhalb der Kopiervorlagen.

2.1.6 Hinweise zur praktischen Arbeit mit der Fibel

- Wir empfehlen, die Kinder die Fibel nur nach der ersten Begegnung einmal mit nach Hause nehmen zu lassen, damit sie darin in Ruhe (vielleicht zusammen mit Eltern oder Geschwistern) blättern und schmökern können. Danach sollte das Buch in der Klasse aufbewahrt werden, damit die Neugier der Kinder auf die folgenden Seiten für den Verlauf des Schuljahres aufrechterhalten werden kann. Außerdem wird somit einer möglichen Zweckentfremdung des wiederholten „Übens“ der Texte *(häufiges Missverständnis der Eltern, was unter Umständen zu einem reinen Auswendiglernen führt)* vorgebeugt.

- Auf das laute Erlesen und Vorlesen der Fibeltexte zu reinen Übungszwecken sollte generell verzichtet werden. Entweder liest die Lehrkraft einen Text, Satz für Satz oder später auch abschnittsweise, langsam vor, während die Kinder stumm oder leise artikulierend mitlesen, oder diese Aufgabe wird von fortgeschritteneren Kindern freiwillig übernommen.

- Um ihm die Freude am Lesen und am Lesenlernen nicht zu nehmen, sollte einem Kind, das noch nicht flüssig lesen kann, das Vorlesen vor der gesamten Klasse niemals abverlangt werden.

- Ob die Fibeltexte direkt zur Einführung eines neuen Graphems eingesetzt werden oder erst nach dessen Einführung im Arbeitsheft oder an der Tafel, liegt grundsätzlich im Ermessen der Lehrkraft. Bei manchen Fibelseiten bzw. Buchstabeneinführungen empfiehlt sich jedoch eine bestimmte Reihenfolge. Genaue Hinweise und Erläuterungen dazu enthalten die ausführlichen Vorschläge in den unterrichtspraktischen Vorschlägen zu jeder Einheit unter den Abschnitten 5.3, 5.4.

2.2 Die Jo-Jo Fibel Lauttabelle

(Fibelseiten 2/3, Einleger und Lautbilder)

2.2.1 Aufbau und Struktur

Die Lauttabelle zur Jo-Jo Fibel (Einleger) ist zweiseitig angelegt und durch die Aufteilung der Buchstaben auf unterschiedlich farbige Tücher klar strukturiert.

a) Vorderseite *(rot–grün–gelb)*:
Die Vorderseite enthält alle Buchstaben vom Beginn des Lehrgangs und diejenigen, die zum lauttreuen/freien Schreiben erforderlich sind.

- Die **Silbenkönige** *(Selbstlaute, Umlaute, Zwielaute)* sind auf dem roten Tuch jeweils gruppiert angeordnet:
  oben: die Vokale
  links: die Umlaute
  rechts: die Zwielaute *(Doppellaute)*

  Wer im Zusammenhang mit der Silbenarbeit auf den Begriff „Selbstlaut“ verzichten und mit dem Begriff „Silbenkönig“ arbeiten möchte, verweist dazu auf die beiden Kronen, die das rote Tuch auf der Lauttabelle links und rechts oben „schmücken“

- Die wichtigsten **Konsonanten *(Mitlaute)*** sind mittig auf dem grünen Tuch angeordnet:
  Ähnlich klingende Laute *(z. B. T/t und D/d)* werden bewusst in räumlicher Nähe zueinander dargeboten, um die Suche nach ihnen zu verkürzen *(und ggf. das alternative Sprechen bzw. das vergleichende Lautieren zu fördern).*

- Erste ***besondere Buchstabenverbindungen*** *(Ch/ch – Sch/sch)* befinden sich auf dem gelben Tuch links unten.

b) Rückseite *(blau)*:
Die Rückseite enthält alle restlichen schwierigeren Buchstaben und mehrgliedrigen Grapheme:
Hier sind die Buchstaben und Buchstabenverbindungen, die zum freien Schreiben nicht zwangsläufig benötigt bzw. im hinteren Teil des Lehrgangs eingeführt werden, auf blauen Tüchern abgebildet.
Die einzelnen blauen Tücher sind hier nach Lautgruppen sortiert. Jedem Tuch ist dabei eine Fibelfigur zugeordnet *(Wenn du wissen willst, wie das Wort „Stern“ am Anfang geschrieben wird, dann schau auf Tinas blauem Tuch nach ...).*

2.2.2 Hinweise zur praktischen Arbeit mit der Lauttabelle

Zu Beginn des Leselehrgangs (Phase 1) dient die Lauttabelle (Fibelseiten 2/3 und Fibeleinleger) zunächst hauptsächlich der Einführung und Klärung der darauf abgebildeten Begriffe. Insbesondere in Klassen mit vielen Kindern nicht deutscher Muttersprache bietet sich eine häufige Wiederholung dieser Begriffe an.

Im Zusammenhang mit den Fibelseiten 6 bis 9 werden aber selbstverständlich auch schon erste Lautwerte ermittelt, um das Prinzip des Umgangs mit der Lauttabelle exemplarisch darzustellen.
Es wird den Kindern auch Freude bereiten, die Buchstaben und Lautbilder dieser Fibelseiten auf der Lauttabelle zu suchen.
Wer darüber hinaus auch schon die in der Buchstabenprogression erst später eingeführten Vokale E/e und U/u einführen will, kann hierfür bereits vorab die Fibelseite 3 einsetzen.

Die selbstständige Arbeit mit der Lauttabelle erfolgt in der Regel allmählich aufbauend und sukzessive zur Einführung der Buchstaben). Bei dieser Vorgehensweise bietet sich auch der zusätzliche Einsatz der „Jo-Jo Fibel Lautbilder" an. Dies ist eine farbige Loseblattsammlung im DIN-A4-Format, die zu jedem Buchstaben ein Blatt mit dem/den jeweiligen Lautbild/ern (analog zur Lauttabelle in der Fibel) bereithält. Diese Blätter können dann parallel zur Buchstabeneinführung nach und nach in der Klasse aufgehängt werden (ISBN 978-3-06-082992-7).

Falls der Lehrgang von Beginn an stärker differenzierend durchgeführt wird, sollte zur Arbeit mit der Lauttabelle ein Vorkurs durchgeführt werden, zu dem die Kopiervorlagen (s. Abschnitt 2.6) zahlreiche Arbeitsblätter anbieten.
Wir empfehlen einen intensiven Vorkurs, der bereits alle Grapheme und Laute berücksichtigt, jedoch erst nach Abschluss der ersten Phase des Lehrgangs (nach Einheit W/w). Bis dahin sollte zunächst anhand einer kleinen, überschaubaren Menge von Buchstaben-Laut-Kombinationen das Prinzip unserer Schrift bei allen Kindern abgesichert sein.

Folgende Basisübungen zur Arbeit mit der Lauttabelle sollten (ggf. erst nach und nach) in den Unterricht der Anfangsphase integriert werden:

- Begriffe klären und auf der Tabelle zeigen lassen
- Zuordnung von Groß- und Kleinbuchstaben
- Abbildungen zu den unterschiedlichen Vokallängen klären
- Erarbeiten der Struktur und der Orientierung auf der Lauttabelle:
  Vorderseite: Silbenkönige (Selbstlaute / Umlaute / Zwielaute) auf dem roten Tuch mit den Kronen – Mitlaute auf dem grünen Tuch – „schwierige" Buchstabenverbindungen auf dem gelben Tuch
  Rückseite: Buchstaben, die wir erst später lernen/brauchen – Zuordnung der Lautgruppen zu den Fibelfiguren)
- erarbeiten, dass es Laute gibt, die durch Buchstabenkombinationen repräsentiert werden (Ei/ei, Ch/ch)
- klären, dass es zu manchen Buchstaben keinen Großbuchstaben gibt (ie, ck ...) und deshalb zusätzlich Wörter abgedruckt sind, in denen diese Buchstaben/Laute im Wortinnern oder am Wortende zu sehen/hören sind (z. B.: W**ie**se)

2.3 Das Jo-Jo Fibel Arbeitsheft

Das Arbeitsheft ist der Kernbestandteil des Jo-Jo Leselehrgangs und für die Arbeit mit der Jo-Jo Fibel erforderlich.

Allgemeine Hinweise
Das Arbeitsheft und die Fibel sind eng aufeinander bezogene Bestandteile des Leselehrgangs.
Die Übungen im Arbeitsheft werden analog zur Buchstabeneinführung der Fibel und inhaltlich eng angelehnt an die Fibelthemen angeboten.

Sich häufig wiederholende Übungsformen sowie Piktogramme und Beispiele zur Durchführung der Aufgaben unterstützen dabei ganz wesentlich das selbstständige Arbeiten aller Kinder sowie – im späteren Verlauf des Lehrgangs – das eigenständige Voranschreiten von fortgeschritteneren Kindern.

Das sinnerfassende Lesen wird durch gezielten Einsatz von Illustrationen und durchgängig handlungsorientierte Aufgaben gefördert und gefordert.

Das Arbeitsheft enthält durchgehend quantitative und qualitative Differenzierungsmöglichkeiten. Die Seitengestaltung berücksichtigt die Bedürfnisse linkshändig schreibender Kinder.

Buchstabenkärtchen und Silbenschieber
(Beileger im Arbeitsheft)
Dem Arbeitsheft sind zwei Ausschneidebögen mit Buchstabenkartchen und ein farbiger Silbenschieber beigelegt. Mit ihnen können die Kinder, schon bevor sie die Buchstaben im Druckschriftlehrgang geübt haben, bereits Wörter legen bzw. (mit dem Silbenschieber) „bauen".

Das Lesen und Schreiben von Wörtern sind sich unmittelbar gegenseitig bedingende Prozesse. Durch den Einsatz dieser Beileger können von Anfang an beide Prozesse direkt miteinander verknüpft werden.
Die Kopiervorlagen enthalten außerdem Blanko-Buchstabenkärtchen und editierbare Silbenstreifen für den Silbenschieber, auf welchen den Kindern beliebige weitere Buchstaben bzw. Silben auch im fortgeschrittenen Lehrgang zur Verfügung gestellt werden können.

Methodisch-didaktische Hinweise
Die Arbeitsheftseiten 3–6 enthalten eine erste Einweisung in die grundlegenden Analyse-Synthese-Prozesse. Diese Prozesse (Lautbuchstaben-Zuordnung; Minimalpaar-Analyse; Lautstellungsanalyse; Synthese) werden hier ausschließlich anhand der Fibelnamen „Tina“ und „Tino“ demonstriert und intensiv geübt.

Jeder neue Buchstabe/Laut wird dann grundsätzlich innerhalb des Sinnzusammenhanges eines Wortes/Wortklangbildes (Abbildung eines Begriffes) eingeführt.
Zu Beginn liegt dabei der Schwerpunkt noch auf den Übungen zur akustischen Analyse (immer aber auch kombiniert mit Darstellung des entsprechenden Buchstabens, also der grafischen Darstellung des entsprechenden Lautes). Dies dient der intensiven Schulung der phonologischen Bewusstheit, die – durch die PISA-Studien nachgewiesen – die elementarste Voraussetzung für das Lesen- und Schreibenlernen darstellt (s. a. Hinweise unter Abschnitt 3.3.1).

Am Kopf jeder Seite finden die Leseanfänger jeweils Anlautbilder zu den neu eingeführten Buchstaben. Der neu eingeführte Buchstabe wird daneben auf einem Zettel groß abgebildet. Bei den Vokalen wird zwischen der lang klingenden (lang gezogenes Jo-Jo mit waagerechtem Strich) und der kurz klingenden Variante (hochschnellendes Jo-Jo mit Punkt) unterschieden. Die langen und kurzen Vokale werden getrennt voneinander eingeführt.

Das rhythmische Segmentieren von Wörtern in Silben, das Ermitteln von Silbenkönigen sowie das Zusammenbauen von Silben zu Wörtern gehören zu den Basisübungen des Arbeitsheftes.
Die Silben können beim Sprechen geklatscht, aber auch durch rhythmisch-melodisches Sprechschwingen herausgearbeitet werden.
Wir empfehlen das Sprechschwingen, dem eine größtmögliche Synchronisierung von Sprache und Bewegung zugrunde liegt (s. Abschnitt 3.7).

Durch die Segmentierung der Wörter in kleinere, überschaubare Einheiten wird das Erlesen in jedem Fall maßgeblich unterstützt. Das Wortganze (Wortklang und Wortbild) steht aber auch hierbei immer am Anfang und am Ende des Lesevorgangs.
Insbesondere zu Beginn des Lehrgangs sollte darauf geachtet werden, dass die Kinder die Wörter auch laut silbierend sprechen. Auf den ersten Seiten des Arbeitsheftes wird deshalb verstärkt ein entsprechendes Piktogramm verwendet:

Silbenmarkierung
Bis zur Arbeitsheftseite 76 sind die Basistexte bzw. Basisaufgaben silbisch markiert, entweder durch Schwarz-Grün-Färbung der Sprechsilben, oder durch vorgedruckte Silbenbögen bzw. Silbenbausteine. Die einzelnen Wörter werden so auch optisch in kleinere Einheiten segmentiert, die ein schnelleres Erlesen ermöglichen.

Wesentliche konzeptionelle Aspekte im Überblick
Die theoretischen Grundlagen und konzeptionellen Überlegungen zum didaktisch-methodischen Aufbau sind unter Abschnitt 3 noch einmal detailliert beschrieben.
Auf die wichtigsten Aspekte sei hier jedoch schon einmal zusammenfassend hingewiesen:

Der Jo-Jo Leselehrgang ...

- ... bezieht von Anfang an Analyse und Synthese konsequent aufeinander.

- ... verzichtet grundsätzlich auf Ganzwörter: Von Anfang an werden sämtliche Wörter vollständig durchstrukturiert.

- ... eröffnet durch konsequente Methodenvermittlung beim Durchstrukturieren von Wörtern den Kindern schon bald die Möglichkeit, sich selbstständig neue Buchstaben und Laute zu erschließen.

- ... vermeidet bei Übungen zur Lautanalyse „auditive Fallen“.
(D. h., es werden z. B. nur Begriffe abgehört, die keinen dem gesuchten Laut ähnlich klingenden Buchstaben enthalten: zu A/a kein Begriff mit /au/ oder Endung -er – Konsonanten werden nur zwischen/vor/nach Vokalen, z. B. in „Ball“ oder „Nabel“, aber nicht in „Brille“ oder „Brot“ abgehört, weil sie sich innerhalb von Konsonantenhäufungen schwerer diskriminieren lassen usw.)

- ... bezieht die Silbenarbeit von Anfang an konsequent mit ein.

- ... legt ein besonderes Augenmerk auf Silben mit unbetontem e bzw. kaum hörbarem, so genannten

Schwa-e (z. B. S. 7–11, jeweils Aufgabe 3; S. 27, 34, 35, jeweils Aufgabe 2).

- ... enthält durchweg handlungsorientierte Aufgaben wie z. B.: Verbinden, Ankreuzen, Ausmalen, Ergänzen, Lese-Mal-Aufgaben, Rätsellösen ...
- ... hält zahlreiche Anregungen zum freien Schreiben bereit.
- ... sieht die Druckschrift als Erstschrift vor. So wird zum Sprache-Schrift-Zusammenhang stets synchron durch Lesen und Schreiben hingeführt.

2.3.1 Übungsformen im Jo-Jo Fibel Arbeitsheft

Für alle Übungen gilt, dass die grau vorgegebenen Buchstaben, Silben und Wörter innerhalb der Schreiblineaturen von den Kindern nachgespurt werden können.

Übungen zur akustischen Analyse

- **Minimalpaare**
  Minimalpaarübungen verweisen besonders gut auf die Laut-Buchstaben-Korrespondenz. Der Austausch eines einzelnen Buchstabens/Graphems verändert den Klang und damit auch die Bedeutung des Worts, z. B.:
  – S. 3–5, 18, 32, 44 ... (und z. B. auch Fibelseiten 4–7, 11, 14 ...)
- **Akustische Analyse eines Lautes aus Wörtern (mit Bildvorgabe)**
  Durch Abbildungen vorgegebene Begriffe werden danach abgehört, ob in ihnen der gesuchte Laut klingt, z. B.:
  – S. 7–11, 13–15 ..., jeweils Aufgabe 1

- **Übungen zur Feststellung der Anzahl der Sprechsilben**
  Begriffe benennen, sprechschwingen (oder klatschen) und Anzahl der Silbenbögen darunter setzen, z. B.:
  – S. 7–11, 13–15 ..., jeweils Aufgabe 2

- **Reime**
  Reimwörter verbinden; Reimwörter nach Bildvorgaben/Wortvorgaben schreiben, z. B.:
  – S. 24, 28, 39, 44, 47 ... *(und z. B. Fibelseiten 20/21)*
- **Übungen zur Lautstellung innerhalb eines Wortes**
  Durch Abbildungen vorgegebene Begriffe werden danach abgehört, ob in ihnen der gesuchte Laut am Anfang, am Ende oder im Wortinnern klingt, z. B.:
  – S. 20, 22, 25, jeweils Aufgabe 2; S. 51, Aufgabe 1

- **Übungen zur Lautunterscheidung**
  Unterscheidung ähnlich klingender Vokale; Unterscheidung ähnlich klingender Konsonanten, z. B.:
  – S. 43, Aufgabe 3 (o–u); S. 53, Aufgabe 2 (b–p)

  Unterscheidung von Silben trennendem s-p bzw. s-t und sp bzw. st am Silbenanfang; Unterscheidung der V/v-, Y/y- und C/c-Lautungen:
  – S. 75 und 77, jeweils Aufgabe 1; S. 83, 90, 92, jeweils Aufgabe 1

Übungen zur optischen Analyse

- **Optische Analyse von Buchstaben**
  Zuordnung gleicher Buchstaben; optische Analyse von Buchstaben innerhalb von Buchstabenfeldern, Wörtern, Wörterschlangen und Texten, z. B.:
  – S. 4, Aufgabe 1
  – S. 7–11, jeweils Aufgabe 3
  – S. 12, Aufgabe 2
  – S. 52, Aufgabe 3
  – S. 48, Aufgabe 1; S. 59, Aufgabe 1; S. 88, Aufgabe 2

- **Optische Analyse von Wörtern**
  Optische Analyse von Wörtern innerhalb von Wörterschlangen, z. B.:
  – S. 16, 18, 23, jeweils Aufgabe 3

Vollständige Analyse-Synthese-Prozesse

Vollständige Analyse-Synthese-Prozesse werden von Beginn an gefordert, zunächst mit lauttreuen Wörtern, später auch gemischt mit nicht lauttreuen. Dabei ist stets der Wortklang durch die Abbildung vorgegeben. Diese Analyse-Synthese-Übungen sind insbesondere für lernschwächere Kinder hilfreich:

- **Vollständige Analyse-Synthese**
  Schreiben / Vervollständigen von Wörtern nach Vorgabe des Wortklangbildes und des Wortbildes (mit Buchstabenkärtchen), z. B.:
  – S. 3, Aufgabe 2; S. 4, Aufgaben 2 und 3; S. 5, Aufgaben 1 und 2; S. 18, Aufgabe 2

  Schreiben / Vervollständigen von Wörtern nach Vorgabe des Wortklangbildes und der Einzelbuchstaben (Würfelwörter verschriften), z. B.:
  – S. 37, Aufgabe 2; S. 40, Aufgabe 3; S. 62 und 63, jeweils Aufgabe 2

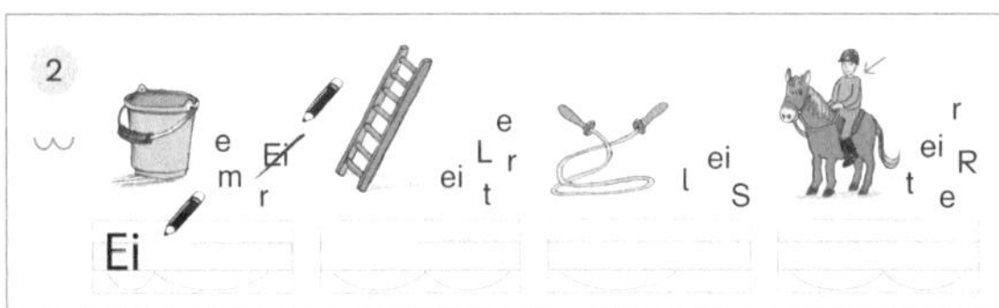

  Schreiben / Vervollständigen von Lückenwörtern nach Vorgabe des Wortklangbildes (ohne weitere Vorgaben), z. B.:
  – S. 84, Aufgabe 2 (Kreuzworträtsel)

Übungen mit Silben und Wortbausteinen

Von Anfang an wird der Leselernprozess durch das Identifizieren, Bestimmen und Wiedererkennen größerer sprachlicher Einheiten, der ***Sprech***silben, unterstützt. Innerhalb des Arbeitsheftes begleiten deshalb vielfältige Silbenübungen den Leselehrgang, die mit einem Piktogramm (Silbenbögen) gekennzeichnet sind. Darüber hinaus sind innerhalb der meisten Wörter und Texte die Silben durch abwechselnde Färbung (schwarz-grün), vorgegebene Silbenbögen oder optisch gekennzeichnete Wortbausteine gekennzeichnet.

- **Zuordnung von Anfangs- und Endsilben zu Abbildungen**
  Aus einer Auswahl von Anfangs- oder Endsilben die zur vorgegebenen Abbildung passende Silbe heraussuchen und durch Linien miteinander verbinden, z. B.:
  – S. 6, Aufgaben 1–3
  – S. 12, Aufgaben 1 und 3
  – S. 19, Aufgabe 3

- **Wörter aus einer vorgegebenen Anfangs- und einer Auswahl von Endsilben zusammenbauen**
  Der gesuchte Begriff ist durch eine Abbildung und die erste Silbe innerhalb einer Schreibzeile vorgegeben. Darüber befindet sich eine Auswahl von Endsilben, aus der die passende herausgesucht werden soll. Die erste Silbe in der Lineatur wird nachgespurt und durch die passende Endsilbe schriftlich ergänzt, z. B.:
  – S. 27, Aufgabe 2; S. 30, Aufgabe 3; S. 35, Aufgabe 2

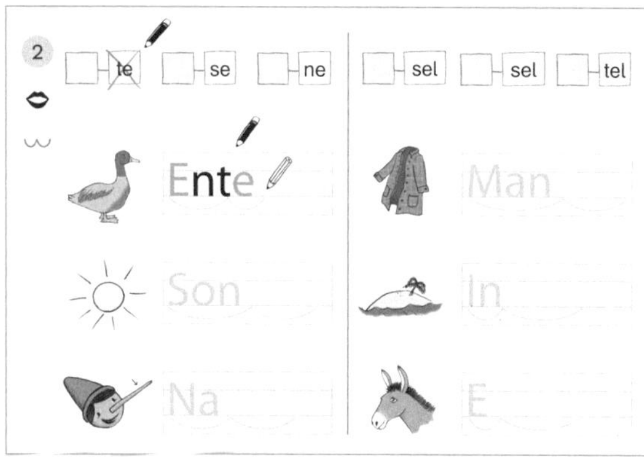

- **Wörter aus einer Auswahl von Anfangs- und Endsilben schreiben**
  Schreiben nach Bildvorgabe oder Bauen von passenden Wörtern zu einem Lückensatz (also nach Sinnerwartung!), z. B.:
  – S. 24, Aufgabe 1; S. 55, Aufgabe 2; S. 61, Aufgabe 1; S. 72, Aufgabe 1; S. 89, Aufgabe 2

- **Silbenkönige (Vokale / Umlaute / Diphthonge) markieren**
  Auf den ersten Seiten bietet die Aufgabe 3 fortgeschrittenen Lesern bereits die Möglichkeit, auch Wörter mit noch nicht eingeführten Buchstaben zu erlesen (Differenzierung) und darin die Vokale rot zu markieren (und ggf. auch Silbenbögen einzuzeichnen), z. B.:
  – S. 7–11, jeweils Aufgabe 3

  Bei weiteren Übungen wird diese Markierung explizit gefordert, z. B.:
  – S. 21, Aufgabe 1; S. 27, Aufgabe 2; S. 30, Aufgabe 3; 34 und 35, jeweils Aufgabe 2; S. 41, Aufgabe 3

- **Silbenbögen einzeichnen**
  Das Einzeichnen von Silbenbögen ist im Arbeitsheft meist optional angelegt. Für manche Kinder kann dies in der Anfangsphase aber hilfreich sein.
  Deshalb werden zu Beginn (bis Seite 17) Übungen zum Einzeichnen der passenden Silbenbögenanzahl (s. o.) angeboten.
  Bis Arbeitsheftseite 32 sind die Texte außerdem so groß gedruckt, dass das Einzeichnen von Silbenbögen hier ohne Weiteres zusätzlich durchgeführt werden kann.
  Bei einzelnen Aufgaben mit Silbenvorgaben als Wortbaustein wird das Einzeichnen von Silbenbögen unter die Wörter auch explizit gefordert, z. B.:
  - S. 58, Aufgabe 1

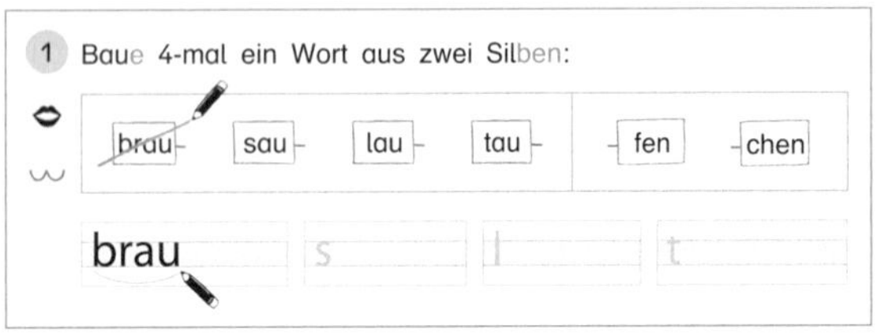

- **Lesen und „Schreiben“ mit dem Silbenschieber**
  Mit dem beigelegten farbigen Silbenschieber können alle wichtigen Namen und Nomen bis zu Seite 24 (grüne Streifen) bzw. bis zu Seite 30 (blaue Streifen) „geschrieben“ werden. Des Weiteren enthalten die Kopiervorlagen zwei editierbare/veränderbare Streifen (Nomen/Verben), die zur Erstellung beliebiger weiterer Silbenpaare bearbeitet werden können.
  So können darauf auch einzelne Konsonant-Vokal-Verbindungen eingeben werden, z. B.:
  la – le – li – lo – lu *oder* ma – me – mi – mo – mu

- **Übungen mit Vorsilben und Wortbausteinen**
  Lückensätze sollen mit einem Wort aus einer Auswahl von Verben mit identischer Vorsilbe ergänzt werden, z. B.:
  - S. 66 und 68, jeweils Aufgabe 1; S. 84, Aufgabe 1

Abschreibübungen

- **Lückensätze bzw. -texte vervollständigen**
  Wörter aus einer Wortauswahl richtig in die Lücken einsetzen, z. B.:
  - S. 45, Aufgabe 2; S. 52, Aufgabe 2; S. 62, Aufgabe 1; S. 78, Aufgabe 2

- **Weitere Übungen zum Abschreiben**
  Zum Beispiel:
  - S. 48, Aufgabe 2 (Wörter in eine Liste einsortieren)
  - S. 56, Aufgabe 1 (Sätze aus Satzteilen erwürfeln und aufschreiben)
  - S. 71, Aufgabe 2; S. 81, Aufgabe 3 (vorgegebenen Nomen den richtigen Artikel zuordnen und aufschreiben)
  - S. 82, Aufgabe 1 (Wörter mit schwierigem mehrgliedrigem Graphem abschreiben)

Übungen zum sinnerfassenden Lesen und Handlungsorientierung

Grundsätzlich erfordern alle Übungen des Arbeitsheftes das sinnerfassende Lesen.
Die Motivation wird enorm verstärkt, wenn die Kinder sich und anderen ständig zeigen können, dass sie das Lesen gelernt haben. Das wiederum wird besonders deutlich beim Erlesen von Aufgaben, die den Kindern eine sofort durchzuführende Aktivität abverlangen:

malen, zeichnen, verbinden, schreiben,
Wörter und Sätze vervollständigen ...

Auf den ersten Seiten des Arbeitsheftes geschieht dies durch das **Verbinden** von Abbildungen mit Buchstaben, Silben oder Wörtern, durch das **Legen und Einkleben** der Buchstabenkärtchen, das farbige **Markieren** oder **Anmalen** der Begriffe mit dem gesuchten Laut, das **Setzen von Silbenbögen**. Weiter wird auch das **Ankreuzen** von Lautstellungsfeldern, das Markieren von Buchstaben etc. gefordert.

Besonders motivierend für die Kinder sind die **Lese-Mal-Aufgaben**, bei denen sie Bilder nach Textvorgabe ergänzen sollen, z. B.:
- S. 26, Aufgabe 2; S. 64, Aufgabe 1; S. 85, Aufgabe 1

Das Arbeitsheft enthält aber auch eine Vielzahl an zumeist humorvollen **Ankreuzübungen**, bei denen die Kinder z. B. das passende Lückenwort / die richtige Ergänzung zu einem Satz oder die richtige Auswahlantwort zu einer Frage ankreuzen sollen, z. B.:
- S. 44, Aufgabe 2; S. 63, Aufgabe 1; S. 73, Aufgabe 1; S. 94, Aufgabe 1

2.3.2 Binnendifferenzierung mit dem Arbeitsheft

Das Arbeitsheft enthält zahlreiche **quantitative und qualitative Differenzierungsangebote**. Diese optional zu bearbeitenden Aufgaben sind durch ein buntes Jo-Jo gekennzeichnet.

Manche Aufgaben, z. B. die Aufgabe 3, S. 7–11, sind dabei so angelegt, dass sie auf verschiedenen Wegen, **die unterschiedlichen Schwierigkeitsgraden oder verschiedenen Zugangsweisen entsprechen**, bearbeitet werden können. Die Kurzhinweise am Fuß jeder Seite geben der Lehrerin einen Überblick über die jeweiligen Möglichkeiten. Diese Übungen müssen von der Lehrerin zu Beginn erläutert werden, später sind die Kinder mit ihnen vertraut.

Ab Seite 53 enthält das Arbeitsheft zunehmend Textanteile, deren Sprechsilben nicht mehr farbig oder mit Silbenbögen gekennzeichnet sind. Diese Anteile sind ebenfalls optional zu erlesen. Auf die gesonderte Kennzeichnung mit einem bunten Jo-Jo wurde hier zugunsten der übersichtlichen Seitengestaltung verzichtet.

Freies Schreiben
Für Kinder, die das Prinzip unserer Buchstabenschrift verinnerlicht haben, einfache Wörter erlesen und (lauttreu) verschriften können, stellt das freie Schreiben mit Hilfe der Lauttabelle eine gute und motivierende Möglichkeit dar, die erworbenen Fähigkeiten anzuwenden und zu erweitern. Dazu bietet das Arbeitsheft zahlreiche Aufgaben (mit steigendem Schwierigkeitsgrad) an, z. B.:

- S. 26, 27, 37, 43, 50, 61, 72, 86, 93, jeweils Aufgabe 3 oder 4

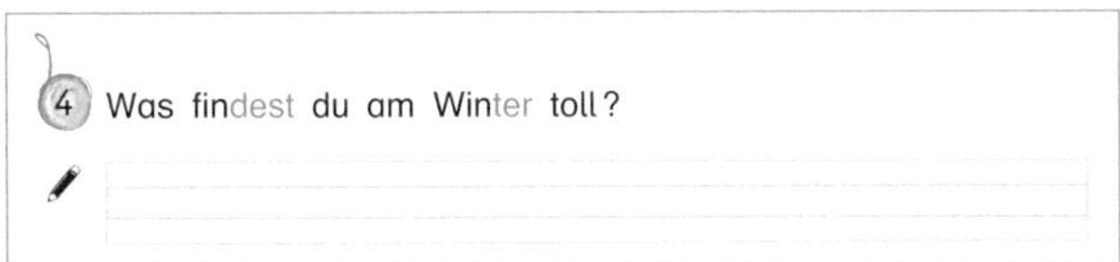

Selbstständiges Voranschreiten im Leselehrgang
Kinder, die das Leseprinzip bereits erfasst haben, können zunehmend auch selbstständig weiterarbeiten. Die Lauttabelle und die Anlautbilder am Seitenkopf im Arbeitsheft geben die Klangmöglichkeiten eines neuen Buchstabens vor.
Bedingung für selbstständiges Arbeiten mit einem Material sind u. a. wiederkehrende Arbeitsformen. Deshalb werden im Jo-Jo Arbeitsheft, neben den bereits bekannten und stets wiederkehrenden Übungen, neue Übungsformen ganz behutsam, nach und nach eingeführt.
Bei neu eingeführten Aufgaben erklären Symbole und/oder Beispielaufgaben und/oder die Aufgabenstellung an sich die geforderte Arbeitsweise.

Mit Hilfe des editierbaren **Jo-Jo-Lese-Passes** (Kopiervorlagen 150, 151) kann das selbstständige Erarbeiten weiterer Buchstaben und Laute schnell und leicht organisiert und dokumentiert werden.

Ergänzende Differenzierungsangebote zum Arbeitsheft
Leistungsniveau und Arbeitstempo der Kinder einer Klasse klaffen häufig sehr weit auseinander. Die schwächeren Kinder haben vielleicht noch Mühe, mit dem Durchschnitt mitzuhalten und benötigen ggf. noch weitere Übungen zum Erlangen der Basisfertigkeiten.

Währenddessen warten die starken Kinder schon wieder auf weiteren Lesestoff oder weitere Aufgaben.

Um eine noch stärker individualisierte Binnendifferenzierung zu ermöglichen, werden zum Jo-Jo Leselehrgang deshalb zusätzlich weitere Materialien angeboten, die optional einzusetzen sind:

- **Das kleine Jo-Jo** (s. u. Abschnitt 2.9)
- **Differenzierungsblock** (s. u. Abschnitt 2.7)
- **Lese-Mal-Blätter** (s. u. Abschnitt 2.8)

Darüber hinaus enthalten auch die Kopiervorlagen (s. Abschnitt 2.6) zahlreiche ergänzende Aufgaben parallel zu den Übungen im Arbeitsheft, ebenfalls auf unterschiedlichen Niveaustufen und zu unterschiedlichen Basiskompetenzen.

2.4 Jo-Jo Fibel Druckschriftlehrgang

2.4.1 Allgemeine Hinweise zur Druckschrift als Erstschrift

Wie im Theorieteil unter Abschnitt 3 genauer beschrieben, sind Lesen- und Schreibenlernen aus didaktischer Sicht zwei sich wechselseitig befördernde Lernprozesse, die synchron zum Sprache-Schrift-Zusammenhang führen.

Die Druckschrift als Leseschrift gibt bereits die entscheidenden Hinweise auf die Buchstaben-Laut-Zuordnung, also die lautliche Struktur eines Wortes oder einer Silbe. Umgekehrt unterstützt das aufbauende Schreiben von Wörtern in Druckschrift ganz wesentlich die Durchdringung ihrer lautlichen Struktur.

Da die Buchstabengrenzen bei den verbundenen Schriften aber fließend sind – und damit die Einzelbuchstaben für die Leseanfänger zunächst schwer zu identifizieren –, empfehlen wir grundsätzlich, die Druckschrift als

Erstschrift einzusetzen und die verbundene Schrift erst gegen Ende oder nach Abschluss des Druckschriftlehrgangs einzuführen. Weitere Vorteile liegen dabei auf der Hand:

- Die Formelemente der Lese- und Schreibschrift sind identisch, wodurch die Formwiedergabe beim Schreiben wesentlich erleichtert wird.
- Die Kinder können sich besser auf das Lesen- und Schreibenlernen konzentrieren, wenn sie nicht – zusätzlich zu den Groß- und Kleinbuchstaben der Druckschrift – die Groß- und Kleinbuchstaben der verbundenen Schreibschrift optisch identifizieren und den entsprechenden Lautwerten zuordnen sowie schreibmotorisch bewältigen müssen.
- Das systematische Erlernen der Druckschrift als Schreibschrift nach den richtigen Schreibbewegungsabläufen schult die feinmotorischen Fähigkeiten der Kinder und erleichtert damit ganz wesentlich die spätere Umstellung auf eine der verbundenen Schriften *(Lateinische Ausgangsschrift, Schulausgangsschrift, Vereinfachte Ausgangsschrift)*.
- Die meisten Kinder wollen das Schreiben lernen, wenn sie in die Schule kommen. Das Schreiben in Druckschrift führt sie wesentlich schneller zum Erfolg, vermeidet so Frustrationserlebnisse und erhält damit die Lernmotivation der Kinder aufrecht.

Damit die Kinder von Anfang an das aufbauende Schreiben nachvollziehen können, werden zu Beginn des Jo-Jo Leselehrgangs zunächst Buchstabenkärtchen und ggf. der Silbenschieber eingesetzt. Nach vollständiger Bearbeitung der Arbeitsheftseiten 3–6 kann dann parallel dazu der Einsatz des Druckschriftlehrganges erfolgen.

2.4.2 Begleitende Übungen zum Druckschriftschriftlehrgang

Der Arbeit mit dem Druckschriftlehrgang sollten in jedem Fall großformatige Schwungübungen an der Tafel, auf Tapete oder Papier vorausgehen, damit die Kinder ein Gefühl für die jeweiligen Bewegungsabläufe und Buchstabenformen erhalten.

Zu empfehlen ist dabei ...

- großformatiges Vorschreiben der neuen Buchstaben an der Tafel unter deutlicher Hervorhebung der richtigen Schreibbewegungsabläufe;
- Nachspuren der Buchstaben unter Berücksichtigung der richtigen Schreibbewegungsabläufe an der Tafel mit verschiedenfarbigen Kreiden;
- großformatiges „Schreiben“ bzw. Nachspuren der neuen Buchstaben – ohne Schreibgerät – z. B. auf den Rücken eines anderen Kindes, auf dem Tisch ...;
- großformatiges Schreiben der neuen Buchstaben auf Tapetenrollen oder großen Papierbögen mit gut gleitenden Farbstiften (Wachsmalkreiden, dicke Filzstifte).

Den großformatigen Übungen folgen kleinformatige, diese zunächst noch ohne Berücksichtigung einer Lineatur:

- Schreiben der neuen Buchstaben in unterschiedlichen Größen auf kleineren Papierbögen mit Filzstiften und *weichen* Bleistiften.

Spielerische Übungsformen (z. B. Fingerspiele) zur Stärkung der Feinmuskulatur und zur Ausbildung feinmotorischer Bewegungsabläufe (Nachspuren von linearen Formen wie Schlangenlinien, Zickzacklinien, Kreise etc.) sollten die Arbeit an diesem Lehrgang stets ergänzen.

Wichtige Hinweise zur praktischen Arbeit:

- *Für das Nachspuren und Schreiben im Druckschriftlehrgang sollte unbedingt darauf geachtet werden, dass die Kinder einen weichen Bleistift verwenden, der beim Schreibablauf bereits mit wenig Druck/Kraftaufwand eine gut sichtbare Schreibspur hinterlässt und so einen flüssigen Schreibablauf unterstützt.*
- *Arbeiten Linkshänder und Rechtshänder an einem Tisch, sollte das linkshändig schreibende Kind an der linken Tischseite und das rechtshändig schreibende Kind an der rechten Tischseite sitzen, damit sie sich nicht gegenseitig mit ihren Schreibarmen behindern.*

2.4.3 Hinweise zur Konzeption und zum Aufbau

Der Druckschriftlehrgang zur Jo-Jo Fibel folgt der Buchstabenprogression von Fibel und Arbeitsheft und ergänzt diese beiden Werkteile.
Mit Hilfe dieses Lehrgangs lernen die Kinder, Buchstaben, Silben, Wörter und ganze Sätze in Druckschrift zu schreiben. Lesen und Schreiben sind dabei eng miteinander verknüpft. Wortmaterial und Themen sind der Jo-Jo Fibel entnommen bzw. lehnen sich an diese an.
Die Kinder begegnen in unterschiedlichen Kontexten Figuren wie Tina und Tino, die sie bereits aus der Fibel und dem Arbeitsheft kennen und die die Motivation unterstützen.

Die vierfarbig gestalteten Seiten, die dem Schreibfortschritt angemessene Lineaturen verwenden, sind übersichtlich gestaltet und bieten vielfache Anregungen zum Schreiben von Buchstaben, Wörtern, Silben und Sätzen.

Feinmotorische Vorübungen
Bevor die eigentliche Arbeit an den einzelnen Buchstaben beginnt, sind diesem Druckschriftlehrgang zwei Seiten vorgeschaltet, die spielerisch orientiert sind und Vorwissen der Kinder aufgreifen, indem sie z. B. dazu anregen, den eigenen Namen mehrfach schreiben zu lassen.
Der Aufbau der einzelnen Übungsseiten verfolgt durchgängig das Prinzip „vom Leichten zum Schweren“. Neue Buchstabenformen werden zunächst mit einer Vorübung oben auf der Seite aufgegriffen, bei der es darum geht, ein Muster nachzuspuren und zu ergänzen, das die wichtigsten Formelemente des folgenden Buchstaben enthält.

Einüben der Schreibbewegungsabläufe ohne Lineaturen
Anschließend werden der Groß- und Kleinbuchstabe, die geübt werden sollen, in unterschiedlichen Größen *zum mehrmaligen Nachspuren und Schreiben* vorgegeben, wobei die *Schreibrichtungspfeile* die richtigen Bewegungsabläufe vorgeben. Die Punkte an diesen Schreibrichtungspfeilen verweisen auf die Stellen, an denen der Stift neu angesetzt werden muss. Die Ziffern geben die Reihenfolge der Ansatzpunkte vor.
Der verbleibende Freiraum in diesem Feld der Seite kann dadurch gefüllt werden, dass die Kinder den oder die Buchstaben mehrfach (ohne Nachspurvorgabe) selbstständig schreiben.

Schreiben innerhalb von Lineaturen
Zunächst werden die Buchstaben dann in *reduzierten Lineaturen* angeboten, damit die Kinder Sicherheit bezüglich der Buchstabenform entwickeln und sich zunächst auch nur auf diese konzentrieren.

Erst im Folgenden wird in eine Lineatur mit drei Bändern geschrieben. Durch die *farbige Hervorhebung des Mittelbandes* fällt den Kindern die Orientierung leichter.
Grau gerasterte Buchstaben werden nachgespurt, dann folgen eigene Schreibversuche.

Berücksichtigung der linkshändig schreibenden Kinder
Für linkshändig schreibende Kinder sind die *Buchstaben- und Wortvorgaben am rechten Rand* und über den Zeilen hilfreich, da diese beim Schreiben nicht durch die Hand verdeckt werden, die linkshändig schreibenden Kinder sich somit stets der Buchstabenform versichern können.

Silbenmarkierung und setzen von Silbenbögen
Als Lese- und Strukturierungshilfe sind unter die vorgedruckten Wörter Silbenbögen gesetzt. Kinder, denen dies eine Hilfe ist, können die Wörter vor dem Abschreiben silbierend erlesen und sprechschwingen.
Auf eine Silbenfärbung wurde im Druckschriftlehrgang bewusst verzichtet, um nicht nahezulegen, dass alle Schreibanfänger ihre Wörter ebenfalls zweifarbig abschreiben sollten. Wir empfehlen, die Kinder zugunsten des Schreibflusses grundsätzlich einfarbig schreiben zu lassen.
Ein Farbwechsel der Silben beim Abschreiben kann ggf. im Einzelfall hilfreich sein. Hier sollte die Lehrkraft aber stets individuell gründlich abwägen, ob der durchgängige Schreibfluss oder die noch bewusstere Segmentierung des Wortes beim Abschreiben dem Kind zugute kommt.

Es sollte den Kindern auch freigestellt werden, ob sie *nach dem Abschreiben* der Wörter noch Silbenbögen darunter setzen.

Differenzierungsangebote
Auf jeder Seite befindet sich eine Aufgabe zur *Differenzierung*, die sich an fortgeschrittene Kinder richtet. In dem mit einem Sternchen *(im Nachdruck ein farbiges Jo-Jo, analog zum Arbeitsheft)* markierten Kasten unten auf jeder Seite haben die Kinder die Möglichkeit, als Bild vorgegebene Wörter *eigenständig zu verschriften*.
Die zu verschriftenden abgebildeten Begriffe enthalten dabei meist den Buchstaben im Anlaut, der schreibmotorisch geübt werden soll. Der Freiraum in diesem Kasten kann von fortgeschrittenen Kindern mit eigenen Wörtern gefüllt werden, die jeweils den geübten Buchstaben enthalten.

Dabei kommt es nicht darauf an, die entsprechenden Wörter orthografisch richtig zu notieren. Wichtig sind das möglichst genaue Abhören der Wörter, das korrekte Schreiben des geübten Buchstabens und das Verschriften mit Hilfe der Lauttabelle (Fibeleinleger), sofern die Kinder diese hinzuziehen wollen.
Erfahrungsgemäß gibt es Kinder, die schon sehr viel schreiben können und Freude daran haben, dies auch zu tun. Um diese nicht auf eine ganz bestimmte Menge zu schreibender Wörter zu orientieren, ist im unteren Kasten auf weitere Schreiblinien verzichtet worden.

Zu berücksichtigen ist, dass sich das Differenzierungsangebot des Druckschriftlehrgangs als Angebot für fortgeschrittene Kinder versteht. Kinder mit graphomotorischen Problemen bzw. Kinder, die grundsätzlich Probleme im Prozess des Schriftspracherwerbs haben, sollten keinesfalls aufgefordert werden, die Seiten komplett auszufüllen. In diesen Fällen kann es z. B. ausreichen,

wenn die Kinder zu den Bildern im Differenzierungskasten den jeweiligen Anlautbuchstaben notieren oder, bei vorgegebenen Wörtern, das neu eingeführte Graphem einkreisen. Die Aufgabe kann jedoch von Fall zu Fall auch ganz weggelassen werden.
Alternativ kann die Lehrkraft mit der Klasse gemeinsam geeignete Wörter üben, die anschließend von den Kindern in den Freiraum geschrieben werden.

Weitere Differenzierungsaufgaben bieten kleine Rätsel oder Lückentexte, bei denen wiederum sinnerfassendes Lesen und das Schreiben eng miteinander verknüpft sind. Der Rätselcharakter dieser Aufgaben sowie die abwechslungsreiche Gestaltung sind für die Kinder sehr motivierend (z. B. Wörter zusammenzusetzen, freies Schreiben, Wörter in ein Raster einzutragen).

2.5 Die Schreiblehrgänge in verbundener Schrift

Zur Jo-Jo Fibel werden zwei Schreiblehrgänge jeweils in den drei Ausgangsschriften (Lateinische Ausgangsschrift, Schulausgangsschrift, Vereinfachte Ausgangsschrift) angeboten, die zu unterschiedlichen Zeitpunkten einzusetzen sind.
Da der Zeitpunkt des Einsatzes der Schreiblehrgänge der individuellen Entscheidung der Lehrkraft vorbehalten bleibt, sind die Schreiblehrgänge in verbundener Schrift in der Materialauflistung zu den Unterrichtseinheiten nicht mit aufgeführt.

Berücksichtigung der linkshändig schreibenden Kinder
Für linkshändig schreibende Kinder sind die Buchstaben- und ggf. Wortvorgaben am rechten Rand und über den Zeilen hilfreich, da diese beim Schreiben nicht durch die Hand verdeckt werden, die linkshändig schreibenden Kinder sich somit stets der Buchstabenform versichern können.

Silbenmarkierung und setzen von Silbenbögen
Hier gelten die gleichen Überlegungen wie zum Einsatz der Silbenbögen im Druckschriftlehrgang (s. Abschnitt 2.4.3, S. 21).

2.5.1 Schreiblehrgang A in verbundener Schrift

Der **Schreiblehrgang A** folgt der Buchstabenprogression der Fibel und wird (zeitversetzt) parallel zum Druckschriftlehrgang eingesetzt. Wir empfehlen, die Arbeit an diesem Schreiblehrgang erst *nach Abschluss der ersten Phase des Leselehrgangs (nach Einheit W/w)* zu beginnen, wenn die Kinder bereits in die Struktur unserer Buchstabenschrift eingeführt sind und durch das Schreiben erster Druckbuchstaben ihre Feinmotorik sowie grundlegende Schreibbewegungsabläufe vorbereitend trainiert haben.

Das Schreiben mit Füller wird grundsätzlich erst für das zweite Schuljahr empfohlen.

Ergänzend zur Bearbeitung des **Schreiblehrgangs A** sind – wie beim Erlernen der Druckschrift auch – Übungen zur Schulung der Feinmotorik und zur Kräftigung der Fingermuskulatur erforderlich. Ebenso ist es hier noch besonders wichtig, dass die neuen Elemente bzw. Buchstaben vor der entsprechenden Seite außerhalb des Lehrgangs geübt werden. Dafür eignen sich z. B. großmotorische und großformatige Übungen sowie freie Übungen auf unliniertem Papier mit unterschiedlichen Schreibwerkzeugen (Wachsstifte, Fasermaler, Pinsel oder dicke Farbstifte), die auch gut durch Musik unterstützt werden können.

Weitere Hinweise dazu können dem Abschnitt 2.4.2, „Begleitende Übungen zum Druckschriftlehrgang“, entnommen und auf die verbundene Schrift übertragen werden.

Allgemeine Hinweise zur Struktur und zum Aufbau
Bei der *Buchstabenabfolge* wurde darauf geachtet,
- dass Buchstabenabfolge und Wortauswahl sich am Lehrgang orientieren,
- dass sich schon geübte Elemente wiederholen und aufeinander aufbauen, jedoch diese gleichen Elemente nicht direkt aufeinander folgen, um Verwechslungen zu vermeiden,
- dass sofort sinnvolle Wörter und Texte entstehen.

Im Allgemeinen richtet sich der Schreiblehrgang nach folgenden Prinzipien:
- Alle neu eingeführten Buchstaben sind *in Druckschrift* mit der jeweiligen Abbildung aus der Lauttabelle vorgegeben.
- Wo es erforderlich ist, gibt es eine *vorbereitende feinmotorische Grundübung.*
- Die neuen Buchstaben in den gelb umrandeten Feldern werden zuerst *mehrmals farbig nachgespurt.* Dann schreiben die Kinder den Buchstaben in unterschiedlichen Größen in das Feld.
- Die *Schreibansatzpunkte* für den Schreibablauf der Buchstaben sind nummeriert. *Haltepunkte bzw. Drehrichtungswechsel* sind durch Kreise markiert.
- Die grauen Buchstaben und Wörter werden von den Kindern nachgespurt.

- Groß- und Kleinbuchstabe erscheinen ab Seite 16 auf derselben Seite.
- *Schwierige Buchstabenverbindungen* werden gesondert geübt.
- Analog zum Leselehrgang werden immer wieder *an Silben orientierte Übungen* angeboten.
- Zahlreiche Abschreibübungen schulen *das Erlesen der verbundenen Schrift.*
- Der besseren Übersicht wegen sind *Arbeitsaufträge in Druckschrift* geschrieben.

Angebote zur Differenzierung
Viele Aufgaben im Schreiblehrgang bieten *Differenzierungsmöglichkeiten* (nicht jedes Kind sollte alle Wörter bzw. Sätze abschreiben müssen).
Die mit einem farbigen Jo-Jo gekennzeichneten Aufgaben eignen sich auch zur Wiederholung eingeführter Wörter, zum Aufbau eines Grundwortschatzes sowie nicht zuletzt als Ausgangspunkt für das freie Schreiben.

Das *Abschreiben von Texten* kann mit Hilfe der *Aufgaben der Seite 56* besonders geübt werden. Hier finden sich kleine Texte zu bestimmten Themen, die innerhalb der Buchstabenprogression zu einem bestimmten Zeitpunkt abgeschrieben werden können. An den entsprechenden Stellen gibt *eine kleine Verweishand* den Hinweis auf diese Seite.

2.5.2 Schreiblehrgang B in verbundener Schrift

Der **Schreiblehrgang B** beginnt – unabhängig von der Buchstabenprogression der Fibel – mit den schreibmotorisch einfacheren Buchstaben und übt die formähnlichen Buchstaben weit gehend im Zusammenhang. Sein Einsatz ist für einen Zeitpunkt gegen Ende (frühestens nach V/v bzw. Seite 39 des Druckschriftlehrgangs) oder nach Abschluss des Druckschriftlehrgangs konzipiert.

Da die Kinder durch den Leselehrgang und die vorangegangene Bearbeitung des Druckschriftlehrgangs bereits (fast) alle Buchstaben kennen und ihre Feinmotorik schon intensiv geschult haben, kann auf vorbereitende großformatige Schreibübungen sowie Übungen zur Schulung der Feinmotorik und zur Kräftigung der Fingermuskulatur in der Regel verzichtet werden.

Struktur, Aufbau und Differenzierungsangebote sind grundsätzlich analog zum Schreiblehrgang A angelegt (s. o.), dies aber gänzlich losgelöst von der Buchstabenprogression.

2.6 Jo-Jo Fibel Kopiervorlagen mit CD-ROM *(Kerstin Rahm)*

Zum Jo-Jo Leselehrgang werden 156 Kopiervorlagen angeboten, die optional und individuell zur Differenzierung eingesetzt werden können.
Die beigelegte CD-ROM enthält in einem gesonderten Ordner außerdem **alle Lautbilder** der Jo-Jo Fibel Lauttabelle, sowie **alle Piktogramme und Strategiezeichen** aus dem Arbeitsheft **in editierbarer Form zum Downloaden**.

Die 156 Kopiervorlagen werden auf der beiliegenden CD-ROM noch einmal als PDF-Dateien zum Ausdrucken angeboten.

50 dieser Kopiervorlagen sind auf der beiliegenden CD-ROM zusätzlich zur PDF-Datei auch als Microsoft® Word-Datei enthalten. Diese Kopiervorlagen können am PC individuell verändert und auf die speziellen Bedürfnisse der Kinder Ihrer Klasse zugeschnitten werden *(z. B. Aufgaben schwieriger oder einfacher gestalten oder mit anderem Wortmaterial versehen).*
Ebenso ist es möglich, einen Aufgabentyp an späterer Stelle des Lehrgangs erneut einzusetzen, denn es besteht die Möglichkeit, den Inhalt zu ändern und ihn ggf. an eine neue Thematik anzupassen.

Die editierbaren Kopiervorlagen sind an ihrem andersartigen Layout sofort erkennbar und mit einem Symbol für Editierbarkeit gekennzeichnet. Auf der CD-ROM erscheinen sie jeweils mit einem zusätzlichen Dateipiktogramm zum Anklicken, das direkt neben der entsprechenden PDF-Datei abgebildet ist.

Technische Hinweise zum Editieren
- Sollte die Navigation über den Internet-Browser auf ihrem Rechner nicht einwandfrei funktionieren, laden und speichern Sie die gewünschte Datei vor der Bearbeitung zunächst auf ihrem Rechner.

- Wenn Sie Informationen (Name, Klasse ...) in die Kopfzeile eingeben möchten, doppelklicken sie auf das obere Feld, um es zu aktivieren. Es erscheint ein Menübalken mit dem Titel „Kopf- und Fußzeile", den Sie zunächst ignorieren. Geben Sie die gewünschten Angaben in die Kopfzeile ein. Klicken Sie dann auf „Schließen" in dem Menübalken.

- Um einen vorgegebenen Silbenbogen zu verlängern oder zu verkürzen, klicken sie auf den Silbenbogen. Es erscheint ein Rechteck mit 8 Greifpunkten. Klicken Sie einen der *Eck*punkte an und ziehen Sie diesen *bei gedrückter Mouse-Taste* auf die gewünschte

Breite. Wenn Sie neue Buchstaben mit Unterlänge einfügen oder weitere Silbenbögen verwenden wollen, empfiehlt es sich, diese erst nach dem Ausdruck der inhaltlich bearbeiteten Kopiervorlagen per Hand nachzutragen.

- Die Texte auf den Kopiervorlagen sind, analog zu den gedruckten Jo-Jo Materialien, mit einem erweiterten Wortabstand versehen. Aus technischen Gründen müssen neue Wörter, die ergänzend in einen bereits vorgegebenen Text gesetzt werden, immer *vor* einer bestehenden Wortlücke eingesetzt werden. Setzen Sie sie nach der Wortlücke ein, werden die Buchstaben in der Breite verzerrt. Wenn Sie einen vorhandenen Text zunächst ganz löschen und durch einen komplett neuen ersetzen, können sie für den erweiterten Wortabstand einfach ein doppeltes Leerzeichen setzen.

- Je nach Rechner kann die Bildschirmdarstellung einer editierbaren Kopiervorlage von dem Druckergebnis abweichen. So werden zum Beispiel die Unterlängen von Buchstaben unter Umständen am Bildschirm nicht angezeigt. Auf dem Papierausdruck sollten sie jedoch vollständig sichtbar sein. Im Zweifelsfalle kann es sinnvoll sein, vorab einen Probeausdruck zu machen.

Weitere technische Hinweise zum Umgang mit den Kopiervorlagen befinden sich direkt auf der CD-ROM.

2.6.1 Hinweise zur Gliederung der Kopiervorlagen

Die Kopiervorlagen sind in acht Kategorien unterteilt:

1. Tina und Tino zum Ausmalen (Diff.: Namen schreiben mit Anlautbildern)
2. Übungen zur Lauttabelle
3. Kopiervorlagen zu den Fibelfiguren (Namen schreiben mit Anlautbildern)

4a. Kopiervorlagen zum Leselehrgang: 1. Phase
4b. Kopiervorlagen zum Leselehrgang: 2. Phase

5. Kopiervorlagen zum Textteil
6. Allgemeine Kopiervorlagen und Blanko-Vorlagen
7. Individuelle und Klassen-Beobachtungsbögen / Förderplanung
8. Jo-Jo Fibel-Abbildungen (Sonderordner mit editierbaren Lautbildern, Piktogrammen und Strategiezeichen)

Die *Kopiervorlagen zum Leselehrgang* folgen dabei der Buchstabenprogression der Fibel und des Arbeitsheftes.

2.6.2 Erläuterungen zum Einsatz der Kopiervorlagen (KV)

Die ersten beiden Seiten der Kopiervorlagen enthalten eine Übersicht über alle Kopiervorlagen zum Leselehrgang, geordnet nach Kategorien bzw. den jeweiligen Buchstaben/Graphemen.
Die Überschriften der Kopiervorlagen verweisen in der Regel auf den jeweiligen Übungsschwerpunkt. Auf dem Fußbalken stehen – analog zum Arbeitsheft – die Hinweise zur Durchführung der einzelnen Übungen.
Vorschläge zum genauen Zeitpunkt des Einsatzes der Kopiervorlagen werden außerdem direkt in den unterrichtspraktischen Vorschlägen zu den Einheiten gemacht.

Auf *einige spezielle Aufgabenformen* sowie *lehrgangsunabhängige Kopiervorlagen* sei im Folgenden noch einmal gesondert hingewiesen:

Lautbilder groß

- **Kopiervorlagen 140–143**
  Diese Kopiervorlagen enthalten die Lautbilder zu den Buchstaben für die erste Phase des Lehrgangs (bis inkl. Einheit W/w) in einem größeren Format für die Demonstration an der Tafel.
  Darüber hinaus besteht aber auch die Möglichkeit, diese (und alle anderen Lautbilder zur Jo-Jo Fibel) aus dem Abbildungsordner der CD-ROM in ein gesondertes Word-Dokument zu laden und in bis zu doppelter Größe (verglichen mit der KV) auszudrucken. Das Verfahren zum Laden der Abbildungen wird auf der CD-ROM direkt unter den Abbildungsordnern Schritt für Schritt beschrieben.

Übungen zur Lauttabelle
Diese Kopiervorlagen bieten die Möglichkeit, die Arbeit mit der Lauttabelle in einem „Vorkurs" intensiv einzuführen. Sie können aber auch sukzessive nach Bedarf eingesetzt werden:

- **Kopiervorlagen 3–6**
  Die KV 3 und 4 enthalten zwei Blätter mit Buchstabenkärtchen zum Ausschneiden. Oben ist jeweils der Buchstabe (groß und klein) abgedruckt, darunter sind zwei freie Felder, in die die Kinder die Bildkärtchen von KV 5 – nach Anlauten geordnet – einkleben können.
  Die Abbildungen entsprechen denen der Lauttabelle, bei den Konsonanten kommt eine weitere Abbildung dazu.
  Die Buchstabenkärtchen mit den aufgeklebten Bildchen können dann in ein ABC-Heft, auf ein Buchstabenposter oder auch in das Buchstabenhaus von KV 138 (in den Schornstein) geklebt werden.

Die KV 6 ergänzt diesen Kartensatz (mit bereits zugeordneten Lautbildchen) um die schwierigeren Buchstaben, die erst im späteren Verlauf des Lehrgangs eingeführt werden.
Die Abbildungen der KV 5 und 6 können darüber hinaus für die Erstellung des Stempelblattes zum Jo-Jo Fibel-Pass (s. u.) mit der KV 151 eingesetzt werden. *Auch hier gibt es wieder alternativ die Möglichkeit, diese Abbildungen beim Editieren aus dem CD-ROM-Ordner direkt in das Abbildungsfeld zu laden.*

- **Kopiervorlagen 7–11:**
  Hier werden ebenfalls Anlautbilder Buchstaben zugeordnet. Allerdings kommen hier zu den Abbildungen der Lauttabelle weitere Abbildungen hinzu. Die Vokale sind dabei auf der KV 7 gesondert aufgeführt. Die KV 7 eignet sich deshalb auch gut zur ggf. gesonderten Einführung der Selbstlaute (Silbenkönige) im Zusammenhang mit der Silbenarbeit.

- **Kopiervorlagen 12, 13**
  Hier sind jeweils fünf Abbildungen einem Buchstaben/Anlaut zugeordnet. Diese Abbildungen sollen nach ihrem Anlaut abgehört werden. Eine der fünf Abbildungen passt nicht zu dem vorgegebenen Buchstaben/Laut und wird durchgestrichen.

Kopiervorlagen zu den Fibelfiguren
Diese Kopiervorlagen enthalten einen Bastelbogen für alle Kinder mit Fingerpuppenschnitten zu „Tina“ und „Tino“ sowie *für fortgeschrittene Kinder* Vorlagen zum Schreiben der Fibelnamen nach Anlautbildern.

- **Kopiervorlage 14**
  Fingerpuppenschnitte für alle Kinder – zu einem beliebigen Zeitpunkt einsetzbar

- **Kopiervorlagen 15–19**
  Schreiben der Namen von Tinas und Tinos Familienmitgliedern und Klassenkameraden mit Anlautbildern: Sukzessive zur Einführung der Buchstaben/Figuren in der Fibel oder für fortgeschrittene Kinder, die bereits selbstständig mit der Lauttabelle arbeiten, zu einem beliebigen Zeitpunkt einsetzbar.

Kopiervorlagen zur Erstellung eines Buchstabenhauses
- **Kopiervorlagen 24 und 138**
  Diese Kopiervorlage kann nach Belieben zu jedem Buchstaben eingesetzt werden. Sie enthält die schematisierte Abbildung eines Hauses, in dessen Schornstein der behandelte Buchstabe mit seinen Anlautbildern zu sehen ist.

Darunter gibt es „Zimmer“, in die die Kinder, jeweils zum Buchstaben/Laut passend, nach folgenden Kategorien malen und/oder frei schreiben können:
  Tiere, Gebrauchsgegenstande, Lebensmittel, Namen (Wörter).

Im „Keller“ des Hauses befindet sich ein Feld, in dem die Kinder frei assoziieren können:
  malen, schreiben, etwas aufkleben (z. B. einen Apfelkern zum A, eine Feder zum F ...).
Die bearbeiteten Blätter zu allen Buchstaben kann sich dann jedes Kind zu einem Buchstabenbuch zusammenheften.
Die KV 24 enthält ein Einführungsbeispiel zum Buchstaben A/a. Die KV 138 enthält eine editierbare Vorlage, in welcher die Buchstabenvorgabe vor dem Kopieren variiert werden kann. Die dazu benötigten Anlautbildchen sind den Kopiervorlagen zur Lauttabelle (KV 5, 6) zu entnehmen oder direkt von der CD-ROM zu laden.

Kopiervorlage „Silbenbögen setzen“
- **Kopiervorlage 20**
  Auf der zweigeteilten KV 20 werden zweimal je acht Abbildungen angeboten, unter die die richtige Anzahl von Silbenbögen zu setzen ist. Diese Kopiervorlage ist editierbar und kann, mit immer wieder neuen Abbildungen versehen (z. B. aus dem Abbildungsordner der CD-ROM), jederzeit wiederholend eingesetzt werden.

Kopiervorlagen zu „Indianerwörtern“
- **Kopiervorlagen 23 und 34**
  Grundsätzlich basiert der Jo-Jo Leselehrgang auf der Arbeit an ausschließlich sinnvollen Wörtern. Gerade zu Beginn eines Buchstabenlehrgangs kann es aber auch hilfreich sein, die Aufmerksamkeit der Kinder kurzzeitig einmal ausschließlich auf den reinen Lautaspekt unserer Sprache zu fokussieren.
  Dazu bieten sich das Erlesen und der silbenweise Aufbau von Fantasiewörtern an, die man den Kindern gegenüber als **„Indianerwörter“** bezeichnen kann. Wechselnde Konsonant-Vokal-Folgen erfordern dabei ein sehr genaues Hinsehen und Lesen. Die Wörter können also nicht erraten werden, denn weder eine inhaltliche noch eine lautliche Vorerwartung sind hier gegeben.

  Die *editierbare* **Kopiervorlage 23** bietet dazu entsprechende Wörter an, hier zunächst nur mit den Buchstaben aus den Fibelnamen „Tina“ und „Tino“ und einfachen offenen Silben. Diese Übung kann also bereits zu den Arbeitsheftseiten 6–16 eingesetzt werden.

Aufgrund ihrer Editierbarkeit ist **diese KV zu jedem weiteren Buchstaben einsetzbar**, mit neu eingegebenem Silbenmaterial und selbstverständlich später auch mit geschlossenen Silben.
Ein Beispiel für Indianerwörter mit geschlossenen Silben befindet sich auf der *nicht editierbaren* **Kopiervorlage 34**.

Hinweis: Um die abwechselnde Silbenfärbung (schwarz-grau) beim Verändern der Silben beizubehalten, empfehlen wir, zunächst eine vollständige Sprechsilbe zu markieren und zunächst nur diese zu überschreiben, dann die zweite Sprechsilbe markieren usw.

Kopiervorlagen zu Lesedominos

- **Kopiervorlagen 39, 47, 52, 59 und weitere**
  Die Kärtchen der Lesedominos werden an den gestrichelten Linien auseinandergeschnitten und gemischt auf den Tisch gelegt. Dann wird nach Domino-Regeln gespielt: Die Kärtchen werden so aneinandergelegt, dass immer das Bild einer Karte zum Wort der folgenden Karte passt. Die Kinder können mit einer beliebigen Karte beginnen.
  Selbstkontrolle: Wenn das letzte Bild zum ersten Wort passt, ist das Domino in die richtige Reihenfolge gebracht.
  Aufbewahrung: Die grauen Buchstaben unten auf den Kärtchen kennzeichnen den jeweiligen Kartensatz des Dominos. Jeder Kartensatz kann in einem Briefumschlag aufbewahrt werden, der mit dem jeweiligen Buchstaben und ggf. dem Namen des Kindes beschriftet wird.

Kopiervorlagen zu den Würfelwörtern

- **Kopiervorlagen 35, 41, 50, 65 und weitere**
  Die Kärtchen zu den Würfelwörtern werden an den gestrichelten Linien auseinandergeschnitten. Dann werden die Kärtchen mit den Lösungsstreifen unten in eine Setzleiste gesteckt oder die *Lösungsstreifen* werden nach hinten geknickt. In einem gesonderten Schreibheft schreiben die Kinder die Wörter zu einem Kartensatz auf (mit dem jeweiligen Buchstaben kennzeichnen).
  Selbstkontrolle: Die Kinder ziehen das Kärtchen aus der Setzleiste oder knicken den Lösungsstreifen wieder nach vorne und überprüfen ihre Schreibung anhand des Lösungswortes.
  Aufbewahrung: siehe Anmerkungen zu den Lese-Dominos
  (Passende Setzleisten aus Kunststoff, DIN-A4 quer, werden vom Cornelsen Verlag im 5er-Pack unter der ISBN 978-3-464-07469-5 angeboten.)

Kopiervorlagen zu Erzählbildern und zum freien Schreiben

Die meisten Erzählbilder werden auch als editierbare Kopiervorlagen angeboten. Hier besteht die Möglichkeit, für schwächere Kinder unter den Bildern / innerhalb der Schreibzeilen bereits einige Signalwörter oder Satzanfänge zum freien Schreiben vorzugeben. Viele Kopiervorlagen enthalten außerdem gesonderte Aufgaben zum freien Schreiben als zusätzliche Differenzierungsübung.

- **Kopiervorlagen 27, 32, 45, 46, 70 und weitere**
  Thematisch an den Kapitelthemen orientierte Erzählbilder: größere vorgegebene Szenen mit Freifläche oder Schreiblineaturen zum freien Schreiben

- **Kopiervorlagen 147/148**
  Erzählbilder mit Pipo und Polli: 16 fibelunabhängige Bildchen mit kleinen spaßigen Szenen, in denen die Fibeltiere „Unfug" treiben. Diese Bildchen sind für das Ausschneiden und Einkleben in ein Schreibheft / auf ein Blanko-Papier konzipiert und können zu einem beliebigen Zeitpunkt den Kindern ausgegeben werden.

- **Kopiervorlagen 145, 146**
  Blanko-Vorlagen mit großer und kleiner Lineatur für das individuelle Schaffen von Schreibanlässen. In das obere Feld können jeweils eigene Bilder eingeklebt oder gemalt werden. Die Kopiervorlage 145 (größere Lineatur) ist editierbar.
  Auch damit können zu jedem beliebigen Zeitpunkt des Lehrgangs auf unterschiedlichem Niveau zusätzliche Anlässe zum freien Schreiben geschaffen werden.

Faltbüchlein

- **Kopiervorlage 139**
  Mit diesem editierbaren Faltbüchlein kann die Lehrkraft vor allem in der Anfangsphase zusätzliches Lesefutter in Form kleiner überschaubarer Geschichten an bieten. Eine Geschichte ist bereits vorgegeben. Diese Kopiervorlage kann jedoch auch am Computer überschrieben werden (max. 6 Zeilen/Seite!).
  Faltanleitung:
  Editierbares Büchlein in der angegebenen Seitenfolge beschreiben und ausschneiden; Blatt entlang aller Linien einmal in beide Richtungen falten und falzen; mit den bedruckten Seiten nach oben quer auf die Hälfte falten (S. 1, 2, 3 und 8 auf einer Hälfte); gestrichelte Linie einschneiden; aufklappen und längs falten; äußere Enden des Streifens zusammendrücken und dabei so zur Mitte schieben, dass der Schnitt sich öffnet; Heftseiten mit Seite 1 nach oben zusammenlegen und erneut falzen.

Kopiervorlagen zum Malen / Basteln / Spielen

Auf vielen Kopiervorlagen wird (alternativ zum freien Schreiben) auch zum Malen aufgefordert. Darüber hinaus gibt es einige spezielle Mal- und Bastelvorlagen, z. B.:

- **Kopiervorlagen 1, 2**
  Ausmalbilder zu Tina und Tino
- **Kopiervorlage 14**
  Fingerpuppenschnitte zu Tina und Tino
- **Kopiervorlagen 21, 22 und 144**
  Vorlagen für ein Anlaut-Quartett zu den Fibelseiten 8/9 sowie eine editierbare Blanko-Vorlage dazu auf KV 144
- **Kopiervorlage 38**
  Bastelanleitung: Herbstmemo analog zu Fibelseite 19

Kopiervorlagen zur Unterrichtsorganisation

Für den **differenzierenden Unterricht**, das **Arbeiten mit einem Wochenplan** sind folgende Kopiervorlagen vorgesehen:

- **Kopiervorlagen 150 und 151: Jo-Jo Fibel-Pass**
  Für das individuelle Voranschreiten einzelner Kinder im Leselehrgang bietet dieser Fibel-Pass eine gute Möglichkeit, dem Kind einen genauen Arbeitsplan zu geben. Andererseits können Sie als Lehrkraft sich stets schnell und unaufwändig einen Überblick über den Arbeitsstand des jeweiligen Kindes verschaffen.
  Das Deckblatt (KV 150) kann das Kind mit einem Foto von sich versehen (oder ein Bild malen) und mit seinen Namen etc. beschriften.
  Das Stempelblatt (KV 151) kann handschriftlich oder am Rechner vorbereitet werden.
  Es enthält am Seitenkopf ein „Tuch", in das der jeweils zu übende Buchstabe (groß und klein) sowie das entsprechende Anlautbild / die Anlautbilder geschrieben bzw. geklebt werden. Die Anlautbilder können den KV 5 und 6 entnommen oder direkt von der CD-ROM geladen werden.
  Darunter befinden sich sechs Felder für die wichtigsten Jo-Jo Fibelmaterialien.
  Als Erkennungshilfe für die Kinder sind sie jeweils mit den Figuren versehen, die auf den Titelseiten/Covern der entsprechenden Materialien rechts oben unter dem Jo-Jo Schriftzug abgebildet sind.
  Zwei weitere Felder unten sind für den Eintrag von zu bearbeitenden Kopiervorlagen sowie für ein beliebiges weiteres (z. B. Erzählbilder oder auch selbst hergestelltes) Material vorgesehen.
  Rechts neben diese Abbildungen kann die Lehrkraft nun eintragen, welche Seiten des entsprechenden Materials zu dem ausgewählten Buchstaben (auf dem Tuch) oben von dem Kind bearbeitet werden sollen.

  Selbstverständlich kann sie auch Materialien ausstreichen oder überkleben, die ein Kind vielleicht noch nicht bearbeiten soll (z. B. den Schreiblehrgang in verbundener Schrift). Die Aufgabenstellungen können hier beliebig und individuell auf einzelne Kinder zugeschnitten werden.
  Hat das Kind die Seiten zu einem Material erfolgreich bearbeitet, kann es sich die Bestätigung dafür einholen, zum Beispiel in Form eines Stempels, der auf das entsprechende Feld gedruckt wird. Die vollständig abgestempelten Blätter kann jedes Kind – hinter seinem persönlichen Deckblatt zum Jo-Jo Fibel-Pass (KV 150) – zusammenheften. Auch für Kinder, die die Aufgaben im Klassenverband bearbeiten, kann diese Visualisierung ihres Lernfortschritts eine große Motivation darstellen.

- **Kopiervorlage 149: Wochenplan**
  Dieser Wochenplan kann **zur fächerübergreifenden Unterrichtsorganisation** eingesetzt werden. Als Arbeitsbereiche zunächst vorgegeben sind die Jo-Jo Fibel, das Arbeitsheft, ein Symbol für Mathematik sowie Symbole für den Sachunterricht/MNK und die Bildende Kunst.
  In das freie Feld ganz rechts oben kann ein weiterer Bereich eingetragen werden. Aber auch die anderen Felder sind variabel zu gestalten, da diese Kopiervorlage editierbar, also veränderbar ist. Innerhalb des entsprechenden Word-Dokumentes können Sie die abgebildeten Symbole löschen.
  Unterrichtspraktische Hinweise zur Umsetzung von Wochenplanarbeit sind unter Abschnitt 4.5.4 beschrieben.

Kopiervorlagen zu Diagnose und Förderplänen

Die Kopiervorlagen 152 bis 156 enthalten editierbare Diagnosebögen und einen Bogen zur individuellen Förderplanung:

- **Kopiervorlage 152:**
  Individueller Beobachtungsbogen „Erstlesen"
- **Kopiervorlage 153:**
  Individueller Beobachtungsbogen „Erstschreiben"
- **Kopiervorlage 154:**
  Individuelle Förderplanung
- **Kopiervorlage 155:**
  Klassenbeobachtungsbogen „Erstlesen"
- **Kopiervorlage 156:**
  Klassenbeobachtungsbogen „Erstschreiben"

Hinweis: *In den unveränderbaren PDF-Dateien der individuellen Beobachtungsbögen sind jeweils nur ein oder zwei Zeilen für Ihre Bemerkungen vorgegeben.*
In den editierbaren Fassungen können Sie jedoch beliebig umfangreiche Anmerkungen in die Tabelle schreiben. *Das Dokument hängt, wenn erforderlich, beim Editieren automatisch weitere Seiten an.*

2.7 Der Differenzierungsblock

Der Differenzierungsblock enthält, in Ergänzung zum Arbeitsheft, zu den wichtigsten 40 Buchstaben / Graphemen weitere Übungsmöglichkeiten:
40 grün markierte Karten bieten Basisübungen für langsamer lernende Kinder.
40 blau markierte Karten bieten ergänzende Angebote für schneller lernende Kinder, z. B. zur Arbeit mit der Lauttabelle.
Die Rückseiten der Karten enthalten Freiraum zum Gestalten eigener Buchstabenblätter.

Der Differenzierungsblock ist ein auf den Jo-Jo Leselehrgang abgestimmtes, vorstrukturiertes Material, mit dem ohne zusätzlichen Aufwand tagtäglich differenziert werden kann. Er ist flexibel einsetzbar zum selbstständigen Arbeiten, zum Fördern und/oder für individuelle Hausaufgaben, für Übungsphasen in Stillarbeit, für Aufgabenangebote in Tagesplanen oder Lerntheken.

Hinweise zum Aufbau
Die **40 grünen Karten** bieten langsamer lernenden Kindern die Möglichkeit, vertiefend zu üben. Die Aufgabentypen orientieren sich am Arbeitsheft, ohne diese jedoch einfach nur zu wiederholen. Sowohl das Bild- als auch das Wortmaterial sind den Kindern also vertraut, die Kombination von Aufgabe und Bild-Wortmaterial variiert jedoch.
Das Wortmaterial ist auf die Buchstabenfolge der Fibel abgestimmt, sodass keine unbekannten Buchstaben-Laut-Kombinationen vorausgesetzt werden. Der Schwerpunkt der ersten Seiten liegt auf Laut-Buchstaben-Zuordnungen und ersten Silbenübungen sowie auf zusätzlichen optischen Differenzierungsübungen.
Das Lesen von und mit Silben ist für das Synthetisieren von Wörtern und die Vorbereitung auf die spätere Entwicklung von Rechtschreibstrategien eine wichtige und unerlässliche Übung und wird auch bei den Aufgaben im Differenzierungsblock durchgängig berücksichtigt.
Ein selbstständiges Arbeiten ist von der Aufgabenstruktur her grundsätzlich angelegt.

Die **40 blauen Karten** bieten schneller lernenden Kindern oder Kindern mit ersten Lesekenntnissen die Möglichkeit, mit ihrem Wissen zügig Wörter und Sätze zu lesen. Die Technik des Erlesens (Synthese der Buchstaben) wird hier lediglich zu Beginn in einzelnen Übungen aufgegriffen. Bereits hier besteht durch den Einsatz der Lauttabelle eine hohe Motivation, da auch neue Wörter zu erlesen sind.
Aufgaben mit Silbenbögen zielen bereits auf das eigene Verschriften von Wörtern ab. Immer wieder werden Schreibanlasse durch kleine Bilder gegeben, sodass die Kinder schnell zum eigenen Schreiben von Wörtern und Sätzen kommen.

Beiden Kartensätzen gemeinsam ist die **frei zu gestaltende Rückseite der Karten**. Durch die vielfältigen Anregungen (siehe Deckblatt-Innenseite des Differenzierungsblocks) findet auch das Prinzip des handlungsorientierten Lernens seine Berücksichtigung, z. B.:

Buchstaben stempeln, Buchstaben aus Zeitungen ausschneiden, Lieblingswörter aufkleben oder aufschreiben, malen und frei schreiben mit der Lauttabelle, Buchstaben aus Wolle legen und kleben

2.8 Die Lese-Mal-Blätter

Die Lese-Mal-Blätter sind eine Loseblattsammlung (DIN A5) mit wenigen, leicht überschaubaren Aufgaben pro Seite. Jeder kleine Text verlangt das sinnerfassende Lesen und fordert zu einer sofort durchführbaren Handlung auf, z. B.:

anmalen, verbinden, ankreuzen, eine Zeichnung vervollständigen, Texten Bilder zuordnen

Erfahrungsgemäß sind diese Aufgaben für alle Kinder hoch motivierend: Durch die direkte Umsetzung der kurzen Aufgabenstellungen in eine konkrete Handlung wird unmittelbar der Erfolg, und damit auch der Sinn des Lesens, dokumentiert.
Zur Leseunterstützung sind die Sprechsilben abwechselnd schwarz und grau gedruckt.

Die Lese-Mal-Blätter zur Jo-Jo Fibel folgen der Buchstabenprogression der Fibel und können ab dem Buchstaben M/m (Seite 19 im Arbeitsheft) eingesetzt werden. Die benötigten Buchstaben sind jeweils am Seitenfuß abgedruckt. Damit sind sie sowohl individuell differenzierend, als auch arbeitsgleich einsetzbar.
Bei differenzierender Verwendung empfiehlt es sich, die Blätter in Klassensatzstärke als Kartei bereitzustellen. Die Kinder entnehmen in den entsprechenden Unterrichtsphasen ein Blatt und führen die Arbeitsaufträge aus. Die Aufgabenformen (wie z. B. Ankreuzen, Notieren der gleichen Nummer bei Zuordnungsaufgaben) sollten zuvor ggf. erläutert werden.
Für die anschließende Kontrolle durch die Lehrkraft genügt in der Regel ein kurzer Blick auf die Blätter. Sind die Aufgaben richtig gelöst, wird das Blatt in einem DIN-A5-Ordner abgeheftet und die Bearbeitung ggf. in einer Liste oder im Jo-Jo Fibel-Pass dokumentiert.
Die fertigen Blätter können auch für jedes Kind zu einem „eigenen Buch“ zusammengeheftet werden.

2.9 Das kleine Jo-Jo

Dieses Material enthält Aufgaben zur Förderung grundlegender Lernvoraussetzungen für den Schriftspracherwerb, als kindgemäße Vorbereitung auf die Anforderungen des Anfangsunterrichtes, einsetzbar vor der Einschulung bzw. in den ersten Schulwochen oder -monaten:
Neben den wichtigen Faktoren, wie Aufmerksamkeit, Konzentrationsfähigkeit und Gedächtnisleistung, stellen visuelle Wahrnehmung und optische Differenzierung, Feinmotorik sowie insbesondere die phonologische Bewusstheit basale Vorläuferfertigkeiten für den erfolgreichen Schriftspracherwerb dar. Oft bringen Kinder aber, besonders im Einschulungsalter von 5 Jahren, noch nicht alle Fähigkeiten mit, die die Voraussetzungen zum Lesen- und Schreibenlernen bilden.

Das kleine Jo-Jo ist ein Arbeitsheft zur Förderung wichtiger und grundlegender Teilfertigkeiten des Schriftspracherwerbs. Spielerisch werden die Kinder auf die Anforderungen im Schriftspracherwerb vorbereitet, wichtige Voraussetzungen für das Arbeiten in der Schule werden trainiert. Das kleine Jo-Jo ist zur Binnendifferenzierung einsetzbar, aber ebenso für die Vorbereitung auf den Schulstart konzipiert.

Layout und Gestaltung sind auf die Jo-Jo Fibel abgestimmt. Auf einigen Seiten machen die Kinder bereits erste Bekanntschaft mit den Fibelfiguren oder können die ihnen aus der Fibel vielleicht schon bekannten Figuren wiederentdecken.

Die Bearbeitung der Übungen setzt keinerlei Buchstabenkenntnisse voraus, das gesamte Wortmaterial wird durch Abbildungen repräsentiert. Es werden noch keine Buchstaben-Laut-Zuordnungen geübt.

Mit abwechslungsreichen Aufgaben und vielseitigen Übungsformen werden Arbeitstechniken vermittelt, die die Schulreife fördern. Gleiche Übungsformen sind immer identisch aufgebaut, zu allen Aufgaben gibt es Beispielübungen – so wird selbstständiges Arbeiten ermöglicht.

Die Auswahl des durch Abbildungen dargestellten Wortschatzes ist lebensnah, die Wiederholung gleicher Begriffe in unterschiedlichen Zusammenhängen kommt auch Kindern mit sprachlichen Defiziten entgegen, denn so werden wichtige Wörter, z. B. aus dem Schulalltag, immer wieder geübt.

Kinder mit ungünstiger Lernausgangslage oder bestimmten Teilleistungsschwächen können mit diesem Heft gezielt gefördert und in ihrem Selbstvertrauen gestärkt werden. Das kleine Jo-Jo enthält dazu folgende Übungsschwerpunkte:

Phonologische Bewusstheit

- Die auditive Analyse, also das genaue Hören und Erkennen von Lauten bzw. Lauteinheiten, wird durch vielseitige Aufgaben zur phonologischen Bewusstheit gefördert.

- Durch verschiedene Übungen auf unterschiedlichen Schwierigkeitsniveaus lernen die Kinder, sich von den Bedeutungsaspekten der Sprache zu lösen und sich den Lautaspekten zuzuwenden. Hierzu gehören z. B. die Bestimmung der Wortlänge (das Wort „Schmetterling" ist länger als das Wort „Bus", obwohl dieser doch viel größer ist), Aufgaben zum Silbensegmentieren, zum Erkennen von Reimwörtern oder gleichen Anfangssilben sowie zum Analysieren von Anlauten.

Visuelle Diskriminierung / optische Analyse

- Das genaue Hinsehen und Erkennen von Raum-Lage-Unterschieden ist wesentliche Voraussetzung für das Erlernen der Buchstaben und somit für den Erwerb der Schriftsprache.

- Fehlersuchbilder und Labyrinthe, Aufgaben zum Identifizieren einer Figur aus einer Figurenreihe oder zum Erkennen optischer Unterschiede bei Gegenständen oder abstrakten Formen fördern die Fähigkeiten im Bereich der visuellen Wahrnehmung.

Feinmotorik

- Alle Aufgaben, bei denen verbunden, eingekreist oder durchgestrichen werden muss, fördern die Feinmotorik. Darüber hinaus enthält „Das kleine Jo-Jo" eine Vielzahl von Seiten mit gezielten Übungen zur Entwicklung der motorischen Geschicklichkeit: Dazu gehören Ausmalübungen, Aufgaben zum Malen nach Vorgaben oder zum Nachspuren ebenso wie Seiten zum Ausschneiden und Einkleben.

- Spielerische Schwungübungen bereiten gezielt auf das Schreiben vor.

Logisches Denken / Umweltwissen / Gedächtnisleistung:

- Bedeutungen erfassen, Gemeinsamkeiten feststellen, Oberbegriffe finden, das falsche Bild kennzeichnen, Reihen fortsetzen, Passendes zuordnen, Fehlendes finden

2.10 Jo-Jo Ferienspaß 1

In diesem gesonderten „Ferienheft“ finden die Kinder witzige Geschichten, Reime, Rätsel, kleine Basteleien und einen Stickerbogen, mit denen sie sich *(nach dem ersten Schuljahr)* während der Sommerferien beschäftigen können. Dabei begegnen sie lustigen Figuren: *Froscholoff*, der kluge Frosch, erfindet eine Storchenschnabelwarnanlage und entlarvt jeden Dieb.
Die Kofferfische *Kofi* und *Fina* laden (am Seitenfuß) zum Reimen ein: Die Kinder können jeweils die zweite Zeile eines Reimes erfinden.
Oder: Sie suchen diese Reimzeile auf dem Stickerbogen und kleben sie dann vorn auf die Seite.
Das Heft bietet auf sechs Wochen verteilt Rätsel und Aufgaben, sodass es die Kinder über die gesamten Sommerferien begleiten kann.
Am Ende entsteht ein Lösungswort. Das können die Kinder mit der Postkarte von der hinteren Umschlagseite zum Ferienende an ihre Lehrerin oder ihren Lehrer schicken.

2.11 Jo-Jo Planungshilfe 1/2: Handreichungen zum jahrgangsübergreifenden und jahrgangsgemischten Lernen mit Hinweisen zu Fibel, Sprachbuch, Lesebuch

Der Jo-Jo Leselehrgang ist sowohl jahrgangsorientiert einsetzbar als auch jahrgangsübergreifend bzw. jahrgangsgemischt im Verbund mit den Jo-Jo Materialien für den 2. Jahrgang (s. Verbund-Schema, Seite 6) konzipiert.
Ausführliche Vorschläge zum jahrgangsgemischten Unterricht im Jo-Jo-Verbund mit Jo-Jo Lesebuch 2 und Jo-Jo Sprachbuch 2 enthält diese gesonderte Handreichung, die das Zusammenwirken der Materialien sowie Möglichkeiten zur unterrichtspraktischen Umsetzung aufzeigt: ISBN 978-3-06-083003-9.

Zur Konzeption
Die Jo-Jo Fibel folgt der Kapitelstruktur von Jo-Jo-Lesebuch 2 und Jo Jo Sprachbuch 2. Die Kapitel sind durch einheitliche Kapitel-Vignetten und Farbzuordnungen auf dem Fußbalken gekennzeichnet.
Analog zum Jo-Jo Lesebuch 2 beginnt jedes neue Kapitel außerdem mit einer Kapiteleinstiegsseite, auf der in der Regel ein Kinderbuch vorgestellt wird. In der Fibel geschieht dies jeweils auf einem reduzierten Niveau oder mit einem etwas anderen Schwerpunkt, sodass die Kapiteleinstiegsseiten für die beiden Jahrgänge parallel und/oder einander ergänzend eingesetzt werden können.
Die Einstiegsseiten eignen sich somit z. B. zur gemeinsamen Einstimmung auf ein Kapitelthema oder zur Bearbeitung im Rahmen eines Unterrichtsprojektes.

Innerhalb der thematischen Kapitel werden in Fibel, Lesebuch und Sprachbuch einerseits identische Unterthemen, andererseits einander ergänzende Inhalte behandelt. Die Fibeltexte und -abbildungen enthalten durchgängig zahlreiche inhaltliche Anknüpfungsmöglichkeiten, die wahlweise genutzt werden können.

Auf diese Anknüpfungsmöglichkeiten wird auch in den unterrichtspraktischen Vorschlägen zum Leselehrgang (Abschnitte 5.3 bis 5.5 dieser Handreichungen) jeweils in einem gesonderten Kasten hingewiesen.

2.12 Jo-Jo Hör-CD 1/2

Die Jo-Jo Hör-CD 1/2 enthält ausgewählte Texte, Gedichte und Lieder aus der Jo-Jo Fibel und dem Jo-Jo Lesebuch 2.
Vielen Kindern erleichtert der Einsatz einer Hör-CD mit professionell eingesprochenen Texten den Zugang zur Literatur deutlich, im Vergleich zum erst zu erlernenden, mühevollen Lesen.
Andererseits fordert das sinnerfassende Anhören einer CD-Aufnahme den Kindern aber auch eine hohe kognitive Leistung ab, denn das Tempo des Verstehensprozesses ist ja vorgegeben; man kann nicht verweilen und nicht zurückblättern. Diese geistige Anforderung verlangt Konzentration und ein bewusstes Zuhören. Der Einsatz einer Hör-CD schult also gezielt die Hörkompetenz als eine zentrale zu entwickelnde Fähigkeit.

Beispiele für Höraufgaben werden in diesen Handreichungen direkt bei den unterrichtspraktischen Hinweisen zu den Texten/Liedern gegeben.

- Die Hör-CD kann zur Erstbegegnung mit dem Text genutzt werden, um in einen Text einzuführen und die Kinder mit dem Inhalt vertraut zu machen.
- Im Prozess der Rezeption eines Textes kann die Hör-CD genutzt werden, um bestimmte Aussagen zu vertiefen, indem sie an einer bestimmten Stelle nach dem Lesen eines Textabschnitts angehört wird.
- Setzt man die Hör-CD nach dem Lesen und der Erarbeitung im Unterricht ein, rundet das Hörerlebnis die Beschäftigung mit dem Text insgesamt ab.

Schließlich kann die Hör-CD als Anlass genommen werden, ein eigenes Hörspiel aufzunehmen.

3 Zur Theorie des Lesen- und Schreibenlernens *(Beate Weiß)*

3.1 Einleitung

Lesen- und Schreibenlernen – das perfekte Tandem

Die Schrift ist das grafisch-optische Äquivalent zur gesprochenen bzw. gehörten Sprache, unserer Lautsprache. Ein die Schriftsprache lernendes Kind erbringt die große Erkenntnisleistung, dass Lauten geschriebene Zeichen zugeordnet sind, und dies in einer festgelegten Abfolge. Es erlernt Lesen und Schreiben in einem lebenslangen Prozess als komplexe Vorgänge der En- und Dekodierung von Sprache mit Hilfe von Schrift.
Lesen und Schreiben sind in unserer Lebenswelt eng miteinander verwoben und kaum mehr voneinander zu trennen. Sie eröffnen den Weg in die (Schrift-)Kultur und sichern die eigenständige Teilhabe daran.

Die heutige Sicht der Bildungspläne auf den „Schriftspracherwerb" hat sich längst weiterentwickelt. Es geht nicht mehr nur um den reinen Erwerb der „Kultur*techniken*" mit feinoperationalisierten Lernzielen unter dem einseitigen Gesichtspunkt des Produktgedankens *(z. B.: „Die Schüler und Schülerinnen sollen nach Abschluss ihres ersten Schuljahres einfache Texte lesen und kleine Texte in Schreibschrift schreiben können").*
Inzwischen verortet sich das Verständnis von Schriftspracherwerb zunehmend in einem weit größeren pädagogisch-didaktischen Zusammenhang und fokussiert den lebenslangen Lese-Schreib-Lernprozess, der sich auf einer dauerhaft tragfähigen Leseeinstellung gründet sowie auf den rezeptiven und produktiven Kompetenzen im Umgang mit Texten, Medien und Literatur:
Lesefähigkeit, Schriftgebrauch und Literaturkenntnis.

Aus didaktischer Sicht sind Lesen- und Schreibenlernen zwei sich wechselseitig befördernde Lernprozesse, die darum nicht getrennt gelehrt werden sollten[1]: Gerade durch das lautierende Schreiben übt das Kind einerseits die grundlegenden Laut-Buchstaben-Zuordnungen ein, indem es sich selbst die Wörter bewusst und akzentuiert vorspricht, sein selbst produziertes Klangbild genau abhört und dann graphemisch notiert. Andererseits übt es das Synthetisieren („Verschleifen") der Buchstaben beim Lesen ein. Schreiben als sequenziell-lautierender Vorgang erfordert die genaue Beachtung der Lautfolgen und Segmentierung der Wörter, sodass orthografischen Problemen, wie dem Auslassen oder Vertauschen von Buchstaben – eine Problematik innerhalb der Ganzheitsmethode –, frühzeitig entgegengewirkt wird.

Dasselbe trainieren die Kinder durch das sequenziell synthetisierende Lesen idealerweise zwangsläufig ein.

Sollen Kinder von Anfang an die Freude, den Nutzen und Erfolg eines produktiv-aktiven Schreibens erfahren, bietet es sich schon aus Motivationsgründen an, das Lesen kombiniert mit Schreiben in sich gegenseitig vorantreibenden Wechselwirkungsprozessen zu erlernen.

3.2 Sprache und ihre fünf Strukturmerkmale

Schon ein Baby kann lesen!

Die gesprochene Sprache lebt durch ihre Mehrdimensionalität. Sie wird neben ihrem Bedeutungsgehalt durchzogen von Mimik, Gestik und prosodischen Elementen wie Sprechpausen, Lautstärke, Satzmelodie und emotionale Färbung.
Kinder sind darum schon längst erfahrene Rezipienten geworden im Lesen von Zeichen und Sich-Ausdrücken damit. Idealer Anfangsunterricht klinkt sich also in diesem Bewusstsein in das bestehende Lernkontinuum des einzelnen Kindes ein.

Das so genannte *semantische* Strukturelement von Sprache verweist auf ihre inhaltliche Bedeutung und Funktion als Sinnträger.
Das *syntaktische* Strukturmerkmal bezeichnet das Zusammenfügen singulärer Gedanken zu Sprachgefügen.
Das *phonologische* Strukturelement beleuchtet spezifische Laute und Lautfolgen, auch in Unterscheidung zu anderen Sprachen.
Das *prosodische* Strukturmerkmal beschreibt die metrisch-rhythmische Seite der Sprache, also Länge und Stärke von Lauten bzw. Lautfolgen in Rhythmus und Akzentuierung.
Der *pragmatische* Aspekt definiert den Realitäts- und Benutzerbezug.

Die isolierende Herausstellung dieser fünf Strukturmerkmale ist für Lehrende deshalb aufschlussreich, weil sie den Schriftspracherwerb als vielschichtige, prozessuale Ausbildung von Sprachwissen, Informationsentnahme und kommunikativer Kompetenz vor Augen führt.
Die gesprochene wie geschriebene Sprache zu erlernen und zu verstehen bedeutet weit mehr als die Beherrschung des Systems einer puren Abfolge sprachlicher Zeichen – es ist der lebenslange, anspruchsvolle Weg

eines jeden, sein eigenes verwobenes Netz aus sprachlicher Kommunikation, Ausdruck und Informationsfluss auszubilden.

3.3 Unsere Schrift – eine abstrakte Buchstabenschrift

„Hund" fängt doch eher mit Schnauze als mit „H" an!

Unsere Schrift ist eine Buchstabenschrift und repräsentiert die Lautung unserer Sprache. Für das Kind als Lese- und Schreibanfänger stellt das Erkennen des Laut-Zeichen-Charakters unserer Schrift gerade wegen ihres hohen Abstraktionsgrades eine gewisse Hürde dar: Es muss den inhaltlichen Sprachanteil (Sinnaspekt) zugunsten des lautlich-formalen Anteils hintanstellen, um das Verschriftungsprinzip zu verstehen.

Ein Kind würde, seiner zunächst bildhaft-konkreten Anschauung folgend, wahlweise das „größere" (längere) Wort „Ameise" eher der Abbildung eines großen Bären und das „kleine" Wort „Bär" dem Bild einer kleinen Ameise zuordnen. *„Die Kinder wissen nicht, worauf sie ihre Aufmerksamkeit richten sollen, weil sie noch kein kognitives Schema ausgebildet haben. ‚Hund' fängt für sie wohl eher mit der Schnauze als mit einem ‚H' an."* [2]

3.3.1 Phonologische Bewusstheit

Der Leseanfänger muss also zunächst ein inneres Konzept für unsere Schrift entwickeln. Er muss lernen, unabhängig vom Sinn eines Wortes dessen Lautstruktur zu erkennen. Um Einblick in den rein linguistischen Aufbau der Sprache zu gewinnen, muss er also erst einmal, entgegen seiner Gewohnheit, die Bedeutung einer Mitteilung ausblenden.

Dieses Nachdenken und Bewusstwerden über den formalen Anteil von Sprache wird als **phonologische Bewusstheit** bezeichnet.
Sie rückt deshalb bereits schon verstärkt in den Fokus der vorschulischen Erziehung: Durch Reimspiele, Singen, rhythmisches Klatschen, reimgestütztes Auswendiglernen, Wörterzerlegung in Silben und Anlautabhören sollen Kindergartenkinder die grundlegenden Fähigkeiten der Wahrnehmung – Unterscheidung (Lautdiskriminierung) und Segmentierung lautlicher Einheiten – als gewichtige Vorläuferfähigkeiten für den frühen Schriftspracherwerb entwickeln. Dass ein hoher Grad an phonologischer Bewusstheit Indikator für erfolgreichen Schriftspracherwerb ist, konnte in verschiedenen Studien nachgewiesen werden.[3]

Im Gegensatz zu Bilderschriften, die an den Bedeutungsgehalt ihrer Bildzeichen gebunden sind (z. B. ägyptische Hieroglyphen), oder Begriffsschriften (um z. B. eine chinesische Zeitung lesen zu können, muss man etwa 3 000 einzelne Zeichen mit spezifischer Bedeutung kennen) arbeitet unsere Lautschriftsprache äußerst ökonomisch: Sie funktioniert unabhängig von bedeutungstragenden Einzelzeichen und trägt – als eine Art Bausteinkasten – die Option eines vergleichsweise einfach erweiterbaren Wortschatzes in sich.

3.3.2 Phonem-Graphem-Korrespondenz

Durch ihren Abstraktionsgrad erhält unsere Schriftsprache ihre hohe Flexibilität. Unser Schriftsystem basiert auf dem Prinzip der **Phonem-Graphem-Korrespondenz** (Laut-Buchstaben-Zuordnung). Diese zentrale Einsicht in unsere Lautschriftstruktur soll sich den Kindern vom ersten gelesenen und geschriebenen Wort an vermitteln.

Wörter bestehen aus Buchstaben, sprachwissenschaftlich Grapheme (kleinste, bedeutungsunterscheidende, grafische Symbole, die ein oder mehrere Phoneme wiedergeben) genannt.
Die Buchstaben verweisen auf Sprechlaute, so genannte Phoneme (kleinste bedeutungsunterscheidende, aber nicht selbst bedeutungstragende, lautliche Spracheinheiten, z. B. */b/* in *Bein* im Unterschied zu */p/* in *Pein*) in der Gesamtklangfigur dieser Wörter.

Lesen heißt also, einem Schriftbild ein Klangbild zuzuordnen *(mit anschließender Sinnerfassung)*. Laute haben jedoch immer nur eine Klang*ähnlichkeit* mit den Buchstabenlauten, die Kindern als isolierte, orientierende „Normallaute" präsentiert werden, beispielsweise zur Buchstabeneinführung mittels Anlautbildern. Durch diesen Unschärfefaktor sind Grapheme nur *„Andeutungen einer skizzenhaften Art. In den Buchstaben sind gewissermaßen nur die Richtpunkte für den Weg gegeben, den die Artikulation nehmen soll."* [4]

Die Bandbreite nicht eindeutiger *Phonem-Graphem-Korrespondenzen* spiegelt sich in graphemischen Varianten und orthografischen Komplikationen bei gleichem Laut wider, beispielsweise im Anlaut, den wir beim Wort ***K**arren* hören:
Dieser Laut könnte auch durch andere Grapheme repräsentiert werden, wie z. B. in *Zu**g*** (Phänomen der *Auslautverhärtung), Ru**ck**, **C**omic, **Qu**arantäne oder **Ch**romosom.*

Umgekehrt werden viele gleich aussehende Grapheme unterschiedlich ausgesprochen, wie z. B. in *Bau**ch*** versus ***ich*** oder ***Ch**aos* oder wie in ***V**ase* versus ***V**ater*.

Gleiches gilt insbesondere auch für die unterschiedlichen Lautungen der Vokale (lang, kurz, offen, geschlossen ...). Für viele Buchstaben gibt es also mehrere Klangmöglichkeiten, die erfahrene Leser vor dem Hintergrund ihrer phonematischen, semantischen, graphemischen, syntaktischen und kontextuellen Sprachkenntnisse unbewusst und blitzschnell durchspielen und damit das Wort dekodieren.

Darüber hinaus wird nicht jeder in einem Wort gesprochene bzw. klingende Laut grafisch repräsentiert. Bei der Synthese / beim Sprechen von Wörtern entstehen häufig Gleit- und Übergangslaute, wie beispielsweise das verbal eingeschobene *j* bei *Geier*. Ein Kind, das also *Geijer* schreibt, schreibt zwar orthografisch nicht korrekt, nach dem Prinzip der sequenziell abhörenden Lautiermethode aber durchaus richtig (eine überaus zu würdigende Leistung!).

Ebenso kann ein Phonem auch durch mehrgliedrige Grapheme grafisch notiert werden, die mit der Lautung des Einzelgraphems oft gar nichts mehr zu tun haben, wie z. B.: *au, äu, eu, ei, ie, sch, ch, sp, st.*

Sprachwissenschaftler unterscheiden mehrere hundert Sprechlaute (Phone), die jedoch nicht zwingend zu Bedeutungsunterschieden führen müssen (z. B. bei der Abweichung des *Stellungslautes* gegenüber dem „Normallaut" je nach Position innerhalb eines Wortes; dialektale Färbungen).
Dies ist eine erstaunlich hohe Anzahl bei einem vergleichsweise geringen Buchstabenbestand von nur 26 Buchstaben in unserem Alphabet!
Die deutsche Schriftsprache verfährt zwar grundsätzlich nach dem Lautierungsprinzip, dennoch ist es sachlich nicht korrekt, zu sagen, dass geschrieben wird, wie man spricht.

3.3.3 Zur Silbenstruktur der Wörter

Neben der Phonem-Graphem-Ebene wird das Klangbild der Sprache durch **Silben** als größere rhythmische Spracheinheiten verständlich und überschaubar gegliedert. Vergegenwärtigen wir uns folgende grundsätzliche Regeln, ohne auf die Ausnahmen einzugehen:
Das *deutsche Standardwort* ist zweisilbig, wobei die erste Silbe betont ist und die zweite Silbe immer ein „e" enthält. Dabei wird der Vokal der ersten Silbe lang (le-sen) oder kurz (Sal-be) gesprochen. „le-sen" folgt dem Standardtyp 1 der *rechts* offenen Anfangssilbe, „Sal-be" dem Standardtyp 2 der rechts geschlossenen Anfangssilbe (durch einen so genannten „Stopper", hier das „l").

Prinzip der Schärfung:
Klingt eine offene Stammsilbe (*Ke*-ler) jedoch kurz, kommt entsprechend dem Typ 2 der geschlossenen Silbe ein Stopper (hier der Konsonant „l") zum Einsatz, der dem Leser anzeigt: „Sprich mich (den Vokal) kurz!" (*Kel*-ler).
Alle Doppelkonsonanten inklusive ck und tz (ursprünglich *kk* und *zz*) wirken so.

Prinzip der Dehnung:
Soll ein einsilbiges Wort entgegen dem Standardtyp 2 lang/gedehnt gesprochen werden, wird dies dem Leser häufig durch ein „stummes h" (Dehnungs-h) signalisiert (Huhn).
Der lange Stammvokal „i" wird in der offenen Silbe fast immer mit „ie" (Wie-se) gekennzeichnet.

Das **Wahrnehmungstraining** zur Unterscheidung lang und kurz gesprochener Vokale dient der **effektiven Vorbereitung auf kommende Rechtschreibstrategien**.
Gerade zu Beginn des Leselernprozesses erleichtert die Bestimmung von Vokallängen innerhalb von Sprechsilben (die ja jeweils nur einen Vokal/Umlaut/Diphthong enthalten) die Fokussierung auf diesen Aspekt.

Das akustische Segmentieren (Zergliedern) von Wörtern in Sprechsilben und das optische Erfassen von Silben als größere Leseeinheiten unterstützen die Kinder also beim Lesen ganz wesentlich darin, eine Annäherung der geschriebenen Schrift an die gesprochene Sprache zu erzielen, und zwar durch die größtmögliche Einhaltung von Sprechrhythmus und Klanggestalt der Wörter. Dies begünstigt in der Folge dann auch das sinnerfassende Lesen.
Eine methodische Lesehilfe ist es, wenn die Kinder mit dem Zeigefinger *ihrer Schreibhand* synchron zum Sprechen Silbenbögen unter den Silben mitspuren. Dies unterstützt die Internalisierung der Augenfolgebewegung in Leserichtung. Insbesondere Kinder mit Lese-Rechtschreibschwächen profitieren von der Silbenmethode.

Erläuterungen zum Sprechschwingen und der auf der Silbenarbeit basierenden FRESCH-Methodik im späteren Rechtschreibunterricht werden unter Abschnitt 3.7 gegeben.

(Siehe auch Ansätze von Marlis Kretschmann[5], Christine Mann[6], Christa Röber-Siekmeyer[7], „Kieler Leseaufbau"[18]).

3.4 Das Lesenlernen ...

... im Beziehungsdreieck aus abgebildeter Lautstruktur, graphemischen Formen und inhaltlicher Bedeutung

Die Leseanfänger haben es mit folgenden Problemen zu tun:

- Sie müssen das graphemische Zeicheninventar nach spezifischen Merkmalen erkennen, unterscheiden und abspeichern und die von ihnen bisher nur mündlich verwendete Sprache bewusst phonetisch durchgliedern können.
- Sie müssen aus den zu lesenden Wörtern Klangbilder erzeugen und aus dem gefundenen Klanggebilde mit Hilfe ihres eigenen Wortschatzes den Sinn herausfinden können.

Ihr „*Er*lesen“ durchläuft dabei drei Phasen:
die visuelle Wahrnehmung, die phonologische Übersetzung und die Sinnerfassung.
Dabei orientiert sich das Kind zunächst an kleinen, dann – zunehmend simultan erfassend – an größer werdenden visuellen Einheiten (Silben, Morpheme, Signalgruppen, Wortbausteine, Wörter, Satzteile, Sätze).

Es verwendet mit zunehmender Erfahrung verschiedene Lesetaktiken (Erfassen des Textes mittels signifikanter Schlüsselwörter; Fixationspausen nur zur Aufnahme schwieriger oder unbekannter Wörter; tendenziell zurücktretendes flüsterndes/inneres Mitlesen zur Reproduktion des Klanggebildes – dies nur bei schwierigen oder emotional aufgeladenen Textstellen).

Je routinierter ein Leser, desto höher wird auch der Automatisierungsgrad seiner Texterfassung und der Umfang der von ihm überblickten visuellen Einheiten bei gleichzeitiger Rückläufigkeit des Reproduzierens einer Wortklangstruktur.

Der entscheidende Punkt beim Lesenlernen ist der von Bernhard Bosch[8] so treffend bezeichnete *„schöpferische Sprung“*, an dem die Leseanfänger aus der Klangstruktur der von ihnen erlesenen Buchstabengestalt tatsächlich den Sinn des Wortes herauslesen.
Dieser Akt der Bedeutungsfindung ist deshalb so schwierig, weil das Kind die Grapheme, die mit jener oben beschriebenen Uneindeutigkeit Phoneme als eine eher vage *„Wortvorgestalt“* (Bosch) umreißen, klanglich umsetzen muss, um über den Weg der Klangerzeugung die Wortbedeutung entschlüsseln zu können.

Diese Entschlüsselung kann nur erfolgreich sein, wenn das zu lesende Wort im Wortschatz (in der Lexik) des Kindes verankert ist bzw. wenn es die regelhaften Beziehungen zwischen Graphemen und Phonemen (Dekodierungsstrategien) erkennt.

An dieser kritischen Hürde stoßen Lehrende mitunter auf große didaktische Probleme: Das Kind kennt zwar alle Buchstaben und kann doch nicht lesen! Der „Leierton“ beim Lesen signalisiert der Lehrerin das Fehlen der gedanklichen Operationen und weist damit zugleich nachdrücklich auf eine unterrichtliche Aufgabe hin.

Wir wissen seit den PISA-Studien, dass das reine Herunterlesen von Wörtern nichts als ein mechanischer Analphabetismus bleibt, wenn keine Sinnentnahme erfolgt. Dies verweist in die Begründungszusammenhänge einer Didaktik des Lesenlernens als integrative Verknüpfung von Sprachunterricht (Lesenlernen) und Leseunterricht (Sinnentnahme und Sinnerwartung).

„Lesen ist äußerlich gelenktes Denken“[9] oder *„Lesen ist ein psycholinguistisch kognitives Probierverhalten“*[10] sind knappe Verdeutlichungen dafür, dass Textentschlüsselung im Wechselspiel von individuellem Denken, persönlichem Erfahrungshorizont, sprachlicher Kompetenz und dem Text als solchem stattfindet.

Die Beschreibung einer Spiralbewegung aus Lesen, Denken und Sprechen impliziert als Bild einen nicht abschließbaren, lebenslangen Leselernprozess mit der Option der qualitativen Steigerung des Denkens, Vernetzens und Vertiefens der Gedanken.

Seit den 1980er Jahren versucht man mit Entwicklungsmodellen Stufen des Lesen- und Schreibenlernens anhand bestimmter Strategien zu beschreiben:

In der ersten Stufe des *logografischen Lesens* erkennt („liest“) das Kind Wortbilder wie „Taxi“ oder Logos wie „ARAL“ mit Hilfe spezifischer Merkmale naiv-ganzheitlich.
In der zweiten Stufe des *phonetischen Stadiums* kontrolliert es immer mehr Buchstaben phonologisch und entfaltet allmählich die *alphabetische Strategie* mit Phonem-Graphem-Zuordnungen bis hinein in die dritte, an *orthografischen und morphematischen Regelmäßigkeiten* orientierte Phase.

Die Nutzung solcher Stufenmodelle sollte aber nicht zur Wertung im Sinne einer Benotung der Leistungen der Kinder führen, sondern sie gibt der Lehrkraft vielmehr einen hilfreichen Einblick in den Lernprozess des einzelnen Kindes, zur Einschätzung des Lernstandes oder ggf. der Notwendigkeit gezielten Förderbedarfs.

3.5 Das Schreibenlernen und das freie Schreiben

Vom Staccato-Schreiben zum automatisierten Schreiben und Aufschreiben von Selbstgedachtem

Nach Kurt Meiers[11] durchläuft das Kind einen Schreiblernprozess, der mit der optischen Wahrnehmung und dem „Nachfahren" von Schriftzeichen beginnt und mit Hilfe der Kurzzeitspeicherung über die Zwischenstufen so genannter *„schreibmotorischer Innervationsmuster"* – unter Sofortkontrolle durch das Auge als Rückmeldung an die Motorik – zum automatisierten Abschreiben gelangt.

Ein Schreibanfänger kann ein Wort, selbst wenn er es gelesen und verstanden hat, nicht unbedingt gleich kurzfristig speichern und aus der Erinnerung heraus schriftlich reproduzieren. Starrt das Kind ein Wort nur an, muss es zur graphomotorischen Umsetzung auf dessen kleinere Einheiten (Buchstaben, Buchstabenteile) zurückgehen. Der in kurzen Intervallen unterbrochene Schreibakt zeigt das Lernstadium des so genannten *Staccato-Schreibens* an:
Das Kind schaut das kurzzeitig gespeicherte und wieder verlorenen gegangene Wort erneut an und holt es so in sein Kurzzeitgedächtnis zurück. Der entscheidende Fortschritt ist da, wenn es die phonetische Wortstruktur in seinen Schreibakt, insbesondere als Fehlerkorrektiv, mit einbeziehen kann.

Die didaktische Schrittfolge bei der Buchstabenerarbeitung sieht demnach so aus:

> Betrachten – Beschreiben – „Nachfahren" als Übersetzung in die Bewegung – gleichzeitige Buchstabenbenennung.

Diese Benennung des Buchstabens ist Voraussetzung für einen zweiten graphomotorischen Innervationskreis, der nicht mehr von optischen, sondern von phonetischen Vorlagen ausgeht. Er stellt die Grundlage für ein weitaus flüssigeres *Abschreiben nach Klangvorlagen* auf fortgeschrittener Stufe dar, weil es nicht mehr auf der Basis optischer Kurzzeitspeicherung beruht.

Dass Schreibanfänger beim Schreiben ihre Wörter mitsprechen, stützt und erleichtert das genaue Einhalten der Buchstabenabfolge. Nasarowa[12] zeigte in einem Versuch, dass die Fehlerzahl steigt, wenn man diese Artikulation beim Schreiben unterbindet. Dieser zweite Innervationskreis ist weiter die Grundlage für das Diktatschreiben und das Aufschreiben (von Selbstgedachtem).

Das frühe, freie Spontanschreiben hat im Anfangsunterricht deshalb – entgegen aller Befürchtungen um orthografische Fehler – seinen festen Platz im Schreiblernprozess bekommen.

Zusammenfassend kann der Schreiblernprozess eines Kindes nach zwei Strängen beschrieben werden, die in gegenseitiger Wechselwirkung zusammenwachsen:

1. der erste Strang mit dem Schwerpunkt auf der *lautlichen Sequenz* (Segmentierung);
2. der zweite mit dem Schwerpunkt auf der *graphomotorischen Form* (schreibmotorische Prozesse).

- *Im ersten Strang* erfasst das Kind die gesprochene Sprache in seiner lautlichen Abfolge und durchgliedert (segmentiert) sie akustisch in den Wort- und Phonembereich hinein. Es hält die Phoneme als Grapheme schriftlich fest (Buchstaben lesen, stempeln, drucken, mit dem Computer schreiben usw.). Dabei liegt der Fokus auf dem genauen Beachten der akustisch wahrnehmbaren Strukturen, ihrer akustischen Segmentierung und der Zuordnung der passenden Grapheme mit dem Lehrziel, dies zur Routine werden zu lassen.
  Um die Schreibmotivation von Anfang an zu stärken, könnte dabei zunächst auch das feinmotorisch sehr anspruchsvolle (deshalb manchmal auch frustrierende), manuelle Schreiben beispielsweise durch Stempeln oder das Schreiben mit Buchstabenkärtchen ersetzt werden – mit der Intention, dass auch Kinder ohne schreibmotorische Fertigkeiten bereits sehr früh textproduktiv werden und dabei Schreiben als sinnvolles, zweckhaftes und freudiges Handeln erfahren.

- *Im zweiten Strang* der schreibmotorischen Prozesse soll das Kind aus dem Betrachten, Erkennen, Beschreiben und Benennen des Buchstabens heraus diesen in eine graphomotorisch korrekte Bewegungsspur umsetzen unter Beibehaltung seiner unterscheidenden Merkmale.
  Lernziel ist dabei die Internalisierung des Bewegungsablaufes, sodass dieser – angestoßen aus der inneren Sprache heraus – „auswendig" reproduzierbar zum automatisierten Schreiben werden kann. Diese Reproduktionsfähigkeit wiederum ist die Grundlage für das Aufschreiben von Selbsterdachtem.

Auch für die Schreib- und Rechtschreibentwicklung gibt es *Stufenmodelle* (Frith, Günther, Spitta, Scheerer-Neumann u. a.). Vor dem Hintergrund solcher Entwicklungsstufenmodelle können Lehrende den Entwicklungsstand ihrer Kinder differenzierter einschätzen und deren Schreibprodukte als individuelle Lösungen eines angegangenen, für das jeweilige Kind gerade aktuellen Schreibproblems würdigen.

Dabei müssen Lehrende äußerst vorsichtig mit dem Begriff „Fehler" umgehen: Denn was vielleicht als fehlerhafte Schreibung anmutet, ist bei genauerem Hinsehen die logisch-stringente Umsetzung eines Verschriftungsproblems innerhalb einer bestimmten „Stufe" und somit keinesfalls fehlerhaft.

Ein Kind, das beispielsweise *„Rola"* statt *„Roller"*[13] schreibt, entfaltet gerade seine alphabetische Schreibstrategie mit einer vollständigen, lautlichen Durchgliederung bei korrekter Graphem-Phonem-Zuordnung.
Es muss die *„Phonetische Phase"* (Spitta) zur Festigung des grundlegenden Lautierprinzips ausleben, bevor es seine Aufmerksamkeit rechtschriftlichen Regelmäßigkeiten in der *„Phase der phonetischen Umschrift mit Rechtschreibmustern"* zuwendet.

Ermutigen Sie als Lehrkraft ihre Kinder, *„für eine gewisse Zeit lauttreu zu schreiben, auch wenn dabei ‚Fehler' entstehen. Beurteilt man diese ‚Fehler' auf der Grundlage der Stufen, die jedes Kind durchläuft, so wird man diese ‚Falschschreibungen' nicht mehr als ‚Fehler' im Sinne einer ‚Minderleistung gegenüber der orthografischen Norm'* [Erika Brinkmann / Hans Brügelmann] *einordnen, sondern als ‚konstruktive Versuche des Kindes, Wörter mit den Strategien zu verschriften, die ihm nach seiner Erfahrung zur Verfügung stehen'* [ebd.].

Folglich wird hier der Begriff ‚Fehler' durch den meiner Meinung nach passenderen Begriff ‚Andersschreibungen' [Spitta] ersetzt. Den Kindern gegenüber habe ich den Begriff ‚Privatschreibung' [Spitta] *benutzt."* [14]

Die Phasenbeschreibungen können dem Lehrenden als Fenster Einblick in bereits erworbene Teilfähigkeiten innerhalb des Schreibprozesses verschaffen und hilfreich für den Einsatz gezielter Fördermaßnahmen sein. Dem Stufenmodell der Schreib- und Rechtschreibentwicklung von Gudrun Spitta[15] folgend lassen sich sechs Phasen beschreiben:

1. **Vorkommunikative Aktivität** ▶ ab 2 Jahren
   „Spuren", Kritzeln: Der Symbolcharakter der Schrift ist verstanden.

2. **Vorphonetisches Stadium** ▶ ca. 3–6 Jahre
   Buchstabenvorformen, „Mitteilungen", Phonem-Graphem-Zuordnung nicht erfasst:
   Die erste Verwendung von Buchstaben ohne deren genaue Kenntnis zeigt, dass das Kind um die Notwendigkeit spezifischer Zeichen weiß.

3. **Halbphonetisches Stadium** ▶ ca. 4–7 Jahre
   Erste Phonem-Graphem-Zuordnungen, „Wortruinen", prägnante Buchstaben, erste Wortgrenzen, Links-Rechts-Orientierung

4. **Phonetische Phase** ▶ ca. 5–8 Jahre
   Reine Phonetik, Wortgrenzen; mit der richtigen Platzierung von Buchstaben: Beim so genannten phonografischen (lauttreuen) Schreiben zeigt sich, dass das zentrale Prinzip unserer Buchstabenschrift erfasst wurde.

5. **Phonetische Umschrift mit Rechtschreibmustern** ▶ ca. 6–9 Jahre
   Übergeneralisierung, erster Grundwortschatz:
   „Mit zunehmender Übung und der entsprechenden Leichtigkeit in der Phonemanalyse wird bei vielen Kindern die phonografische Strategie extrem dominierend. Die Kinder verfolgen diese Strategie mit einer solchen Stringenz, dass sie auch ‚nicht-phonemgetreue' lexikalisch schon beherrschte Wörter ‚regularisieren'. Im Extremfall kann dies sogar den eigenen Namen betreffen, wie zum Beispiel nach mehreren Jahren richtigen logografischen Schreibens auf einmal aus ‚SARAH' ‚SARA' wird." [16]

6. **Entwickelte Rechtschreibung** ▶ ab ca. 7 Jahren
   Regelwissen, Phonem-Graphem-Zuordnung, Morpheme zum Wortaufbau, visuelle Korrektur

Kaum ein Kind hat vor seinem Schuleintritt nicht „geschrieben": Es hat Erfahrungen mit Schreibunterlagen, Schreibmaterialien und Schreibspuren gemacht. Wir Lehrende müssen jedoch in unsere unterrichtlichen Überlegungen mit einbeziehen, *„dass die psychophysischen Voraussetzungen für das Schreibenlernen beim Schulanfänger noch nicht optimal vorhanden sind. Gelenke und Feinmuskulatur befinden sich noch im Stadium der Entwicklung."* [17].

Anfangsunterricht im Schreiben heißt regelmäßiges, angemessenes Üben und *Erhalt* einer dauerhaften Schreibmotivation.

3.6 Methodenintegration

Spracherwerb: Besser ein Werkzeugkasten als eine Schublade voller Wörter ...

Nach Zeiten eines eher polarisierenden Methodenstreites zwischen Anhängern der Ganzheitsmethode (A. Kern), der analytisch-synthetischen Methode oder des so genannten Spracherfahrungsansatzes findet man in Schule und Lehrwerken oft eine ganz zu Anfang eingeplante,

knappe Phase naiv-ganzheitlichen Lesens (optische Erfassung von Ganzwörtern) mit sehr begrenztem Wortschatz, die vor allem der Lesemotivation dient und die Mitteilungs- und Bezeichnungsfunktion von Sprache vermitteln soll. Lesen soll von Anfang an sinnorientiert erfahrbar sein.
Der Nachteil dieses ganzheitlichen Zugriffs ist, dass unser Langzeitgedächtnis mit der Abspeicherung einer Vielzahl von Wortbildern nach dem System einer Begriffsschrift überlastet wäre, wohingegen unsere Lautschrift mit nur wenigen Buchstaben eine weitaus ökonomischere Lesetechnik erlaubt.

Kernziel bleibt deshalb die Einweisung der Leseanfänger in unsere Buchstabenschrift – und zwar ohne Umwege – mit der grundlegenden Einsicht in ihre Struktur, indem jedes Wort sofort akustisch, optisch, sprechmotorisch und schreibmotorisch voll durchgliedert wird.

Die *konsequent analytisch-synthetische Methode* führt ganze Wörter im Sinnzusammenhang und unter sofortiger Durchgliederung nach Lauten oder auch Sprechsilben ein. Der methodische Ausgangsgedanke ist der möglichst rasche, sich selbst erschließende Umgang der Kinder mit Wörtern und Schriftzeichen.
Dies gelingt aber nur über die **konsequente Thematisierung** der Schwierigkeit der (oben beschriebenen) **Mehrdeutigkeit der Lautabbildung** durch Buchstaben von Anfang an. Erst das **Bewusstsein für mögliche Klangvarianten eines Buchstabens** sowie für die Gleit- und Übergangslaute bei der Synthese von Lauten ermöglicht das Lesen und damit die Sinnerfassung.

Dies steht keinesfalls im Widerspruch zu Impulsen zum freien Schreiben und zum selbstständigen Ermitteln von Lauten mit der Lauttabelle.
Wie oben beschrieben, sind Lesen- und Schreibenlernen zwei sich gegenseitig bedingende und wechselseitig wirkende Prozesse. Den Kindern soll damit der eigene selbstständige Zugang zur Schrift ermöglicht werden. Wie oben (s. u. Abschnitt 3.5) bereits erwähnt, geben diese ersten Schriftprodukte den Lehrenden außerdem Aufschluss darüber, in welcher Entwicklungsphase sich das jeweilige Kind befindet.

Durch ein Lernarrangement mit reichhaltiger Auswahl an anregendem/motivierendem Schrift- und Schreibmaterial oder alternativen Zugriffsweisen auf Schrift, wie z. B. durch eine Lauttabelle, sollen Kinder eigenaktiv werden und in hohem Maße selbstorganisiert lernen können. Übungsphasen können dadurch stark individualisiert und differenziert werden.

3.7 Exkurs: Rechtschreibförderung nach der FRESCH-Methode

(Nicole Namour und Günter J. Renk)

Die **F**REIBURGER **RE**CHTSCHREIB**SCH**ULE (FRESCH) wurde von Lehrkräften und Psychologen zunächst vor allem zur Förderung von Kindern entwickelt, bei denen eine Lese-Rechtschreib-Schwäche (LRS) vorliegt. Es hat sich jedoch gezeigt, dass auch Kinder, die leichter einen Zugang zur Schriftsprache und zur Rechtschreibung finden, sehr von der FRESCH-Methode profitieren können. Aus diesem Grund fand FRESCH auch Eingang in die Rechtschreibkonzeption des Jo-Jo Materialverbundes, insbesondere des Sprachbuchs.

Der FRESCH-Methode[19] liegt die *Synchronisierung von Sprache und Bewegung zugrunde. Durch rhythmisch-melodisches Sprechschwingen der Wörter in Silben bei gleichzeitigem Bewegen dazu im Raum* (Der rechte Fuß beginnt, der linke rückt nach, die Schreibhand führt bei jeder Bewegung einen tiefen Girlandenbogen aus.) wird der Zugang zur Schriftsprache gefördert. Durch die Verlangsamung und Rhythmisierung der Sprache wird der Verarbeitungsvorgang (Laute hören und als Buchstabenfolge schreiben) erleichtert. Im Zusammenwirken von Hören, Sehen, Hand- und Körperbewegung können Sprechen und Schreiben optimiert werden. Vertauschungen von Buchstaben oder Auslassungen kommen auf diese Weise beim Schreiben viel seltener vor.

Nach dem Erwerb der Lesefähigkeit steht die *Vermittlung von Rechtschreibbewusstsein* als Kernkompetenz im Fokus des Schriftspracherwerbs. Mehr als die Hälfte der grundschulrelevanten Wörter können die Kinder bereits richtig schreiben, wenn Sprechschwingen und Sprechschreiben für sie zur Gewohnheit werden. Ein Großteil weiterer Wörter kann durch das Anwenden von *Rechtschreibstrategien* richtig geschrieben werden. Es bleibt ein kleiner Teil von Wörtern übrig, die als „Merkwörter" nicht durch Strategien abgedeckt werden und die gesondert auf vielfältige Weise geübt werden müssen (Merkwortheft, Karteikasten etc.).

Mit folgenden vier Symbolen wird bei der FRESCH-Methode gearbeitet:

Sprechschwingen, Sprechschreiben

Weiterschwingen, Verlängern

Ableiten von Wörtern

(M) Merkwörter

Die Einteilung des grundschulrelevanten Wortschatzes stellt sich folgendermaßen dar:

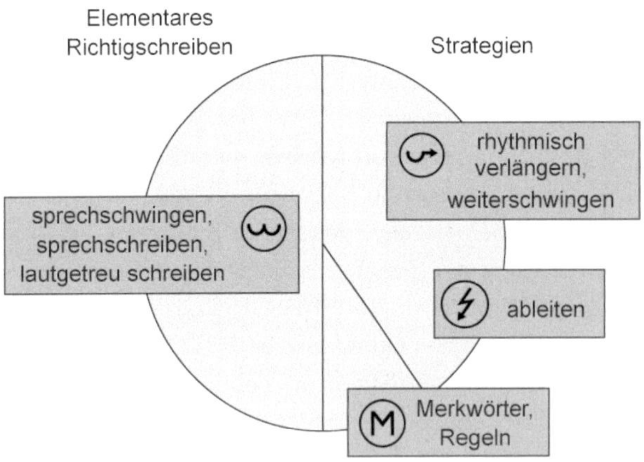

Demnach ist etwa die Hälfte der Wörter lautgetreu, d. h. die Wörter werden so geschrieben wie sie gesprochen werden. Entscheidend für einen guten Lernerfolg ist, dass das *Sprechen und Schreiben der Wörter gleichzeitig* erfolgen. Das *Zeichnen von Silbenbögen* stellt für die Kinder ein zusätzliches Hilfsmittel dar und dient der Kontrolle am Ende des geschriebenen Wortes bzw. Satzes. Die Silbenbögen sind daher fester Bestandteil der FRESCH-Methode.

Über das *rhythmische Verlängern* erschließen sich die Kinder die Schreibweise von Wörtern bei

- Auslautverhärtung am Wortende (*klug, Wind, gelb*),
- Konsonantenverdoppelung am Wortende (*schnell, Blitz, Rock*),
- Auslautverhärtung oder Konsonantenverdoppelung in der Verbform (*legt, rennt, schickt*),
- Auslautverhärtung oder Konsonantenverdoppelung am Wortstammende (*Zeu**g**nis, e**ss**bar*),
- zusammengesetzten Nomen (*Schwimmbad, Rennwagen*) und Adjektiven *(gol**d**gel**b**),*
- Wörtern mit (Silben trennendem) *h* (*Kuh, weht*).

Über die Strategie *Ableiten* ermitteln die Kinder die Schreibweise von Wörtern bei

- Lautähnlichkeit von e und ä (Bänke, trägt),
- Lautgleichheit von eu und äu (Bäume, träumt),
- bestimmten Verben im Präteritum (kannte, rannte, brannte).

Dabei begreifen die Kinder den Vokal *e* in seiner unterschiedlichen Lautbildung bzw. den Doppelvokal *eu* stets als lautgetreu.

Der restliche Teil der Wörter sind *Merkwörter*. Hierzu zählen

- die Wörter mit *V/v* (*Vogel, Vase*),
- die Wörter mit *stummem h* (*fahren, Ohr*),
- die Wörter mit langem, nicht gekennzeichneten *i* (*Igel, wir*), und die Wörter mit *ih* und *ieh (ihr, Vieh),*
- die Wörter mit gleichen und ähnlich klingenden Lauten (*Fuchs, Bär, Chor, Hyazinthe*),
- kleine Wörter (*ab, Herbst, plötzlich, und*).

Die Kinder werden parallel dazu behutsam an ein Regelverständnis herangeführt. Sie reflektieren ...

- die Großschreibung von Nomen und Satzanfängen,
- Abweichungen von gesprochener und geschriebener Sprache bei Wörtern mit *Sp/sp* und *St/st* bzw. *ck*.

In Klasse 2 liegt der Schwerpunkt im Schriftspracherwerb im lautgetreuen Bereich. Zuerst erkennen die Kinder die Gliederung der Wörter in Silben. Sie erfahren oder vertiefen die Erkenntnis, dass jede Silbe einen „Silbenkönig" hat, der aus einem Einzel- bzw. Doppelvokal oder Zwielaut besteht. Über das Zeichnen der Silbenbögen wird der Zusammenhang zwischen Vokal und Konsonant für die Kinder noch anschaulicher, falsche Silbenrhythmen können auch über die Silbenbögen visualisiert werden.
Außerdem werden die Kinder an Rechtschreibphänomene im lautgetreuen Bereich herangeführt. Über das rhythmische Sprechen von Wörtern in Silben lernen die Kinder, Doppelkonsonanten herauszufiltern. Langsames, deutliches Sprechen ermöglicht es ihnen, ein sicheres Gespür für Wörter mit *ie* zu bekommen. Das behutsame Anbahnen eines Regelverständnisses bekommen die Kinder bei Wörtern mit *St/st* und *Sp/sp*. Dabei erfahren sie, dass gesprochene Sprache von der Schriftsprache abweichen kann.

Die Kinder werden in Klasse 2 gründlich in die Strategie des *Ableitens von Wörtern mit ä und äu* eingeführt. In unterschiedlichen, immer komplexer werdenden Übungsformen erfassen die Kinder zahlreiche Möglichkeiten, um verwandte Wörter mit *a* und *au* zu finden, etwa die Bildung der Einzahl oder das Finden eines passenden Nomens, Verbs oder Adjektivs. Manche Wörter wie *Käse, spät, Bär, Mädchen, März* sind nicht ableitbar. Es empfiehlt sich, diese häufig vorkommenden Wörter als Merkwörter einzuführen.

Behutsam werden die Kinder an die *Strategie des rhythmischen Verlängerns* herangeführt. Die Betonung liegt dabei auf *Nomen und Adjektiven mit Auslautverhärtung.* Die Bildung von Wortpaaren in der Einzahl und in der Mehrzahl macht die Schreibweise bewusst. Absichtlich wird hier auf das Wort „Mehrzahl" verzichtet und mit dem neutralen Wort „alle“ gearbeitet, um später bei der Auslautverhärtung am Wortstammende die Kinder nicht auf eine falsche Fährte zu führen.

Die Wörter *sind, ob, ab, und* können nicht rhythmisch verlängert werden; es empfiehlt sich, diese als Merkwörter zu trainieren.

Wörter mit *V/v* und *Wörter mit stummem h* sind Merkwörter, deren Schreibweise durch vielfältiges Üben erlernt werden muss. Eine Rechtschreibhilfe ist das Finden von und Ordnen nach Wortfamilien.

3.7.1 Lesenlernen und FRESCH-Methodik

> „Die FRESCH-Methode ist – wie alle anderen Methoden auch – kein Allheilmittel, mit dem alle Besonderheiten unserer komplexen Sprachstruktur erarbeitet werden können.
> Das Sprechschwingen bietet jedoch über weite Strecken äußerst *effektive Hilfen beim Lesenlernen* und beim Erlernen der Rechtschreibung.
> Bestimmten Phänomenen der deutschen Sprache werden wir aber nur mit darauf präzise abgestimmten weiteren Strategien und Methoden gerecht.“
>
> *Günter J. Renk*

Die FRESCH-Methodik ist eine effektive Methode der *Rechtschreibförderung*, die den Kindern eine sehr übersichtliche Anzahl von „Werkzeugen“ an die Hand gibt, mit denen sie die Regeln der deutschen Rechtschreibung schneller erlernen, begreifen und selbstständig umsetzen bzw. ihre eigenen Verschriftungen besser kontrollieren können.

Beim *Lesenlernen* hingegen geht es zunächst vor allem um den Erwerb basaler Fähigkeiten und Fertigkeiten zum Schriftspracherwerb, insbesondere ...

- die Einführung in das Lautprinzip der Schriftsprache (Entwicklung phonologischer Bewusstheit und Erkennen der Laut-Buchstaben-Beziehungen);
- die Einführung und regelmäßige Übungen zur akustischen Analyse (Analyse von Einzellauten; Übungen zur Unterscheidung von Lauten und Vokallängen ...);
- die Einführung in das Training der Durchgliederung von Wörtern (Analyse-Synthese-Fertigkeiten);
- die Einführung in die Silbenstruktur von Wörtern (Rhythmisierung von Wörtern in Sprechsilben);
- Übungen zur optischen Analyse (Erkennen von Buchstaben; Unterscheidung optisch ähnlicher Buchstaben);
- durchgängige Übungen zur Sinnerfassung (auf Wort- und Satzebene);
- die graphomotorische Erarbeitung und Sicherung der Buchstaben.

Welche Aspekte der FRESCH-Methodik sind dennoch bereits im Erstleseprozess hilfreich?
Auch wenn der umfassende Einsatz der FRESCH-Methodik erst *nach Abschluss des Leselernprozesses* im Bereich der Rechtschreibung erfolgen kann, so bieten die wesentlichen dieser Methode zu Grunde liegenden Ansätze auch schon beim Lesenlernen effektive Hilfen, die bereits im Anfangsunterricht den Spracherwerb und das Lesen äußerst sinnvoll unterstützen und erleichtern (s. a. Abschnitt 3.7, Seite 37). Dazu gehören insbesondere:

- die Synchronisierung von Sprache und Bewegung (*das rhythmisch-melodische Sprechschwingen der Wörter in Silben bei gleichzeitigem Bewegen dazu im Raum; Sprechschreiben);*
- die Verlangsamung und Rhythmisierung der Sprache;
- die akustische Erfassung von Sprechsilben *(akustische Segmentierung)*;
- die optische Erfassung von Sprechsilben *(optische Segmentierung)*;
- das lautierende Schreiben bzw. das Sprechschreiben;
- das Zeichnen von Silbenbögen *(Markieren von Sprechsilben)*;
- das Erkennen von Silbenkönigen *(Vokalen, Umlauten, Zwielauten)* und deren Funktion als zwingender Bestandteil einer Silbe;
- die behutsame erste Heranführung an ein Rechtschreibbewusstsein, u. a. auch durch die Einführung der Strategiesymbole und deren Bedeutung anhand exemplarischer Aufgaben.

Im Laufe des Leselernprozesses haben die Kinder so bereits ausreichend Gelegenheit, die Rhythmisierung der Sprache zu automatisieren.

Die Silben gliedern jedes Wort in akustisch und optisch leichter erfassbare Bestandteile. Viele Silben, insbeson-

dere auch die Endsilben von Verben, sind Bestandteil vieler unterschiedlicher Wörter.
Die zunehmend ganzheitliche Erfassung der sich wiederholenden Silben ist nicht nur für Kinder nichtdeutscher Herkunft eine enorme Erleichterung, sie beschleunigt auch das Erlesen bei deutschen Kindern.

Nachgewiesenermaßen wirkt sich schnelleres Erlesen von Texten positiv auf die Sinnerfassung aus.

Durch das ergänzende Wissen um die Notwendigkeit eines Silbenkönigs innerhalb jeder Silbe, das Kennenlernen der Strategie-Symbole sowie die Anbahnung der Anwendung der damit verbundenen Strategien für die Rechtschreibkontrolle, sind die Grundsteine für das Erlernen und die Umsetzung der FRESCH-Methodik im späteren Rechtschreibunterricht schon gelegt.

3.7.2 Eine wesentliche Unterscheidung: Lautgetreues Schreiben – Schreiben lautgetreuer Wörter – Lesen nicht lautgetreuer Wörter

Wie unter Abschnitt 3.1 beschrieben sind Lesen- und Schreibenlernen aus *didaktischer* Sicht zwei sich wechselseitig befördernde Lernprozesse, die stets parallel durchgeführt werden sollten.

Das Lesen ist jedoch nicht nur ein rein technischer Prozess, sondern zeichnet sich auch durch eine stark *emotionale* Komponente aus: Vorausetzung für den Spaß am Lesen ist u. a., dass den Kindern möglichst schnell das Lesen sinnvoller Wörter und kleiner Sätze gelingt, dass sie schon früh abwechslungsreiche kleine „Texte" sinnerfassend erlesen können.
Das Erlesen sinnvoller, und damit motivierender, Wörter und Texte kann nur unter Einbeziehung auch nicht lautgetreuer Wörter realisiert werden. (Allein der Verzicht auf das nicht lautgetreue Wort „und" würde z. B. einen sinnvollen und sprachlich korrekten Text nahezu unmöglich machen.)

Parallel dazu wollen und sollen Kinder, die in die Schule kommen, möglichst schnell auch schreiben lernen und sich über die Schrift mitteilen. Diese Möglichkeit wird ihnen gewöhnlich über Angebote zum freien Schreiben gegeben.
Aus *motivationaler* Sicht hat sich gezeigt, dass das freie bzw. lautgetreue Schreiben den Lese- und Schreibanfängern schon sehr früh und unmittelbar die kommunikative und informative Funktion von Schriftsprache verdeutlicht.

Zu Recht ist es deshalb zu einem festen Bestandteil des Anfangsunterrichtes bzw. innerhalb des Schreiblernprozesses geworden, entgegen aller Befürchtungen um orthografische Fehler *(Hinweise zur Nutzung frei geschriebener Texte als Analyseinstrument zur Lernstandskontrolle: siehe unter Abschnitt 3.5, S. 35 f.).*

Das lautgetreue Schreiben sollte also, nach der Erfassung der Laut-Buchstaben-Korrespondenz, eine Zeitlang als ein konstruktiver und kreativer Beitrag toleriert und in den Schreiblernprozess integriert werden.

Dabei sei noch darauf hingewiesen, dass der Begriff „lautgetreu" durchaus sehr unterschiedlich definiert wird und das ihm zugeordnete Wortmaterial, je nach Sichtweise, teilweise stark variiert (z. B. unterschiedliche Auffassungen zur Lauttreue der verschiedenen e-Lautungen, bei mehrgliedrigen Graphemen und anderen Laut-Buchstabenverbindungen).

Unabhängig davon, welches Wortmaterial diesem Begriff im Einzelnen zugeordnet wird, möchten wir jedoch auf folgende allgemein gültige Abgrenzungen hinweisen:

Lautgetreues (freies) Schreiben

Das Kind hört einen Begriff nach seinen Einzellauten ab, ordnet jedem akustisch wahrgenommen Laut den ihm entsprechenden Buchstaben zu, z. B.:

Hund	Mutter	See	Ohr	...
*Hun**t***	*Mu**ta***	*S**e***	***O**r*	...

Das Kind hat die Laut-Buchstaben-Korrespondenz verstanden, aber spezielle Rechtschreibphänomene (z. B. Auslautverhärtung, Konsonantenverdopplung, Dehnung) noch ignoriert.

Das freie Schreiben kann bei den meisten Kindern zu Beginn der Alphabetisierung nur ein rein lautgetreues (also orthografisch noch nicht korrektes) Schreiben sein. Im Laufe eines Lehrgangs werden dann nach und nach, meist noch unbewusst, auch bereits Rechtschreibmuster einzelner Silben und Wörter automatisiert. Mit zunehmendem Buchstaben- und Wortbestand entwickeln die Kinder eine erste Sensibilität für bestimmte Rechtschreibphänomene (z. B. Groß- und Kleinschreibung, Konsonantenverdoppelungen, Dehnungszeichen, Endsilben mit Schwa-e, Auslautverhärtungen).

Die dezidierte Schulung eines Rechtschreibbewusstseins im orthografischen Sinne, wie sie beispielsweise mit der FRESCH-Methodik beschrieben ist, findet dann im Anschluss an den Leselehrgang statt.

Schreiben lautgetreuer Wörter

Das lautgetreue Schreiben ist dabei nicht zu verwechseln mit dem Schreiben lautgetreuer Wörter, also derjenigen Wörter, die so geschrieben werden, wie sie klingen *(auch wenn mit dieser Formulierung die bei der Synthese entstehenden Gleit- und Übergangslaute ignoriert werden, sei sie hier erlaubt)*, deren Schreibweise also, im Sinne der FRESCH-Methodik, nicht durch Verlängern, Ableiten oder Merken erarbeitet werden muss, z. B.:

Das Kind kann bei diesem Wortmaterial die Laut-Buchstaben-Korrespondenz eins zu eins umsetzen. Das kaum hörbare e, z. B. in der Endsilbe bei den Verben im Infinitiv, wird durch das Sprechschwingen und das Wissen um einen notwendigen Silbenkönig viel eher wahrgenommen:

faul, alt, darum, falten, finden, folgen, Foto ...

Lesen nicht lautgetreuer Wörter

Das Lesen lautgetreuer Wörter bereitet dem Kind, das die Laut-Buchstaben-Korrespondenz verstanden und die Lautwerte eines Buchstabens ermittelt hat, ebenso wenig Probleme wie das richtige Schreiben dieser Wörter.

Beim Erlesen *nicht* lautgetreuer Wörter ergeben sich jedoch signifikante Unterschiede zum Schreiben:

Beim Lesen sind die Buchstaben eines Wortes vorgegeben, das Kind ordnet jedem Buchstaben einen Laut zu und vollzieht die Synthese, z. B. bei den Wörtern:

Hun**d** Mutt**er** Se**e** O**h**r ...

Auch wenn diese Wörter nicht lautgetreu geschrieben werden, wird ein Kind, dem die Buchstabenklänge bekannt sind, keine Schwierigkeiten beim Erlesen haben.

Die Auslautverhärtung beim /d/-Laut in „Hund“ wird automatisch vorgenommen, da der /d/-Laut nach einem /n/-Laut im Silbenauslaut gar nicht anders artikuliert werden kann.
(Wer das versucht, wird eher schon dem Klang der Pluralform mit einem schwach wahrnehmbaren /e/ [/Hundə/] im Auslaut nahekommen und kann dadurch bereits intuitiv auf die Strategie des Verlängerns aufmerksam werden.).

Dieses kaum hörbare /e/ sowie das /r/ in der Endsilbe, beispielsweise bei „Mutter“, werden beim Analysieren der Einzellaute schlichtweg deutlich, weil sie sichtbar sind *(anders als bei der rein akustischen Analyse des Wortes, bei der die Endung -er sehr häufig akustisch als /a/ wahrgenommen wird).*

Die Dehnungszeichen bei „Se**e**“ und „O**h**r“, bereiten beim Lesen keinerlei Probleme, da zwei aufeinander folgende gleiche Vokale wie der lang gesprochene Einzelvokal klingen und das stumme -h bei „Ohr“ in der Artikulation nicht hörbar ist.

Ein besonderer Fall: Das lang gesprochene i, wie z. B. in: Tina – Tino

Bei manchen Schreibweisen wird die Lauttreue mit orthografischer Häufigkeit gleichgesetzt, deren Kenntnis den Kindern erst einmal vermittelt werden muss.
Hier sei insbesondere auf das ie (/i/ mit Längenzeichen) hingewiesen:
Demnach gilt das Wort „W**ie**se“ vielfach als lauttreu, weil diese Schreibweise des lang klingenden /i/ im Deutschen die Regel ist, die Schreibweisen i bzw. ih und ieh hingegen die Ausnahme.

Das spielt aber für den Lese*anfänger*, anders als für die Arbeit im späteren Rechtschreibunterricht, zunächst noch keine Rolle.
Beim Lesen des Namens „T**i**na“ ist die Buchstaben-Laut-Zuordnung für den Leseanfänger eindeutig, auch wenn die orthographische Hauptschreibweise des lang gesprochenen i hier nicht greift.

Die frühzeitige Einführung des ie als Hauptschreibweise für das lang gesprochene i kann für schwache Kinder beim Erlesen eine Hürde bedeuten, weil hier zwei Buchstaben nur einem Laut zugeordnet werden müssen. Viele Kinder würden die beiden Laute getrennt von einander artikulieren und ein Wort wie z. B. „Wie-se“ dann /Wi-e-se/, also dreisilbig artikulieren bzw. sprechschwingen.

Da die Unterscheidung von lang und kurz klingenden Vokalen aber von Beginn an beim Training der akustischen Analyse eine wichtige Rolle spielt, kann und sollte auf die kontrastierende Einführung kurz und lang gesprochener /i/-Laute zu Beginn auch nicht verzichtet werden.

Ergänzend sei noch erwähnt, dass Namensschreibungen sich ja grundsätzlich nicht orthografischen Regeln unterwerfen. Vermutlich werden die meisten Kindernamen einer Erstlesegruppe nicht lautgetreu geschrieben bzw. sie enthalten ein lang gesprochenes i ohne Dehnungszeichen. Dennoch verzichtet natürlich kein Erstleseunterricht auf die Betrachtung der Namen der Kinder.

3.7.3 Fazit

Das Lesen und auch das *Ab*schreiben nicht lautgetreuer Wörter sind also, neben der gründlichen Betrachtung lautgetreuen Wortmaterials, ebenso erforderliche Bestandteile der Arbeit im Anfangsunterricht.
Den Kindern wird so von Anfang an vermittelt, dass es im Deutschen weder durchgängig eindeutige Laut-Buchstaben-Korrespondenzen noch durchgängig greifende orthografische Regeln gibt, die, einmal erlernt, mechanisch angewendet werden können.

Würde man die Lesetexte bzw. das Wortmaterial im Anfangsunterricht auf rein lauttreu geschriebenes reduzieren, müsste man, neben den sprachlichen Einschränkungen, die damit einhergingen, das gesamte bis dahin erworbene Verständnis von Rechtschriftlichkeit im Folgeschuljahr korrigieren (s. a. Hinweise dazu unter Abschnitt 3.6).

Es ist also wesentlich sinnvoller und hilfreicher, den Kindern frühzeitig ein Bewusstsein dafür zu vermitteln, dass das Wortmaterial der deutschen Sprache sich in regelhaft und nicht regelhaft geschriebenes unterscheiden lässt.

Damit wird der Grundstein der Erkenntnis gelegt, dass ein Großteil der Wörter geschrieben wird, wie man ihn spricht, die Schreibweise des anderen Anteils dann aber genauer analysiert werden muss.
Beim Einsatz beispielsweise der FRESCH-Methodik im späteren Rechtschreibunterricht kann diese Analyse dann unter Verwendung der Strategien des Verlängerns und Ableitens bzw. durch Kennzeichnen reiner Merkwörter gezielt durchgeführt werden.

3.8 Didaktisch-methodische Umsetzung im Jo-Jo Leselehrgang

Methodenintegration mit Schwerpunkt auf den grundlegenden Analyse-Synthese-Prozessen bei durchgängiger Integration von Silbenarbeit

Die Jo-Jo Fibel arbeitet grundsätzlich mit einem klassischen Buchstabenlehrgang, bei dem in behutsamer Progression Buchstabe um Buchstabe unter Berücksichtigung von *Ähnlichkeitshemmungen* eingeführt werden: Buchstaben/Laute mit zu großer Ähnlichkeit wie z. B. „b/p", „d/t" oder „g/k" werden, der Verwechslungsgefahr vorbeugend, in größerem zeitlichem Abstand gelernt.

Alle neuen Buchstaben werden im Zusammenhang mit vollständigen Analyse-Synthese-Prozessen erlernt, also nie isoliert, sondern immer im realen Sinnzusammenhang eines Wortklangbildes und/oder dessen Schriftbildes eingeführt.
Von Beginn an stehen Methode und Kompetenz der vollständigen lautlichen Durchgliederung aller Wörter im Zentrum, um die Kinder schnell zur selbstständigen Erschließung neuer Wörter zu befähigen. Deshalb wird grundsätzlich auf Ganzwörter verzichtet.
Wiederkehrende Übungsformen unterstützen auch im fortgeschrittenen Lehrgang das selbstständige Bearbeiten der Aufgaben.

Oft bringen Kinder (besonders im Einschulungsalter von 5 Jahren) noch nicht alle Fähigkeiten mit, die die Voraussetzungen zum Lesen- und Schreibenlernen bilden. Für diese Kinder kann „Das kleine Jo-Jo" vor Beginn des Leselehrgangs oder parallel dazu zur Bearbeitung bereit gestellt werden (detaillierte Hinweise dazu: s. Abschnitt 2.9).
Kinder mit ungünstiger Lernausgangslage oder bestimmten Teilleistungsschwächen werden damit gezielt gefördert und so in ihrem Selbstvertrauen gestärkt.

Der Jo-Jo Leselehrgang ist methodisch in zwei Hauptphasen gegliedert:

3.8.1 Erste Phase des Leselehrgangs: Einheiten 1–13 (inkl. W/w)

Die erste Phase dient zur intensiven Einführung der Leseanfänger in die Struktur unserer Buchstabenschrift sowie der wichtigsten Übungsformen, insbesondere zur Lautanalyse. Um sicherzugehen, dass alle Kinder das Prinzip unserer Buchstabenschrift verstanden haben, wird empfohlen, diese erste Phase weit gehend gemeinsam und von der Lehrkraft geleitet durchzuführen (Kinder, die schon lesen können, arbeiten ggf. von Anfang an selbstständig mit Hilfe der Lauttabelle).

Einheiten 1–4:
- Gezielte Einweisung in das Lautprinzip unserer Schriftsprache und die Durchgliederung (Analyse-Synthese) anhand des Minimalpaars: Tina/Tino.
- Erstes Kennenlernen der Lauttabelle
- Einführung in die Silbenstruktur von Wörtern (Silben schwingen oder klatschen, Sprechschwingen ...)

Einheiten 5–8:
- Einführung in die Basisübungen (Lautanalyse, optische Analyse, Anlaute, Silbenbögen setzen)
- Unterscheidung von langen und kurzen Vokalen
- Zuordnung von Groß- und Kleinbuchstaben

Einheiten 9–13:
- Lautstellungen ermitteln
- Begegnung mit einfachen Satzstrukturen
- erste Begegnung mit Wörtern, die Doppelkonsonanten enthalten

Die gründliche akustische, optische und graphomotorische Erarbeitung und Sicherung des Buchstaben- und Lautbestandes sowie die Verwendung von zunächst weit gehend lauttreuen Wörtern, um die Einsicht in das gerade zu erlernende Lautierprinzip nicht zu irritieren, haben in der ersten Phase Vorrang. Durch den klaren Einstieg über die Minimalpaaranalyse (Tin**a**, Tin**o**) erwirbt das Kind erste grundlegende Einsichten in die Analyse-Synthese-Vorgänge beim Lesen- und Schreibenlernen. Um diese Einsichten zu festigen, beschäftigten sich die ersten Seiten zunächst ausschließlich mit der vollständigen lautlichen und auch silbischen Durchgliederung der beiden Fibelnamen.

Der Jo-Jo Leselehrgang schult also zunächst intensiv die phonematische Bewusstheit als ideale Voraussetzung des Lesen- und Schreibenlernens:
Die Aufmerksamkeit des Kindes wird auf den *lautlich formalen Aspekt der Sprache* (z. B. Laute und Lautstellungen abhören; Silbenschwingen / Sprechschwingen; Wortaufbau) gelenkt, sodass das Kind beginnt, Sprache nicht mehr nur instinktiv / unbewusst zu verwenden, sondern auch über Sprache nachzudenken und sein Sprachbewusstsein weiter auszubauen.

Ab Fibelseite 10 bzw. Arbeitsheft, Seite 7, werden anhand der inzwischen bereits bekannten Buchstaben dieser beiden Namen dann zunächst die wichtigsten Übungsformen eingeführt. Die Lautwerte sind also bereits bekannt, sodass sich die Kinder ganz auf das Erlernen der Aufgabenformen konzentrieren können.

Bis zum Ende der ersten Phase (nach Buchstabe W/w) kommen dann in behutsamer Progression weitere Buchstaben / Laute und einige wenige Übungsformen hinzu. Unter Einsatz von zunächst großer Schrift bleibt der Textumfang vorerst sehr reduziert und ist in kurze Zeilen und klare Abschnitte gegliedert.

3.8.2 Zweite Phase des Leselehrgangs: ab Einheit 14 (R r)

Die zweite Phase des Lehrgangs dient zur Vertiefung der bisherigen Erkenntnisse, zu deren regelmäßiger Anwendung und dem Erlernen sämtlicher Buchstaben des Alphabets und mehrgliedriger Grapheme unserer Schrift. Nach der intensiven Einführung in die Struktur unserer Buchstabenschrift in der ersten Phase, kann (optional) ab Einheit 14 zunehmend mehr differenziert werden.
Je nach Klassensituation können längere Freiarbeitsphasen in den Unterricht integriert werden, bis hin zu vollständig individualisiertem Lernen fortgeschrittener Kinder. Diese erarbeiten sich die Buchstaben dann selbstständig anhand der Lauttabelle.
Um einen Überblick über die Arbeiten und den Stand einzelner Kinder zu erhalten, und als Arbeitsmittel für diese Kinder selbst, können die Kopiervorlagen 150 und 151 zum Jo-Jo Fibel-Pass eingesetzt werden (s. a. Hinweise unter Abschnitt 2.6.2).

Zu Beginn der Übungen in der zweiten Phase steht die Vertiefung und Sicherung der Kenntnisse und Fertigkeiten aus der ersten Phase im Vordergrund. In diesem Kontext und im weiteren Verlauf des Lehrgangs erfolgt dann der Erwerb aller weiteren Grapheme unserer Schrift unter folgenden Schwerpunkten:

- Erlernen von mehrgliedrigen Graphemen (z. B. ei, ie, au – ch, tz, – sp, st ...) und deren speziellen Lautwerten *(die von den Einzellauten abweichen)*
- erweiterte Silbenarbeit
- Reimübungen
- Einweisung in die Arbeit mit Wortbausteinen (Morpheme, Vor- und Endsilben, Wortbausteine, Signalgruppen)
- Erweiterung des Wortschatzes
- intensives, sich steigerndes Training zum sinnerfassenden Lesen
- sukzessive Erweiterung des Textumfanges
- vermehrte Anregungen zum freien Schreiben
- erste Sensibilisierung für Rechtschreibphänomene und Anbahnung von Rechtschreibstrategien

Im Verlauf der zweiten Phase des Leselehrgangs rückt dann zunehmend auch der *inhaltliche* Teil von Schriftsprache mehr in den Vordergrund, beispielsweise durch Bild-Text-Zuordnungen, Ergänzen von Texten und Finden von falschen Angaben, um von Beginn an das sinnerfassende, informationsentnehmende und auch erfreuende, genießerische Lesen als das Ziel im Umgang mit Texten und Medien anzubahnen.

Insbesondere das Ankreuzen von Auswahlsätzen/-antworten regt dabei zum konzentrierten sinnerfassenden Lesen an. Da diese Auswahlsätze meist sehr humorvolle Antwortvarianten enthalten, werden die Kinder dazu angeregt, stets alle Auswahlsätze zu lesen, auch wenn sie die richtige Lösung vielleicht schon gefunden haben.

Im Verlauf der zweiten Phase werden im Arbeitsheft die Texte nach und nach etwas länger und anspruchsvoller, die Schriftgröße und der Zeilenabstand werden reduziert.

Die meisten Übungsformen wiederholen sich dabei immer wieder. Neue Übungsformen werden nach und nach, aber nur in größeren Abständen, eingeführt. Meist ist auch ein Beispiel zur Lösung einer Aufgabe vorgegeben.
Diese Überschaubarkeit der Übungsformen unterstützt das selbstständige Lernen der Kinder.

3.8.3 Zur Integration der Silbenarbeit

Durch die abwechselnd schwarz-grüne Sprechsilbenfärbung in Fibel und Arbeitsheft wird die rhythmische Durchgliederung der Wörter nach *Sprech*silben optisch unterstützt – dadurch auch die Lesbarkeit von im Verlauf länger werdenden Wörtern, Komposita und Wörtern mit schwierigen Konsonantenhäufungen.

Von Anfang an wird der Leselernprozess durch das Identifizieren, Bestimmen und Wiedererkennen größerer sprachlicher Einheiten wie Silben und Wortbausteine gefördert. Dies bahnt die Weiterentwicklung von Lesestrategien – nicht nur für fortgeschrittene Leser – an.
Vor allem erhält das Lesen in Silben klanglich eher das Wortganze, ohne es allzu sehr in die Lautebene hinein zu zerstückeln, was wiederum die Sinnerfassung erleichtert.

Gerade die Einstiegsbeispiele „Ti-na“ und „Ti-no“ eignen sich besonders gut zur Einführung in die Silbenarbeit, da sie jeweils aus zwei lautlich eindeutigen, einfachen offenen Silben bestehen und leicht das Augenmerk auf Betontheit/Länge bzw. Unbetontheit/Kürze lenken lassen. Diese Fähigkeit des Abhörens von langen und kurzen Vokalen ist außerdem die ideale Vorbereitung auf kommende Rechtschreibstrategien.

Zur Arbeit mit den sogenannten Silbenkönigen (Vokale/Umlaute/Diphthonge) werden, vor allem zu Beginn des Lehrgangs, zahlreiche Aufgaben angeboten.
Darüber hinaus können derartige Übungen mit der editierbaren Kopiervorlage 61 im Verlauf des Lehrgangs wiederholend und mit immer neuem Wortmaterial durchgeführt werden.
Auf der Jo-Jo Lauttabelle sind alle Silbenkönige auf einem gesonderten roten „Tuch“ abgedruckt, welches zusätzlich symbolisch mit zwei Kronen gekennzeichnet ist.

Silbenübungen werden im Lehrwerk mit dem Piktogramm „Sprechschwingen“ (s. Hinweise unter Abschnitt 3.7) angezeigt:

Da beim Sprechschwingen (bzw. Silbenklatschen) von Wörtern und Namen wie z. B. „A-li“ und „A-ni-ta“ akustisch auch Einzelvokale am Wortanfang abgetrennt werden, wird im Jo-Jo Leselehrgang bewusst mit *Sprech*- und nicht mit *Schreib*silben gearbeitet *(in der neuen deutschen Rechtschreibung werden bei den Schreibsilben Einzelvokale am Wortanfang bzw. Wortende nicht abgetrennt; im Wortinnern, wie z. B. bei „Pa-o-la“ ist es hingegen erlaubt)*.

Der dem Arbeitsheft beigelegte Silbenschieber ermöglicht zudem von Anfang an das Lesen und „Schreiben“ nach (zuvor analysierten und synthetisierten) Silben.

Viele Übungen im Arbeitsheft (s. a. Abschnitt 2.3.1, S. 17) erfordern dezidiert die Arbeit mit Silben (z. B. jeweils die Aufgabe 2 auf den S. 7–11). Andere enthalten optionale Angebote zur Silbenarbeit (insbesondere der Aufgabentyp 3, z. B. auf den Arbeitsheftseiten 7–13).
Das Einzeichnen von Silbenbögen bleibt im Arbeitsheft optional, kann aber bis zu Arbeitsheftseite 32 aufgrund der großen Schrift und der großen Zeilenabstände zusätzlich durchgeführt werden.
Der Differenzierungsblock zum Leselehrgang enthält darüber hinaus weitere Aufgaben, die die Arbeit mit Silbenbögen ausdrücklich verlangen.

Zusätzlich werden auf den Fußbalken der *Fibel*seiten zur ersten Phase (bis einschließlich Seite 30) des Leselehrgangs die wichtigsten Wörter auch noch einmal in Silben dargeboten.
Bei den Unterrichtsvorschlägen zu den einzelnen Unterrichtseinheiten (s. Abschnitte 5.3 und 5.4) werden außerdem regelmäßig Vorschläge zum Sprechschwingen ausgewählter lautgetreuer Begriffe mit dem jeweils neu eingeführtem Buchstaben gemacht.

Verzicht auf die Silbenfärbung nach St/st
Ab Fibelseite 76 bzw. Arbeitsheft, Seite 78, verzichtet der Jo-Jo Leselehrgang bewusst auf die Silbenfärbung. Dieser Entscheidung liegen folgende didaktisch-methodische Überlegungen zugrunde:

- Die mehrgliedrigen Grapheme werden im Jo-Jo Leselehrgang, wie bei jedem anderen Lehrgang auch, *als optische und auch lautliche Einheit eingeführt* und erscheinen so jeweils am Seitenkopf und auch auf der Lauttabelle. Dies ist unumgänglich, da die Kinder ja die Einzelbuchstaben der mehrgliedrigen Grapheme nicht einzeln lautieren sollen, sondern den von den Einzellauten völlig unabhängigen Klang dieses Graphems kennen lernen müssen.
  Eine farbige Silbenmarkierung hätte aber zur Folge, dass die meisten der mehrgliedrige Grapheme, die zum Ende des Lehrgangs noch eingeführt werden, insbesondere bei Pluralformen optisch wieder auseinandergerissen würden, z. B.:

  Pu**tz** – pu**t**-**z**en
  e**ng** – E**n**-**g**el
  Ba**nk** – Bä**n**-**k**e
  Fu**chs** – Fü**ch**-**s**e
  du da**nk**st – ich da**n**-**k**e

  Farblich würden die einzelnen Buchstaben dieser Grapheme wieder getrennt und zwei unterschiedlichen Silben zugeordnet.
  Die Lautwerte am Ende der ersten Silbe hätten beim silbierenden Erlesen durch diese Trennung dann zumeist nichts mehr mit dem Lautwert des gerade eingeführten Graphems gemein.
  Für das silbierende Erlesen von Wörtern *mit diesen Graphemen* wäre eine farbige Silbenmarkierung *im Erstleseunterricht* also keine Hilfe, sondern eher eine Hürde, die es nicht nur für die schwächeren Leser zu vermeiden gilt.
  Im späteren Rechtschreibunterricht spielt dies keine Rolle mehr, weil bis dahin die Klangwerte der mehrgliedrigen Grapheme bekannt und geläufig sind.

- Die Kinder sind in den Materialien des Leselehrgangs bis zu diesem Zeitpunkt nach und nach bereits vermehrt mit Textanteilen ohne Silbenfärbung konfrontiert worden, die sie optional erlesen konnten.
  Dies dient dazu, die Kinder frühzeitig auch an silbisch *nicht gefärbte Texte* zu gewöhnen, denen sie nicht nur überall *in ihrer Lebenswelt* begegnen, sondern die sie, vor allem auch *in den Arbeitsmaterialien zu anderen Schulfächern*, schon sehr früh erlesen können müssen.
  Eine behutsame Gewöhnung an das Erlesen von Texte ohne Silbenkennzeichnung dient aber insbesondere auch der Vorbereitung auf *das übliche Schriftbild der Arbeitsmaterialien* in den folgenden Schuljahren.
  Für den Übergang sind auf den Arbeitsheftseiten 78 bis 88 (an Stelle der farblichen Markierung der Silben) unter ausgewählte Textanteile Silbenbögen zur optischen Segmentierung der Wörter gesetzt.

Literatur- und Quellenverzeichnis zu Kapitel 3

1 **Wolfgang Menzel.** In: Neuhaus-Siemon, Elisabeth (Hrsg.): Schreibenlernen im Anfangsunterricht der Grundschule. Scriptor Verlag, Frankfurt a. M. 1981, 133 f.

2 **Mechthild Dehn:** Zeit für die Schrift. Kamp Verlag, Bochum 1988.

3 **Petra Küspert:** Phonologische Bewusstheit und Schriftspracherwerb: Zu den Effekten vorschulischer Förderung der phonologischen Bewusstheit auf den Erwerb des Lesens und Rechtschreibens, Vandenhoeck & Ruprecht, Frankfurt a. M. 1998.

4 **Gerhard Dathe:** Einführung in die Methodik des Erstleseunterrichts. Volk und Wissen Verlag, Berlin 1974.

5 **Marlies Kretschmann:** So lernst du lesen und schreiben. Oldenbourg Verlag, München 1993.

6 **Christine Mann:** Selbst bestimmtes Rechtschreiben. Rechtschreibunterricht als Strategievermittlung. Beltz-Verlag, Weinheim und Basel 1993.

7 **Christa Röber-Siekmeyer / Doris Tophinke (Hrsg.):** Schriftspracherwerbskonzepte zwischen Pädagogik und Sprachwissenschaft. Schneider Verlag, Hohengehren 2001.

8 **Bernhard Bosch:** Grundlagen des Erstleseunterrichts. Eine didaktische Untersuchung. Verlag „Der Pflug“, Ratingen 1937 (5. Aufl. 1961, S. 66).

9 **Ulric Neisser:** Kognitive Psychologie. (1967). Klett Verlag, Stuttgart 1974, S. 176.

10 **Kenneth S. Goodman:** Lesen: Psycholinguistischkognitives Probierverhalten. In: Kurt Meiers / Erwin Schwartz (Hrsg.): Fibeln und Erstlesewerke II. Frankfurt 1977, S. 296.

11/12 **Kurt Meiers:** Schriftspracherwerb. In: Günter Lange / Karl Neumann / Werner Ziesenis (Hrsg.): Taschenbuch des Deutschunterrichts. Grundfragen und Praxis der Sprach- und Literaturdidaktik, Bd. 1. Schneider Verlag, Hohengehren 1998, S. 153.

13 Übersicht über das Stufenmodell der Schreib- und Rechtschreibentwicklung nach **Gudrun Spitta / Gerheid Scheerer-Neumann**. In: Rüdiger Urbanek: Rechtschreiben lernen und lehren. Kamp Verlag, Bochum 1994, RS-Papier 4.6.

14 **Beate Leßmann:** Schreiben und Rechtschreiben. Verlag der Agentur Dieck, Heinsberg 1998, S. 31 f.

15 **Gudrun Spitta:** Kinder schreiben eigene Texte: Klasse 1 und 2. Cornelsen Verlag Scriptor, Frankfurt a. M. 1988.

16 **Gerheid Scheerer-Neumann:** Der Erwerb der basalen Lese- und Schreibfähigkeiten. In: Günther / Ludwig: Schrift und Schriftlichkeit. Walter de Gruyter & Co, Berlin 1996.

17 **Wolfgang Menzel.** In: Neuhaus-Siemon ebd., S. 138.

18 **Lisa Dummer-Smoch / Renate Hackethal:** Handbuch zum Kieler Leseaufbau. Veris, Kiel 1984.

19 **Dr. Hans-Joachim Michel (Hrsg.): FRESCH – Freiburger Rechtschreibschule.** Grundlagen – Diagnosemöglichkeiten – praktische Übungen zum Thema LRS. AOL Verlag, 8. Auflage, Lichtenau 2007

4 Vorschläge zur Gestaltung des Unterrichtsalltages

Im Unterrichtsalltag bieten sich vom ersten Tag an viele Möglichkeiten, abseits geplanter „Lektionen" das Lesen- und Schreibenlernen der Kinder zu fördern.
Dabei sollte ein Klima für den Lese- und Schreibunterricht geschaffen werden, in dem sich die Kinder, je nach Leistungsstand und Vorkenntnissen, mit Sprache beschäftigen und bereits vorhandene Kompetenzen weiterentwickeln bzw. neue erwerben können.
Spaß und Freude sollen dabei ebenso eine Rolle spielen wie Förderung bei evtl. vorhandenen Schwierigkeiten und Defiziten in der sprachlichen Entwicklung.
Sprache und Schrift als grundlegende Kulturtechniken müssen selbstverständlicher Teil des Schulalltags sein und von den Kindern als wichtige Fertigkeit erfahren werden.

Ein wichtiger Aspekt dabei ist auch, den Kindern immer wieder Möglichkeiten zu eröffnen, ihre Arbeiten (Texte, Bilder, Collagen etc.) ansprechend zu präsentieren (und ggf. auch von den Kindern selbst erläutern zu lassen), z. B. an einer Wäscheleine, an einer Pinnwand, oder sie als Poster gestalten zu lassen, Ausstellungen mit Schülerarbeiten zu organisieren und so durchzuführen, dass sie einem größeren „Publikum" zugänglich gemacht werden.
Die angemessene Würdigung kleiner und großer Lernfortschritte sowie repräsentativer Arbeiten sollte auch im mitunter hektischen Schulalltag als Motivationsfaktor stets im Auge behalten werden.

4.1 Organisationsformen, Orientierungshilfen und Rituale im Schulalltag verankern

Feste, immer wiederkehrende Rituale werden im Schulalltag verankert und geben so den Kindern eine wichtige Orientierungshilfe und Sicherheit in der neuen Umgebung, die neue Anforderung an sie stellt:

- Rituale und Regeln kennen und anwenden
- Begrüßungs- und Schlusslied lernen (s. Seiten 58, 59)
- gemeinsame Frühstückszeiten / Bewegungszeiten einhalten
- regelmäßig wiederkehrende Sozialformen und Arbeitsformen (Sitzkreis, Freiarbeit etc.) einüben
- feste Erzählzeiten (z. B. Morgenkreis) verabreden und einhalten (dafür ebenfalls Rituale einführen, z. B. Erzählkette, „Redestein")
- soziales Verhalten in der Gruppe trainieren und reflektieren (sich melden, zuhören, andere ausreden lassen, anderen helfen, Streit schlichten und lösen ...)
- Arbeitsmittel sinnvoll und übersichtlich verwahren (z. B. die Buchstabenkärtchen des Leselehrgangs, die in einem mit Namen beschrifteten Briefumschlag aufbewahrt werden)
- Arbeitsplatz übersichtlich gestalten / aufräumen

4.2 Basale Fähigkeiten zum Schriftspracherwerb im Schulalltag trainieren

Neben den Fähigkeiten, wie Aufmerksamkeit, Konzentrationsfähigkeit und Gedächtnisleistung, stellen visuelle Wahrnehmung und optische Differenzierung, eine ausgebildete Feinmotorik sowie insbesondere die phonologische Bewusstheit basale Vorläuferfertigkeiten für den erfolgreichen Schriftspracherwerb dar (s. a. Abschnitt 2.9).
Neben den danach ausgerichteten Übungen in den Lehrgangsmaterialien können derartige Übungen auch (besonders in der Anfangsphase) regelmäßig in den Unterrichtsalltag integriert werden:

Feinmotorische Fertigkeiten fördern
- Sandpapierbuchstaben ertasten
- in Sand schreiben
- Buchstaben kneten
- Figuren, Muster, Linien und Buchstaben nachspuren
- allgemein: schneiden, ausschneiden, legen, kleben, lochen, ordnen, abheften

Raum-Lage-Beziehungen trainieren
- links und rechts / oben und unten / hinten und vorne unterscheiden
- Schreibrichtung einüben

Übungen zur Lautstruktur der Sprache
Die Lautstruktur der Sprache (s. a. Hinweise unter Abschnitt 3) unabhängig vom Sinnmoment zu erfassen, fällt vielen Kindern dieser Entwicklungsstufe noch schwer.

Deshalb sind alle Übungen, die dies fördern, außerordentlich wichtig, z. B.:

Reime

Die Lehrerin nennt drei (schwieriger: fünf) Wörter, von denen sich zwei reimen. Die Kinder nennen die Reimwörter oder das „Kuckucksei“, z. B.:

Topf – Hand – Zopf
Kanne – Wanne – Panne – Wolle – Tanne

Die Lehrerin spricht den Anfang von Reimsätzen vor und lässt die Kinder das ausgelassene Reimwort finden (hier wird das Suchen des Reimwortes zusätzlich durch die Sinnerwartung gesteuert), z. B.:

Der Kater hat eine Tatze,
der Opa hat eine *(Glatze)*.

Die Hexe mit dem dicken Zopf
rührt in einem heißen *(Topf).*

Sprachspiele und Zungenbrecher

Sprachspiele und Zungenbrecher machen Spaß und trainieren gleichzeitig die Artikulation beim Sprechen, z. B. folgende bekannte Zungenbrecher:

Fischers Fritz fischt frische Fische.
Frische Fische fischt Fischers Fritz.

Blaukraut bleibt Blaukraut
und Brautkleid bleibt Brautkleid.

Der Cottbusser Postkutscher putzt den
Cottbusser Postkutschkasten.

(s. a. Zungenbrecher auf Fibelseite 100)

Sprachspiele, wie zum Beispiel das Lied „Drei Chinesen mit dem Kontrabass“, lenken die Aufmerksamkeit auf die Vokale:

Dra Chanasan mat dam Kantrabass,
saßen af dar Straßa and arzahlten sach was ...

Dri Chinisin mit dim Kintribiss,
sißen if dir Strißi ind irzihlten sich wis ...

Gegenstände nach Anfangslaut sortieren

Die Lehrerin kann einen Karton mit kleinen Spielgegenständen (z. B. aus einem Kaufladen, einer Puppenküche oder einer Playmobil-Sammlung) füllen.
Die Kinder suchen alle Gegenstände heraus, deren Begriffe mit einem bestimmten Laut beginnen, benennen sie und sagen, an welcher Stelle (am Anfang, am Ende oder irgendwo dazwischen) sie den Laut hören.

4.3 Schrifterfahrungen im Schulalltag sammeln

Vom ersten Tag an begegnen die Kinder in der Schule zahlreichen Zeichen, Symbolen und Schriftbeispielen. Der Umgang damit sollte ganz bewusst in den Schulalltag integriert werden:

- **Namensschilder** und -kärtchen an Fächern und Haken etc.
- Anschreiben von Hausaufgaben und Mitteilungen mit Hilfe von **Symbolen**
- dem Lernfortschritt angepasst zum jeweiligen Thema (z. B. im Sachunterricht) **Tafeln und Schilder** im Klassenzimmer aufhängen
- je nach Lernstand **kleine Aufträge** schriftlich **auf Zetteln** erteilen (z. B. „Bitte hole beim Hausmeister drei Stücke Kreide.“)
- Anschreiben von **Datum, Wochentag, Tagesplänen**, auch wenn die Kinder zunächst nicht alles lesen können (dabei Symbole zunehmend durch Wörter ersetzen)
- **kleine Botschaften**, Lob usw. an Tischgruppen und Kinder schriftlich geben (auch hier Symbole zunehmend durch Wörter ersetzen)
- einen **„Briefkasten“** aus einem alten Karton herstellen und Briefe an Mitschüler bzw. Lehrer darin sammeln; die Briefe zu einer festgelegten Zeit austragen und lesen lassen

4.4 Text- und Leseverständnis erweitern

- „Lieblingsbücher“ mitbringen und vorstellen/vorlesen
- ein „Bankbuch“ unter der Bank zum stillen Lesen und Betrachten und für feste Lesezeiten bereithalten
- Büchereien aufsuchen, dort in Büchern „schmökern“, lesen und Bücher ausleihen
- anderen vorlesen (freiwillig!) und andere zum Vorlesen einladen, z. B. regelmäßige Vorlesestunden mit Eltern, Großeltern, Geschwistern, Mitschülern aus anderen Klassen einrichten
- Szenen aus Büchern im Rollenspiel nachspielen, z. B. „Die kleine Raupe Nimmersatt“
- Geschichten weitererzählen, nacherzählen, Bilder dazu malen oder frei dazu schreiben

4.5 Zur praktischen Organisation des differenzierenden Unterrichts

Soll der differenzierende Unterricht nicht in mehr oder weniger wahllose „Beschäftigung“ abgleiten, ist die kontinuierliche Beobachtung der Kinder notwendig. Dies kann in Form von täglichen Notizen, aber auch mit Hilfe eines Wochenplanes (Kopiervorlage 149), des Jo-Jo Fibel-Passes (Kopiervorlagen 150/151) oder der Beobachtungsbögen (Kopiervorlagen 152 bis 156) geschehen. Für die Kinder wiederum ist es wichtig, dass sie den differenzierten Unterricht als Möglichkeit erfahren, „etwas zu lernen“, „etwas zu üben“ oder „etwas zu arbeiten, was mir Spaß macht“.
Auch, und besonders im differenzierenden Unterricht, sollten gewisse Regeln und Rituale eingeführt und konsequent eingehalten werden. Außerdem ist eine sinnvolle und kindgerechte praktische Organisation des Materials wichtig. Nach Maria Montessori ist die Gestaltung einer sogenannten „vorbereiteten Umgebung“ dafür eine absolute Notwendigkeit.

Die folgenden Hinweise und Anregungen dazu können sicher nicht alle (das wäre der seltene Idealfall!) in jedem Klassenraum umgesetzt werden. Je nach den örtlichen Bedingungen muss dann entsprechend ausgewählt werden:

Allgemeine Hinweise

- Das Klassenzimmer sollte aufgeräumt, übersichtlich und nicht zu überladen sein.

- Der Arbeitsplatz der Lehrkraft sollte für die Kinder „tabu“ sein – ohne ihr ausdrückliches Einverständnis darf dort nichts verändert oder genommen werden.

- Alle Kinder müssen (Ritual!) ihre Materialien stets wieder an den Platz zurückbringen, von dem sie sie geholt haben.

- Regale bieten Platz für die Materialien. Diese sollten frei zugänglich und immer am gleichen Platz angeboten werden.

- Wichtige Utensilien wie Klebstoff, Tacker, Schere, Locher, Büroklammern oder Tesafilm sollten für alle zugänglich in einem Regal stehen, das mit den Namen der Gegenstände beschriftet ist. Jedes Kind weiß bald, an welchen Platz die Sachen zurückgebracht werden müssen.

- Es empfiehlt sich, für die Aufbewahrung von Kartensätzen (z. B. zu den Buchstabenkärtchen aus dem Arbeitsheft oder den Dominos und Würfelwörtern aus den Kopiervorlagen) immer eine ausreichende Anzahl an Briefumschlägen bereitzuhalten, auf die die Kinder nach Bedarf zugreifen können.

- Selbst hergestellte Übungsmaterialien sollten (evtl. laminiert) in dafür bestimmten, beschrifteten Boxen, Schachteln oder Plastikdosen aufbewahrt werden.

- Wichtig: Sie sollten von der Höhe her für alle Kinder erreichbar sein und nicht doppelreihig hintereinander oder gestapelt übereinander stehen. Wenn dies zu Platzproblemen führt, muss eine Auswahl getroffen und die Materialien müssen ggf. von Zeit zu Zeit ausgetauscht werden. Karteien sollten nicht zu viele Blätter enthalten, um schwächere Kinder („Damit werde ich nie fertig ...“) nicht zu entmutigen.

- Wenn eine Arbeit noch nicht beendet ist und z. B. am nächsten Tag weitergeführt werden soll, kann diese mit einem kleinen „Namenskärtchen“ für eine gewisse Zeit reserviert werden. Andere Kinder müssen dann ggf. warten, bis sie beendet ist.

- Differenzierungsmaterialien, die zur Fibel gehören und über die deshalb jedes Kind verfügt (z. B. Lese-Mal-Blätter), können entweder am Schuljahresanfang von der Lehrerin eingesammelt, sortiert und nach und nach ausgegeben oder von den Kindern selbst in ihrem Fach (auch dieses mit Namen oder Symbol kennzeichnen) verwahrt werden.

- Wo immer möglich, sollte die Gelegenheit zur Selbstkontrolle gegeben sein, auch wenn sich viele Kinder im Anfangsunterricht noch das Lob der Lehrerin persönlich abholen und ihre Arbeit zeigen wollen. Zu vielen Arbeitsmaterialien lässt sich dazu ein ausgefülltes Arbeitsblatt an einer festgelegten Stelle in der Klasse auslegen.

Kennzeichnung der Materialien
Für viele Kinder ist es nicht einfach, ihre Bücher, Hefter, Ordner, Umschläge etc. wiederzuerkennen, wiederzufinden und zu identifizieren. Deshalb muss am Anfang kontrolliert werden, ob alles entsprechend deutlich gekennzeichnet ist. Auch können nicht alle Kinder die Schrift der Mütter/Väter auf Heften etc. lesen. Für die Kinder, die ihren Namen noch nicht lesen und evtl. auch nicht schreiben können, kann zunächst durchgängig ein Symbol verwendet werden.

Dies gilt natürlich auch für Spiele oder mitgebrachte Bücher etc.
Notfalls sollten Sie mit Stempeln, Aufklebern oder einfachen Symbolen arbeiten und Ersatzmaterial bereithalten.

Einzelne Bestandteile von Lottospielen, Puzzles, Dominos u. ä. Materialien können ggf. auf der Rückseite der einzelnen Teile mit entsprechenden Symbolen gekennzeichnet werden. Dies erleichtert später das Aufräumen.

Einrichtung von Experimentier- und Schreibecken
Zusätzliche Tische fungieren als Experimentier- und Schreibplätze, an denen Experimente durchgeführt oder z. B. Briefe, Geschichten etc. geschrieben werden können. Diese sollten eine „Grundausstattung" an Gefäßen, Küchenpapier, Handtüchern usw. bereitstellen, die je nach Thema wechselt. Die Schreibecke kann mit „schönen (farbigen) Papieren", Blocks mit verschiedenen Lineaturen, verschiedenen Schreibwerkzeugen, Umschlägen etc. bestückt sein, aus denen sich die Kinder bedienen können.

Dokumentation des Arbeitsfortschrittes
Laufzettel oder Tabellen zur Wochenplanarbeit können nach und nach eingeführt und von den Kindern auch sinnvoll benutzt werden. „Jo-Jo Fibel-Pass" (s. a. Kopiervorlagen 150/151 und Hinweise dazu auf Seite 27), „Wörterbuchpass" „Schreibpass", „Buchstabenhaus (Kopiervorlage 138)" usw. sind nur einige Möglichkeiten, den Kindern den Lern- und Arbeitsfortschritt deutlich zu machen und sie zur Selbstkontrolle anzuleiten („Das habe ich heute geschafft!") *(s. a. Christiani, Reinhold u. a.: Jahrgangsübergreifend unterrichten. Cornelsen Scriptor 2005).*

4.5.1 Zur Durchführung von Freiarbeitsphasen

Vor Beginn der Freiarbeitsphase sollte jedes Kind genau wissen, was es in dieser Zeit tun sollte bzw. möchte. Sinnvoll ist eine Übersicht zum Ablauf des Tages am Unterrichtsbeginn. Mit Hilfe von Symbolen/Wörtern für zu bearbeitende Materialien (s. a. Hinweise zum Jo-Jo Fibel-Pass, Seite 27) werden die Kinder informiert. Im Tageslauf können sie sich an diesem Plan orientieren und wissen, „was gerade dran ist".

Zu Beginn der Freiarbeit sollten neue Aufgabenstellungen oder Materialien besprochen werden. Die Kinder erfahren, wo sie welches Material finden. Kinder, die mit einzelnen Materialien bereits vertraut sind, können diese vorstellen und demonstrieren, „wie es gemacht wird". Jedes Kind entscheidet sich anschließend für eine Arbeit aus dem Tages- oder Freiarbeitsplan.

Für Aufgaben, die sehr attraktiv sind, wie z. B. die Arbeit am PC oder in der Experimentierecke, sollte gemeinsam mit den Kindern eine Reihenfolge vereinbart und diese auch schriftlich auf einer Liste festgehalten werden.
Praktisch dafür ist der Einsatz von Klammerkarten: Jedes Kind erhält eine Wäscheklammer mit seinem Namen und klemmt diese an eine Karte. So kann es leicht feststellen, wann es an der Reihe ist.
Kinder, die sich einfach einmal zurückziehen, malen oder sich unterhalten möchten, sollten auch dafür Gelegenheit und (eine begrenzte) Zeit eingeräumt bekommen.
Hier ist dann der Überblick der Lehrerin gefragt, um Kinder, die immer nur die „leichten und schönen" Aufgaben auswählen, dazu zu motivieren, auch die schwierigeren oder für das Kind weniger attraktiven Aufgaben zu bearbeiten.

In den Freiarbeitsphasen hat die Lehrerin im günstigen Falle Zeit, sich um einzelne Kinder zu kümmern, die noch besondere Unterstützung benötigen. Dafür ist die gute Organisation und das vorherige Einüben fester Regeln Voraussetzung, damit sie nicht ständig von Rat suchenden und Aufmerksamkeit erwartenden Kindern unterbrochen wird.
Feste Ansprechzeiten und/oder Handzeichen können hier eine Hilfe sein.

Zum Abschluss jeder Freiarbeitsphase sollten die Schülerarbeiten kontrolliert und „gewürdigt" werden. Dies ist zur Aufrechterhaltung der Motivation sehr wichtig. Einige Kinder können ihre Arbeit auch in der Runde präsentieren, Ratschläge geben oder sich von anderen Kindern Bestätigung und Kritik abholen.

4.5.2 Zur Durchführung von Partner- und Gruppenarbeit

Die Durchführung von Partner- oder Gruppenarbeit schult die soziale Kompetenz der Kinder und bringt gleichzeitig Abwechslung in den Unterrichtsablauf.
Bei Schulanfängern ist eine „echte" Partner- bzw. Gruppenarbeit, bei der ja zwei oder mehrere Kinder möglichst gleichwertig zu einem gemeinsamen Arbeitsprozess/-ergebnis beitragen sollen, nur selten möglich.
Meist wird ein Kind, das „schon etwas kann", z. B. Lesen, einem anderen helfen, das der Hilfe bedarf. So können sich Kinder einbringen, die im Lernprozess schon weiter vorangeschritten sind, ohne sich zu langweilen oder gar den Unterricht zu stören.

Dabei muss aber darauf geachtet werden, dass sich die Kinder nicht zu sehr in ihrer Rolle „einrichten" und dass ggf. entstandene Arbeitsverteilungsmuster wieder aufgebrochen werden. Für die Partnerarbeit sollten dann Arbeiten ausgewählt werden, bei denen ein wechselseitiges Vorgehen Voraussetzung für den Erfolg ist bzw. als sinnvoll erlebt wird, z. B. Dominos, Rätsel, Fragen zu

einem Text oder Bild beantworten, Auswahlsätze ankreuzen, Sätze aus Satzteilen erwürfeln.
Zahlreiche Aufgaben des Arbeitsheftes sind bereits so angelegt, z. B.:

- Seite 12, Aufgabe 2: Hier können die Kinder abwechselnd ein Buchstabenfeld ausmalen.
- Seite 39, Aufgabe 4: Die Kinder malen das Domino abwechselnd weiter.
- Seite 48, Aufgabe 2. Die Kinder legen gemeinsam eine Liste an, usw.

Gruppenarbeit kann gemeinsam im Stuhlkreis oder an einem großen Tisch eingeübt werden. Auch hierfür eignen sich zunächst spielerische oder experimentelle Arbeitsformen am besten. Bei der abschließenden Präsentation bzw. „Bewertung" sollten die Kinder das Arbeitsergebnis als gemeinsames Ergebnis erfahren, d. h. der „bessere Schüler" muss den Erfolg teilen, der „schlechtere" hat am Erfolg teil. Keinesfalls darf dieser nur dem „besseren" zugeschrieben werden. Beide Kinder können ihren Namen unter die Arbeit setzen.

4.5.3 Individualisiertes Lernen

Durch den unterschiedlichen Leistungs- und Entwicklungsstand der Kinder ist ein individualisiertes Lernen unerlässlich. Meist wird dies im Rahmen der Frei- und Wochenplanarbeit geschehen. Allerdings sind die Kinder hier an vorgegebene Aufgaben, z. B. eine Auswahl von Arbeitsblättern, Texten, Matheaufgaben, Gestaltungsaufgaben gebunden, aus denen sie sich mehr oder weniger frei einige auswählen können.

Vollständig individualisiertes Lernen würde aber bedeuten, dass das Kind seinen Interessen und Fähigkeiten entsprechend Aufgaben selbst auswählt und sein Lernen gänzlich selbst organisiert, wie dies z. B. in Montessori-Schulen praktiziert wird. In der Regelschule wird dies aus personellen, strukturellen und organisatorischen Gründen meist nur schwer oder eingeschränkt möglich sein.

Dennoch gibt es Bereiche, in denen Kinder über den „Stoff " ihrer ersten Klasse hinausgewachsen sind, z. B. den Zahlenraum bis 10 bereits hinter sich gelassen haben und „bis 100 oder 1 000" rechnen können. Anderen ist das Tempo bei der sukzessiven Bearbeitung des Leselehrgangs zu langsam – sie können bereits lesen.
Im Buchstabenlehrgang können diese Kinder mit Hilfe der Lauttabelle, des Jo-Jo Fibel-Passes und der Schreibanlässe zum freien Schreiben selbstständig Lernprozesse initiieren.

Bevor ein Kind auf den Weg des individualisierten Lernens gebracht wird, muss in jedem Fall sichergestellt sein, dass es die basalen Fähigkeiten für den Schriftspracherwerb beherrscht, insbesondere die Laut-Buchstaben-Zuordnung und vollständige Analyse-Synthese-Prozesse sowie das sinnerfassende Lesen. Zur Überprüfung könnten dazu u. a. die Lernstandsseiten aus dem Lernentwicklungsheft „Das kann ich schon" (Fibelbeileger, s. Abschnitt 7) eingesetzt werden.

Es empfiehlt sich außerdem, bei den gemeinsamen Buchstabeneinführungen auch diese Kinder teilnehmen zu lassen und dabei zu überprüfen, ob die Buchstabenkenntnis wirklich gesichert ist. Dies gilt insbesondere auch für die Bewegungsabläufe beim Schreibenlernen.
Für die selbstständig arbeitenden Kinder sollten also regelmäßig Überprüfungen stattfinden, um Lücken rechtzeitig zu erkennen und ggf. steuernd eingreifen zu können.

Sehr wichtig ist für diese Kinder auch eine gute Methodenkenntnis, damit sie selbstständig weiterlernen können, also z. B. sicheres Beherrschen der wichtigsten Arbeitstechniken sowie, im späteren Verlauf, das Nutzen von Nachschlagewerken und Internet.
Für diese Kinder sollte ein Angebot an Schulbüchern, Lexika, Karteien etc. bereitstehen, die bereits für das nächste Schuljahr gedacht sind, und so ein unabhängiges Weiterlernen ermöglichen.
Im jahrgangsübergreifenden Unterricht mit den Materialien zum Jo-Jo-Verbund 1/2 finden diese fortgeschritteneren Kinder themengleiches Material auf einem höheren Lernniveau.

Der Jo-Jo Leselehrgang ist so konzipiert, dass er grundsätzlich, mit Hilfe der Lauttabellenarbeit, auch für die gesamte Klasse das individualisierte Lernen ermöglicht.
Für Kinder, die noch nicht oder nur wenig lesen können, wenn sie zur Schule kommen, empfehlen wir jedoch, eine solche Arbeitsweise frühestens (mit gleitenden Übergängen) nach Abschluss der ersten Phase des Lehrgangs zu praktizieren.
Diese erste Phase (bis einschließlich W/w) mit ihrer didaktisch-methodisch konsequenten Einführung in die Struktur unserer Buchstabenschrift gibt allen Kindern die sichere Basis für einen erfolgreichen Schriftspracherwerb.

Wenn danach der Unterricht für alle individualisiert werden (*beispielsweise zwischen gemeinsamen Phasen zur Buchstabeneinführung oder zum Kapiteleinstieg- bzw. -abschluss*), jedes Kind in seinem Tempo arbeiten soll, müssen, im Sinne der Freiarbeit, die entsprechenden Voraussetzungen dafür geschaffen werden:

In den Regalen für die Freiarbeitsphasen werden ausgewiesene Plätze sowohl für *Fördermaterialien* als auch für *weiterführendes Material* vorgesehen. Diese können mit entsprechenden Symbolen, z. B. 1/2/3 Sternen, für die Kinder gekennzeichnet werden.
Die Kinder können sich dann nach eigener Einschätzung selbst Materialien auswählen. Meist haben Kinder eine gute Selbsteinschätzung. Bemerkt die Lehrerin, dass ein Kind immer wieder auf zu anspruchsvolle oder zu einfache Materialien zurückgreift, sollte sie gezielt nachfragen und Hilfen geben bzw. Material anbieten und dieses mit dem Kind zusammen auch bearbeiten.

Für die schwächeren Kinder einer Lerngruppe ermöglicht das individualisierte Lernen gezielte Hilfe bei Lernschwierigkeiten, sei es, dass ihnen längere Bearbeitungszeiten eingeräumt oder aber zusätzlich Hilfen zur Verfügung gestellt werden.

4.5.4 Zur Arbeit mit einem Wochenplan

(Kerstin Rahm)

Allgemeine Hinweise

Anders als das individualisierte Lernen z. B. mit dem Jo-Jo Fibel-Pass, der sich ausschließlich auf die Materialien zum Schriftspracherwerb bezieht, kann der Wochenplan von Kopiervorlage 149 als fächerübergreifendes Instrumentarium zur Organisation des Unterrichts eingesetzt werden.

Die Arbeit mit dem Wochenplan erscheint auf den ersten Blick in der Vorbereitung aufwändig für die Lehrkraft. Es ist aber eine Arbeit, die sich lohnt, da sie einerseits gute Differenzierungsmöglichkeiten ermöglicht, andererseits die Eigenverantwortlichkeit der Kinder fördert, indem sie nach und nach lernen, sich die Zeit über eine Woche selbst sinnvoll und effektiv einzuteilen *(zu Beginn der Wochenplanarbeit muss hier sicher noch von Seiten der Lehrkraft beobachtet und gesteuert werden).*

Auch müssen solche Pläne nicht durchgängig benutzt werden, sondern können durchaus von Wochen unterbrochen sein, in denen der Unterricht anderweitig gestaltet ist.

Hinweise zur Arbeit mit dem Wochenplan

Grundsätzlich gilt: Nicht alle Lerninhalte einer Woche müssen zwangsläufig im Rahmen der Wochenplanarbeit bearbeitet werden. Neben längeren Phasen der Freiarbeit im Rahmen des Wochenplans können auch immer wieder gemeinsame Phasen eingeschoben werden, z. B. Erarbeitungs-, Kontroll- oder Kapiteleinstiegs- und -abschlussphasen.

Lehrkräfte, die bereits im ersten Schuljahr mit der Wochenplanarbeit beginnen möchten, können dafür die Kopiervorlage 149 einsetzen. Der Plan enthält in der vorgegebenen Fassung Spalten für die Jo-Jo Fibel und das Arbeitsheft sowie Symbole für die Fächer Mathematik, Sachunterricht und Malen und Basteln. In einer letzten Spalte können die Lehrerinnen und Lehrer weitere Fächer ergänzen, sofern weitere Aufgaben im Rahmen des Wochenplans vergeben werden. Fächer bzw. Symbole, die nicht einbezogen werden sollen, können am PC gelöscht werden, weil die Kopiervorlage editierbar ist.

In die Spalten der einzelnen Fächer werden die Seitenzahlen oder Aufgabennummern aus den Büchern (oder Kennzeichnungen für andere Arbeitsblätter) geschrieben, die die Kinder bearbeiten sollen. Bei manchen Aufgaben ist es notwendig, dem Kind den Wochentag vorzugeben, an dem es eine Aufgabe erledigen kann, da z. B. eine gemeinsame Einführung in eine Thematik für diesen Tag geplant ist.
Wenn dem Kind freigestellt ist, an welchem Wochentag es die Aufgabe lösen kann, können andererseits Spalten auch miteinander verbunden werden.

Wichtig ist, dass das Material, das die Kinder neben ihren Büchern und Arbeitsheften sonst noch benötigen, im Klassenraum an einem festen Platz zur Verfügung steht und mit den eingeführten Symbolen für die einzelnen Fächer gekennzeichnet ist.
Ebenfalls nötig ist, dass die Kinder Symbole für eine Seitenzahl (z. B. S. 10), ein Arbeitsblatt (z. B. AB 3) und für eine Aufgabennummer (z. B. Nr. 4 oder A 4) kennen, auch wenn die Buchstaben für diese Kennzeichnung noch nicht eingeführt sind.

Die Wochenplanarbeit selbst gestaltet sich wie folgt:
Die Kinder werden in einem Zeitabschnitt eines Tages (z. B. 1–2 Schulstunden) aufgefordert, sich mit den Arbeiten des Wochenplanes zu beschäftigen. Bei der Planung ist darauf zu achten, dass die Kinder nur wenige und kurze Aufgaben pro Tag bekommen und nicht an jedem Tag jedes Fach berücksichtigt wird.

Dabei bietet sich eine optimale Differenzierungsmöglichkeit, wenn die Lehrkraft die Wochenpläne schnellerer Kinder mit mehreren Aufgaben versieht und die Pläne schwächerer Kinder nur mit ein oder zwei Aufgaben pro Material versieht. Die Kinder streichen auf dem Wochenplan die Aufgaben durch, die sie erledigt haben (oder die Lehrerin stempelt das Feld ab). So ist die Arbeit auch für ein schwächeres Kind ein Erfolg, wenn es seine „kleine" Aufgabe geschafft hat und abhaken kann.

Während die Kinder am Wochenplan arbeiten, bleibt der Lehrkraft Zeit zur Unterstützung schwächerer Kinder durch individuelle Fördermaßnahmen.

Einsatz des Wochenplans als Hausaufgabenplan

Viele Lehrkräfte nutzen eine solche Vorlage auch gerne, um einen Hausaufgabenplan anzubieten. Gerade im ersten Schuljahr, solange die Lesekompetenz der Kinder noch eingeschränkt ist, wissen viele Kinder zu Hause manchmal nicht mehr, welche Hausaufgaben sie erledigen sollen *(und Eltern versuchen, dies telefonisch herauszufinden).* Manche Kinder verbringen ihre Nachmittage in Institutionen wie Ganztagsbetreuungen, wo dem einzelnen Kind und seinen Aufgaben vielleicht nicht so viel Zeit/Aufmerksamkeit gewidmet werden kann, oder wo es evtl. intensiv in Nachmittagsprogramme eingebunden ist. So gibt es vielleicht öfter auch einmal Tage, an denen die Kinder die Hausaufgaben erst abends erledigen können.

Dies lässt sich mit einem Hausaufgaben-Wochenplan zu Gunsten der Kinder regulieren. Die Wochenhausaufgaben werden bereits montags zur Verfügung gestellt und freitags kontrolliert. Die Kinder können sich die Aufgaben einteilen, Eltern oder Betreuer erhalten so einen Gesamtüberblick.
Auch hier kann eine Differenzierung in der Menge vorgenommen werden und sinnvoll sein. Ein Kind, das bereits sehr sicher rechnet, muss vielleicht nicht unbedingt viele weitere Rechenhausaufgaben bekommen, sondern kann in seinem Hausaufgabenplan evtl. eine Schreib- oder Forscheraufgabe finden.

Grundsätzlich empfehlen wir jedoch, den Anteil der Hausaufgaben im ersten Schuljahr eher gering zu halten.

5 Unterrichtspraktische Vorschläge zum Jo-Jo Leselehrgang

5.1 Stoffverteilungsplan

Dieser Stoffverteilungsplan dient zur Orientierung im Schuljahresverlauf und ist als flexibles Grundgerüst zu verstehen, das an die jeweiligen Bedürfnisse Ihrer Klasse angepasst werden kann und sollte. Besonders in der ersten Phase des Leselehrgangs (bis einschließlich Einheit 13: W/w) sollte die Sicherung der Basiskenntnisse und -fähigkeiten Ihrer Kinder im Vordergrund stehen, auch wenn sie ggf. mehr Zeit beansprucht, als hier unverbindlich vorgeschlagen wird.

Im folgenden Vorschlag gehen wir von einer durchschnittlichen Bearbeitungszeit von ca. 5 Wochen für das erste und je 2,5 Wochen für die folgenden Kapitel aus: (5 + 2,5 x 13 = 37,5 Schulwochen).

Die unter der Wochenspalte zu einigen Kapiteln angegebenen Ziffern in Klammern verweisen beispielhaft auf Möglichkeiten der Umverteilung (*– 1* = eine Woche weniger oder *+ 1* = eine Woche mehr), die aber ebenso als unverbindliche Eckwerte zu verstehen sind und an das Lerntempo Ihrer Klasse angepasst werden können und sollen.
In den letzten beiden Kapiteln werden außerdem nur noch sehr wenige Buchstaben eingeführt, sodass zum Ende des Leselehrgangs noch ein weiterer zeitlicher Spielraum/Puffer integriert ist.

Die Abkürzung FS bezieht sich auf die Fibelseiten.
Auf den Zeitpunkt des Einsatzes der Lernstandsseiten aus dem Lernentwicklungsheft (Fibeleinleger) wird jeweils in der rechten Spalte mit einem ✳ verwiesen.

PHASE I des Jo-Jo Leselehrgangs

Kapitel	Woche	Einheiten	Buchstaben
Ich – Du – Wir (1) ***Vorkurs*** *mit den Fibelnamen:* • *Laut-Buchstaben-Zuordnung* • *komplette Analyse-Synthese* • *Silbenanzahl ermitteln*	1 bis 2,5	1–4	▶ Kapiteleinstieg FS 4/5 **Tina – Tino** erstes Kennenlernen der Lauttabelle **T – i – n – a – o (t – I – N – A – O)** ✳ **Lernstandsseite 1**
Ich – Du – Wir (2) *Vertiefung der Buchstaben und Laute der Fibelnamen / Kennenlernen des M/m*	2,5 bis 5 *(+ 1)*	5, 6 7a–7c 8	**A a – I i** (lang/kurz) **O o** (lang/kurz) – **N n – T t** **M m** – Mama – Oma ▶ Kapitelabschluss FS 16
Herbst	5 bis 7,5 *(– 1)*	9 10	▶ Kapiteleinstieg FS 17 **L l** – Lama – Ali Einführung: Satz – Satzschlusszeichen **S s** – Simon – soll – ist – Ast – ll ▶ Kapitelabschluss FS 22 ✳ **Lernstandsseite 2**
Natur entdecken: Tiere	7,5 bis 10	11 12 13	▶ Kapiteleinstieg FS 23 **E e** – Esel – Enten **P p** – Papa – Opa – ll – ss **W w** – was – wann – will – wissen ▶ Kapitelabschluss FS 30 ✳ **Lernstandsseite 3**

Abschluss der ersten Phase:
Frühester empfohlener Zeitpunkt für eine nach und nach stärkere Öffnung des Unterrichts zum selbstständigen Arbeiten, z. B. mit dem Jo-Jo Fibel-Pass (s. S. 27); frühester empfohlener Beginn für die Arbeit mit dem Schreiblehrgang A.

PHASE II des Jo-Jo Leselehrgangs

Kapitel	Woche	Einheiten	Buchstaben
Ritter, Räuber und Rabauken	10 bis 12,5	14 15 16	▶ Kapiteleinstieg FS 31 **R r** **Ei ei** **D d** ▶ Kapitelabschluss FS 36
Winter	12,5 bis 15 *(+1)*	17 18 19 20	▶ Kapiteleinstieg FS 37 **U u** **F f** **H h** **ie** ▶ Kapitelabschluss FS 44 ✳ **Lernstandsseite 4**
Zeiten und Räume	15 bis 17,5	21 22 23	▶ Kapiteleinstieg FS 45 **Z z** **B b** **Ch ch** ▶ Kapitelabschluss FS 52
Das bin ich	17,5 bis 20	24 25 26	▶ Kapiteleinstieg FS 53 **Au au** **K k** **Ö ö – Ü ü** ▶ Kapitelabschluss FS 60 ✳ **Lernstandsseite 5**
www.freizeit	20 bis 22,5 *(– 1)*	27 28 29	▶ Kapiteleinstieg FS 61 **Sch sch** **G g** **Ä ä** ▶ Kapitelabschluss FS 66
Frühling	22,5 bis 25 *(– 1)*	30 31	▶ Kapiteleinstieg FS 67 **stummes -h** **J j** ▶ Kapitelabschluss FS 72 ✳ **Lernstandsseite 6**
Für Spürnasen	25 bis 27,5	32 33	▶ Kapiteleinstieg FS 73 **Sp sp – St st** **ck** ▶ Kapitelabschluss FS 78
Natur entdecken: Pflanzen	27,5 bis 30	34 35 36	▶ Kapiteleinstieg FS 79 **Pf pf – tz** **chs** **V v** *(frühester empfohlener Beginn für die Arbeit mit dem Schreiblehrgang B)* ▶ Kapitelabschluss FS 84 ✳ **Lernstandsseite 7**
Wie wir leben	30 bis 32,5 *(+ 1)*	37 38 a, 38 b 39 a, 39 b	▶ Kapiteleinstieg FS 85 **Eu eu** **nk – ng** **ß – Y y** ▶ Kapitelabschluss FS 92
Sommer	32,5 bis 35 *(– 1)*	40	▶ Kapiteleinstieg FS 93 **Äu äu – C c** ▶ Kapitelabschluss FS 96
Ich liebe Bücher	35 bis 37,5 *(– 1)*	41	▶ Kapiteleinstieg FS 97 **Qu qu – X x** *flexibler Übergang zum Textteil* ✳ **Lernstandsseite 8**

5.2 Fibelwortschatz

Mit den *Lesetexten* in den Jo-Jo Fibel-Materialien erarbeiten die Leseanfänger ein zunehmend umfangreicheres Wortmaterial. Dies dient nicht nur generell zur Erweiterung des aktiven und passiven Wortschatzes der Kinder, sondern insbesondere auch dazu, die Lautwerte der neu erlernten Buchstaben innerhalb von möglichst vielen verschiedenen Wortklangbildern zu vertiefen. So erfahren die Leseanfänger den entsprechenden Laut immer wieder in neuen klanglichen Zusammenhängen, d. h. mit variierenden Gleit- und Übergangslauten (s. a. Abschnitt 3.3).
Die Übungen in den *Arbeitsmaterialien* fokussieren dagegen einen stärker begrenzten Wortschatz mit unterschiedlich häufigem Vorkommen, dessen Wörter allerdings auch nicht alle intensiv geübt werden müssen.

Wenn Sie mit einzelnen Kindern vertiefende Wortschatzübungen durchführen möchten, z. B. in einem „Wörtersammelheft“, kann die folgende Liste zur Orientierung dienen.

Neben der Aufnahme der für den Schriftspracherwerb wichtigsten kleinen Funktionswörter orientiert sich diese Auswahl an der Häufigkeit ihres Vorkommens in den Jo-Jo Fibel-Materialien sowie an ihrer Bedeutsamkeit für die Kinder.
In Vorbereitung auf die Anbahnung von Rechtschreibstrategien enthält diese Liste außerdem Beispiele für die wichtigsten orthografischen Besonderheiten unserer Schrift, wie z. B.:

> Doppelkonsonanten, mehrgliedrige Grapheme, Auslautverhärtung, s-Schreibweisen, „stummes“-h, Umlaute und Endungen mit -el, -en, -er.

Hinweis für den Unterricht im Verbund mit den Jo-Jo Materialien für den zweiten Jahrgang:
Die grau markierten 77 Wörter dieses Fibelwortschatzes sind ebenso Bestandteil der Wörterliste im Jo-Jo Sprachbuch 2. Die Arbeit an und mit diesen Wörtern kann also ggf. auch die Vorbereitung auf das Jo-Jo Sprachbuch 2 unterstützen.

A a
alle
als
am
Ampel
an
Apfel
Ast
auf
aus
Auto

B b
backen
Ball
Baum / Bäume
Berg/e
Bett
Bild
Blume/n
Buch

D d
da
dann
das
den
der
die
drei
du

E e
ein/e/m/n/r
Ente/n
er
Erde
es
Esel
essen
etwas

F f
Familie
fährt / fahren
finden / findet
fragen / fragt
Freund/e
fünf

G g
geben / gibt
gehen / geht
groß
gut

H h
haben / hat
Haus
heiße / heißen
helfen
hier
holen / holt
Hose

I i
ich
ihn
ihr
im
in
ist

J j
ja
Jahr
Junge

K k
kann / können
kaufen / kauft
Klasse
Kind/er
kommt / kommen

L l
lachen / lacht
Lampe
laufen
lesen / liest
liegen / liegt

M m
malen / malt
Mama
Milch
mit
muss / musst

N n
Name/n
neun
nicht
nun
nur

O o
oder
Oma
Opa

P p
Papa
passen / passt
Pflanze/n

R r
raten / rate
rennt / rennen
rollen / rollt
rot
rufen / ruft

S s
sagen / sagt
schreiben / schreibe
Schule
sein/e/en/em
sie
sind
sollen / soll
Sonne
spielen / spielt
stehen / steht
suche / suchen

T t
Tafel
Tasse
Tier/e
toll
Tür

U u
um
und
uns

V v
Vater
viel/e
vier
Vogel
von
vor

W w
warm
wann
wartet / warten
was
wenn
wie
Wiese
will / wollen
wir
wissen
Wort / Wörter

Z z
zeigen / zeigt
Zeit
zu / zum / zur
zwei

5.3 Zur ersten Phase des Leselehrgangs (Einheiten 1–13)

5.3.1 Begleitende Aktivitäten während der ersten Schulwochen

Wichtige Themen der ersten Schulwochen sind ohne Zweifel der Schulanfang, das gegenseitige Kennenlernen sowie die Orientierung im Schulgebäude und auf dem Schulgelände.
Folgende Aktivitäten werden deshalb die Schulanfänger während der ersten Schulwochen begleiten:

Rundgang durch die Schule
Bei Rundgängen im Schulgebäude und auf dem Schulgelände können die Kinder das Schulhaus, spezielle Räumlichkeiten (Aula, Bibliothek, Turnhalle, Sportplatz, Lehrerzimmer, Computerräume etc.) sowie die Personen mit speziellen Funktionen (Schülervertreter, Schülerlotsen, Lehrer, Hausmeister, Schulleiter/in etc.) kennen lernen.

Patenklasse / Patenkinder
Evtl. haben die Kinder Patenkinder (oder eine Patenklasse), die sich mit um die Erstklässler kümmern. Zusammen mit ihnen können Spielstunden auf dem Hof oder in der Turnhalle stattfinden. Die Paten helfen dann z. B. auch beim Kennenlernen und Einhalten der Hausordnung und der Pausenregeln und / oder, insbesondere in jahrgangsgemischten Klassen, natürlich auch beim Lernen.

Schulwege erkunden
Auch der Schulweg bzw. das Verhalten im Schulbus sind für viele Kinder bereits in der ersten Klasse relevante Themen. Gemeinsam mit den Kindern können die „Gefahrenquellen“ in der Schulumgebung (Kreuzungen, Ampeln, Überwege ...) besucht und das richtige Verhalten dort sowie auch im Schulbus und an der Haltestelle besprochen werden.

Kennenlernspiele
Kennenlern- und Orientierungsspiele machen Spaß und helfen, sich in der neuen Umgebung und mit den anderen Kindern zurechtzufinden, z. B.:

- Mein rechter/linker Platz ist frei/leer, ich wünsche mir die / den (Name eines anderen Kindes) herbei / her.
- Spitz, pass auf, dein Knochen ist weg ...
- Ein oder zwei Kinder werden vor die Tür geschickt, während in der Klasse etwas verändert wird. Dann kommen diese Kinder wieder herein und müssen raten, was sich verändert hat, z. B.:
- Wer hat sich umgesetzt?
  (Kinder haben den Platz getauscht)
  Was ist anders?
  (Gegenstände im Klassenzimmer sind vertauscht)
- gemeinsam Spiellieder singen, wie z. B.:
  Ich bin der kleine Tanzbär;
  Ein Elefant, der balancierte ...

Lieder für den Schulanfang
Eine große Rolle beim Schulanfang spielen Rituale (s. a. Abschnitt 4.1), die sukzessive eingeführt werden sollten. Besonders für den Schulanfang kann das regelmäßige, also „ritualisierte“ Singen von ausgewählten Liedern einem Schultag zu einem auflockernden und gemeinsamen Anfang / Ende verhelfen, z. B.:

Zum Tagesbeginn:

- **Guten Morgen, good morning** (s. S. 62)

- **Guten Tag**

Text: Rolf Krenzer, Musik: Detlev Jöcker.
Aus: CD, MC und Buch: „Denkt euch nur, der Frosch war krank“.

Zum Schulschluss:

- **Die Schule ist aus**

Text: Lore Kleikamp, Musik: Detlev Jöcker

Aus: CD, MC und Buch: „Mile male mule, ich gehe in die Schule“.

5.3.2 Allgemeine Hinweise zu den unterrichtspraktischen Vorschlägen

Die folgenden detaillierten Unterrichtsvorschläge zu den Kapiteln und den einzelnen Einheiten sind keineswegs als verbindlich aufzufassen oder gar vollständig umzusetzen. Sie verstehen sich vielmehr als Leitfaden zur praktischen Durchführung des Jo-Jo Leselehrgangs, der – den Umfang und die Inhalte betreffend – individuell und an die spezielle Klassensituation angepasst werden kann und sollte. Wählen Sie also selbst aus, welche Vorschläge Ihre Klasse/Kinder in ihrem jeweiligen Lernprozess am sinnvollsten unterstützen.

Zu einigen Einheiten und Kapiteln wird auf inhaltlich passende Kinderliteratur verwiesen. Ein Teil dieser Bücher ist möglicherweise nicht mehr im Buchhandel erhältlich, sondern ggf. nur noch in Büchereien auszuleihen. Die Internetverweise beziehen sich auf den Stand Frühjahr 2011.

Auf Verweise zum Einsatz des Schreiblehrgangs in verbundener Schrift wurde verzichtet, weil dieser sehr individuell zu unterschiedlichen Zeitpunkten eingesetzt wird *(Schreiblehrgang A zeitversetzt zum Leselehrgang und Schreiblehrgang B gegen Ende oder nach Abschluss des Leselehrgangs).*

Innerhalb der unterrichtspraktischen Vorschläge werden folgende Abkürzungen und Symbole verwendet:

FS:	Fibelseite
AH:	Arbeitsheft
DLG:	Druckschriftlehrgang
Diff.-Block:	Differenzierungsblock
LMB:	Lese-Mal-Blätter
KV:	Kopiervorlage/n
Diff.:	Differenzierungsmöglichkeit

D Differenzierungsaufgabe oder -möglichkeit/en

KV Kopiervorlage/n

TW Verweis auf eine Aufgabe in der Textwerkstatt

Verweis auf einen Titel auf der Jo-Jo Hör-CD 1/2

5.3.3 Hinweise zur ersten Phase des Leselehrgangs

Um sicherzustellen, dass alle Kinder das Prinzip unserer Buchstabenschrift verstanden haben und die wichtigsten Arbeits- und Übungsformen beherrschen, empfehlen wir, diese erste Phase noch weit gehend lehrergeleitet durchzuführen, bevor der Unterricht ggf. nach und nach (im Sinne der Freiarbeit) stärker geöffnet wird (s. a. Hinweise unter Abschnitt 3.8.2).

Der Buchstabenlehrgang:
Vorbemerkungen zu Kapitel 1

Das erste Kapitel des Jo-Jo Leselehrgangs ist in zwei Bereiche unterteilt:
1. Vorkurs (Einheiten 1–4)
2. Vertiefung (Einheiten 5–8)

1. Vorkurs
(Fibelseiten 4–9, Arbeitsheft, Seiten 3–6)
Analyse und Synthese bedeuten beim Jo-Jo Leselehrgang, dass – grundsätzlich immer vom Wortganzen ausgehend – alle Wörter vollständig durchstrukturiert werden.
Diese Vorgehensweise wird den Kindern auf den Fibel- und Arbeitsheftseiten zum ersten Kapitel ausschließlich anhand der Fibelnamen „Tina“ und „Tino“ vermittelt.

Für die Kinder heißen also die Ziele bei der Bearbeitung des ersten Kapitels:

- Bewusstsein anbahnen für die Gliederungselemente der Schrift in Wörter und Buchstaben

- Bewusstsein anbahnen für die Beziehung zwischen Laut und Buchstabe, also der Struktur unserer Buchstabenschrift:
  Die Buchstaben stehen für Laute, und diese kann man hören, wenn man die Buchstaben „klingen“ lässt.

Die Fibelnamen „Tina“ und „Tino“ unterscheiden sich nur durch einen Buchstaben bzw. Laut, bilden also ein so genanntes **Minimalpaar**, anhand dessen die Bedeutung der Einzelbuchstaben/-laute für den Inhalt eines Wortes für die Kinder leicht nachvollziehbar erarbeitet werden kann:
  Tausche ich den letzten Buchstaben/Laut aus, „wird“ aus dem Mädchen *Tina* der Junge *Tino*.

Der Lautaspekt unserer Sprache wird so für die Kinder anschaulich nachvollziehbar in den Fokus der Aufmerksamkeit gerückt.

- Bewusstsein anbahnen für die (akustische und optische) Gliederung von Wörtern in Sprechsilben (Silben klatschen bzw. sprechschwingen)

- Erstes (intuitives) Bewusstsein anbahnen für die lesetechnischen Abläufe bei der Synthese:
  Beim Zusammenschleifen der einzelnen, den jeweiligen Buchstaben (einer Silbe oder eines Wortes) zugeordneten Laute entstehen Gleit- und Übergangslaute. Lesen besteht also nicht einfach aus der Aneinanderreihung von Einzellauten. Die Einzellaute geben nur eine lautliche Orientierung innerhalb eines kontinuierlichen Sprechablaufes.

Es geht also keinesfalls darum, dass die Kinder diese Buchstaben/Laute am Ende dieses kleinen Vorkurses auch schon sicher beherrschen sollen, sondern vielmehr um **eine erste bewusste Begegnung mit der Schriftsprache**, die in die wesentlichen Grundkenntnisse und Grundfertigkeiten einführt.

(Hinweise zur Einführung in die Arbeit mit der Lauttabelle: s. Abschnitt 2.2.2 und Seite 67)

2. Vertiefung
(Fibelseiten 10–16, Arbeitsheft, Seiten 7–19)
Die intensive Erarbeitung der Einzelbuchstaben und -laute sowie das Schreiben der Buchstaben im Druckschriftlehrgang erfolgen dann erst ab der Erarbeitung des zweiten Teils dieses Kapitels. Dort werden die aus den Fibelnamen nun bereits bekannten Buchstaben/Laute noch einmal einzeln wiederholt und innerhalb verschiedener Übungsformen vertieft.

Da die Kinder die Lautwerte dieser ersten fünf Buchstaben dann schon kennen gelernt haben, können sie sich bei der Bearbeitung der Fibel- und Arbeitsheftseiten zu Kapitel 2 schwerpunktmäßig auf die Einführung und das Erlernen der Übungsformen zur Lautanalyse konzentrieren, denn bis Arbeitsheftseite 16 kommt kein neuer Buchstabe hinzu.

Ich – Du – Wir (Vorkurs)

Für den Vorkurs im ersten Kapitel werden die Lerninhalte ausnahmsweise vorab zusammengefasst aufgelistet. Für alle folgenden Kapitel lassen sich die Lerninhalte direkt aus den Aufgabenbeschreibungen bzw. unter der Rubrik „Weitere Differenzierungsmöglichkeiten zu den Übungen" den fett gedruckten Überschriften entnehmen.

Lerninhalte zur Fibel

- Begrüßungslied in verschiedenen Sprachen singen (s. u.)
- Begrüßungsformeln in anderen Sprachen kennen lernen (mündlich)
- mündliches Kennenlernen und/oder Vorstellen von kleinen „Wortspielereien"
- Mitbringen und Vorstellen von Lieblingsbüchern
- Kennenlernen der Fibelkinder Tina und Tino
- Beschreibung der Bildsituation zu Fibelseite 6/7 (Orientierung im Klassenraum)
- Wiedererkennen bekannter *Buchstaben* anhand von Schriftbeispielen auf Fibelseite 6/7 (Buchtitel, Gesellschaftsspiele etc.)

D Differenzierung für Kinder mit ersten Lesekenntnissen

- Lesen der Sprachspielereien und Schriftbeispiele auf den Fibelseiten 4/5
- Wiedererkennen bekannter *Wörter* anhand von Schriftbeispielen auf Fibelseite 6/7 (Buchtitel, Gesellschaftsspiele etc.)
- Gestaltung des eigenen Namens („Konkrete Poesie", analog zu Fibelseite 5, Mitte)
- KV Regeln zu einem Buchstaben-Anlaut-Quartett erarbeiten; Quartettspiel anhand der Vorlagen von KV 21 und 22 herstellen und spielen

Lerninhalte zum Buchstabenlehrgang

- Kennenlernen von Buchstaben und Lauten sowie ihrer Funktion im System unserer Buchstabenschrift
- Kennenlernen der Zuordnung von Buchstaben zu (An-)Lautbildern *(ausführliche Hinweise zur Arbeit mit der Lauttabelle: s. Abschnitt 2.2.2)*
- Analyse und Synthese (vollständige Durchstrukturierung) der Namen *Tina* und *Tino*
- Ergänzen der Lückenwörter *Tina* und *Tino* (Lücken an verschiedenen Positionen)
- Gegenüberstellung und Zuordnung von Groß- und Kleinbuchstaben
- Silben der Kindernamen sprechschwingen / klatschen und erlesen
- Anfangssilben passenden Abbildungen zuordnen
- „Schreiben" der Fibelnamen *Tina* und *Tino* mit Buchstabenkarten und dem Silbenschieber

Hinweise zum Kapitelthema

Die meisten Schulanfänger betreten die Schule mit großen Erwartungen:
Jetzt – endlich – werden sie Lesen, Schreiben und Rechnen lernen. Der Fibel als dem ersten „Lesebuch" in der Schule kommt dabei besondere Bedeutung zu.

Dabei ist die Ausgangslage der Schulanfänger denkbar unterschiedlich. Während einige Kinder bereits lesen können, ist anderen Kindern der Umgang mit Büchern wenig vertraut: Eine große Anzahl von Kindern bekommt zu Hause selten oder nie vorgelesen, viele besitzen nur wenige oder nicht altersgemäße Bücher.

Für alle Kinder erschließt sich aber im Umgang mit Schriftsprache und Kinderliteratur eine neue und für ihren Bildungsgang bedeutende Welt.
Deshalb stehen am Anfang des Lesenlernens – neben dem Buchstabenlehrgang – folgende Aspekte im Vordergrund:

a) Kennenlernen der Bücher und Materialien im Schulranzen und im Klassenzimmer
b) Zugang zum Lesen und zum Umgang mit Schrift und Literatur anhand der Fibel sowie bekannter Werke der Kinderliteratur

Um den freudigen Umgang mit Büchern von Anfang an zu fördern, sollte den Kindern vor dem Einstieg in den Leselehrgang auch etwas Zeit gegeben werden, in der Jo-Jo Fibel zu schmökern.
Dabei werden sie auf Abbildungen stoßen, die ihnen vertraut sind, aber auch auf Neuartiges oder Dinge, die Staunen und Neugier erzeugen. Vielleicht möchten die Kinder ihrem Nachbarkind oder allen anderen schon eine Lieblingsseite zeigen, die ihnen besonders gefällt.

Selbstverständlich sollten die Seiten noch nicht vorgelesen werden. Aber der Hinweis darauf, dass die Kinder sich die Texte zu den Bildern schon bald nach und nach selbstständig erlesen können, wird zur Motivation der

Kinder beitragen, sich auf den Weg des Lesenlernens zu begeben. Ebenso das Mitbringen und kurze Vorstellen von eigenen Lieblingsbüchern.

Beim mündlichen Umgang mit Sprachspielereien wie Zungenbrechern, Abzählversen oder Reimen sowie beim Präsentieren von Begrüßungsformeln in anderen Sprachen (von Kindern nicht deutscher Herkunft) kann jedes Kind zunächst einmal mit Spaß und auf seinem individuellen Niveau einen sprachlichen Beitrag zum Unterricht einbringen. Das gemeinsame Singen des Begrüßungsliedes (s. u.) in verschiedenen Sprachen unterstützt schließlich die Stärkung des Gruppengefühls im Klassenverband.

Kapiteleinstieg: Fibelseite 4/5

Diese Seite dient in erster Linie dazu, die Bilder zu betrachten und zu beschreiben sowie etwas frei dazu zu erzählen.
Weiter können die Kinder vielleicht auch schon einzelne bekannte Buchstaben wiedererkennen und benennen. Aus den weiteren Anregungen kann, je nach Klassensituation oder Interesse, ausgewählt werden – vielleicht auch auf mehrere Tage verteilt.

Kinderbuch-Vorstellung

Die vier zusammengehörigen Abbildungen oben stammen aus dem Kinderbuch „Max und das Murks“ von Antonia Michaelis (T.) und Betina Gotzen-Beek (Ill.), Oetinger Verlag 2010.

Es handelt von dem Jungen Max, der ebenfalls gerade in die Schule gekommen ist, und dem zu Beginn nichts so richtig gelingen will. Immer macht er nur „Murks“. Und so nennt er dann auch sein kleines blaues Knet-Monster. Max' Ängste und Unsicherheiten beim Schuleintritt werden in dieser Geschichte ebenso thematisiert wie sein allmählicher Aufbau von Selbstvertrauen.

Es bietet sich an, die Kinder zunächst frei assoziierend zu den Bildern erzählen zu lassen und vielleicht in einer gesonderten Stunde daraus vorzulesen.

Begrüßungsformeln in verschiedenen Sprachen

Die Begrüßungsformeln auf Fibelseite 4 werden von der Lehrerin oder fortgeschrittenen Kindern vorgelesen. Die nicht deutschen Kinder der Klasse ergänzen diese Formeln in ihrer jeweiligen Muttersprache.
Passend dazu kann folgendes Begrüßungslied eingeführt (und mit den von den Kindern genannten Begrüßungsformeln ergänzt) werden:

Guten Morgen, good morning

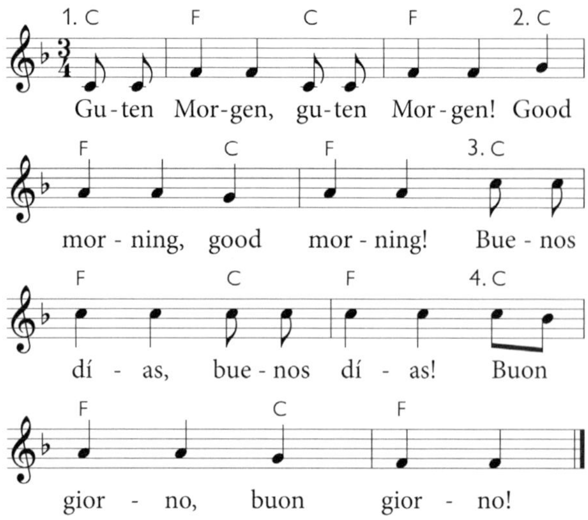

Musik und Text: überliefert

Die Kinder können das Lied in den ersten Schulwochen als tägliches Ritual zum Unterrichtsbeginn singen.

Sprachspielereien

Das auf Fibelseite 5 (oben) präsentierte Akrostichon LESEN kann von Kindern mit frühen Lesekenntnissen vorgelesen werden.
Die Leseanfänger zeigen und/oder benennen nur die Buchstaben, die sie vielleicht schon kennen (z. B. aus ihrem eigenen Namen). In diesem Zusammenhang kann auch schon auf den Begriff „der Buchstabe“ eingegangen werden.

Der darunter präsentierte kleine Zungenbrecher „Ottos Mops hopst“ (Ernst Jandl) wird von der Lehrerin oder fortgeschrittenen Kindern vorgelesen, ggf. werden die Begriffe geklärt.
Es wird allen Kindern Spaß machen, diesen kleinen Zungenbrecher immer schneller zu sprechen.
Weitere Zungenbrecher und Reime können mündlich angeboten und nachgesprochen bzw. von den Kindern selbst vorgestellt werden *(ggf. auch in anderen Sprachen – s. a. Fibelseite 100 im Textteil der Fibel)*.
Ein Beispiel für die so genannte „Konkrete Poesie“ bildet das unten auf der Seite dargestellte Wort „Sonne“. Analog dazu können evtl. Namen der Kinder verschriftet und entsprechend ausgestaltet werden *(weiteres Beispiel dazu: s. a. Fibelseite 100 im Textteil der Fibel)*.

Buchtitel-Suchspiel

Die Sprechblase rechts unten auf Fibelseite 5 verweist auf ein Suchspiel innerhalb der Fibel:
Jede Kapiteleinstiegsseite (*für die Kinder:* „Die Seiten mit einem farbigen Balken am Rand.“) verweist mit einem kleinen Pfeil über der Seitenzahl auf die Fibelseite 97, wo alle Buchtitel noch einmal abgebildet sind.
So werden die Kinder dazu motiviert, dort den passenden Buchtitel zu suchen und zu beschreiben, woran sie ihn erkannt haben.

Von den abgebildeten Büchern ist vielleicht ja sogar das ein oder andere einem Kind bekannt.

Die Kinder können in den Buchtiteln bekannte Buchstaben/Wörter finden oder evtl. auch schon einige Buchtitel selbst erlesen. Die Bücher können Anknüpfungspunkt zum Austausch über eigene Leseerfahrungen sein:

- Welche Bücher kennen die Kinder?
- Welche Figuren (z. B. Die Räuberkinder) sind ihnen bekannt?
- Welche Arten von Büchern gibt es (Bilderbücher, Geschichtenbücher, Bücher zum Singen, zum Lachen, zum Basteln ...)?
- Welches ist ihr Lieblingsbuch? Dieses können die Kinder mitbringen und der Klasse vorstellen.

Sinnvoll ist auch, immer ein aktuelles „Vorlesebuch“ bereitzuhalten, aus dem jeden Tag ein Stück vorgelesen werden kann. Hier bietet sich eine Möglichkeit, „Schon-Leser“ mit einzubeziehen.

Weiterführende Texte im Textteil:
Fibelseiten 100/101

- Abzählvers (deutsch)
- Zungenbrecher (türkisch, italienisch, japanisch)
- FALLEN; LUFTBALLON („Konkrete Poesie“)
- Rätselreime

Literatur und Internetverweise

Max und das Murks. Antonia Michaelis (T.) / Betina Gotzen-Beek (Ill.). Reihe: Sonne, Mond und Sterne. Verlag Friedrich Oetinger GmbH, Hamburg 2010.

Anknüpfungsmöglichkeiten im Jo-Jo-Verbund mit dem 2. Jahrgang

Jo-Jo Lesebuch 2	
Seite 4/5:	Ätze, das Tintenmonster
Seite 6:	Jonas geht in die Schule
Seite 7:	Guten Morgen, good morning (Lied)
Seiten 10–12:	Zungenbrecher, Wortspielereien, Reime, Abzählverse, Rätsel

EINHEIT 1:

Analyse-Synthese des Namens Tina

Materialien	
FS:	6/7

Zusätzlich:
- Schere
- Buchstabenkarten zu Tina (Ausschneidebogen 1 / Einleger AH)
- DIN-A4-Umschlag für jedes Kind, mit Namen versehen
- große Wortkarte „Tina“ oder Buchstabenkarten T, i, n, a (selbst hergestellt) für die Tafel
- Namenskärtchen für jedes Kind

Fibelseite 6/7: Tina – Tino

Die Leseanfänger sitzen im Kreis und betrachten die Fibelseite. Die ersten Eindrücke werden mündlich geäußert, die Fibelkinder beschrieben. Vielleicht können einzelne Kinder auch schon die Namen der Fibelkinder vorlesen.

Erste Begegnung mit der Fibelwelt

Tina und Tino sind im Klassenraum und stellen ihre Namenskärtchen auf. Beide haben ihre Lieblingsstofftiere dabei: Tina das Lama Lola (s. a. FS 8, 18, 21) und Tino einen Hund (s. a. FS 9, 10, *auf Tinas Blatt*).
Die folgenden Texte, mit denen Tina und Tino sich selbst vorstellen, werden vorgelesen:

Hallo Kinder,
ich heiße **Tina**. Ich lebe mit meiner Mama und mit meinem großen Bruder Leon zusammen ... und natürlich mit meinem süßen Hund Pipo.
Heute fängt die Schule an. Ich bin deshalb ganz aufgeregt und habe ein Kribbeln im Bauch. Am liebsten hätte ich Pipo zum Kuscheln mit in die Klasse genommen. Doch das geht leider nicht. Aber dafür habe ich mein Stofflama Lola mitgebracht. Außerdem ist mein bester Freund Tino auch in meiner Klasse.
Das finde ich prima! Mit Tino habe ich schon im Sandkasten gespielt, als wir beide noch ganz klein waren. Wenn ich ihm Sand auf den Kopf geschüttet habe, war er immer ziemlich sauer. Aber das hat er jetzt vergessen.

Hallo Kinder,
ich heiße **Tino**. Nein, das ist eigentlich nur mein Spitzname. Wie ich richtig heiße, könnt ihr später in der Fibel lesen. Aber Tino klingt fast genauso wie Tina. Das ist lustig, oder? Denn Tina ist meine beste Freundin. Wir kommen jetzt zusammen in die Schule und sind sogar in einer Klasse. Aber zum Kuscheln habe ich heute meinen Stoffhund mitgebracht.
Bei uns zu Hause ist immer etwas los: Dort lebe ich mit meinen Eltern, meiner besonders frechen Schwester Paola, meinem kleinen Bruder Jonas und meinem besonders lieben Opa zusammen.
Außerdem gibt es da noch die besonders verrückte Katze Polli und die noch verrückteren beiden Papageien. Das ist vielleicht manchmal ein Gequatsche ... alle reden durcheinander.
Ob es in der Schule wohl ruhiger sein wird?

Sicher haben einige Kinder beim Blättern im Buch schon entdeckt, dass die Familien der beiden Fibelkinder auch ganz zu Beginn und zum Schluss des Buches abgebildet sind.
Es bietet sich an, die Namen der Familienmitglieder und deren Zuordnung zu Tina und Tino noch einmal gemeinsam anhand der Abbildung zu wiederholen und zu vertiefen.
Im Unterrichtsgespräch können dazu zahlreiche Fragen erörtert werden, z. B.:
- Wie sehen die Familienmitglieder aus?
- Wer ist älter/jünger?
- An wen erinnert Tinos freche Schwester Paola (Pippi Langstrumpf)?
- Wodurch unterscheiden sich die Familien?

Da die Figuren mit Namensschildern versehen sind, können die Kinder ihnen bereits bekannte Buchstaben suchen. Fortgeschrittene lesen vielleicht schon den ein oder anderen Namen vor.

Die Kinder können außerdem von ihren eigenen Stofftieren erzählen, sie malen und evtl. auch einmal in die Schule mitbringen.

Schriftbeispiele auf Fibelseite 6/7

Die Abbildung des Klassenzimmers bietet zahlreiche Schriftbeispiele:
Bücher, Spiele, Lernmaterialien, ein Klassendienstplan und das Namensschild „Nano“ (für den Stoff-Eisbären), in denen die Kinder ihnen bekannte Buchstaben und Wörter wiedererkennen bzw. erlesen können.
Die Kinder können das abgebildete Klassenzimmer mit dem eigenen vergleichen sowie die in ihrem Klassen-

zimmer vorhandenen Spiele und Bücher genauer betrachten und ggf. benennen.

Suchspiel: Wo ist das Jo-Jo?

Auf dem Computerbildschirm rechts ist eine Frage zu lesen, die dazu anregt, das auf der Doppelseite versteckte Jo-Jo zu suchen (es befindet sich in dem Regal links neben dem Computer).
Hinweis: *Auf jeder Doppelseite der Fibel bis einschließlich Seite 69 ist ein Jo-Jo versteckt, das die Kinder suchen können. Das gilt jeweils für die Doppelseiten mit Buchstabeneinführung (also nicht für die Kapiteleinstiegs- bzw. -abschlussseiten).*
Der Begriff Jo-Jo kann hier ggf. geklärt werden, auch im Zusammenhang mit der gemeinsamen Betrachtung der Titelseite der Jo-Jo Fibel und eventuell der Präsentation eines Jo-Jos in der Klasse.

Einstieg in die Fibelarbeit: Tina – Tino

Ausgehend von den Namenskärtchen auf den Tischen lernen die Kinder die Fibelnamen Tino und Tina kennen. Die beiden Namen sind auf Seite 6 außerdem in großer Schrift direkt untereinander gedruckt.

Im Hintergrund an der Klassenwand werden die ersten acht Buchstaben des Lehrgangs mit den entsprechenden Lautbildern präsentiert.

An dieser Stelle kann vorab erarbeitet werden (Fibelnamen und Namensschilder der Kinder):

- Wörter bestehen aus Buchstaben.
- Wie viele Buchstaben hat das Wort Tina?
- Wie viele Buchstaben hat das Wort Tino?
- Wie viele Buchstaben hat dein eigener Name (Namenskärtchen)?

Erarbeitung des Namens: T-i-n-a

Es wird empfohlen, die Durchstrukturierung des Namens Tina mit Hilfe von Wort- oder Buchstabenkarten an der Tafel, an einer Setzleiste oder auf einer ebenen Fläche (Fußboden/Tisch) gemeinsam mit den Kindern zu vollziehen. Dies ist auch deshalb wichtig, weil die Kinder im Verlauf des Lehrgangs das methodische Vorgehen „verinnerlichen" und sich damit selbst neue oder unbekannte Buchstaben/Laute erarbeiten sollen.

Die Wortkarte „Tina" wird aufgestellt/angehängt. Sicher werden einige Kinder den Namen des Fibelmädchens wiedererkennen und vorlesen können.

1. Dehnsprechen des Namens T-i-n-a:

- Die Lehrerin liest den Namen T-i-n-a mehrfach gedehnt vor. Parallel zum Sprechen zeigt sie mit dem Finger auf die entsprechenden Buchstaben, ohne bei diesen Halt zu machen.
- Einige Kinder und/oder die gesamte Klasse „lesen" ebenfalls vor.

2. Erarbeitung der Begriffe „Wort" und „Buchstabe":

- Der Name *Tina* ist ein Wort.
- Wörter bestehen aus Buchstaben. So heißen die Teile eines Wortes. Das Wort *Tina* besteht aus vier Buchstaben.

Die Buchstaben werden von den Kindern gezeigt und abgezählt: Dies ist der erste, der zweite, der dritte, der vierte Buchstabe (dabei auf die Leserichtung achten!).

- Diese Buchstaben können wir sehen und schreiben.

3. Erfassen der Buchstaben- und Lautfolge des Wortes T-i-n-a:

- Genauso wie wir das ganze Wort klingen lassen können (*Tina* nochmals dehnsprechend und -zeigend vorlesen), können wir auch jeden einzelnen Buchstaben klingen lassen.
- Dieser erste Buchstabe klingt /t/ (den Buchstaben dabei zeigen).
- Wir wollen einmal genau auf das Wort *Tina* hören und darauf achten, ob wir den Laut /t/ so ähnlich auch im Wort *Tina* hören können: T-i-n-a.
- Die Kinder sprechen das Wort *Tina* mit (evtl. mit geschlossenen Augen).
- Sprechen oder hören wir das /t/ in *Tina* ganz am Anfang, am Ende oder irgendwo dazwischen?

Es wird festgestellt, dass der Buchstabe T im geschriebenen Wort am Anfang steht und der Laut /t/ im gesprochenen Wort auch am Anfang gesprochen wird und klingt.
Der Buchstabe wird abgetrennt und eine Reihe höher gelegt/gesteckt.
Ebenso wird mit den Buchstaben a, i und n verfahren *(zuerst der Auslaut, weil seine Stellung am Wortende besser zu hören ist):*

- Ganz am Anfang des Wortes klingt das /t/.
- Was klingt am Wortende? Das /a/.
- Was klingt dazwischen? Das /i/. Das /n/.

Die Laute werden genannt und die Buchstaben abgetrennt und separat gesteckt:

Tafelbild:

T a
i n

4. Gemeinsames Legen des Wortes T-i-n-a:

- Die Kinder sprechen sich das Wort *Tina* vor, analysieren das T und legen die vorher abgetrennte Buchstabenkarte s. o.) hin. Eine Hilfe dabei ist das extreme Dehnsprechen.
- Ebenso wird mit den anderen Buchstabenkarten nach und nach verfahren, bis der Name *Tina* vollständig aufgebaut ist. Der Name wird nochmals vorgelesen.

Mit Hilfe der Buchstabenkärtchen von Ausschneidebogen 1 (Einleger im Arbeitsheft) können die Kinder den Strukturierungsvorgang nochmals individuell nachvollziehen. Bei vertauschter Reihenfolge sollte nachgefragt werden, wo ihrer Meinung nach der erste Buchstabe liegt. So lässt sich feststellen, ob falsch zugeordnet wurde oder die Schreibrichtung vielleicht nicht stimmt.
Zum Schluss werden die Buchstabenkärtchen zur Aufbewahrung in den DIN-A4-Umschlag gesteckt.

Sollten einzelne Kinder bereits nach der unterschiedlichen Färbung der Silben fragen, können erste Vermutungen dazu angestellt werden. Die eigentliche Einführung der Sprechsilben und des silbierenden Lesens sollte aber erst zum Abschluss dieses Vorkurses, also nach der vollständigen Analyse-Synthese beider Fibelnamen erfolgen.

D Differenzierungsmöglichkeiten zu Einheit 1

Laut-Buchstaben-Zuordnung

Zuordnung von Buchstaben zu Lauten mittels der Lauttabelle auf Fibelseite 6

Lesen

- Frage auf dem Computerbildschirm vorlesen (Fibelseite 7)
- Lesen und Vorlesen der Schriftbeispiele (Buchtitel und Spielenamen etc.) in den Regalen sowie im gesamten Klassenzimmer

EINHEIT 2:

Analyse-Synthese des Namens Tino / Vergleich der Wörter Tina und Tino / Zuordnen von Anlautbildern

Materialien			
FS:	6/7	**KV:**	1, 2
AH:	3	**Diff.-Block:**	1

Zusätzlich:

- Schere
- Buchstabenkärtchen zu T-i-n-o (Ausschneidebogen 1)
- Buchstabenkärtchen zu T-i-n-a (Ausschneidebogen 1)
- große Wortkarten „Tina“, „Tino“ oder Buchstabenkarten T-i-n-a – T-i-n-o (selbst hergestellt) für die Tafel

Erarbeitung des Namens: T-i-n-o Vergleich: T-i-n-o – T-i-n-a

Die Wortkarte „Tino“ wird aufgestellt/angehängt. Die nächsten vier Arbeitsschritte erfolgen analog zu Einheit 1 (s. Seite 65 und l. o.).

1. Dehnsprechen des Namens T-i-n-o

2. Wiederholung der Begriffe „Wort“ und „Buchstabe“

3. Erfassen der Buchstaben- und Lautfolge des Wortes T-i-n-o

4. gemeinsames Legen des Wortes T-i-n-o

5. Vergleich der Namen T-i-n-a und T-i-n-o

Die beiden Namen werden untereinander an der Tafel präsentiert. Es wird herausgearbeitet, dass die ersten drei Buchstaben/Laute der beiden Namen identisch sind und klingen, der letzte sich aber unterscheidet (Unterschied beschreiben lassen):

- T-i-n-a klingt am Ende so: /a/ (gedehnt sprechen)
- T-i-n-o klingt am Ende so: /o/ (gedehnt sprechen)

Die beiden Vokale werden mehrmals extrem gedehnt nachgesprochen.

ÜBUNGEN ZU EINHEIT 2: T-i-n-a – T-i-n-o

Arbeitsheft, Seite 3

Aufgabe 1

Die Kinder betrachten die Aufgabe 1 im Arbeitsheft. Dort sehen sie die beiden Fibelkinder. Daneben sind ihre Namen geschrieben. Über jedem Buchstaben entdecken sie ein kleines Bild (Begriffe vorab klären; dabei darauf hinweisen, dass es sich bei der Abbildung zum o um Tinas Oma handelt!).

Es wird herausgearbeitet:

- Die ersten drei Buchstaben der Namen sind gleich. Die ersten drei Bilder über diesen Buchstaben auch. Der letzte Buchstabe und das letzte Bild sind unterschiedlich. *(An dieser Stelle können die Kinder auch selbst darüber spekulieren, warum das so ist.)*

- /a/ klingt wie das Wort *Ameise* (gedehnt sprechen) am Anfang.

- /o/ klingt wie das Wort *Oma* (gedehnt sprechen) am Anfang.

- Erarbeitung der Lautwerte der anderen Lautbilder: /t/: Tasse – /i/: Igel – /n/: Nashorn

Aufgabe 2

Die Kinder erlesen die Lückenwörter und stellen fest, dass jeweils der letzte Buchstabe fehlt. Mit den Buchstabenkärtchen von Ausschneidebogen 1 werden die Namen noch einmal gemeinsam aufgebaut und gelegt. Dann sollen die Kinder die Kärtchen wieder mischen und den jeweils fehlenden Buchstaben heraussuchen und in die Lücke kleben.

KV Die KV 1 und 2 enthalten je eine große Abbildung von Tina und Tino (mit ihren Haustieren) zum Ausmalen.

D Über den Fibelfiguren sind Kärtchen mit Lautbildern abgebildet, in die fortgeschrittene Kinder die passenden Buchstaben / die Fibelnamen schreiben können.

D Weitere Differenzierungsmöglichkeit zu den Übungen

Differenzierungsblock
jeweils Seite 1 (grün und blau)

Abschluss der Einheit 2: Fibelseite 6/7

Die Kinder betrachten auf Fibelseite 6/7 die Anlautbilder an der Klassenwand. Im Kreisgespräch wird gemeinsam herausgearbeitet:

- Welche Buchstaben kennen wir schon von den Namen Tina und Tino? *(auf den Unterschied zwischen Groß- und Kleinbuchstaben nur dann an dieser Stelle schon eingehen, wenn ein Kind danach fragen sollte)*

- Welche Bilder sehen wir dazu? Wie klingen diese Wörter am Anfang? *(auf den Unterschied zwischen langen und kurzen Vokalen nur dann an dieser Stelle schon eingehen, wenn ein Kind danach fragen sollte)*

- Welche Buchstaben kennen wir noch nicht? Wie könnten sie klingen? */m/ wie Maus – /l/ wie Löwe – /s/ wie Sonne*

Dasselbe kann mit den Namenskärtchen der Kinder in der Klasse geschehen:

- Wer findet einen Buchstaben aus seinem Namensschild wieder? Wie klingt dieser Buchstabe?

Oder umgekehrt:

- Wer hat diesen Buchstaben in seinem Namen? Wie klingt er?

Andere Wörter/Namen mit gleichem Buchstaben bzw. Anlaut können gesucht werden.

Hinweis zur Arbeit mit der Lauttabelle:
An dieser Stelle besteht nun die Wahl, je nach Klassensituation, ...

1. ... die Lauttabelle intensiv als Vorkurs einzuführen und den Umgang mit dieser zu erarbeiten (detaillierte Hinweise dazu, s. Abschnitt 2.2.2).

2. ... auf einen intensiven Vorkurs zur Lauttabelle zu verzichten und die Lautbilder sukzessive zur Einführung in der Fibel zu erarbeiten.

Sicher werden einige Kinder entdecken, dass auf den Fibelseiten 2/3 und der Lauttabelle, die der Fibel beigelegt ist, die bisher bekannten Buchstaben und Lautbilder wiederzufinden sind. Den Kindern sollte dann in jedem Fall etwas Zeit gegeben werden, sich die Lauttabelle anzuschauen, sich darüber auszutauschen, zu beschreiben, wo (auf dem roten, grünen ... Tuch) sie die ihnen bereits bekannten Buchstaben finden, und ggf. auch schon Lautwerte von weiteren Buchstaben mit Hilfe der Lautbilder selbstständig zu ermitteln.

EINHEIT 3:

Zuordnung von Groß- und Kleinbuchstaben / Vertiefung: vollständige Analyse-Synthese der Fibelnamen

Materialien			
FS:	6/7	**KV:**	140, 141
AH:	4, 5		

Zusätzlich:
- Schere
- Buchstabenkärtchen
  (Ausschneidebogen 1 – Umschlag)

Erarbeitung: Zuordnung von Groß- und Kleinbuchstaben

Gemeinsames Betrachten der Anlautbilder und Buchstaben auf Fibelseite 6/7.
Es wird erarbeitet:

- Zu (fast) jedem Laut gibt es einen Groß- und einen Kleinbuchstaben.

An der Tafel stehen groß die beiden Fibelnamen Tina und Tino.

KV KV 140, 141: Außerdem werden die Tafelbildkarten mit den Anlautbildern (Tasse, Igel, Nashorn, Ameise, Oma) angehängt und die jeweiligen Groß- und Kleinbuchstaben daruntergeschrieben (analog zu Arbeitsheft, Seite 4, Aufgabe 1).

Die Kinder zeigen und benennen an der Tafel die jeweils großen und kleinen Buchstaben.

- Namen werden am Anfang immer mit einem großen Buchstaben geschrieben. Anhand der beiden Fibelnamen wird demonstriert, dass der Laut /t/ hier jeweils großgeschrieben wird.

- Die Buchstaben i – a – n – T – o werden unsortiert unter das bisherige Tafelbild geschrieben. Die Kinder ordnen diese Einzelbuchstaben durch Verbinden mit dem passenden Buchstaben unter dem Anlautbild einander zu (analog zu Arbeitsheft, Seite 4, Aufgabe 1).

ÜBUNGEN UND VERTIEFUNG ZU EINHEIT 3

Arbeitsheft, Seite 4

Aufgabe 1
Einzelbuchstaben mit den passenden Lautbilderkärtchen verbinden

Vorbereitende Übung zur Ergänzung von Lückenwörtern
Die folgenden drei Aufgaben – Ergänzen der Lückenwörter *Tina* und *Tino* – werden vorab (analog zum Arbeitsheft) an der Tafel gemeinsam eingeführt, dann zunächst mit Hilfe der Buchstabenkärtchen von jedem Kind einzeln oder in Partnerarbeit nachgelegt. Beim Ermitteln der Lücke / des fehlenden Lautes sollte wieder das Dehnsprechen eingesetzt werden.

D Bei der abschließenden Durchführung im Arbeitsheft können die Kinder entweder nur die Verbindungslinien vom fehlenden Buchstaben zur entsprechenden Lücke ziehen oder auch zusätzlich den Buchstaben in das freie Kästchen schreiben.

Aufgabe 2
Lückenwörter erlesen; Anfangslaut und -buchstaben ermitteln; Anfangsbuchstaben aus den Auswahlbuchstaben auswählen und mit der Lücke verbinden

Aufgabe 3
analog zu Aufgabe 2, jedoch hier den zweiten Laut/Buchstaben ermitteln
D Buchstaben in die Lücke schreiben

Arbeitsheft, Seite 5

Aufgabe 1
Lückenwörter erlesen; dritten Laut ermitteln; passende Buchstaben aus der Auswahl bestimmen und mit der Lücke verbinden
D Buchstaben in die Lücke schreiben

Aufgabe 2
Zum Schluss dieser Einheit „schreiben" (legen) die Kinder noch einmal die vollständigen Fibelnamen mit den Buchstabenkärtchen (vollständige Analyse-Synthese). Dabei sollten sie sich die Namen immer wieder leise gedehnt vorsprechen. Wenn alle Kinder die Namen richtig gelegt haben, können sie die Kärtchen auf die entsprechenden Felder kleben.
(Hierzu sollte vorab auch eine kurze Einweisung gegeben werden.)

EINHEIT 4:

Wiederholung: Groß- und Kleinbuchstaben: T/t – I/i – N/n – A/a – O/o / Gliederung der Fibelnamen in Sprechsilben/Einführung Silbenschieber

Materialien

FS:	8/9	**KV:**	21, 22 (23)
AH:	6 (3–5)		

Zusätzlich:
- Schere
- Silbenschieber (Einleger im Arbeitsheft) und DIN-A4-Umschlag mit Namen für jedes Kind
- Buchstabenkärtchen (Ausschneidebogen 1)

Fibelseite 8/9: Tina – Tino

Tina und Tino legen ihre Namen mit Buchstabenkärtchen und Lautbildern. Hinter den Kärtchen liegen halb verdeckt die dazugehörenden Lautbilder.
Etwas abseits von den Kärtchen liegen die jeweils passenden, aber nicht benötigten Groß- bzw. Kleinbuchstaben (auf grünen Kärtchen, mit Anlautfiguren hinterlegt), sodass auch diese zugeordnet werden können.

1. Wiederholung: Groß- und Kleinbuchstaben: T/t – I/i – N/n – A/a – O/o

Es wird wiederholt, dass es zu jedem Lautbild jeweils einen Groß- und einen Kleinbuchstaben gibt, aber nur am Anfang des Namens/Wortes der Großbuchstaben verwendet wird.
Vertiefung: Zuordnung von Groß- und Kleinbuchstaben mit Hilfe der Buchstabenkärtchen von Ausschneidebogen 1

KV 21, 22: Herstellung eines Anlautquartetts und Spielen nach Quartettregeln

2. Gliederung der Fibelnamen in Sprechsilben

In der Fußleiste zu Fibelseite 8/9 werden die Fibelnamen nochmals als Analyse-Synthese-Übung angeboten:
- *(großes)* T – *(kleines)* i – *(kleines)* n – *(kleines)* a: Tina
- *(großes)* T – *(kleines)* i – *(kleines)* n – *(kleines)* o: Tino

Die Wörter werden laut erlesen. Jedes Kind wählt sich einen der Fibelnamen aus und legt ihn mit den Buchstabenkärtchen (Ausschneidebogen 1) noch einmal nach.

Dann betrachten die Kinder die Lage und nun auch die Farben der Buchstabenkärtchen auf Fibelseite 8/9:
Die Kärtchen auf den Tischen von Tina und Tino sind so angeordnet, dass die Sprechsilben der Namen etwas voneinander getrennt liegen und deren Buchstaben jeweils unterschiedlich eingefärbt sind.

Gemeinsam werden die Silben nach und nach erlesen:
Ti – na Ti – no

Die Kinder legen mit den Buchstaben die Silben nach bzw. trennen die Buchstaben der zuvor gelegten Namen in Silbengruppen und erlesen die Namen noch einmal silbierend.

Es wird erarbeitet:

- Wörter bestehen aus Silben. Silben kann man schwingen (*klatschen*):

  Sprich das Wort deutlich Silbe für Silbe.
  Zeichne dabei zu jeder Silbe mit der Schreibhand einen Bogen in die Luft.
  Gehe zu jeder Silbe einen Schritt nach rechts.
  Ti-na Ti-no

  Das Silbenschwingen der Fibelnamen wird mehrmals wiederholt.
  Selbstverständlich können Sie die Silben auch einfach klatschen lassen. Wir empfehlen jedoch das Silbenschwingen (Hinweise dazu: s. Abschnitt 3.7.)

- Wie viele Silbenbögen können wir bei den Fibelnamen in die Luft zeichnen?
- Wir können bei beiden Fibelnamen zwei Silbenbögen zeichnen, weil diese Namen beide zwei Silben haben:
  Ti – na Ti – no (dabei Silben schwingen)
- Die erste Silbe klingt bei beiden Namen gleich:
  Ti – (na) Ti – (no)
- Die zweite Silbe klingt unterschiedlich:
  (Ti) – n**a** (Ti) – n**o**
- Silbenschwingen der eigenen Namen und Feststellen der Silbenanzahl

Anmerkung zum Zeichnen von Silbenbögen
An dieser Stelle kann das Zeichnen von Silbenbögen eingeführt werden:

Die Kinder können z. B. zunächst auf den Arbeitsheftseiten 3 bis 5 die Fibelnamen erneut lesen und dabei mit dem Zeigefinger der Schreibhand die dort abgedruckten Silbenbögen analog zum Sprechen nachfahren. Im Anschluss wird das Zeichnen der Silbenbögen noch einmal großformatig an der Tafel geübt.
Das Arbeitsheft bietet auf den Seiten 7 bis 17 neun gesonderte Aufgaben zum Zeichnen von Silbenbögen und vorgegebene Abbildungen (z. B. Seiten 7–11, jeweils Aufgabe 2). Zu dieser Aufgabenform gibt es auch eine editierbare Kopiervorlage (KV 20), die jederzeit wiederholend eingesetzt werden kann.
Bei einer der wiederkehrenden Hauptaufgaben zur Lautanalyse (z. B. Seite 7, Aufgabe 3) besteht optional die Möglichkeit, Silbenbögen einzuzeichnen.
Außerdem sind die Arbeitshefttexte bis Seite 32 so groß gedruckt, dass auch hier optional Silbenbögen eingezeichnet werden können.

Da bis zu diesem Zeitpunkt die ersten wesentlichen Arbeitstechniken durchgeführt worden sind, können im Rahmen dieser Einheit dann auch die Bedeutungen der Piktogramme zu den Übungen im Arbeitsheft besprochen werden:

Schaut euch mal die kleinen Bildchen auf den Arbeitsheftseiten an. Was könnten sie bedeuten?

Die Kinder rekapitulieren ihre erlernten Tätigkeiten und ordnen ihnen die Piktogramme zu.

▶ Einführung des Umgangs mit dem Silbenschieber (Einleger im Arbeitsheft)

An diese Stelle bietet es sich an, den dem Arbeitsheft beigelegten Silbenschieber einzuführen. Das Ausdrücken der Einzelteile und das Einziehen der Silbenstreifen wird im Klassenverband demonstriert. Sicher benötigen einige Kinder dabei noch Hilfe.
Zunächst wird ausschließlich mit den grünen Streifen gearbeitet, die die Silben zu allen wichtigen Wörtern bis einschließlich Arbeitsheft, Seite 24 enthalten.
Es wird geklärt, dass der Streifen mit den Großbuchstaben in das linke Fenster / zuerst eingefädelt werden muss, weil die großen Buchstaben immer Anfangsbuchstaben sind (Leserichtung!).

- Finden der Silben Ti, na und no
- „Schreiben“ der Fibelnamen mit dem Silbenschieber

D Differenzierungsmöglichkeiten zur Arbeit mit dem Silbenschieber

- Lesen weiterer Silben von fortgeschrittenen Kindern
- Lesen und „Schreiben“ weiterer „Silbenwörter“ (inkl. Unsinnswörter)

Nach Abschluss dieser Einführung können der zusammengebaute Silbenschieber und die Silbenstreifen zusammen mit den Buchstabenkärtchen in dem mit Namen beschrifteten DIN-A4-Umschlag aufbewahrt werden.

ÜBUNGEN ZU EINHEIT 4:
Gliederung der Fibelnamen in Sprechsilben

Die erste Aufgabe von Arbeitsheft, Seite 6, für die auch im Arbeitsheft bereits eine Lösung vorgegeben ist, sollte vorab an der Tafel einmal gemeinsam demonstriert werden.
Zu *allen* Aufgaben werden zunächst die abgebildeten Namen bzw. Begriffe benannt und die Silben durch Sprechschwingen (Klatschen) bewusst gemacht.

▶ Arbeitsheft, Seite 6

Vorab die Bedeutung des neuen Piktogramms am Seitenkopf klären (Sprechschwingen)

Aufgabe 1

Silben der Kindernamen erlesen und zu den Abbildungen passende Silben miteinander verbinden

An dieser Stelle können die Kinder darauf aufmerksam gemacht werden, dass in der Jo-Jo Fibel und im Arbeitsheft die Silben (bei Wörtern mit mehr als einer Silbe!) abwechselnd schwarz und grün gefärbt sind, damit die Kinder sie leichter lesen können.

Aufgabe 2

Abbildungen mit den passenden Anfangssilben verbinden

Aufgabe 3

D Abbildungen mit passenden Anfangssilben verbinden (Anfangssilben hier mit neuen Buchstabenkombinationen)

D Weitere Differenzierungsmöglichkeit zu den Übungen

KV KV 23: „Indianerwörter“ lesen
(Hinweise dazu: s. Abschnitt 2.6.2, S. 25 f.)

Anknüpfungsmöglichkeiten im Jo-Jo-Verbund mit dem 2. Jahrgang

Jo-Jo Sprachbuch 2	
Seite 6:	Nomen kennen lernen

Ich – Du – Wir (Vertiefung)

Hinweise zum Kapitelthema

Für viele Kinder ist das Sich-Erleben im Klassenverband eine große Herausforderung: andere Kinder kennen lernen, sich in eine neue Gruppe einfügen, evtl. neue Freunde finden und alte Freundschaften bewahren, einen festen Tagesablauf einhalten und möglicherweise auch in der Familie gegenüber Geschwistern und Verwandten eine neue Stellung und mehr Verantwortung einnehmen („Du gehst ja jetzt schon in die Schule ...“).

Umso wichtiger ist, dass die Kinder die Schule und die Klasse als neue und positive Herausforderung, aber auch als Ort der Zugehörigkeit und des Angenommenseins kennen lernen. Deshalb sind alle Vorhaben, die den Kindern ein Gefühl für Identität und Zugehörigkeit vermitteln, sinnvoll und wichtig:
Spiele und Lieder (s. a. Abschnitt 4.1), Geburtstagskalender mit passenden Ritualen (s. u.), organisierte Spielstunden, gemeinsames Frühstück, Besuche der Patenklasse, Vorlesestunden usw.
Dazu gehören ebenso ...

- das Äußern von persönlichen Wünschen und Bedürfnissen innerhalb der neuen Gemeinschaft.
- Ausflüge, wie auf Fibelseite 12/13 angeregt.
- Geburtstagsfeiern:
  Es ist sinnvoll, ein festes „Geburtstagsritual“ einzuführen, z. B.:
  - Das Geburtstagskind darf sich auf einen speziellen Platz setzen.
  - Ein Lied (z. B. „Kräht der Hahn früh am Morgen“ oder „Happy birthday to you“) wird gesungen.
  - Das Geburtstagskind erhält ein „Geschenk“, z. B. einen Gutschein für einmal „Hausaufgabenfrei“ oder einen von allen Kindern der Klasse unterschriebenen Geburtstagsbrief.
  - Falls es das wünscht, darf das Geburtstagskind zu diesem Anlass Kuchen, Obst, Süßigkeiten o. Ä. austeilen.
- feste Zugehörigkeit zu einer Tischgruppe:
  Jede Tischgruppe wird evtl. mit einem Tiernamen o. Ä. bezeichnet: die Elefantengruppe, die Löwengruppe etc.
  Diese Zuordnung stellt noch einmal einen Bezug zu der evtl. vertrauten Ordnung des Kindergartens her, in der man ja ebenfalls zu einer (Klein-)Gruppe gehörte.

Daneben stehen aber weiterhin das Eingebundensein in die Familie sowie der Bezug zu Freunden.

Anknüpfungsmöglichkeiten im Jo-Jo-Verbund mit dem 2. Jahrgang

Jo-Jo Lesebuch 2	
Seite 4/5:	Ätze, das Tintenmonster
Seite 6:	Jonas geht in die Schule
Seite 16/17:	Auf dem kürzesten Weg
Jo-Jo Sprachbuch 2	
Seite 4:	Ich – Du – Wir

Kapitelabschluss: Fibelseite 16

Auf dieser Seite sind 12 Kinder der Fibel-Klasse zu sehen. Alle haben einen Zettel mit je einer Silbe auf der Brust befestigt. Manche machen „Faxen“ ...
Links oben haben sich drei der Kinder *(Anita, Nils, Lara)* bereits so nebeneinander gestellt, dass ihre Silben hintereinander den Namen „Anita“ ergeben.
Die anderen Kinder stehen durcheinander. So entsteht zum Beispiel das „Wort“ „Mano“ bei den Kindern in der Mitte links *(Simon und Ina),* das Kind rechts unten *(namenlos)* winkt und hat die Silbe „ma“ auf die Brust geheftet. Das Kind mit der Silbe „Ti“ *(Verena)* macht hinter Tino mit dem „O“ „Hasenohren“ ...

Die Kinder erlesen die Silben und bilden dann damit Wörter, indem sie genau beschreiben, welches Kind (Spracharbeit: das mit der blauen Hose, das mit den langen blonden Haaren, das mit dem geblümten T-Shirt etc.) neben welchem stehen müsste (links oder rechts!), um ein zuvor gemeinsam bestimmtes Wort zu bilden.
(Bis auf das dreisilbige Wort „Anita“ können alle entstehenden Wörter auch mit dem Silbenschieber nachgeschrieben werden.)

Dieses Silbenspiel kann natürlich auch leicht in der Klasse nachgespielt werden. Die Zettel mit den Silben werden dann mit Klebeband an der Kleidung der Kinder befestigt. Spannend ist auch die Umsetzung als Gruppenwettspiel (jede Gruppe sollte dabei die gleichen Silben erhalten): Welche Gruppe kann mit diesen Silben die meisten Wörter bilden?

Weiterführende Texte im Textteil:
Fibelseiten 102/103

- Mein Vater (Gedicht)
- Der Brief (Gedicht)
- Ich und du (Gedicht)
- Paul will auch eine Bande (Kinderbuchauszug)

Literatur und Internetverweise

Paul will auch eine Bande. Dagmar Geisler.
Verlag Friedrich Oetinger GmbH, Hamburg 2007

Ella in der Schule. Timo Parvela.
Deutscher Taschenbuchverlag, München 2010

Die Olchis fliegen in die Schule. Erhard Dietl.
Ravensburger Verlag, Ravensburg 2010

Vorüberlegungen zu Kapitel 1 (Vertiefung), Einheiten 5 bis 8

Nachdem die Kinder nun die Lautwerte der Buchstaben aus den Kindernamen kennen gelernt haben, werden diese ersten gewonnenen Kenntnisse im zweiten Teil des Kapitels weiter angewendet und vertieft.

Nach dem Vorkurs erfolgt nun die intensive Erarbeitung der bisher eingeführten Einzelbuchstaben. Die Kinder lernen die wichtigsten Übungsformen zur Lautanalyse kennen. Da ihnen die Lautwerte der ersten fünf Buchstaben schon vertraut sind, können sie sich hierbei auf das Erlernen der Übungsformen konzentrieren und deren Durchführung trainieren.

Erst zum Ende dieses Kapitels kommt der nächste neue Buchstabe, das M/m, hinzu.
Dieser behutsame Einstieg ermöglicht es den Kindern, die wiederkehrenden Arbeitsformen zunächst zu verinnerlichen, und unterstützt damit das baldige selbstständige Bearbeiten des Arbeitsheftes.

Die wichtigsten Lernziele dieses Kapitels sind:

- Vertiefung der Buchstaben-Lautzuordnung
- Verfestigung der Bestimmung der Silbenanzahl eines Wortes (Silbenschwingen/Silbenklatschen)
- Training der Übungen zur Lautanalyse
- Einführung der Unterscheidung zwischen langen und kurzen Vokalen (inkl. Jo-Jo-Symbol am Seitenkopf im Arbeitsheft)

EINHEIT 5: A a

Materialien			
FS:	10/11	**KV:**	20, 24, 25, 140, (23)
AH:	7, 8		
Diff.-Block:	2, 3		
DLG:	2, 3, 4		

Zusätzlich:
- Buchstabenkärtchen von Ausschneidebogen 1 (Umschlag)
- Silbenschieber
- evtl. ein Gummi für jedes Kind

Vertiefung der Buchstaben A/a

1. Tafelanschrift:

   Tina Anton Anita

   Die Lehrerin liest die Namen langsam und deutlich (dehnsprechend) vor, unter artikulatorischer Hervorhebung des A/a.
   Dann liest sie sie ein zweites Mal vor und zeichnet dabei die Silbenbögen unter die Namen.
   Diese übertriebene Aussprache soll selbstverständlich nicht dauerhaft beibehalten werden, sondern dient hier nur der bewussten Hinwendung (Verdeutlichung) zum neuen Laut/Buchstaben innerhalb des Wortganzen.

2. Die Kinder sprechen die Namen nach und schwingen dabei die Silben.

3. Es wird erarbeitet:
   An welcher Stelle in den Wörtern Tina, Anton, Anita ...
   ... klingt ein /a/-Laut?
   ... sehen wir den Buchstaben A/a?
   (am Anfang oder am Ende?)

4. Der Buchstabe A/a wird jeweils identifiziert und farbig markiert (unterstreichen, einkreisen, hinterlegen etc.). Die Buchstaben A/a werden noch einmal dazugeschrieben, die Verwendung des Groß- und Kleinbuchstaben wiederholt.
   KV Die Anlautbilder „Ameise" und evtl. auch schon „Apfel" von KV 140 können hier dazugehängt werden.

5. Weitere Wörter mit /a/-Laut werden mündlich gesucht.
   Die Namen der Kinder in der Klasse werden auf den Buchstaben/Laut A/a hin abgehört/abgesucht.

6. D Mit den Buchstabenkärtchen von Ausschneidebogen 1 können die Kinder die Namen von der Tafel auch selbst (nacheinander) noch einmal legen.
   D Wörter an der Tafel verdecken, während die Kinder die Namen legen

Fibelseite 10/11: In der Klasse

Die Kinder betrachten zunächst die Fibelseite, beschreiben sie und sprechen über die dargestellten Situationen, evtl. auch im Vergleich mit der eigenen Klassensituation.

Dann wird die Aufmerksamkeit auf die noch unbekannten Klassenkameraden von Tina und Tino gelenkt, deren Namen (teilweise) die Erstleser nun kennen lernen sollen. Es wird beschrieben, an welchen charakteristischen Merkmalen diese anderen Kinder zu erkennen sind: Brille, Rollstuhl, rote Haare ...

Parallelen zu den eigenen Kindern in der Klasse (natürlich stets positiv formuliert!) können gefunden werden.

Erarbeitung der Fibelseite 10

Dann wird die Aufmerksamkeit auf das eigentliche Geschehen der Fibelseite 10 gelenkt.

a) Was tun die Kinder auf dieser Seite *(links!)*?
   Sie malen Bilder, die sie jeweils einem anderen Kind schenken oder in einen bereitgestellten Briefkasten stecken.
b) Wer weiß schon, wie der Buchstabe auf dem Zettel oben klingt?
   In der linken oberen Ecke ist der Buchstabe A/a (Groß- und Kleinbuchstabe) auf einem „Zettel" abgedruckt.
c) Wer findet die Namen der Fibelkinder auf den Namensschildchen?
d) Wer kann schon die anderen Namen* auf den weißen Namensschildern lesen?
   ** Das große A und kleine t wurden im AH noch nicht behandelt, kamen aber auf den Fibelseiten 4 bis 7 bereits vor. Deshalb dürfte es den meisten Kindern keine Schwierigkeiten machen, die neuen Wörter/Namen (mit den bekannten Buchstaben) zu erlesen: An – Anton – Anita*

Die Kinder werden aufgefordert, Namen und Gegenstände zu suchen/entdecken, die einen A/a-Laut enthalten (die Namen von den grünen Namensschildchen sind hier in Klammern aufgeführt, weil sie auch unbekannte Buchstaben enthalten):

Anlaut: Apfel – Ast – Ameisen – Abfalleimer – Affe – Ananas *(teilweise Kinderzeichnungen)* (Ali) – Anton* – Anita* – An/an *(auf den Namensschildern und dem Brief)*

Inlaut: Hase – Abfalleimer – Banane – Ananas – (Lara) – Hase – (evtl. Pflanze/Fensterbank) (evtl. + rechte Seite: Flasche –Tafel – Schwamm – Nashorn)

Auslaut: (Lara) – Anita* – Tina

D Namen mit noch nicht eingeführten Buchstaben lesen: Ali, Lara

Im Anschluss können die Kinder weiter zum Bild erzählen bzw. weitere Fragen zum Bild beantworten, z. B.:

- Wer hat eine Ananas gemalt?
- Was schenkt Tina Tino?
- Was passiert an dem Abfall-/Mülleimer?
- Wer trägt eine Brille?
- Zu welchem Kind gehört die Hand (der Ärmel), die ganz unten einen Brief an Tina losschickt?

ÜBUNGEN ZU EINHEIT 5: A/a

Da die folgenden Übungsformen neu eingeführt werden und in den späteren Einheiten immer wieder auftauchen, ist es sinnvoll, alle benötigten Aufgabentypen (aus Druckschriftlehrgang und Arbeitsheft) bei ihrem ersten Vorkommen im Klassenverband – evtl. an der Tafel oder mit Hilfe einer Folie – einzuführen und sicherzustellen, dass die Kinder sie nachvollziehen können.
Die ersten Arbeitsblätter aus beiden Materialien werden daher gemeinsam bearbeitet.
Danach sind die meisten Kinder in der Lage, die Aufgaben selbstständig zu bearbeiten.

Druckschriftlehrgang (Einführung)

Es empfiehlt sich, ab diesem Zeitpunkt das Schreiben der Druckschrift zu beginnen.
Kinder wollen schreiben lernen, wenn sie zur Schule kommen; viele tun dies deshalb bereits von sich aus.
Um zu vermeiden, dass sich dabei unökonomische Schreibabläufe einschleifen, sollte so früh wie möglich der richtige Schreibablauf zu jedem Buchstaben gezielt erlernt und geübt werden.
(Detaillierte Hinweise zur Arbeit mit dem Druckschriftlehrgang: s. Abschnitt 2.4)

Seite 2 und 3

Gemeinsame Erarbeitung: Diese beiden Seiten enthalten schreibmotorische Vorübungen zum Nachspuren und (optional) zum Schreiben der Namen *Tina* und *Tino* sowie eine Aufgabe zum Malen.

Seite 4

Hier lernen die Kinder die Übungsformen kennen, die sie auch zu allen folgenden Seiten im Druckschriftlehrgang durchführen sollen.
Die Einführung erfolgt im Klassenverband, die Übungen werden gemeinsam Schritt für Schritt ausgeführt und kontrolliert.

Arbeitsheft, Seite 7

Aufgabe 1

Gemeinsame Bearbeitung: Begriffe klären; die Namen der abgebildeten Begriffe halblaut sprechen (dehnsprechen); diejenigen einkreisen oder anmalen, in denen der A/a-Laut zu hören ist
Hinweis: Die gelbe Ziffer rechts unten in dem Kasten verweist auf die Anzahl der Lösungsbegriffe.

Aufgabe 2

KV Zur Erarbeitung dieser Aufgabenform kann zunächst die zweigeteilte KV 20 eingesetzt werden.
Gemeinsame Bearbeitung: Begriffe klären; Wörter sprechschwingen und die richtige Anzahl von Silbenbögen darunter setzen.

Hinweis: Um einen sicheren Überblick zu bekommen, welches Kind evtl. noch Schwierigkeiten mit der Bestimmung der Silbenanzahl hat, empfiehlt es sich, Kindern, die nebeneinander sitzen, jeweils eine unterschiedliche Hälfte dieser KV bearbeiten zu lassen.

Nach dieser Vorübung bearbeiten die Kinder die Aufgabe 2 selbstständig. Das silbierende Sprechen der Begriffe ist dabei nicht nur erlaubt, sondern gewünscht.

Aufgabe 3

Gemeinsame Bearbeitung:
Begriffe zunächst klären und sprechschwingen, dann differenzierend:

D
a) Einkreisen oder Nachspuren des A/a
b) Nachspuren des gesamten Wortes
c) Wörter erlesen und den Abbildungen richtig zuordnen
d) Sprechschwingen, Silbenbögen setzen und (optional) Selbstlaute rot markieren

Arbeitsheft, Seite 8

Aufgabe 1

Selbstständige Bearbeitung: Begriffe einkreisen oder anmalen, in denen der A/a-Laut zu hören ist

D mit unsicheren Kindern gemeinsam bearbeiten

Aufgabe 2

Begriffe klären, dann selbstständige Bearbeitung:
Begriffe sprechschwingen und Anzahl der Silbenbögen darunter setzen

D auch hier Kinder beobachten und mit unsicheren Kindern gemeinsam bearbeiten

Aufgabe 3

Gemeinsame Bearbeitung (ggf. Auswahl treffen):

D
a) Einkreisen oder Nachspuren des A/a
b) Nachspuren des gesamten Wortes
c) Wörter erlesen und den Abbildungen richtig zuordnen
d) Sprechschwingen, Silbenbögen setzen und (optional) Selbstlaute rot markieren

D Weitere Differenzierungsmöglichkeiten zu den Übungen

Differenzierungsblock
jeweils Seiten 2 und 3 (grün und blau)

Akustische Analyse des /a/-Lautes
Unter einem Tuch oder in einem Sack Gegenstände „mit A/a" verstecken:
Die Kinder greifen eine Sache heraus, nennen den Namen und bestimmen, ob darin ein /a/-Laut (evtl. auch an welcher Stelle im Wort) zu hören ist.

Lesen und „Schreiben"

- A/a-Seite im „Buchstaben-Haus" (KV 24) oder in einem „Wörter-Sammel-Heft" oder als „Buchstaben-Poster" anlegen und dort jeweils zu jedem neuen Buchstaben eine Seite gestalten:
  Dinge malen, Buchstaben und Wörter aus Zeitungen/Werbung ausschneiden und einkleben, selbst Wörter mit dem entsprechenden Buchstaben schreiben ...
  KV KV 24: mit Vorlage zum Buchstaben-Haus A/a einführen
  (Eine editierbare Blankovorlage zum Buchstaben-Haus auf KV 138 kann für alle weiteren Buchstaben eingesetzt werden.)
- KV KV 25 mit Übung zur Zuordnung von Groß- und Kleinbuchstaben sowie einer Leseübung analog zu den Briefen auf Fibelseite 10
- Auf dem Silbenschieber weitere Wörter/Namen mit A/a bilden:
  Anna, Ina, Ali, Mama, Oma ...

Einführung langer und kurzer Vokale (Jo-Jo-Symbol)
Die Lehrerin zeichnet einige Gegenstände an die Tafel, die ein langes bzw. ein kurzes /a/ enthalten (s. Auswahl im Arbeitsheft, Seite 7/8, jeweils Aufgabe 1).

Tafelbild:

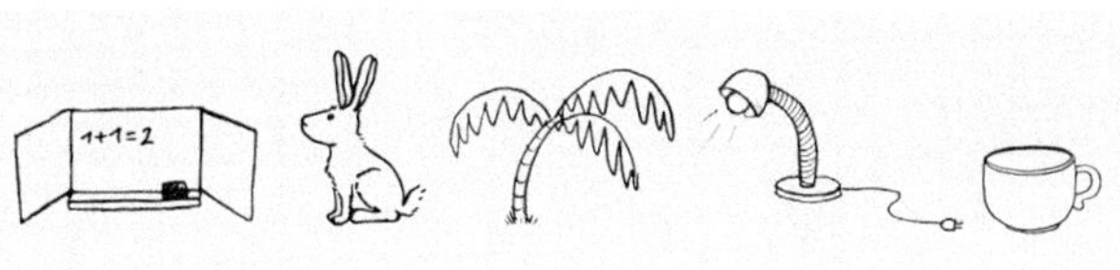

Gemeinsam mit den Kindern werden die Namen für die Dinge genannt.
Die Aufmerksamkeit wird auf den /a/-Laut gelenkt:
Klingt das /a/ lang oder kurz?

Die Kinder werden den Unterschied vermutlich vor allem kontrastiv, also in der direkten Gegenüberstellung zweier Wörter heraushören, z. B.:
Tafel – Tasse *oder* Tafel – Taffel.

Diese Abhörübung kann ggf. auch durch das parallele Dehnen eines kleinen Gummibandes unterstützt werden.

Es wird erarbeitet:

1. In dem Wort „Tafel" klingt das /a/ lang.
   Dazu gehört das Zeichen: —.

2. In dem Wort „Tasse" klingt das /a/ kurz.
   Dazu gehört das Zeichen: •.

Tafelbild:

Die Zeichen „Strich" (für lang klingendes /a/) und „Punkt" (für kurz klingendes /a/) werden unter die beiden abgehörten Begriffe gesetzt.
Mit den verbleibenden Begriffen wird ebenso verfahren.

Vertiefungsübung dazu im Arbeitsheft:

Arbeitsheft, Seite 7
Aufgabe 1

Lang klingender /a/-Laut:
Die Begriffe, die zuvor markiert wurden, weil sie einen /a/-Laut enthalten, werden nun noch einmal gemeinsam alternativ (mit langem und kurzem /a/-Laut) gesprochen und abgehört.
Die Kinder werden feststellen, dass alle Begriffe dieser Übung nur einen lang klingenden /a/-Laut enthalten. Das Zeichen dafür (der Strich) wird jeweils unter diese Begriffe gesetzt.
Falls die Kinder es nicht selbst entdecken, wird nun auf das Jo-Jo am Seitenkopf hingewiesen, das (lang herunterhängt und) genau dieses Zeichen auch enthält: einen Strich.

Arbeitsheft, Seite 8
Aufgabe 1

Kurz klingender /a/-Laut:
Mit dem Hinweis darauf, dass es ja noch eine zweite Seite zum /a/-Laut gibt, blättern die Kinder auf Arbeitsheftseite 8.
Sicher werden pfiffige Kinder sofort das dortige Jo-Jo-Symbol prüfen und feststellen, dass darin das andere Zeichen, nämlich der Punkt, für den kurz klingenden /a/-Laut zu sehen ist.
Die Begriffe mit /a/-Laut werden abgehört, das Zeichen für den kurzen Vokal jeweils daruntergesetzt.

Zur Veranschaulichung kann auch noch darauf hingewiesen werden, dass bei dem Jo-Jo für den kurz klingenden Laut die Schnur nach oben schnellt bzw. kürzer ist als bei dem für den lang klingenden Laut.

D Weitere Differenzierungsmöglichkeit zu den Übungen

KV 23: „Indianerwörter" lesen
(Hinweise dazu: s. Abschnitt 2.6.2, S. 25 f.)

Mögliche fächerübergreifende Aktivitäten zu Einheit 5: A/a

Freies Schreiben/Malen

Klassenbriefkasten einrichten
Briefe an andere Kinder der Klasse schreiben/malen; Klassenbriefkasten einrichten (Posthorn erkennen)

Musik

Lied:
Sag uns deinen Namen

2. Kind: „Wie heißt du?"

3. Kind: „Ich heiße Stefanie, Simon ..." usw.

Text: Lore Kleikamp, Musik: Detlev Jöcker
Aus: CD/MC und Buch: „Mile male mule, ich gehe in die Schule".

Sonstiges

Klassenregeln und Rituale einführen
Verhaltensregeln, Klassendienste, andere Regeln können nach und nach besprochen und geübt, ggf. auch mit Symbolen versehen für alle sichtbar im Klassenraum dokumentiert werden.

Ich stelle mich der Klasse vor
Kinder, die mögen (nur freiwillig!), stellen sich selbst der Klasse vor und berichten, was sie den anderen über sich mitteilen wollen.

Anknüpfungsmöglichkeiten im Jo-Jo-Verbund mit dem 2. Jahrgang

Jo-Jo Sprachbuch 2	
Seite 4:	Ich – Du – Wir

EINHEIT 6: I i

Materialien			
FS:	10/11	**KV:**	26, 27, 140, (18, 19, 23)
AH:	9, 10		
Diff.-Block:	4		
DLG:	5		

Zusätzlich:
- Buchstabenkärtchen von Ausschneidebogen 1 (Umschlag)
- Silbenschieber

Vertiefung der Buchstaben I/i

1. Impuls durch folgendes Tafelbild:

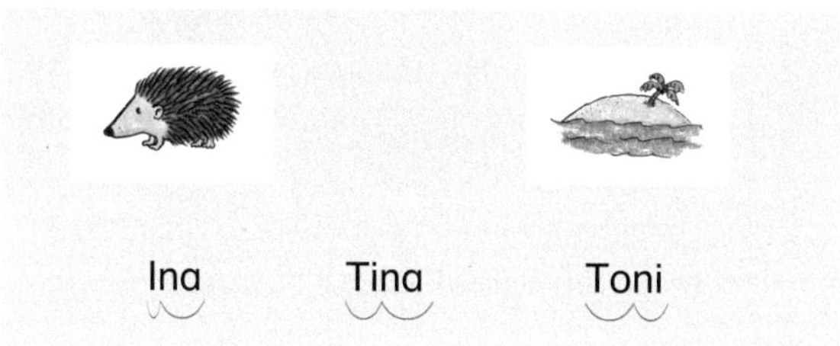

KV 140 mit Tafelbildkarten „Igel" und „Insel"

Die Lehrerin oder ein Kind liest die Namen vor. Alle sprechen die Wörter nach (langsam dehnsprechend unter Hervorhebung des /i/-Lautes).

2. Die Kinder stellen fest:
   - In allen Namen hören wir einen /i/-Laut klingen.
   - Wir können den Buchstaben I/i auch sehen.

   Die Buchstaben werden farbig markiert (Wiederholung: Groß- und Kleinbuchstaben; Großbuchstaben nur am Wortanfang).

   D Wahlweise können an der Tafel das Symbol für lange Selbstlaute (–) angebracht und Silbenbögen gezeichnet werden.

3. Die Kinder legen die Wörter mit Hilfe der Buchstabenkärtchen.

   D Wörter an der Tafel evtl. dabei verdecken

4. Die Namen der Kinder in der Klasse werden auf den /i/-Laut hin abgehört.

Fibelseite 10/11: In der Klasse

Die Kinder kennen das Klassenbild bereits, jedoch wird nun die Aufmerksamkeit hauptsächlich auf Fibelseite 11 gelenkt.
Dort ordnen Fibelkinder ihre Zeichnungen dem I/i zu und markieren deren Silbenanzahl mit Silbenbögen. Außerdem malen sie weitere Bilder mit I/i-Wörtern.
Ina (Mädchen im Rollstuhl) meldet sich. Die Lehrerin ruft sie auf.
Ein Junge bringt gerade Müll zum Abfalleimer, sieht die Ameisen dort und ruft „Iiii".

Erarbeitung der Fibelseite 11

Die Erarbeitung dieser Seite erfolgt analog zu Fibelseite 10:

a) Wer weiß schon, wie der Buchstabe auf dem Zettel oben klingt?
   In der rechten oberen Ecke ist der Buchstabe I/i (Groß- und Kleinbuchstabe) auf einem „Zettel" abgedruckt.
   Haben die Kinder den Lautwert des Buchstabens I/i erkannt, können sie auch den Ausruf in der Sprechblase erlesen (und natürlich erzählen, warum der Junge „Iiii" ruft).
b) Wer kann schon den Namen auf dem weißen Namensschild lesen? I-n-a. I-na.
c) Was bedeuten die Bögen an der Tafel?
   Diese Übungsform haben die Kinder inzwischen schon zum Buchstaben A/a im Arbeitsheft durchgeführt. Daran wird erinnert. Anhand der Tafelbeispiele (Igel, Pilz) wird die Übungsform wiederholt.
d) Was tun die Kinder dieser Klasse?
   Sie malen Bilder, die einen I/i-Laut enthalten (Begriffe ggf. klären).

Die Kinder werden aufgefordert, Namen und Gegenstände zu suchen/entdecken, die einen I/i-Laut enthalten *(die Namen von den grünen Namensschildchen sind hier in Klammern aufgeführt, weil sie auch unbekannte Buchstaben enthalten)*:

Entdecken von Namen und Gegenständen, die einen I/i-Laut enthalten:

Anlaut:	Igel – Iglu – Ina – Ausruf „Iiii" – Insel
Inlaut:	Pilz – Tisch – Brille – Krokodil – Nilpferd – Fisch – Giraffe – Zitrone – Schiff – Bilder (an der Wand) – Pinsel – Lehrerin – (Simon) – (Nils) (evtl. + linke Seite: Anita – Tina – Tino)
Auslaut:	(Andi, Ali)

Das Abhören der Begriffe nach einem I/i-Laut wird mit allen Kinderzeichnungen auf der Fibelseite durchgeführt *(„Flasche" ist ein „Kuckucksei" und gehört nicht dazu).*
Wer findet heraus, welches Bild nicht dazu passt?

Zum Schluss werden die Minimalpaarübungen am Seitenfuß durchgeführt:

a) Name *Ina* aus Einzelbuchstaben zusammenfügen (Großschreibung am Wortanfang)
b) *I-na* in Sprechsilben gliedern, sprechschwingen
c) *Ti-na* in Sprechsilben gliedern, sprechschwingen
d) Unterschiede der beiden Namen herausarbeiten
e) Namen als Wortganzes erlesen

D Differenzierungsmöglichkeiten zum Fibeltext

Lesen

Namen mit noch nicht eingeführten Buchstaben lesen:
Simon, Andi, Nils.

In diesem Zusammenhang könnten die Kinder noch einmal alle Kinder den entsprechenden Namen zuordnen: Der Junge, der am Abfalleimer steht, muss Andi sein. Das Mädchen, das an der Tafel steht, sitzt vermutlich an einem Platz, der nicht auf dem Bild zu sehen ist. ...

Freies Schreiben/Malen

KV KV 27: Erzählbild zum freien Schreiben und/oder Malen zum Thema „Zu spät zur Schule kommen“

ÜBUNGEN ZU EINHEIT 6: I/i

Das Arbeitsheft greift die schon eingeführten Übungsformen wieder auf – je nach Leistungsstand ist hier bereits selbstständige oder zunächst noch angeleitete Bearbeitung möglich.

Druckschriftlehrgang, Seite 5

Arbeitsheft, Seite 9

Aufgabe 1

Begriffe einkreisen oder anmalen, in denen ein I/i-Laut zu hören ist

Aufgabe 2

Begriffe klären, dann selbstständige Bearbeitung:
Begriffe sprechschwingen und Anzahl der Silbenbögen darunter setzen

D auch hier Kinder beobachten und mit unsicheren Kindern gemeinsam bearbeiten

Aufgabe 3

D
a) Einkreisen oder Nachspuren des I/i
b) Nachspuren des gesamten Wortes
c) Wörter erlesen und den Abbildungen richtig zuordnen
d) Sprechschwingen, Silbenbögen setzen und (optional) Selbstlaute rot markieren

Arbeitsheft, Seite 10

Aufgabe 1

Begriffe einkreisen oder anmalen, in denen der I/i-Laut zu hören ist

Aufgabe 2

Begriffe klären, dann selbstständige Bearbeitung:
Begriffe sprechschwingen und Anzahl der Silbenbögen darunter setzen

D auch hier Kinder beobachten und mit unsicheren Kindern gemeinsam bearbeiten

Aufgabe 3

D
a) Einkreisen oder Nachspuren des I/i
b) Nachspuren des gesamten Wortes
c) Wörter erlesen und den Abbildungen richtig zuordnen
d) Sprechschwingen, Silbenbögen setzen und (optional) Selbstlaute rot markieren

D Weitere Differenzierungsmöglichkeiten zu den Übungen

Differenzierungsblock

jeweils Seite 4 (grün und blau)

Lautunterscheidung: kurz und lang klingendes I/i

lang bzw. kurz klingendes I/i durch Symbole kennzeichnen (Arbeitsheft, Seiten 9, 10, jeweils Aufgabe 1)

Indianerwörter lesen

KV KV 23: „Indianerwörter“ lesen (Hinweise dazu: s. Abschnitt 2.6.2, S. 25 f.)

Lesen und „Schreiben“

- I/i-Seite im „Buchstaben-Haus“ (KV 138, editieren) oder in einem „Wörter-Sammel-Heft“ oder als „Buchstaben-Poster“ gestalten
- Silbenschieber: Wörter mit I/i bilden:
  Ina, Tino, Ali, Anni, Toni, Timon, Tina, Tilo ...
- KV KV 26 mit Zuordnung von Groß-/Kleinbuchstaben und Leseübungen zu Wörtern mit I/i
- KV KV 18 und 19 zum Schreiben der Kindernamen in der Fibelklasse nach Anlautbildern

Mögliche fächerübergreifende Aktivitäten zu Einheit 6: I/i

Fortführung der zu Einheit 5 begonnenen Aktivitäten (s. S. 76)

Anknüpfungsmöglichkeiten im Jo-Jo-Verbund mit dem 2. Jahrgang

Jo-Jo Sprachbuch 2	
Seite 4:	Ich – Du – Wir
Seite 8:	Silben schwingen *(Namen sprechschwingen)*

EINHEIT 7a: N n

Die Einheiten 7a–7c zu den Buchstaben N/n, O/o und T/t gehören inhaltlich unmittelbar zusammen. Da die Kinder bis zu diesem Zeitpunkt schon mit allen (Groß- und Klein-)Buchstaben aus den Fibelnamen konfrontiert waren, dürften sie in der Regel keine Schwierigkeiten mit der Erarbeitung der Fibelseite haben.
Je nach Klassensituation können aber alternativ zunächst alle Buchstaben vertiefend und die Arbeitsheftseiten 11–16 bearbeitet werden, bevor die Fibelseite zum Einsatz kommt.
In den folgenden Vorschlägen werden zunächst alle drei Buchstaben vertieft.

Materialien			
(FS:	12/13)	**KV:**	28, 141, (23)
AH:	11, 12		
Diff.-Block:	5		
DLG:	6		

Zusätzlich:
- Buchstabenkärtchen von Ausschneidebogen 1 (Umschlag)
- Silbenschieber

Vertiefung der Buchstaben N/n

1. KV Die Lehrerin schreibt die Buchstaben N und n an die Tafel und heftet das Anlautbild Nashorn von KV 141 dazu (oder steckt es auf die Steckleiste):
Tafelbild:

N n

Gemeinsam mit den Kindern stellt sie fest, wie dieser Buchstabe klingt: Wir wollen diesen Buchstaben einmal klingen lassen: /n/ wie Nashorn (dehnsprechen!). Wo hören wir im Wort Nashorn das /n/?
Die Kinder sprechen das Wort und stellen fest:
– Wir hören das /n/ am Anfang.
– Wir hören das /n/ am Ende.
Für Kinder, die in den Gebrauch der Lauttabelle eingeführt sind, stellt dieser Schritt eine Wiederholung dar; für die anderen dient er der fortlaufenden Einübung.

2. Die Lehrerin fordert die Kinder auf, aus den folgenden Dreiergruppen von Tiernamen den Namen zu nennen, bei dem sie einen /n/-Laut hören (Wörter dabei nachsprechen lassen):
   Hase – Nilpferd – Käfer
   Schaf – Vogel – Schwein
   Hahn – Zebra – Kuh
   Nashorn – Löwe – Affe

Erarbeitung: Groß- und Kleinbuchstabe N/n

Die Lehrerin zeigt noch einmal auf die Buchstaben N/n an der Tafel. Es wird erarbeitet, dass das Wort *Nashorn* ein großes und ein kleines N/n enthält und das große N am Anfang stehen muss, weil Namen immer mit Großbuchstaben beginnen (Wdh.).

An dieser Stelle kann der richtige Schreibablauf für die Buchstaben N/n an der Tafel bereits eingeführt und von einigen Kindern nachgeschrieben oder nachgespurt werden. Als Verweis auf die Schreibrichtung können die großen N linksseitig, die kleinen n rechtsseitig von dem Anlautbild angeschrieben werden.

ÜBUNGEN ZU EINHEIT 7a: N/n

Druckschriftlehrgang, Seite 6

Arbeitsheft, Seite 11

Aufbau und Aufgaben der Arbeitsblätter sind den Kindern von den vorhergehenden Einheiten bekannt, sie können sie also weit gehend selbstständig bearbeiten. Es empfiehlt sich, die Abbildungen vorher gemeinsam zu benennen, um sicherzugehen, dass den Kindern auch die Begriffe zu allen Abbildungen geläufig sind. Falls erforderlich, können auch die Arbeitstechniken (Ankreuzen, Einkreisen, Nachspuren, Verbinden, farbig Markieren, Silbenbögen setzen) gemeinsam oder in Gruppen wiederholt/geübt werden.

Aufgabe 1

D Begriffe einkreisen oder ausmalen, in denen der N/n Laut zu hören ist

Aufgabe 2

Begriffe klären, dann selbstständige Bearbeitung:
Begriffe sprechschwingen und Anzahl der Silbenbögen darunter setzen

D Kinder beobachten und mit unsicheren Kindern gemeinsam bearbeiten

Aufgabe 3

D
a) Einkreisen oder Nachspuren des N/n
b) Nachspuren des gesamten Wortes
c) Wörter erlesen und den Abbildungen richtig zuordnen
d) Sprechschwingen, Silbenbögen setzen und (optional) Selbstlaute rot markieren

Arbeitsheft, Seite 12

Aufgabe 1

Das Verbinden der Anfangssilbe mit der passenden Abbildung haben die Kinder schon auf Arbeitsheftseite 6 kennen gelernt. Es sollte hier noch einmal gemeinsam mit der Gruppe vollzogen werden:
Begriff(e) benennen – sprechschwingen – Anfangssilben erlesen – das Wort nochmals sprechen und abhören: Welche Anfangssilbe passt?
Na-, Na-se. Nase beginnt mit der Silbe Na-. Also verbinden wir das Bild mit der Silbe Na-.

Aufgabe 2

Alle Felder mit N und n blau ausmalen
(Lösungsbild: Nashorn)
Da diese Aufgabe erstmals auf den Arbeitsblättern auftaucht, sollte sie besprochen werden. Dabei evtl. ein Feld als „Vorlage“ in der richtigen Farbe ausmalen lassen. Richtig ausgemalt ergeben die blauen Felder ein Nashorn.
Darauf achten, wie die Kinder mit den übrigen Buchstabenfeldern umgehen:

- Kinder, die alles bunt ausmalen, haben evtl. die Aufgabe nicht verstanden.
- Kinder, die auch die Nicht-N/n-Felder blau ausmalen, können evtl. die Buchstaben optisch nicht ausreichend voneinander unterscheiden.
- Es ist aber auch möglich, dass einzelnen Kindern andere Farben einfach besser gefallen und sie deshalb diese benutzen „Ich mag aber lieber rosa malen ...“.

Die Lehrerin sollte also bei falschen Lösungen gezielt nachfragen.

Aufgabe 3

D Analog zu Aufgabe 1, hier aber mit anderen Buchstabenkombinationen bei den Anfangssilben und mit Zuordnung der Endsilben (Zuordnung der Endsilben ggf. mit einem Beispiel an der Tafel einführen)

D Weitere Differenzierungsmöglichkeiten zu den Übungen

Differenzierungsblock
jeweils Seite 5 (grün und blau)

Lautabhörübung
In den Abbildungen der Fibelseiten 12/13 können Namen von Dingen gesucht werden, in denen ein /n/-Laut zu hören ist.

Anlaut: Nuss/Nüsse, (Not), Note(n)

Inlaut: Sonne, Banane, Kanne, Anton, (Walnuss), Kastanie(n), Tonne(n); Tina, Anita, Ina

Auslaut: Anton, Tonne; *und in den Pluralformen:* Karten, Noten, Tomaten, Tonnen, Tassen ...

Lesen und „Schreiben"

- Buchstaben N/n auf der Lauttabelle suchen
- KV KV 28, oben: passende Groß- und Kleinbuchstaben verbinden (N/n)
  Hinweis: Diese KV ist für alle Buchstaben ohne Unterlängen editierbar
- „N/n-Seite" im „Buchstaben-Haus" (KV 138, editieren) oder „Wörter-Sammel-Heft" oder „Buchstaben-Poster" gestalten
- Silbenschieber: Wörter mit N/n bilden, z. B.: Anna, Toni, Sina ...
- Buchstabenkärtchen von Ausschneidebogen 1: Wörter mit N/n schreiben

Indianerwörter lesen
KV KV 23: „Indianerwörter" lesen
(Hinweise dazu: s. Abschnitt 2.6.2, S. 25 f.)

EINHEIT 7b: O o

Materialien			
(FS:	12/13)	KV:	28, 141, (23)
AH:	13, 14		
Diff.-Block:	6		
DLG:	7		

Zusätzlich:
- Buchstabenkärtchen von Ausschneidebogen 1 (Umschlag)
- Silbenschieber

Vertiefung der Buchstaben O/o

1. Die Lehrerin schreibt die Wörter *Tino* und *Toni* an die Tafel. Sie selbst und/oder die Kinder lesen die Wörter mehrmals deutlich artikulierend (dehnsprechend) vor. Wahlweise können die Wörter auch durchstrukturiert werden.

2. KV Durch Anhängen der Tafelbildkarte „Oma" (KV 141) oder das Anschreiben der beiden Buchstaben wird die Aufmerksamkeit auf den Buchstaben gelenkt:
   - Wie klingt der Buchstabe?
   - An welcher Stelle in den Wörtern *Tino* und *Toni* (am Wortanfang – im Wortinnern – am Wortende) können wir den Laut hören / den Buchstaben sehen?

   Der Buchstabe wird farbig markiert.

3. Weitere Wörter mit O/o können mündlich gesucht werden *(ggf. durch gezielte Fragen zum Begriff hinführen)*:

   Anlaut: Ofen, Oma, Obst, oben ...

   Inlaut: Tomate, Auto, holen, toben, doof ...

   Auslaut: Radio ...

4. Das o wird auf der Lauttabelle gesucht. Die Kinder stellen fest, dass das große O sich von der Form her kaum von dem kleinen o unterscheidet.
   Der Begriff „Ordner" wird geklärt, die Vokallängen von „Oma" und „Ordner" werden abgehört und miteinander verglichen.

ÜBUNGEN ZU EINHEIT 7b: O/o

Druckschriftlehrgang, Seite 7

Arbeitsheft, Seite 13

Aufgabe 1
Begriffe einkreisen oder anmalen, in denen ein O/o-Laut zu hören ist

Aufgabe 2
Begriffe klären, dann selbstständige Bearbeitung:
Begriffe sprechschwingen und Anzahl der Silbenbögen darunter setzen

Aufgabe 3
D
a) Einkreisen oder Nachspuren des O/o
b) Nachspuren des gesamten Wortes
c) Wörter erlesen und den Abbildungen richtig zuordnen
d) Sprechschwingen, Silbenbögen setzen und (optional) Selbstlaute rot markieren

Arbeitsheft, Seite 14

Aufgabe 1
Begriffe einkreisen oder anmalen, in denen ein O/o-Laut zu hören ist

Aufgabe 2
Begriffe klären, dann selbstständige Bearbeitung:
Begriffe sprechschwingen und Anzahl der Silbenbögen darunter setzen

Aufgabe 3
D
a) Einkreisen oder Nachspuren des O/o
b) Nachspuren des gesamten Wortes
c) Wörter erlesen und den Abbildungen richtig zuordnen
d) Sprechschwingen, Silbenbögen setzen und (optional) Selbstlaute rot markieren

D Weitere Differenzierungsmöglichkeiten zu den Übungen

Differenzierungsblock
jeweils Seite 6 (grün und blau)

Lesen und „Schreiben"

- KV KV 28, Mitte: Groß- und Kleinbuchstaben (O/o) miteinander verbinden
- „O/o-Seite" im „Buchstaben-Haus" (KV 138, editieren) oder in einem „Wörter-Sammel-Heft" oder als „Buchstaben-Poster" gestalten
- Silbenschieber: „Quatschwörter" mit O/o bilden, z. B.: Omon, Ono, Ano, Oni ...

Lautabhörübung
In den Abbildungen der Fibelseiten 12/13 können Namen von Dingen gesucht werden, in denen ein /o/-Laut zu hören ist.

Anlaut: Obst, Oooo (Ausruf Antons), evtl. Orange

Inlaut: Vogel, Sonne, Wolke(n), Korb, Brot, Dose, Frosch, Note, Socken, Tomaten, Anton, Not, rot (für die Decke), Tonne(n) bzw. Tor

Auslaut: Jo-Jo, Tino

Indianerwörter lesen
KV KV 23: „Indianerwörter" lesen
(Hinweise dazu: s. unter Abschnitt 2.6.2, S. 25 f.)

EINHEIT 7c: T t

Materialien

FS:	12/13	**KV:**	28–32, 141, (23)
AH:	15, 16		
Diff.-Block:	7		
DLG:	8		

Zusätzlich:
- Buchstabenkärtchen von Ausschneidebogen 1 (Umschlag)
- Silbenschieber

Vertiefung der Buchstaben T/t

1. Die Lehrerin schreibt bekannte Namen und kleine „Sätze“ mit dem Buchstaben T/t an die Tafel (oder: Stecken mit Buchstabenkarten).
   Tafelanschrift:

   Tino Tina Anita Anton

   Toni in Not

   Fortgeschrittene Kinder können die Wörter vorlesen (dabei zeigen, welches Wort sie gerade lesen).

2. Die Wörter werden noch einmal silbierend erlesen, Silbenbögen (in größerem Abstand!) daruntergesetzt.

3. KV Die Tafelbildkarte T/t (Tasse) von KV 141 wird dazugesteckt/gehängt.
   Die Kinder sprechen den dazugehörigen Laut und suchen den Buchstaben in den Wörtern an der Tafel. Dieser wird jeweils farbig markiert.

4. Die Groß- und Kleinbuchstaben T/t werden einander gegenübergestellt. Wiederholung: Der Großbuchstabe kann nur am Wortanfang stehen.
   Durch Entfernen des Buchstabens T/t entstehen Lückenwörter an der Tafel:

   Tafelbild:

   __ino __ina Ani__a An__on

   __oni in No__

   Die Kinder setzen den passenden Groß- bzw. Kleinbuchstaben wieder ein und lesen das Wort vor (Schreibablauf für T/t vorgeben!).

5. Erarbeitung der Lautstellung im Wort:
   - Bei *Toni* klingt das /t/ am Anfang.
   - Bei *Anita* klingt es im Wort.
   - Bei *Not* klingt es am Wortende.

   Die Wörter werden dabei jeweils gedehnt gesprochen, der Laut artikulatorisch betont, beim Lesen wird gezeigt, welcher Buchstabe/Laut gerade gelesen wird.

6. Vollständige Durchstrukturierung (Wortaufbau) der Wörter *Toni*, *Anita* und *Not* unter Zuhilfenahme der Buchstabenkärtchen von Ausschneidebogen 1 (Mitte und unten)

Fibelseite 12/13: Beim Picknick

Spätestens an dieser Stelle kann nun die Fibelseite zum Einsatz kommen.
Die Kinder sprechen zunächst über die dargestellte Situation: Die Klasse macht mit der Lehrerin ein Picknick.
Die Kinder vergnügen sich dabei auch mit verschiedenen Spielen: Ali und Lara sammeln Kastanien; das Mädchen mit den Zöpfen spielt Karten; Anton turnt an einem Ast; Anita, Tina und die Lehrerin spielen Fußball, Simon und Ina schauen zu und feuern sie an.
Auf dem Ast links zwitschert ein Vogel (Notensymbole evtl. erklären).

Die Kinder stellen fest, dass sie die Personen bereits auf den vorhergehenden Seiten kennen gelernt haben. Da sie zum Teil anders gekleidet sind als in der Klassenraumszene, sollte das Zurückblättern und Beschreiben der Kinder erlaubt sein.
Fortgeschrittenere Kinder können die Namen der Kinder nennen, deren Buchstaben noch nicht alle eingeführt sind (Lara, Ali, Simon), die anderen lesen die bekannten Namen vor bzw. beschreiben die Kinder, z. B.:
- Tino trägt hier einen blauen Pullover.
- Tina trägt einen gelben Pulli.
- Der Junge mit der blauen Jacke muss Simon sein, denn er hat auch blonde Haare.

Die Fibelseite wird gemeinsam betrachtet und dann erlesen. Es wird geklärt, warum Anton und Anita wohl „in Not“ sind (Anton weiß nicht, wie er wieder von dem Ast herunterkommen soll. – Anita muss im Tor zwei Bälle gleichzeitig halten.)

Zum Schluss werden die neuen Kindernamen auf der Fußleiste von Fibelseite 13 analysiert und silbierend erlesen (sprechschwingen).

D Differenzierungsmöglichkeiten zu Fibelseite 12/13

Lautabhörübungen

- Auf der Abbildung der Fibelseiten 12/13 Namen von Dingen suchen, in denen ein /t/-Laut zu hören ist:

  Anlaut: Teller, Tassen, Tomaten, Tina, Tino, Tonne, Tor, Tüte ...

  Inlaut: Tomaten, Tüte, Anton, Note, Kastanien, Anita, Blätter, Karten ...

  Auslaut: Brot, Not, Hut, Obst, Ast *(Achtung: Konsonantenhäufung)*

- Falls dies in den Übungen zu den Einheiten 7a und 7b noch nicht durchgeführt wurde, können nun in der gesamten Abbildung der Fibelseite 12/13 auch noch Namen von Dingen gesucht werden, in denen ein /n/- oder ein /o/-Laut zu hören sind (s. Einheiten 7a und 7b).

Gegenstände im Bild suchen

Suchen der auf der Fußleiste von Fibelseite 12 abgebildeten Gegenstände (Nüsse, Socken, Jo-Jo und Frosch)

Lesen üben

KV KV 29 mit Satzvarianten zum Zuordnen zu Bildern

Freies Schreiben

KV KV 32 mit einem Erzählbild zum Thema „Anita in Not“

ÜBUNGEN ZU EINHEIT 7c: T/t

Druckschriftlehrgang, Seite 8

Arbeitsheft, Seite 15

Aufgabe 1

Begriffe einkreisen oder anmalen, in denen der T/t -Laut zu hören ist

Aufgabe 2

Begriffe klären, dann selbstständige Bearbeitung:
Begriffe sprechschwingen und Anzahl der Silbenbögen darunter setzen

Aufgabe 3

D
- a) Einkreisen oder Nachspuren des T/t
- b) Nachspuren des gesamten Wortes
- c) Wörter erlesen und den Abbildungen richtig zuordnen
- d) Sprechschwingen, Silbenbögen setzen und (optional) Selbstlaute rot markieren

Arbeitsheft, Seite 16

Aufgabe 1

Namen erlesen, sprechschwingen und mit den passenden Abbildungen verbinden

Aufgabe 2

Auswahlsätze erlesen; zum Bild passenden Satz ankreuzen (evtl. an der Tafel vorbereiten)

Aufgabe 3

D Kindernamen erlesen; aus den Schreibzeilen optisch analysieren/diskriminieren und einkreisen oder nachspuren

D Weitere Differenzierungsmöglichkeiten zu den Übungen

Differenzierungsblock
jeweils Seite 7 (grün und blau)

Lesen und „Schreiben“

KV KV 28, unten: Groß- und Kleinbuchstaben verbinden

- T/t -Seite im „ Buchstaben-Haus“ (KV 138, editieren) oder in einem „Wörter-Sammel-Heft“ oder als „Buchstaben-Poster“ gestalten
- wiederholtes Legen der Wörter *Anton* und *Anita (Tina, Tino)* mit Buchstabenkärtchen (Umschlag)
- KV KV 30 mit Zeilen zum Wortaufbau für Anton und Anita (vorgegebenes Beispiel am Wort Ina evtl. gemeinsam besprechen)
- KV KV 31 mit einem Anfangssilben-Domino zu (N/n, O/o und T/t)
  (Hierzu muss das Prinzip des Dominospiels ggf. erläutert werden!)

- T/t-Wörter mit dem Silbenschieber bilden: Toni, Tino, Tina, Anton (Salat)

- Indianerwörter lesen
  KV 23: „Indianerwörter“ lesen
  (Hinweise dazu: s. unter Abschnitt 2.6.2, S. 25 f.)

Mögliche fächerübergreifende Aktivitäten zu Einheit 7 (a–c)

Picknick im Herbst
Gemeinsam (evtl. auch mit den Eltern) kann ein Ausflug ins Grüne (mit Picknick) geplant (Information, Terminabsprache, Aufgabenverteilung etc.) und entsprechend durchgeführt werden.

EINHEIT 8: M m

Materialien

FS:	14/15	**LMB:**	1
AH:	17, 18, 19	**KV:**	33, 34, 35, 142
Diff.-Block:	8, 9		
DLG:	9		

Zusätzlich:
- Schere
- Ausschneidebogen 2
- Buchstabenkärtchen von Ausschneidebogen 1 (Umschlag)
- Silbenschieber
- DIN-A5-Umschläge zur Aufbewahrung der Würfelwörter-Kärtchen zu KV 35

Einführen der Buchstaben M/m

1. Tafelanschrift:

   O m a

   Die Lehrerin liest das Wort (gedehnt) vor: Dieses Wort heißt O-m-a.

2. Durchstrukturieren des Wortes:
   - Welcher Laut klingt vorne (/o/), in der Mitte (/m/), hinten (/a/)?

   Der Buchstabe m wird höher gesteckt oder farbig markiert.

3. Es gibt auch einen Großbuchstaben dazu (großes M auf der Lauttabelle suchen lassen, dazustecken oder -schreiben).
   KV Tafelbildkarte mit Anlautbild „Maus“ von KV 142 hinzufügen; den Laut/Buchstaben laut vorsprechen/nachsprechen lassen

4. Das Wort *Oma* zunächst noch mehrmals silbierend lesen und sprechen lassen (sprechschwingen), dann Silbenbögen darunter setzen.
   - Jetzt werden wir das Wort verändern (oder „stummer Impuls“) und einfach Buchstaben austauschen:

   (O) ma

   Ma ma

- Wie heißt dieses neue Wort? Ma-ma.
- Was hat sich verändert (evtl. noch einmal langsam demonstrieren)?
- Wir haben das O (die Silbe O) gegen zwei andere Buchstaben (eine andere Silbe) ausgetauscht: Ma.

Das neue Wort mehrmals vorlesen, sprechschwingen und die neue Silbe klingen lassen.

5. Mit oder ohne Vorlage die beiden Wörter aufbauen/synthetisieren (aus Buchstabenkarten von Ausschneidebogen 2 oder anschreiben).

Fibelseite 14: Oma – Mama (1)

Auf dieser Fibelseite kommt zur Ebene der schulischen Beziehungen (Klasse, Lehrerin) die private dazu: Die Kinder lernen Tinas Oma und ihre Mama kennen. Geübte Kinder können die neuen Wörter vorlesen; sehr viele Kinder werden ihre Bedeutung aber im Unterrichtsgespräch erschließen oder die Wörter aus anderen Zusammenhängen (ganzheitlich) kennen. Alle können sich über die abgebildete Situation unterhalten und evtl. Gemeinsamkeiten/Unterschiede mit/zu ihrer eigenen Situation zu Hause entdecken.

Vermutlich werden auch einige Kinder auf „den neuen Buchstaben" M/m hinweisen.
Alle Kinder können Namen und Dinge entdecken, die einen M/m-Laut enthalten:

Anlaut:	Mama, Maske, Meer, Marienkäfer, Milch, Maus (Stoffmaus und Computermouse!)
Inlaut:	Oma, Blumen, Mama (innerhalb von Konsonantenhäufungen: Computer, Lampe)
Auslaut:	Baum

Fortgeschrittene Kinder sagen, in welchen Wörtern auf dieser Seite sie die neuen Buchstaben sehen, wie diese Wörter klingen usw.
Die neuen „kleinen" Wörter (mit, am, im) können auch noch einmal an die Tafel geschrieben und dort gedehnt gelesen und durchstrukturiert werden.
Dann wird der Fibeltext (Seite 14) gemeinsam erlesen.

Zum Abschluss lesen die Kinder die Felder unten auf dem Fußbalken, wo die Wörter *Oma* und *Mama* noch einmal in Einzelbuchstaben, in Silben und als Ganzwort dargestellt sind.

Fibelseite 15: Oma – Mama (2)

Drei Situationen werden hier dargestellt, die alle etwas mit „Schenken, Teilen und Sich-mögen" zu tun haben. Tina erhält von ihrer Oma einen Brief. Im Gegenzug schenkt Tina ihrer Oma ein Bild, auf das sie „Sonne, Mond und Sterne" gemalt hat.

Daneben ist Tino zu sehen, der von seiner Mama „ein Lächeln" in Form eines „Smileys" erhält, das sie auf ein Blatt gemalt hat.

Die dritte Situation zeigt, dass Tino mit Tina seine Milch teilen will (zwei Strohhalme) und Tina mit ihm ihre Weintrauben.

Die Kinder können die Situation betrachten, die „Sätze" lesen und von eigenen Erfahrungen berichten. Da Tinos Mutter bisher noch nicht in der Fibel vorkam, können die Kinder darüber spekulieren, wer wohl diese Frau ist.

Die meisten Kinder verschenken oft und gerne selbst gemalte Bilder. Deshalb eignet sich diese Seite als Anregung, selbst ein Bild zu malen und dieses, mit oder ohne Text, an Mama oder Oma verschenken. Der Brief „Oma an Tina" gibt dafür ein Muster vor.

D Differenzierungsmöglichkeiten zum Fibeltext

Lesen und Schreiben

Weitere „Sätze" nach dem vorgegebenen Muster „Mama mit Tino" durch Austausch von Namen bilden und aufschreiben oder malen, z. B.:
- Tino mit Anita
- Anton mit Tina

Freies Schreiben

Schreiben von kleinen Briefen an Menschen, die man mag

Gedichte kennen lernen

Das folgende Gedicht (Abdruck auch in: Jo-Jo Lesebuch 2) kann im Zusammenhang mit den beiden oberen Szenen von Fibelseite 15 gelernt (und besprochen) werden. Wer mag, lernt es auswendig und trägt es vor (freiwillig!).

Sonne, Mond und Sterne
Sonne, Mond und Sterne
schenke ich dir gerne.
Erde, Frieden, Lachen
musst du selber machen.

Peter Maiwald. Aus: Dorothée Kreusch-Jacob: Rosen, Tulpen, Kieselstein. Ellermann Verlag, München 1989

ÜBUNGEN ZU EINHEIT 8: M/m

Druckschriftlehrgang, Seite 9

Arbeitsheft, Seite 17

Aufgabe 1
Begriffe einkreisen oder anmalen, in denen der M/m-Laut zu hören ist

Aufgabe 2
Begriffe klären, dann selbstständige Bearbeitung: Begriffe sprechschwingen und Anzahl der Silbenbögen darunter setzen

Aufgabe 3
D
a) Einkreisen oder Nachspuren des M/m
b) Nachspuren des gesamten Wortes
c) Wörter erlesen und den Abbildungen richtig zuordnen
d) Sprechschwingen, Silbenbögen setzen und (optional) Selbstlaute rot markieren

Arbeitsheft, Seite 18

Aufgabe 1
Wörter erlesen, sprechschwingen, Silben erlesen, passende Silbenpaare miteinander verbinden

Aufgabe 2
Wörter *Oma* und *Mama* komplett analysieren und synthetisieren, mit den Buchstabenkärtchen „schreiben" und einkleben

Aufgabe 3
D
a) alle M/m optisch analysieren/diskriminieren und nachspuren
b) Wörter *Oma* und *Mama* optisch diskriminieren und einkreisen oder nachspuren
c) Wort *Mama* (nachspuren) und Wort *Oma* schreiben

Arbeitsheft, Seite 19

Aufgabe 1
Wörter *am*, *im* und *mit* erlesen, sprechen und mit der passenden Abbildung verbinden.
Hierzu eventuell vorab die Abbildungen und deren Unterschiede gemeinsam besprechen.

Aufgabe 2
Auswahlsätze paarweise erlesen und mit der Abbildung rechts daneben vergleichen. Zur Abbildung passenden Auswahlsatz ankreuzen.
Das erste Beispiel evtl. gemeinsam besprechen.

Aufgabe 3
D Begriffe benennen, sprechschwingen und Abbildungen mit den richtigen Anfangssilben durch Linien verbinden

D Weitere Differenzierungsmöglichkeiten zu den Übungen

Differenzierungsblock
jeweils Seiten 8 und 9 (grün und blau)

Übung zur akustischen Analyse des /m/-Lautes
/m/-Laut in den Namen der Kinder der Klasse suchen; akustisch und evtl. auch optisch diskriminieren

Lesen üben
- M/m-Seite im „Buchstaben-Haus" (KV 138, editieren) oder in einem „Wörter-Sammel-Heft" oder als „Buchstabenposter" gestalten
- KV KV 33 mit Satzvarianten zum Zuordnen zu Bildern
- KV KV 34, oben: Indianerwörter mit m lesen

Wortverwandlungen mit Buchstaben und Sprechsilben
- Wortverwandlung durch Austausch von Einzelbuchstaben (Minimalpaare)

Tafelanschrift (oder Buchstabenkärtchen):

	n	M	t	i	
Timo	A	a	N	I	m

Zunächst wird der neue Name erlesen:
– Wo hören wir den neuen Buchstaben klingen? Am Anfang, am Ende oder irgendwo dazwischen? (Buchstaben markieren)
– Wie können wir aus dem Namen *Timo* den Namen Tino machen?

Die Kinder machen Vorschläge, tauschen das m gegen das n.

Falsche Lösungen durch lautes Lesen überprüfen lassen: Die Kinder wiederholen dadurch, dass es nicht „egal“ ist, welchen Buchstaben man einsetzt, sondern dass mit einem anderen Buchstaben, der anders klingt, auch ein anderes Wort mit einer anderen Bedeutung entsteht.

- Wortverwandlung durch Austausch von Silben:
  Silben zur Auswahl anbieten: Welches Wort kann daraus werden?

  Tafelanschrift:

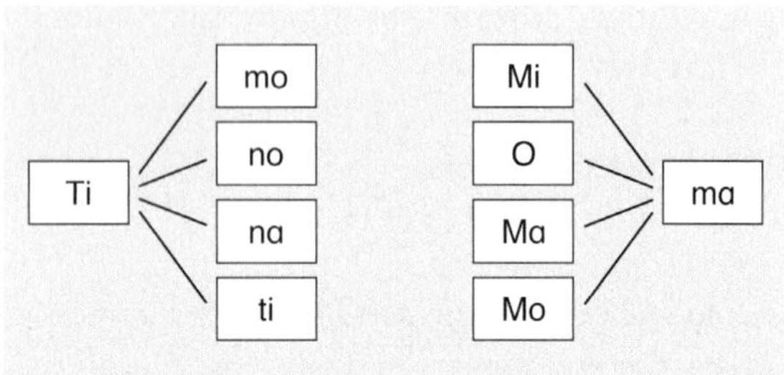

  Die Kinder kennzeichnen zueinander passende Silben farbig und schreiben die Wörter auf (an der Tafel, in einem Heft oder mit den Buchstabenkarten der Ausschneidebögen).

Schreiben üben

- mit den Buchstabenkärtchen (Ausschneidebogen 1 und 2) Wörter legen

- Bilden von Wörtern mit dem Silbenschieber

- KV 34 mit der Einführung zum Schreiben von „Würfelwörtern“ (Wörter dazu sprechschwingen);

- KV 35 mit dem ersten Bogen „Würfelwörter“ zum Ausschneiden für Schreibheft/Setzleiste: Die ausgeschnittenen Kärtchen sollte jedes Kind in einem DIN-A5-Umschlag aufbewahren, damit sie für wiederholende Aufgaben zur Verfügung stehen. Der Umschlag wird dann mit dem entsprechenden Buchstaben (hier: M/m) gekennzeichnet und unter dem Namen des Kindes in einer Kartei aufbewahrt.

Mögliche fächerübergreifende Aktivitäten zu Einheit 8: M/m

Malen/Basteln

Malen von Dingen, die man jemandem schenken oder mit jemandem teilen möchte

Erstes Schreiben auf dem Computer

In einer „Computerstunde“ können die Kinder zu einer (evtl. ersten) Begegnung mit diesem Medium geführt werden.
Kinder, die schon Erfahrungen am Computer gesammelt haben, berichten davon und demonstrieren vielleicht auch schon einmal kleinere Funktionen.
Begriffe wie *Mouse*, *Tastatur*, *Bildschirm* etc. werden geklärt.
Auf der Tastatur werden bereits bekannte Buchstaben gesucht und als (ausschließlich) Großbuchstaben identifiziert.
Sicherlich ist es besonders spannend für die Kinder, einzelne Fibelwörter oder ihren eigenen Namen auf dem Computer zu schreiben.

Kapitelabschluss, Fibelseite 16

siehe Hinweise auf Seite 71

Anknüpfungsmöglichkeiten im Jo-Jo-Verbund mit dem 2. Jahrgang

Jo-Jo Lesebuch 2	
Seite 13:	Sonne, Mond und Sterne Vielleicht

Herbst

Hinweise zum Kapitelthema

Vorbemerkungen

Alle Jahreszeitenkapitel zum Buchstabenteil der Jo-Jo Fibel klammern jahreszeitbedingte Feste aus, damit das Tempo der Buchstabenprogression dem individuellen Tempo der Klasse angepasst werden kann und sich nicht an festgelegten Kalenderdaten orientieren muss.

Dies ist besonders im ersten Schulhalbjahr von Bedeutung, da die Kinder mit sehr unterschiedlichen Voraussetzungen zur Schule kommen und sich zum Herbstbeginn noch in der 1. Phase des Lehrgangs befinden, in der die Einführung in das System unserer Buchstabenschrift noch vertieft und gesichert werden muss.

Die intensive Erarbeitung der ersten beiden Kapitel wird also auf jeden Fall in den Herbst hineinreichen. Auf den Fibelseiten 10 und 12/13 liefern deshalb bereits die Abbildungen Anknüpfungspunkte an das Herbstthema: buntes Laub an den Bäumen; Herbstfrüchte wie Äpfel und Nüsse; Kürbisse auf dem Kürbisfeld.

Der Übergang zum eigentlichen Herbstkapitel kann also, an die jeweilige Klasse angepasst, gleitend vollzogen werden, zumal in diesem Kapitel dann nur zwei neue Buchstaben eingeführt werden.

Die Beiträge in der Textsammlung (Seiten 104/105) können dabei zu einem beliebigen Zeitpunkt mündlich eingesetzt werden.

Wie alle Jahreszeiten wird auch der Herbst von den Kindern intensiv erlebt. Die Natur verändert sich sichtbar, und das hat einen unmittelbaren Einfluss auf das Leben der Kinder: Mit dem Wechsel der Jahreszeiten ändern sich Spielgewohnheiten, die Kleidung, gelegentlich auch Essgewohnheiten, vielleicht sogar die Stimmungen.
Die Fibelseiten im Buchstabenlehrgang greifen drei Aspekte des Herbstthemas auf:

- die Verbreitung von Samenkörnern in der Natur
- mögliche Beschäftigungen, die die Kinder im Herbst durchführen können
- Drachen steigen lassen

Kapiteleinstieg: Fibelseite 17

Im Mittelpunkt der Seite steht ein Bild aus dem Buch von Eric Carle: „Nur ein kleines Samenkorn". In der Geschichte des Buches geht es darum, dass kleine Samenkörner vom Herbstwind fortgeweht werden: Eines fällt ins Meer, eines in die Wüste und eines auf einen fruchtbaren Acker. Was passiert mit ihnen jeweils dort? Die Fotos oben bilden Meer, Wüste und Acker ab.
Die Kinder sprechen über das vermutliche „Schicksal" der Samenkörner.
Wenn sich das Originalbuch nicht besorgen lässt, kann folgender Textauszug aus dem Buch vorgelesen werden:

Nur ein kleines Samenkorn
Es ist Herbst.
Ein stürmischer Wind fegt die Samenkörner
einer großen roten Blume durch die Luft.
Weit bläst der Wind sie über das Land.
Was wird aus ihnen?
Und wohin fliegen sie alle?
Als sie über das große Meer fliegen,
fällt eines ins Wasser und geht unter.
Auch das kleine Samenkorn ist schon
dicht über den Wellen.
Im letzten Augenblick packt es der Wind
Und bläst es wieder hoch in die Luft.
Weiter und weiter fliegen die Samenkörner.
Unter ihnen liegt die Wüste in der Sonnenglut.
Eins fällt auf den heißen, trockenen Sand
und verdorrt. Das kleine Samenkorn ist müde
und wäre auch beinahe in die Wüste gefallen.
Aber der Wind trägt es wieder zu den anderen
und pustet alle vor sich her.

Eric Carle: Nur ein kleines Samenkorn (Textauszug).

Es wird besprochen, dass, wenn das kleine Samenkorn auf fruchtbaren Boden fällt, wieder eine große Blume daraus werden kann.

Mögliche fächerübergreifende Aktivitäten zur Kapiteleinstiegsseite

Musik

Lied:

Der Herbst ist da

2. Der Herbst, der Herbst, der Herbst ist da!
Er bringt uns Obst, hei hussassa!
Macht die Blätter bunter, wirft die Äpfel runter.
Heia hussassa, der Herbst ist da.

3. Der Herbst, der Herbst, der Herbst ist da!
Er bringt uns Wein, hei hussassa!
Nüsse auf den Teller, Birnen in den Keller.
Heia hussassa, der Herbst ist da.

4. Der Herbst, der Herbst, der Herbst ist da!
Er bringt uns Spaß, hei hussassa!
Rüttelt an den Zweigen, lässt die Drachen steigen.
Heia hussassa, der Herbst ist da.

Text und Musik: Hans R. Franzke

Von der Fidula-CD 4414 „Kindertänze". Fidula Verlag, Boppard am Rhein

Malen/Basteln

- Die Kinder können von einem Wochenmarkt oder von zu Hause getrocknete Samen und Kerne (von Kürbissen, Äpfeln, Gurken ...) mitbringen, sie auf einen Bogen Papier kleben und die Pflanze und/oder Frucht, die daraus einmal wachsen könnte, dazu malen.

- Malen der großen roten Blume, die aus dem kleinen Samenkorn einmal wachsen wird

Sonstiges

Samen und Blätter fliegen lassen

Die Kinder können selbst (analog zur abgebildeten Illustration) bunte Blätter aus Buntpapier/Seidenpapier ausreißen und „wegfliegen" lassen. Oder sie pusten echte oder „Konfetti-Samenkörner" mit dem Mund oder einer alten (sauberen!) Filzstifthülse durch die Luft.

Anknüpfungsmöglichkeiten im Jo-Jo-Verbund mit dem 2. Jahrgang

Jo-Jo Lesebuch 2
Seiten 18/19: Nur ein kleines Samenkorn

Kapitelabschluss: Fibelseite 22

Tina spielt mit ihrer Mutter und ihrem großen Bruder Leon ein Domino-Spiel mit Wörtern und Abbildungen. Die ersten drei Steine sind schon richtig nebeneinandergelegt. Das Prinzip des Domino-Spiels wird anhand dieser drei Steine zunächst erklärt bzw. wiederholt (s. KV 31 zu Einheit 7c). Die anderen Steine liegen durcheinander herum.
Es wird auch darauf hingewiesen, dass das letzte Bild mit dem ersten Wort übereinstimmen muss (Selbstkontrolle).

Tinas Mama stellt fest, dass der „Salat" (Wort) an der „Ananas" (Bild) ist/liegt. Die Kinder bestimmen nun die Reihenfolge der Domino-Steine. Dies kann zunächst mündlich geschehen.

Richtige Reihenfolge im Buch (mit Salat beginnend und abschließend): Salat – Ananas – Lama – Ast – Mama – Salami – Oma – Mist – Salat.

KV 39: Um das Spiel selbst handelnd nachzuvollziehen, kann zusätzlich das (um einige Begriffe erweiterte) Domino-Spiel von KV 39 eingesetzt werden. Die Reihenfolge der Domino-Steine der KV ist bis zu dem Wort „Oma" identisch.
Da dieses Domino aber mehr Begriffe enthält, schließen sich hier allerdings zunächst die Begriffe Mast, (Mist), Simon, Limo, Anita, Lolli und Tino an, bevor das Domino mit dem Wortbild „Salat" wieder endet.

Die Sprechblasen von Tina und ihrem Hund werden erlesen und gedeutet.

Weiterführende Texte im Textteil:
Fibelseiten 104/105

- Herbstwind (Gedicht)
- Die Vogelscheuche (Gedicht)
- Ein armer Mann, ein armer Mann (St. Martin: Lied)

Literatur und Internetverweise

Nur ein kleines Samenkorn. Carle, Eric. Aus dem Amerikanischen von Edmund Jacoby. Aus: Bilder Buch Schatz. Gerstenberg Verlag, Hildesheim 2009

Lernen an Stationen in der Grundschule: Herbst (2.–4. Schuljahr). Cornelsen Verlag Scriptor, Berlin

EINHEIT 9: L l

Materialien			
FS:	18/19	**LMB:**	2
AH:	20, 21	**KV:**	36, 37, 38, 142
Diff.-Block:	10		
DLG:	10		

Zusätzlich:
- Buchstabenkärtchen von Ausschneidebogen 2 (Umschlag)
- Silbenschieber
- Lauttabelle (Fibeleinleger und/oder Poster)

Einführen der Buchstaben L/l – Einführen der Lautstellungsübung

1. Tafelanschrift (oder Stecken mit Buchstabenkarten)

   Lama Ali Tal

   Vorlesen und Nachsprechen; der neue Buchstabe/Laut wird bestimmt und farbig markiert.

2. Durchstrukturieren der Tafelwörter *Lama*, *Ali* und *Tal*
   Die Kinder stellen fest:

   - Bei *Lama* klingt das /l/ am Anfang, bei *Ali* klingt es in der Mitte, bei *Tal* am Ende.
   - Im geschriebenen Wort *Lama* sehen wir es am Anfang – es ist das große L.
   - Im geschriebenen Wort *Ali* sehen wir es im Wortinnern – es ist das kleine l.

   usw.

3. KV Die Tafelbildkarte „Löwe“ für das L/l (KV 142) wird dazugehängt.
   Die Kinder haben bereits mündlich erste Erfahrungen mit dem Abhören von Stellungslauten gemacht. Die visualisierte Form dieser Übung sollte, in Vorbereitung auf die Aufgabe 2, Arbeitsheft, Seite 20, gemeinsam eingeführt werden:
   Die Lehrerin lässt die Kinder darüber spekulieren, was die Kästen unter den Tafelwörtern wohl bedeuten könnten.

Es wird erarbeitet, dass sie Platzhalter für die Lautstellung (Anlaut, Inlaut, Auslaut) sind. Die drei Tafelwörter werden erneut nach der /l/-Stellung abgehört, die Kreuze (oder der Buchstabe) in das richtige Feld gesetzt.

Weitere Wörter mit L/l werden angeschrieben, gelesen und nach der Lautstellung des /l/ abgehört:
Tafelbild:

Lama	Ali	Tal
X | |	| X |	| | X
Lola	**malt**	**lila**
| |	| |	| |

Die Kinder erlesen die Wörter, der neue Buchstabe bzw. Laut wird im entsprechenden Feld markiert (angekreuzt oder eingeschrieben).

5. Weitere Wörter mit /l/-Laut werden mündlich gesucht, z. B.:
   Anlaut: Löffel, Lineal, Lasso, Leute, lachen ...
   Inlaut: Wolle, bellen, wollen ...
   Auslaut: Wal, Schal, Lineal, Löffel, hell, toll ...

   Fakultativ kann hier auch die Fibel eingesetzt werden. Dort sind zahlreiche Gegenstände abgebildet, in deren Name ein /l/-Laut enthalten ist (Auflistung, s. u., zu Fibelseite 18/19).

6. Legen der Wörter *Lama*, *Ali*, *Lola*, *malt*, *lila* mit den Buchstabenkärtchen (von Ausschneidebögen 1, 2)
   D nur einen Teil der Wörter legen – Legen mit und ohne Vorlage – Wörter abschreiben

Fibelseite 18/19: Wir malen und basteln

Auf der linken Seite befindet sich Tina mit Ali in einer Werkstatt oder Garage. Tina malt ihr Stofftier „Lama Lola“, Ali malt einen Löwen.
Auf den Tischen der Kinder sieht man u. a. diverse Malutensilien und ein Tablett mit Limonade und Gläsern. Im Hintergrund steht ein Regal, das mit zahlreichen Gegenständen bestückt ist. An der Wand ist eine Leiter befestigt, an der ein Drachen hängt.

Auf der rechten Seite befindet sich Oma im weißen Kittel vor einer Staffelei mit Palette und Pinsel. Auf der Staffelei ist ein Bild von einem Eichhörnchen in einer Herbstlandschaft zu erkennen.

Unten sieht man Anita mit Tino, die sich ein Herbstblatt-Memory basteln. Blätter (immer zwei gleiche), Blanko-Karten, eine Schere und eine Tube Klebstoff liegen auf dem Tisch.
Die Kinder betrachten zunächst die Fibelseite und äußern sich zu dem abgebildeten Geschehen.
Dann werden sie aufgefordert, Namen und Gegenstände zu suchen, die einen /l/-Laut enthalten, z. B.:

Anlaut: Lampe, Lama, Lola, Leiter, Limo(nade), lila (Adjektiv), Lappen, Lineal, Löwe

Inlaut: Ali, Lola, Brille, Lila (Name der Farbe), (innerhalb von Konsonantenhäufungen: gelb, blau, Blätter, Tablett, Flaschen, Gläser, Filzstifte; und ggf. Palette, Staffelei)

Auslaut: Pinsel, Regal, Nägel, Seil, Lineal, Eichel, Kittel, Stuhl

Der Fibeltext wird erlesen und anhand von Leitfragen besprochen:
- Was/womit malen die Kinder?
- Warum spielen sie nicht draußen?
- Was hängt an der Leiter an der Wand?
- Was liegt alles in dem Regal?
- Was basteln Anita und Tino?

usw.

Abschließend werden die Analyse-Synthese-Übung und das Silbenschwingen zu den Wörtern *Lama* und *Ali* am Seitenfuß durchgeführt.

Erstmals taucht hier ein Wort mit Doppelkonsonanten (toll) auf. Falls ein Kind das ansprechen sollte, kann eine kurze Erklärung/Bestätigung gegeben werden. Dieses Phänomen wird in Einheit 10 ausführlicher behandelt.

Erarbeitung der Satzschlusszeichen

Da auf der Fibelseite 18/19 zum ersten Mal die Satzschlusszeichen abgedruckt sind, sollten sie nun gemeinsam erarbeitet werden:

1. Tafelbild (oder Wortkarten):

   Malt Oma Lola ?

   Tina malt Lola .

   Tino Toll !

   Die Sätze werden mehrmals laut gelesen, wobei nach und nach (evtl. vorsprechen) die Aufmerksamkeit auf die Betonung gelenkt werden sollte.

2. Erarbeitung:
   - Wir kennen Buchstaben und Wörter.
   - Aus mehreren Buchstaben können Wörter werden:
     L-a-m-a – Lama

   Aus mehreren Wörtern können Sätze entstehen:
   Tafelbild:

   malt
   Tina Tina malt Lola .
   Lola

   Als Zeichen dafür, dass ein Satz zu Ende ist, setzen wir einen *Punkt* hinter das letzte Wort – (das Satzzeichen deutlich hervorheben!).

3. Die Wörter an der Tafel werden vertauscht:

   malt Tina Lola (Malt Tina Lola ?)

   Dieser Satz klingt anders (mehrmals laut sprechen bzw. sprechen lassen). Es ist eine Frage. Als Zeichen dafür, dass ein Satz eine Frage ist, setzen wir ein *Fragezeichen* hinter das letzte Wort – (das Satzzeichen deutlich hervorheben!).
   Das erste Wort in jedem Satz wird immer mit einem großen Buchstaben geschrieben (m gegen M austauschen und Fragesatz noch mehrmals vorlesen).

   Die Kinder können im Anschluss noch einmal die Fibeltexte laut lesen und dabei besonders auf die Betonung bei den Aussagesätzen und dem Fragesatz achten. Sicher fällt dann einigen Kindern auf, dass sich in Tinos Sprechblase noch ein drittes Zeichen „versteckt“.

4. Tafelbild:

   Tino ruft: „Toll!“ Ausruf mehrmals ausprobieren lassen (Ruf mal: „Toll!“)
   Wenn wir etwas rufen, setzen wir ein *Ausrufezeichen* dahinter – (das Satzzeichen deutlich hervorheben!).

5. Ausgangstext nochmals lesen, dabei deutlich betonen, Satzzeichen zeigen und benennen

6. Frage- und Ausrufezeichen an der Tafel mehrfach farbig nachspuren lassen (dazu können Frage- und Ausrufesätze gesprochen werden).

Anmerkung: Sinn dieser Einführung ist keinesfalls, die Kinder zum korrekten Gebrauch von Satzzeichen oder gar dem Bestimmen von Satzarten anzuleiten. Sie sollen vielmehr die Satzzeichen, denen sie ja im Folgenden und in anderen Textzusammenhängen begegnen, kennen lernen, wissen, dass sie eine Bedeutung haben, und deren Gebrauch sukzessive einüben.

D Mögliche Differenzierungsübungen zu Sätzen und Satzschlusszeichen

Unterscheidung: Satz – Wortreihe:
Tafelanschrift:

im alt Tal

Tino malt Tina .

Erarbeitung:
Nicht alle Wörter, die man hintereinander sagt oder aufschreibt, sind ein Satz. Erst wenn die Wörter zusammen einen Sinn ergeben, ist es ein Satz.
Die Kinder lesen und untersuchen die Beispiele. Weitere Beispiele werden mündlich (oder schriftlich) gegeben. Die Kinder entscheiden darüber, ob es sich um einen Satz handelt oder nicht.

Satzvarianten erlesen und bestimmen lassen:

Malt Anita mit Tina ?
Anita malt mit Tino .

Malt Tina Anton ?
Tina malt Lama Lola .
Tina malt toll .

Oma
Oma malt .
Oma malt mit .
Oma malt mit Tina .

Malt Tina mit Lila ?
Tino malt mit Lila .
Toll, Tino !

Die Kinder selbst einige Satzvarianten suchen/ ergänzen lassen:

(Oma) malt (Tina). (Oma) malt mit (Mama).

___ malt ___ ___ malt mit ___.

___ malt ___. ___ malt mit ___.

D Differenzierungsmöglichkeiten zum Fibeltext

Lesen und Schreiben

KV KV 37 mit Silbenübung und Erzählbild zum freien Schreiben

Malen/Basteln

KV KV 38 mit Bastelanleitung zur Herstellung eines Blätter-Memo-Spiels:
Die Kinder betrachten die Seite und äußern sich zu den dargestellten Szenen.
Auf einem Herbstausflug werden (paarweise!) Blätter gesammelt, danach getrocknet und zu einem Memo-Spiel verarbeitet. Alternativ könnten die Blätter auch nach entsprechenden Vorlagen gemalt werden.

ÜBUNGEN ZU EINHEIT 9: L/l

Druckschriftlehrgang, Seite 10

Einführung: Silbenkönige

Sofern kein Vorkurs zur Lauttabelle durchgeführt wurde, wird in dieser Einheit (s. Aufgabe 1, Arbeitsheft, Seite 21) die Aufmerksamkeit der Kinder zum ersten Mal dezidiert auf die Vokale als „Silbenkönige“ gerichtet.
Zur Erarbeitung bietet es sich an, an der Tafel Wörter/Namen mit Silben, die nur aus Einzelvokalen bestehen, und Silben, die aus Konsonant-Vokal-Kombinationen bestehen, miteinander vergleichen zu lassen.

Tafelanschrift *(alle Vokale in Rot)*:

Ali Tina Anita

Ina Anton Oma

Die Namen werden silbierend erlesen (Sprechschwingen), die Silbenbögen darunter gesetzt.

Es wird erarbeitet:

- Manche Silben haben nur einen Buchstaben.
  Manche Silben haben mehrere Buchstaben.
- Jede Silbe hat einen roten Buchstaben.
- Die weißen (Kreide) Buchstaben stehen in einer Silbe nie allein.
- Die roten Buchstaben können auch alleine stehen: **A**-li, **A**-ni-ta, **I**-na, **O**-ma.

Wenn es in der Klasse Kinder gibt, deren Namen auch ein silbisches A/a, I/i oder O/o enthalten, können diese Einzellautsilben durch Sprechschwingen zusätzlich analysiert werden.

Auf der Lauttabelle (Fibelseiten 2/3, Fibeleinleger und Poster) werden die Vokale A/a, I/i und O/o gesucht.

Es wird erarbeitet:

- Die roten Buchstaben von der Tafel finden wir in der Lauttabelle alle auf dem roten Tuch.

- Alle Buchstaben auf dem roten Tuch sind etwas ganz Besonderes: Sie können ganz allein eine Silbe bilden. Weil sie so besonders sind, nennen wir sie „Silbenkönige“. Deshalb sind auf dem roten Tuch auch zwei Kronen zu sehen.

- Jede Silbe hat einen Silbenkönig.

- Alle anderen Buchstaben nennen wir Mitlaute. Die Mitlaute können nur zusammen mit einem Silbenkönig eine Silbe bilden. Sie stehen auf dem grünen und auf dem gelben Tuch der Lauttabelle (evtl. auch schon das blaue Tuch auf der Rückseite nennen).
  (Hinweis: Auf eine Definition des Begriffes „Mitlaut“ wird hier bewusst verzichtet, da die allgemein gängige Erklärung, die Mitlaute könnten nicht alleine klingen, sich bei den Dauerkonsonanten, wie z. B. /f/, /m/, /n/ und /w/ nicht aufrecht erhalten lässt, wenn man, wie im Leselernprozess üblich, nicht vom Buchstabennamen, sondern vom Buchstabenklang ausgeht.)

Im Anschluss können (mündlich, mit den bereits bekannten Vokalen) ggf. weitere Wörter mit Einzellautsilben durch Sprechschwingen analysiert werden, z. B.:
A-mei-se, **I**-gel, **O**-pa, **O**-fen

Zum Abschluss dieser Einführung wird der erste “Satz” von Aufgabe 1, Arbeitsheft, Seite 21, an der Tafel gemeinsam auf seine Silbenkönige hin untersucht.

Tafelanschrift:

Mama mit Lama Lola

Dann wird folgendermaßen vorgegangen:

1. Erlesen der Wörter / des Satzes
2. Sprechschwingen der Wörter
3. Setzen der Silbenbögen
4. Markieren der Vokale innerhalb der Silben (rot)

Kontrolle: Haben wir auch wirklich in jeder Silbe einen Silbenkönig gefunden / rot nachgespurt?

Arbeitsheft, Seite 20

Aufgabe 1
Begriffe einkreisen oder anmalen, in denen der L/l-Laut zu hören ist

Aufgabe 2
Analog zur Einführung oben beim ersten Auftreten dieser Übung eine gemeinsame Bearbeitung durchführen: Begriffe klären; Wörter dehnsprechen, entscheiden, ob der L/l-Laut am Wortanfang, im Wortinnern oder am Wortende zu hören ist; entsprechendes Feld ankreuzen

D den Buchstaben ins Feld schreiben

Aufgabe 3

D
a) Einkreisen oder Nachspuren des L/l
b) Nachspuren des gesamten Wortes
c) Wörter erlesen und den Abbildungen richtig zuordnen
d) Sprechschwingen, Silbenbögen setzen und (optional) Selbstlaute rot markieren

Arbeitsheft, Seite 21

Aufgabe 1
Durchführung analog zur Einführung der Silbenkönige oben; ggf. noch einmal Hilfestellung geben.

Aufgabe 2
Auswahlsätze paarweise erlesen; jeweils zum Bild passenden Satz ankreuzen

Aufgabe 3
a) alle L/l optisch diskriminieren und nachspuren
b) Wörter *Lama* und *Ali* optisch diskriminieren und einkreisen oder nachspuren

D Wörter *malt* und *lila* optisch diskriminieren und einkreisen

D Weitere Differenzierungsmöglichkeiten zu den Übungen

Differenzierungsblock
jeweils Seite 10 (grün und blau)

Lesen und Schreiben
- L/l-Seite im „Buchstaben-Haus" (KV 138, editieren) oder in einem „Wörter-Sammel-Heft" oder als „Buchstaben-Poster" gestalten
- KV KV 36, unten: Übung zum sinnerfassenden Lesen mit Auswahlsätzen zum Zuordnen zu Bildern (analog zu Aufgabe 2, Arbeitsheft, Seite 21)
- mit dem Silbenschieber Wörter bilden, lesen und evtl. aufschreiben
- mit den Buchstabenkärtchen (nach Diktat) Wörter/Sätze legen, z. B.:
  - Oma, Mama, Limo, Lama ...
  - Ali mit Limo – Oma mit Mama – Mama mit Lama ...

Übungen zu den Silbenkönigen
- Lautwerte der Silbenkönige E/e und U/u auf Fibelseite 3 zusätzlich vorab erarbeiten
- Silben aus Einzellauten (Silbenkönige) auf dem Silbenschieber suchen und damit Wörter bauen

Übungen zur Wortverwandlung (Buchstabenkärtchen oder schreiben)

Oma – Mama	Omi – Mami
Mama – Mami	Oma – Omi
Tino – Tina	Toni – Tino
Tina – Lina	Limo – Lama
Tina – lila ...	

Übung zur optischen Analyse von I/i – L/l
Tafelanschrift:

I L l I i l i I

I i L l L L i

Zusammengehörige Buchstaben werden mit der gleichen Farbe markiert (oder bei entsprechender Anordnung mit Linien verbunden).

KV KV 36, oben: Übung zur optischen Analyse von L/l

Anknüpfungsmöglichkeiten im Jo-Jo-Verbund mit dem 2. Jahrgang

Jo-Jo Lesebuch 2	
Seite 28/29:	Das kleine Eichhörnchen
Seite 22:	Herbstblätter
Jo-Jo Sprachbuch 2	
Seite 10:	Fundstücke im Herbst
Seite 11:	Einladung zum Herbstfest

EINHEIT 10: S s

Materialien			
FS:	20/21	**LMB:**	3, 4
AH:	22, 23, 24	**KV:**	39, 40, 41, 142
Diff.-Block:	11		
DLG:	11		

Zusätzlich:
- Buchstabenkärtchen (Ausschneidebogen 1 und 2, Umschlag)
- Silbenschieber
- DIN-A5-Umschläge für Lesedomino S/s von KV 39

Erarbeitung der Buchstaben S/s Unterscheidung: stimmhaftes/stimmloses S/s

Hinweis: In Gebieten, in welchen aufgrund dialektaler Färbung praktisch nur der stimmlose /s/-Laut gesprochen wird (z. B. in BaWü), kann ggf. auch auf die Unterscheidung von stimmhaftem und stimmlosem /s/ unter Punkt 2 der Erarbeitung verzichtet werden, um den Kindern Misserfolgserlebnisse zu ersparen.
Für diesen Fall sollten dann jedoch die hier unter Punkt 2 ergänzten Begriffe (Mist, Ananas, los) sowie die Tafelbildkarte „Ananas" (KV 142) bei der Einführung des /s/-Lautes (Punkt 1) gleich mit aufgenommen werden.

1. Die Tafelbildkarte „Sonne" (KV 142) für das stimmhafte S/s wird angeheftet. Die Kinder stellen fest: Sonne beginnt mit /s/. Weitere Wörter mit S im Anlaut werden gesucht.
   Tafelanschrift:

   Simon Salat Salami

   Erarbeitung des Buchstaben/Lautes S/s wie gewohnt; Erlesen der neuen Wörter (ggf. Abbildungen von *Simon* auf den vorherigen Fibelseiten suchen lassen)

2. Erarbeitung der Lautunterschiede von stimmhaftem und stimmlosem S/s:
   Tafelanschrift:

Salat	Mist
Salami	Ananas
Simon	los

   Die Wörter laut vorlesen (ggf. erklären) lassen; den Klang des S/s jeweils überprüfen, dabei beide Klangmöglichkeiten ausprobieren:
   - Das S/s kann weich/gesummt klingen wie in *Salat* oder *Salami*.
   - Das S/s kann scharf/gezischt klingen wie in *Mist* oder *Ananas*.

   Dies an weiteren Wörtern, die die Lehrerin nennt, ausprobieren. Evtl. können Zeichen verabredet werden, z. B.:
   - „Wellenlinien" zeigen für stimmhaftes S/s
   - „Zickzacklinien" zeigen für stimmloses S/s.

   Zum Schluss wird die Tafelbildkarte „Ananas" von den Kindern über der Wortgruppe *„Mist – Ananas – los"* befestigt.
   Die Kinder entdecken, dass es sich hierbei nicht um ein Anlautbild handelt, weil der /s/-Laut beim Wort „Ananas" am Wortende klingt. Es wird erläutert, dass deshalb das geschriebene Wort neben dem Bild steht und das s am Wortende fett gedruckt ist.
   Hinweis: Es kann den Kindern auch gesagt werden, dass der gezischte /s/-Laut so gut wie nie am Wortanfang steht (Ausnahmen: Slip, Slalom, Sven ...) und es deshalb hierzu kein Anlautbild gibt.

   Zur Festigung können die Kinder die beiden Lautbilder zu den /s/-Lauten noch einmal auf der Lauttabelle suchen.

Fibelseite 20/21: Unsere Drachen steigen

Passend zur Jahreszeit befinden sich Simon, Tino, Ali und Tina auf einem herbstlichen Feld/Acker und lassen Drachen steigen.
Simon steht gerade neben einem stinkenden Misthaufen und will, dass Tino zu ihm kommt. Der ekelt sich und hält sich die Nase zu. Ein Hase flüchtet vom Misthaufen Richtung Betrachter. Ali steht im Hintergrund an einem Laternenmast und lässt seinen Drachen dort fliegen. Tinas Drachen hat sich in einem Ast verfangen. Tina trägt einen Rucksack, aus dem ihr Stofflama herausschaut.

Die Kinder sprechen über die dargestellte Situation und erzählen von eigenen Erlebnissen.

Achtung: Bei dieser Gelegenheit sollte darauf hingewiesen werden, dass man Drachen nicht in der Nähe von Stromleitungen fliegen lassen und sie von dort – falls sie sich verfangen – nicht wieder herunterholen darf!

Entdecken von Namen und Gegenständen, die einen S/s-Laut enthalten:

Anlaut: Simon, Sack, Sand, Sonnenblumen, (Sonnenweg)
Inlaut: Hase, Nase , Hose, Wiese
(+ *innerhalb von Konsonantenhäufungen:* Rucksack, Nest, Mist, Mast, Ast, Mistgabel)
Auslaut: Maus, los

Erarbeitung der Fibelseiten

1. Der Fibeltext wird erlesen. Die Kinder erarbeiten gemeinsam die *Doppeldeutigkeit* des Wortes „Mist“ und versuchen die Schlussfrage zu beantworten: Am Ast ist nicht das Lama Lola, sondern Tinas Drachen, der sich dort verfangen hat. Das Stofflama steckt aber hinten in Tinas Rucksack.

2. Durchführung der Analyse-Synthese- bzw. der Silbenübung (Sprechschwingen) zum Wort *Simon* am Seitenfuß

3. Erarbeitung der Reimwörter am Seitenfuß:
   ist – Mist
   Mast – Ast
   Bei dieser Übung muss noch einmal besonders auf die Groß- bzw. Kleinschreibung eingegangen werden.

4. Erarbeitung der Doppelkonsonanten in den Wörtern:
   toll – soll
   Die Wörter am Seitenfuß werden gelesen und verglichen: Beide haben einen Doppelbuchstaben. Die Doppelbuchstaben klingen genauso wie ein einzelner.

   Diese beiden Wörter und weitere Beispiele werden an die Tafel geschrieben:

soll	Lamm	Mann	Otto
toll			

   Die Wörter werden erlesen, die Doppelkonsonanten *(„Doppelbuchstaben“)* farbig markiert.
   Zusätzlich können (optional) die Vokallängen vor den Doppelkonsonanten abgehört und mit einem Punkt (für kurzen Vokal) gekennzeichnet werden.
   Es kann bereits (optional) darauf hingewiesen werden, dass die Silbenkönige vor einem Doppelbuchstaben immer kurz klingen.

ÜBUNGEN ZU EINHEIT 10: S/s

Druckschriftlehrgang, Seite 11

Arbeitsheft, Seite 22

Aufgabe 1
Begriffe einkreisen oder anmalen, in denen der (stimmhafte) S/s-Laut zu hören ist

Aufgabe 2
ankreuzen, ob der S/s-Laut am Wortanfang, im Wortinnern oder am Wortende zu hören ist
D den Buchstaben ins Feld schreiben

Aufgabe 3
D a) Einkreisen oder Nachspuren des S/s
b) Nachspuren des gesamten Wortes
c) Wörter erlesen und den Abbildungen richtig zuordnen
d) Sprechschwingen, Silbenbögen setzen und Selbstlaute rot markieren

Arbeitsheft, Seite 23

Aufgabe 1
Begriffe einkreisen oder anmalen, in denen der (stimmlose) S/s-Laut zu hören ist

Aufgabe 2
Begriffe erlesen; das kleine s innerhalb der Wörter grün (passend zur Tuchfarbe auf der Lauttabelle) markieren

Aufgabe 3
a) alle s optisch diskriminieren und nachspuren
b) Wörter *Mast*, *Mist*, *ist* und *los* optisch diskriminieren und einkreisen oder nachspuren;
D beide Wörter in die Schreiblinien schreiben

Arbeitsheft, Seite 24

Aufgabe 1
Abbildungen mit den passenden Silben verbinden (Begriffe sprechschwingen)
D ganzes Wort in die Schreibzeile schreiben

Aufgabe 2

Auswahlsätze erlesen; jeweils zum Bild passenden Satz ankreuzen

Aufgabe 3

D Wörter erlesen, abhören, Reimwörter durch Linien miteinander verbinden (Übung ggf. gemeinsam einführen)

D Weitere Differenzierungsmöglichkeiten zu den Übungen

Differenzierungsblock

jeweils Seite 11 (grün und blau)

Lesen üben

KV KV 39 mit einem Lesedomino zum Buchstaben S/s *(Kärtchen danach in einem Umschlag aufheben und mit Namen des Kindes sowie mit den Buchstaben S/s beschriften)*

KV KV 40 mit Lese-Mal-Aufgaben zum Buchstaben S/s

Lesen und Schreiben

KV KV 41 mit Würfelwörtern für Schreibheft/Setzleiste zum Buchstaben S/s

(Kärtchen danach in einem Umschlag aufheben und mit Namen des Kindes sowie mit S/s beschriften)

Mögliche fächerübergreifende Aktivitäten zu Einheit 10: S/s

Malen/Basteln

Mein Drachen am Himmel

Gestalten eines Drachens am Himmel: Der Drachen wird auf einen hellblauen Tonpapierbogen gemalt oder als Collage aufgeklebt. Für die Collage können u. a. farbige Papierstücke und/oder Krepppapier sowie dünne Kordeln eingesetzt werden. Wer mag, kann auch zuvor noch einige Wolken an den Himmel malen.

Kapitelabschluss, Fibelseite 22

siehe Hinweise auf Seite 90

Anknüpfungsmöglichkeiten im Jo-Jo-Verbund mit dem 2. Jahrgang

Jo-Jo Lesebuch 2	
Seite 21:	Drachenpost – Briefe an den Wind
Seite 20:	Der Wind vor dem Richter
Seite 22:	Windgedicht
Jo-Jo Sprachbuch 2	
Seite 10:	Fundstücke im Herbst
Seite 11:	Einladung zum Herbstfest

Natur entdecken: Tiere

Hinweise zum Kapitelthema

Erfahrungsgemäß gehört das Thema „Tiere“ zu den beliebtesten Themen der Grundschüler, das auch mit großen Emotionen verbunden ist. Viele besitzen selbst ein Haustier und berichten gerne davon. Andere wünschen sich (vergeblich) ein Tier. Wieder andere sind wahre Spezialisten für „ausgefallene“ Tierarten wie Schildkröten oder Schlangen, Eidechsen etc.

Insofern bietet das Thema allen Kindern Gelegenheit, sich mündlich und/oder schriftlich sowie gestalterisch am Unterricht zu beteiligen. Die Tiere der Fibelkinder (Polli: Katze von Tino – Pipo: Hund von Tina) bieten dabei konkrete Anknüpfungspunkte – auch für Kinder, die selbst kein Haustier haben.

Die Tierhaltung ist aber nicht nur mit Vergnügen und Spaß verbunden, sondern sie erfordert auch Verantwortungsbewusstsein und Einfühlungsvermögen im Umgang mit den Tieren. Tiere müssen artgerecht gehalten, gepflegt und geschützt werden. Kinder müssen also auch lernen, ihren Pflichten bei der Tierhaltung nachzukommen und die Bedürfnisse der Tiere einzuschätzen.

Die Fibelseiten dieses Kapitels beschäftigen sich deshalb schwerpunktmäßig mit der ersten Heranführung an diese Aspekte der Tierhaltung. Aber auch die spaßigen und spannenden Aspekte werden hierbei thematisiert.

Kapiteleinstieg: Fibelseite 23

Auf dieser Seite sind Tino und Tina zusammen mit einem überdimensionierten Buch abgebildet.
Die karikierenden Bildbeispiele aus dem Buch „Mein Hund Oskar“ von Caroline Heens lenken die Aufmerksamkeit der Kinder auf die Fragen:

- Wollen/können die Tiere mit ihrem Verhalten den Menschen (und ihren Artgenossen) etwas sagen?
- Kann man aus ihrem Verhalten etwas ablesen?

Auf der linken Buchseite ist der Hund Oskar einmal erwartungsvoll mit dem Schwanz wedelnd und einmal auf dem Rücken liegend zu sehen. Auf der rechten Seite oben knurrt er und sträubt sein Fell; unten zieht er reumütig/ängstlich seinen Kopf und Schwanz ein.

Die Kinder sollten zunächst die Gelegenheit bekommen, sich die vier Abbildungen genau anzuschauen, sich darüber auszutauschen (Partnerarbeit) und gemeinsam darüber zu spekulieren, was uns diese Bilder/Haltungen sagen könnten.

Im Klassengespräch (z. B. im Sitzkreis) können die Kinder im Anschluss von eigenen Erfahrungen und Erlebnissen mit Hunden, Katzen (oder auch anderen Tieren) berichten:
Da vermutlich alle Kinder sehr viel dazu erzählen wollen), ist es ratsam, ein solches Gespräch durch einige Leitfragen zu lenken, z. B.:

- Wie begrüßen uns die Tiere? / Wie nehmen sie Kontakt mit uns auf?
- Woran merken wir, wann ein Hund /eine Katze gerne gestreichelt werden will, und was macht er/sie, wenn er/sie das nicht möchte?
- Wie teilt uns ein Hund / eine Katze mit, dass er/sie wütend ist?
- Woran erkennen wir, wenn ein Hund / eine Katze Angst hat oder sogar ein schlechtes Gewissen?

Die Abbildungen werden den entsprechenden „Gefühlslagen“ der Tiere mündlich zugeordnet.

Abschließend wird auf das richtige und sichere Verhalten im Umgang mit Tieren eingegangen:

Es wird herausgearbeitet, dass man sich (bekannten!) Tieren immer nur sehr vorsichtig und langsam nähern sollte, fremden Tieren niemals allein, es sei denn, die Besitzer dieser Tiere sind ebenfalls anwesend.
So kann das Tier selbst immer entscheiden, ob und wann es z. B. eine Hand „erschnuppern“, also Kontakt aufnehmen möchte.

Anknüpfungsmöglichkeiten im Jo-Jo-Verbund mit dem 2. Jahrgang

Jo-Jo Lesebuch 2	
Seite 30/31:	Der faule Kater Josef
Seite 32:	„Hallo, das bin ich!“
Seite 33:	„Bitte streicheln!“
Seite 34:	Hundesprache

Kapitelabschluss: Fibelseite 30

Hier werden zu den Fibelseiten 24/25, 26/27 und 28/29 rückblickend Fragen zum Textverständnis gestellt, die die Kinder erlesen und beantworten sollen.

Tina, Tino und Anton sind als „Detektive“ zu sehen, kommen jeweils mit einer Lupe ins Bild. Die Buchstaben auf den Buchstabenzetteln verweisen dabei jeweils auf die entsprechende Fibelseite, auf der die Antworten zu einem „Fragenpaar“ zu finden sind.

Die Fragen werden in Einzel-, Partner- und/oder Gruppenarbeit erlesen. Dann suchen die Kinder die entsprechenden Fibelseiten und dort die jeweiligen Antworten in Text und Bild. Die Beantwortung erfolgt für alle gemeinsam (nach und nach) mündlich.

D Differenzierungsmöglichkeiten zur Kapitelabschlussseite

Fragen formulieren (mündlich)

- Im unteren Teil sind alle mit den erlernten Buchstaben möglichen Fragewörter aufgelistet. Die Fragewörter werden zunächst erlesen. Dann können die Kinder versuchen, mit diesen Fragewörtern (mündlich) weitere Fragen zu den bisher bearbeiteten Fibelseiten zu stellen (Gruppen- oder Partnerarbeit), und sie von den anderen beantworten lassen.

- Mündlich können weitere Fragewörter, z. B. in Anlehnung an den bekannten Song „Wer-wie-was? Wieso-weshalb-warum?“, gesucht und dann Fragen damit gestellt werden.

Freies Schreiben

- KV Die KV 55 (editerbar) enthält eine Vorlage, auf der alle Fragen der Fibelseite 30 noch einmal mit Zeilen zum freien Schreiben der Antworten abgedruckt sind.

- schriftlich neue Fragen zu den bisherigen Fibelseiten formulieren

Weiterführende Texte im Textteil: Fibelseiten 106/107

- Tierwitze
- Tier-Rondo
- Aus einem Tierlexikon: Delfine – Haie

Literatur und Internetverweise

Mein Hund Oskar – Ausgabe 2010. Caroline Heens. © (Deutsche Ausgabe) Carl Hanser, München/Wien 2002

Eric Carles Tier-ABC: Mit Reimen zum Raten. Eric Carle und Edmund Jacoby. Gerstenberg Verlag, Hildesheim 2008

Das Tier-ABC. Paul Maar und Tina Schulte. Verlag Friedrich Oetinger, Hamburg 2010

Meerestiere. Fiona Patchett. Reihe: Der Bücherbär. Edition Bücherbär im Arena Verlag, Würzburg 2003

http://www.**blinde-kuh.de/witze/tierwitze**.html

http://www.**kindernetz.de/oli/tierlexikon/**

http://www.**kinder-tierlexikon**.de/

EINHEIT 11: E e

Es gibt sieben unterschiedliche Lautungen des E/e. Diese können den Kindern natürlich nicht alle vermittelt werden.
Für die Unterscheidung zwischen dem lang klingenden und dem kurz klingenden E/e wird deshalb die Aufmerksamkeit bei den Übungen zur Lautunterscheidung insbesondere auf das lang klingende, geschlossene E/e (wie bei Esel im Anlaut) und das kurz klingende, offene E/e (wie bei Ente im Anlaut) gerichtet.
Auf die Besonderheit des im Sprechfluss kaum hörbaren, so genannten Schwa-e innerhalb von unbetonten Silben (z. B. bei Endsilben von Nomen und von Verben im Infinfitiv) wird in speziellen Silbenübungen explizit eingegangen (s. Arbeitsheft, Seiten 27, 30, 34 und 35).

Die gleichzeitige Einführung von Lautvarianten ist sinnvoll und wichtig, damit die Kinder von Anfang an erkennen, dass es diese Alternativen gibt. Dies ist für das selbstständige Erlesen neuer Wörter unabdingbar und verweist die Kinder erneut darauf, dass es keine eindeutige Laut-Buchstaben-Zuordnung gibt, sondern die Lautwerte eines Buchstabens nur eine Orientierung im Sprechfluss geben.

Wie bereits beim A/a und beim I/i werden im Arbeitsheft die Symbole • (kurz) und – (lang) verwendet.

Materialien			
FS:	24/25	**LMB:**	5–7
AH:	25–28	**KV:**	42–46,
Diff.-Block:	12, 13		140, 142, 143
DLG:	12		

Zusätzlich:
- Buchstabenkärtchen vom Ausschneidebogen 2 (Umschlag)
- Silbenschieber

Fibelseite 24/25: Im Tierpark

Tino, sein Papa, seine Tante Lena und Tina sind im herbstlichen Tierpark zu sehen. Tino steht am Gitter vor dem Esel-Gehege. Die Esel fressen gerade Salat. Einer schüttelt sich dabei so stark, dass Salatblätter durch die Luft fliegen. Eines landet dabei auf Tinos Nase. Tante Lena zupft ihm das Salatblatt wieder aus dem Gesicht, merkt dabei nicht, dass sie selbst eines auf ihrem Kopf hat. Tinos Papa lacht darüber.

Rechts ist Tina an einem See mit Enten zu sehen. Einige Enten fressen Salat, der auf dem Boden liegt (Sie füttert sie aber nicht! Füttern verboten!). Einige weitere Enten schwimmen in dem kleinen See. Tina hält sich an einem Schild mit Piktogrammen fest, die die Park-Ordnung symbolisieren. Darunter auch ein Piktogramm, das anzeigt, dass Hunde an der (kurzen) Leine zu führen sind.

Im Vordergrund kommt eine Frau mit einem angeleinten Hund ins Bild. Der Hund springt in eine Pfütze am Schildermast und spritzt dabei auch Tinas Mantel nass, die das jedoch nicht bemerkt.

Die Kinder betrachten die Szenerie, tauschen sich über die dargestellten Situationen aus und berichten über eigene Erlebnisse im Tierpark.

Erarbeiten der Buchstaben E/e

1. Die Kinder betrachten die Fibelseite 24/25. Sie ermitteln den neuen Buchstaben/Laut von dem Buchstabenzettel oben mit Hilfe der Lauttabelle.

2. Tafelanschrift:

   Esel Nase

   Die Wörter werden – wie bereits bekannt – strukturiert, die neuen Buchstaben E/e optisch diskriminiert / farbig markiert. Dann werden sie noch einmal silbierend erlesen (Sprechschwingen, Silbenbögen setzen).

3. Die Wörter werden auf das lange bzw. kurze E/e abgehört (alternativ sprechen lassen), die entsprechenden Symbole daruntergeschrieben:

   Esel Nase
   – • •

   Weitere Beispiele können gesucht werden, z. B., *schriftlich*:

   Tante alle lesen Ente Lena
   • • – • • • –

   Mündlich (s. auch Abbildungen im AH, S. 25, 26):

   Anlaut: Elefant, Efeu, elf ...

   Inlaut: Elefant, Weg, Keks, Zebra, Kamel, Paket ...

   Auslaut: Klee, See, Schnee, Tanne, Sonne ...

4. Erarbeitung des Doppelvokals ee:
Tafelanschrift:

Tee See

Die Kinder erlesen die beiden Wörter, hören sie nach der Vokallänge ab (ggf. Wörter gedehnt vorsprechen) und markieren die Vokallänge mit einem Strich.

Dabei stellen sie fest, dass das e in beiden Wörtern die Silbenkönige jeweils als „Doppelbuchstabe" zu sehen ist. Es wird erarbeitet, dass diese Doppelbuchstaben ee (ebenso aa und oo) immer lang klingen.

Erarbeitung der Fibelseite

1. Der Text der Fibelseite wird Satz für Satz erlesen und in Bezug zu den Bildern gebracht. Da auf dieser Seite relativ viele neue Wörter zu lesen sind, können auch vorab die Analyse-Synthese-Übungen mit den Wörtern auf den Schildern am Seitenfuß durchgeführt werden (+ Silbenschwingen).

   Ein durch Fragen geleitetes Unterrichtsgespräch zum Fibeltext kann sich anschließen:
   - Warum ist Tante Lena nett? (Sie nimmt das Salatblatt von Tinos Nase.)
   - Essen wirklich alle Enten Salat? (Nein, einige schwimmen im See.)
   - Warum ruft die Frau mit dem roten Mantel: „Ooo!"? (Weil ihr Hund mit dem Pfützenwasser Tinas Mantel nass spritzt.)
   - Wer ist noch auf dem Bild zu sehen? (Eine alte Dame, die einen Mann im Rollstuhl fährt. – Eine Frau mit einem kleinen Kind. ...)

2. Anhand der drei Sätze auf Fibelseite 25 werden noch einmal die unterschiedlichen Satzschlusszeichen wiederholt. Wenn die Kinder fragen sollten, wer denn den dritten Satz ruft (Ausrufezeichen), wird erläutert, dass das Ausrufezeichen auch gesetzt werden kann, wenn man damit ein starkes Gefühl verbindet: „Ooo! Tinas Mantel ist nass!" Zur Veranschaulichung kann der Ausruf der Hundebesitzerin (Sprechblase) herangezogen werden.

3. Zum Schluss wird das Augenmerk auf die Piktogramme zur Tierpark-Ordnung gelenkt:
   - Was bedeuten diese Bilder?
   - Warum sind manche Bilder mit roten Kreuzen durchgestrichen?
   - Was ist im Tierpark erlaubt?
   - Was ist im Tierpark verboten?

   Vielleicht kennen einige Kinder auch andere Piktogramme, von denen sie berichten können.

D Differenzierungsmöglichkeiten zum Fibeltext

Lesen

- Wörter mit unbekannten Buchstaben auf den Schildern lesen
- einfache Satzvarianten als Fragen (Antworten lesen oder aufschreiben lassen), z. B.:

  Essen alle Esel Salat?
  Alle Esel essen Salat.

  Ist Tinas Mantel nass?
  Tinas Mantel ist nass.
- KV 43 mit Wörtern aus dem Fibeltext, deren Einzelbuchstaben auf Wegen verteilt zu verschiedenen Tiergehegen führen. Die Wörter verweisen auf passende Tierbildchen, die ausgeschnitten und in das jeweils richtige Gehege geklebt werden sollen.

Lesen und Schreiben

- KV 42 mit durcheinander gewürfelten Sätzen, deren Wörter schriftlich in die richtige Reihenfolge gebracht werden sollen

Freies Schreiben

- KV 45 mit Piktogrammen (teilweise analog zum Fibelbild) und Zeilen zum freien Schreiben zur Bedeutung der Piktogramme
- KV 46 mit einem Erzählbild (weitere Szene im Tierpark) zum freien Schreiben

Sonstiges

Empfindungslaute (Fibelseiten 12, 25: Ooo!; Fibelseiten 10, 20: Iiii!) sammeln und besprechen: Empfindungslaute sind keine „richtigen" Wörter, sondern Ausrufe.
Wer mag, kann sich Situationen passend zu Empfindungslauten ausdenken und dazu malen.

ÜBUNGEN ZU EINHEIT 11: E/e

Druckschriftlehrgang, Seite 12

Da insbesondere das kleine e für manche Kinder schwer zu schreiben ist, sollte die E/e-Seite im Druckschriftlehrgang auf jeden Fall vor den Arbeitsheftseiten bearbeitet werden.

Arbeitsheft, Seite 25

Aufgabe 1
Begriffe einkreisen oder anmalen, in denen der E/e-Laut zu hören ist

Aufgabe 2
ankreuzen, ob der E/e-Laut am Wortanfang, im Wortinnern oder am Wortende zu hören ist

D den Buchstaben ins Feld schreiben

Aufgabe 3
D
a) Einkreisen oder Nachspuren des E/e
b) Nachspuren des gesamten Wortes
c) Wörter erlesen und den Abbildungen richtig zuordnen
d) Sprechschwingen, Silbenbögen setzen und Selbstlaute rot markieren

Mögliche Vorübungen zu den Arbeitsheftseiten 26 und 27

Da die Kinder auf den folgenden Seiten für das kaum hörbare (Schwa-) e innerhalb von unbetonten Silben sensibilisiert werden sollen, empfiehlt es sich, die dazugehörigen Übungsformen an der Tafel einzuführen und zu besprechen:

1. Tafelanschrift:

   En te　　Son ne　　Man tel　　In sel

   Die Kinder erlesen die Wörter und sprechschwingen dabei die Silben. Dann werden die Vokale (Silbenkönige, Selbstlaute) rot markiert.

   Es wird erarbeitet:
   - Jede Silbe enthält einen Silbenkönig (ein E/e, O/o, A/a oder I/i).
   - In manchen Silben kann man diese Laute kaum hören (-te, -ne, -tel, - sel). Sie sind aber trotzdem da, weil jede Silbe immer einen Silbenkönig enthalten muss.

   Die Silben der Tafelwörter werden erneut gelesen (Sprechschwingen). Dabei zeigt die Lehrerin stets auf den Selbstlaut innerhalb der Silbe.

2. KV Tafelbild (mit Tafelbildkarten von KV 140, 142 und 143):

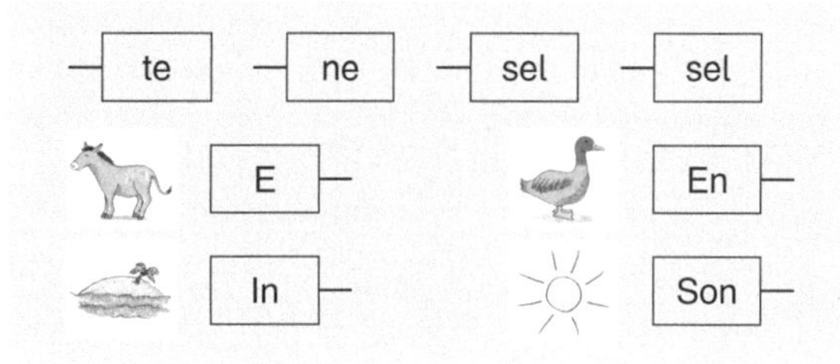

Die Kinder benennen die Begriffe anhand der Abbildungen. Dann erlesen sie die Silben und stellen fest, dass neben jedem Bild jeweils nur die erste Silbe geschrieben steht.

Die Kinder sprechschwingen die Begriffe noch einmal einzeln. Aus der Auswahl über den Tafelbildern werden die jeweils fehlenden Silben gesucht und eingesetzt (mit Buchstabenkarten oder von der Lehrerin geschrieben).

Arbeitsheft, Seite 26

Aufgabe 1
Wörter erlesen, sprechschwingen und mit den passenden Abbildungen verbinden

Aufgabe 2
Sätze erlesen und Abbildung nach Satzaussagen vervollständigen *(Begriff „Linsen“ evtl. vorab klären).*

Aufgabe 3
D Lückensatz erlesen, nachspuren und frei ergänzen

Arbeitsheft, Seite 27

Aufgabe 1
Wörter erlesen, sprechschwingen und mit den passenden Abbildungen verbinden

Aufgabe 2
Endsilben mit kurzem e erlesen; abgebildete Begriffe nennen und sprechschwingen; Wörter nachspuren und vervollständigen; Silbenkönige rot markieren

Aufgabe 3
D Lückensatz erlesen, nachspuren und frei ergänzen

Arbeitsheft, Seite 28

Aufgabe 1
Sätze paarweise erlesen; jeweils richtigen Satz ankreuzen

Aufgabe 2
Reimwörter erlesen, abhören und Reimpaare durch Linien miteinander verbinden

Aufgabe 3
D abgebildete Begriffe benennen; Wörter oben erlesen und nachspuren; farbig gekennzeichnete Buchstaben entsprechend der Abbildung darunter austauschen; entstehende Reimwörter jeweils darunterschreiben

D Weitere Differenzierungsmöglichkeiten zu den Übungen

Differenzierungsblock
jeweils Seiten 12, 13 (grün und blau)

Lesen und Schreiben
- E/e Seite im „Buchstaben-Haus“ (KV 138, editieren), in einem „Wörter-Sammel-Heft“ oder als „Buchstaben-Poster“ gestalten
- mit den Buchstabenkärtchen (Ausschneidebogen 1 und 2) Wörter (evtl. nach Diktat) legen

Silbenübungen
- mit dem Silbenschieber Wörter bilden
  (hierzu ab jetzt die blauen Silbenstreifen einsetzen!)
- KV KV 44 mit Silbenübungen zu Nomen und Verben

Mehrsilbige Wörter mit Doppelkonsonanten
Tafelbild (Auswahl):

Son ne	es sen	las sen	Mit te
Ton ne	mes sen	Tas se	Mat te

Wörter erlesen, Sprechschwingen und Silbenbögen darunter setzen; Vokallängen markieren

Es wird erarbeitet:
- Jede Silbe hat einen Silbenkönig (Vokal).
- Die Silbenkönige klingen in diesen Wörtern alle kurz.
- Die Buchstaben, die wir hier doppelt lesen, finden wir alle auf dem grünen Tuch der Lauttabelle (nn, ss, tt – Mitlaute). Sie werden bei diesen Wörtern zwischen den Silben getrennt (Silben deutlich artikulieren lassen!).

Das o in *Son-ne* klingt kurz. Am Ende der ersten Silbe von *Son-ne* klingt ein /n/*.
Am Anfang der zweiten Silbe von *Son-ne* klingt auch ein /n/. Deshalb schreiben wir *Son-ne* mit zwei n.

** Hinweis: Es besteht die Möglichkeit (optional), den Kindern gegenüber von einem „Stopper“ am Ende der ersten Silbe zu sprechen. Der „Stopper“ lässt den Silbenkönig davor kurz klingen.*

Mögliche fächerübergreifende Aktivitäten zu Einheit 11: E/e

Sachthema
Piktogramme
bekannte Piktogramme sammeln (z. B. im Internet recherchieren) und besprechen – Piktogramme selbst erfinden (z. B. „Füttern verboten“) und malen

Tiere im Park/Zoo
Tiernamen (z. B. auf der Fibelseite) suchen und aufschreiben, dazu Tierbilder malen

Musik
Lied: Onkel Jörg hat einen Bauernhof

2. ... Gänse ... ga-gack ...
3. ... Schweine ... oi-oi ...
4. ... Kühe ... muh-muh ...

2. ... some geese ... gabble-gabble ...
3. ... a pig ... oink-oink ...
4. ... a cow ... moo-moo ...

englischer Text und Musik: traditionell, deutscher Text: Richard R. Klein; © Daimonion Verlag, Wiesbaden

Anknüpfungsmöglichkeiten im Jo-Jo-Verbund mit dem 2. Jahrgang

Jo-Jo Lesebuch 2	
Seite 35:	Das tierische Wörterbuch
Jo-Jo Sprachbuch 2	
Seite 16:	Natur entdecken: Tiere
Seite 18:	Was Tiere können *(Verben kennen lernen)*
Seite 19/20:	Tiernamen *(Selbstlaute und Mitlaute)*

EINHEIT 12: P p

Materialien			
FS:	26/27	**LMB:**	8, 9
AH:	29, 30	**KV:**	(16, 17), 47–51
Diff.-Block:	14		
DLG:	13		

Zusätzlich:
- DIN-A5-Umschläge für Lesedomino und Würfelwörter zu P/p
- Silbenschieber

Fibelseite 26/27: Bei Tino zu Hause

Linke Seite: Tino sitzt zusammengekuschelt mit seinem Vater auf einem Sessel im Wohnzimmer. Auf dem Sofa daneben sind sein Opa und sein kleiner Bruder Jonas (s. a. Fibelseite 70/71) mit einer Puppe zu sehen. Opa liest aus einem Buch über Papageien vor. Das Poster mit einem Foto des Schiefen Turms von Pisa (Aufschrift) lässt Rückschlüsse auf die Herkunft der Familie zu.

Rechte Seite: Dort sieht man Tinos kleinere Schwester Paola, die sich Papas Mantel angezogen hat, der ihr natürlich viel zu groß ist. Sie ruft ihren Papa, dessen Aufmerksamkeit sie erwecken will.
Rechts daneben sieht man zwei Papageien im Käfig, einer plappert Paola nach. Im Vordergrund rennt die Katze Polli einigen Perlen hinterher, die über den Boden vor dem Teppich rollen. Tinos Mutter will ihr gerade Futter geben.

Die Kinder betrachten die Fibelseite, beschreiben die Szenen/Personen und äußern erste Vermutungen dazu, wer die dargestellten Personen wohl sein könnten.
Hierzu sollten jedoch noch keine Antworten oder Korrekturen gegeben werden: Die Kinder sollten vielmehr dazu angeregt werden, sich später lesend die Informationen (zumindest zu einigen der abgebildeten Personen) selbst aus dem Text zu entnehmen. Das dürfte eine spannende Aufgabe für die Kinder sein, die damit unmittelbar ihren persönlichen Lesefortschritt erfahren können.

Hinweis: Katzen und Vögel dürfen nie unbeaufsichtigt zusammen in einem Zimmer gelassen werden!

Erarbeitung der Fibelseite

1. Die Kinder ermitteln den Lautwert des neuen Buchstabens auf dem Zettel mit Hilfe der Lauttabelle. Weitere Begriffe mit P/p-Laut werden gesucht.
   Dazu kann man die Kinder auffordern, solche Begriffe direkt auf der Fibelseite zu suchen (fortgeschrittene Kinder können dabei auch schon die gedruckten P/p-Wörter nennen).

   Entdecken von Namen und Gegenständen, die einen P/p-Laut enthalten:
   Anlaut: Papa, (Poster, Pisa), Puppe, Pulli, Puzzle, Pantoffeln, Palme, Papagei, Paola, Polli, Perlen
   Inlaut: Papa, Opa, Puppe, Papagei, Teppich

2. Der Fibeltext wird satzweise erlesen (ggf. noch einmal wiederholen, dass die Selbstlaute vor den Doppelbuchstaben immer kurz klingen / Wörter mit Doppelkonsonanten vorsprechen).
   Die Kinder überprüfen, ob ihre zuvor geäußerten Vermutungen zu den abgebildeten Personen/Szenen richtig waren.

3. „Namen" von Opa und Papa in dem Buch auf der Fußleiste von Fibelseite 26 erlesen (Silben schwingen)

4. Analyse-Synthese-Übung zu den Wörtern mit Doppel-s: Ses-sel, es-sen (Silben schwingen)

D Differenzierungsmöglichkeiten zum Fibeltext

Lesen

- KV 48 mit Satzvarianten zum Zuordnen zu Bildern
- Lesen der Schriftbeispiele auf dem Poster und auf den Büchern

Schreiben nach Anlautbildern

- KV 16 und 17 mit Vorlagen zum Schreiben der Namen von Tinos Familie nach Anlautbildern

Freies Schreiben

- KV 51 mit Bildrahmen zum Malen des eigenen Papas/Opas und Schreibzeilen zum freien Schreiben dazu
- Fantasie-Geplapper der Papageien erfinden und aufschreiben
- Bilder von der eigenen Familie malen und dazu etwas schreiben

Sonstiges

Erlebnisse/Kenntnisse aus/über Italien erzählen lassen

ÜBUNGEN ZU EINHEIT 12: P/p

Druckschriftlehrgang, Seite 13

vor dem Arbeitsheft bearbeiten lassen

Arbeitsheft, Seite 29

Aufgabe 1

Begriffe einkreisen oder anmalen, in denen der P/p-Laut zu hören ist

Aufgabe 2

D ankreuzen, ob der P/p-Laut am Wortanfang, im Wortinnern oder am Wortende zu hören ist
den Buchstaben ins Feld schreiben

Aufgabe 3

D
a) Einkreisen oder Nachspuren des P/p
b) Nachspuren des gesamten Wortes
c) Wörter erlesen und den Abbildungen richtig zuordnen
d) Sprechschwingen, Silbenbögen setzen und Selbstlaute rot markieren
(zu diesen Wörtern sind bereits alle Buchstaben eingeführt)

Arbeitsheft, Seite 30

Aufgabe 1

Wörter erlesen; jeweils zum Bild passendes Wort ankreuzen

Aufgabe 2

Sätze paarweise erlesen; jeweils zum Bild passenden Satz ankreuzen

Aufgabe 3

D abgebildete Begriffe nennen und sprechschwingen; Endsilben erlesen; Wörter nachspuren und mit den Auswahlsilben vervollständigen; Silbenkönige rot markieren; eingesetzte Endsilben aus der Auswahl oben streichen

Weitere Differenzierungsmöglichkeiten zu den Übungen

Differenzierungsblock
jeweils Seite 14 (grün und blau)

Lesen und Schreiben

- P/p-Seite im „Buchstaben-Haus“ (KV 138, editieren) oder in einem „Wörter-Sammel-Heft“ oder als „Buchstaben-Poster“ gestalten
- KV KV 47 mit Lesedomino zu P/p
- mit dem Silbenschieber Wörter bilden: Lampe, Ampel, Pinsel, Opa, Papa, Papi ...
- KV KV 50 mit Würfelwörtern für Schreibheft/Setzleiste zu P/p

Übungen zur optischen Analyse von P/p und P/p-Wörtern
KV KV 49 mit entsprechenden Übungen

Anknüpfungsmöglichkeiten im Jo-Jo-Verbund mit dem 2. Jahrgang

Jo-Jo Lesebuch 2	
Seite 40/41:	Der Wellensittich Clara
Seite 42:	Kakadu und Papagei

EINHEIT 13: W w

Materialien			
FS:	28/39	LMB:	10, 11
AH:	31, 32	KV:	52, 53, 54
Diff.-Block:	15, 16		
DLG:	14		

Fibelseite 28/29: Was wollen Polli und Pipo?

Diese Doppelseite beschäftigt sich nun mit den Bedürfnissen der Haustiere und ihrer Pflege.

Links ist Tino mit seiner Katze Polli zu sehen, die er streichelt. Tina steht interessiert daneben. Tina stellt Fra-gen zu dem Verhalten / den Wünschen einer Katze.

Darunter drei Bilder:
1. Tino im Pyjama, offensichtlich am Morgen in der Küche. Er gibt Polli Futter.
2. Polli, von einem Kratzbaum aus zum Sprung ansetzend in Richtung eines Wollknäuels, das unten auf dem Boden liegt; Tinos Mutter hält sie aber fest.
3. Polli schlafend im Körbchen, Tino und Paola daneben; Tino fordert Paola durch Zeigefinger an den Lippen auf, leise zu sein und die Katze schlafen zu lassen.

Rechts ist im Gegenzug Tina mit ihrem Hund Pipo im Freien zu sehen. Tino schaut jetzt ihr interessiert zu. Er will auch etwas über das Verhalten / die Pflege von Hunden wissen.

Darunter wieder drei Bilder:
1. Tina hält ihrem Hund eine Hundewurst und eine Karotte hin. Pipo springt Richtung Wurst hoch.
2. Tina geht mit Pipo Gassi, er schnüffelt aufgeregt herum.
3. Tina bürstet Pipos Fell.

Die Kinder können über selbst erlebte oder beobachtete Situationen sprechen und sie mit den dargestellten vergleichen. Gespräche über Kleintierhaltung, Tiersprache, Tierpflege und Ernährung bieten sich an. Die Kinder können Fotos von ihren eigenen Tieren mitbringen.
Evtl. sind auch Eltern bereit, ein Haustier mit in den Unterricht zu bringen (Genehmigung vorab einholen!).

5.4 Zur zweiten Phase des Leselehrgangs (ab Einheit 14)

Wie unter Abschnitt 3.8.2 erläutert, dient die zweite Phase des Lehrgangs der Vertiefung bisheriger Erkenntnisse, deren regelmäßiger Anwendung und dem Erlernen sämtlicher Buchstaben des Alphabets.
Zu Beginn der Übungen in der zweiten Phase steht nach wie vor die Sicherung der Kenntnisse und Fertigkeiten aus der ersten Phase im Vordergrund. Im weiteren Verlauf des Lehrgangs erfolgt dann der vollständige Erwerb der Grapheme unserer Schrift unter zunehmend anders gewichteten Aspekten, von denen die wesentlichen hier noch einmal zusammengefasst seien:

- Erlernen und vertiefen, dass es keine eindeutige Buchstaben-Laut-Zuordnung gibt und deshalb viele Wörter anders geschrieben werden, als wir sie sprechen, z. B.:
  - Wörter mit mehrgliedrigen Graphemen
  - (ei, ie, au, äu, eu – sch, ch, chs – sp, st – qu ...)
  - Wörter mit Auslautverhärtung bei s, d, b, g
  - Buchstaben mit unterschiedlichen Lautwerten (ch, v, y, c)
  - Wörter mit Dehnung (Doppelvokale, stummes h ...)
  - Wörter mit Schärfung (Doppelkonsonanten, ck, tz ...)

- Erfassen typischer Buchstabenfolgen und analoger Strukturen in Wörtern *(Reimwörter, Morpheme, Vor- und Endsilben, Wortbausteine, Signalgruppen)*
  Hierbei werden zwar rechtschriftliche Kenntnisse angebahnt, diese Aufgaben dienen aber zunächst vornehmlich dazu, wiederkehrende Wortsegmente zunehmend simultan zu erfassen, das Erlesen von Wörtern und Sätzen dadurch zu beschleunigen, was wiederum das sinnerfassende Erlesen erleichtert.

- Erweiterung des Wortschatzes

- Erweitertes Training zum sinnerfassenden Lesen
  Im Verlauf der zweiten Phase werden in der Fibel und im Arbeitsheft die zu erlesenden Sätze und Texte nach und nach länger und anspruchsvoller, die Schriftgröße und der Zeilenabstand werden reduziert. Mit zunehmender Simultanerfassung von Wörtern gilt es also nun, das rezeptive Satzlesen weiterzuentwickeln. Der Schwerpunkt verlagert sich dabei allmählich vom noch eher technischen Erlesen bis hin zum Erfassen größerer syntaktisch-semantischer Einheiten.

- Verstärkte Einbindung von Aufgaben zum freien Schreiben

Übergang zu offeneren Arbeitsformen
Nach Abschluss der ersten, eher arbeitsgleichen Phase des Leselehrgangs haben die meisten Kinder in der Regel die wesentlichen Strukturmerkmale unserer Buchstabenschrift erfasst, und sie beherrschen die wichtigsten Übungsformen. Während viele Kinder also schon kleinere Texte erlesen können, tun sich einzelne aber vielleicht auch noch schwer damit.

Um den unterschiedlichen Bedürfnissen dieser Kinder gerecht zu werden, empfehlen wir, ab Einheit 14 (mit gleitenden Übergängen) den Unterricht weiter zu öffnen und zu individualisieren.

Nach und nach können nun längere Freiarbeitsphasen in den Unterricht integriert werden, bis hin zu vollständig individualisiertem Lernen weit fortgeschrittener Kinder. Diese erarbeiten sich die Buchstaben dann selbstständig anhand der Lauttabelle und mit Hilfe des Jo-Jo Fibel-Passes (s. Abschnitt 2.6.2, Seite 27) und/oder eines Wochenplanes.

Die Kinder, die noch zusätzliche Unterstützung benötigen, können während dieser Freiarbeitsphasen individuell oder in Kleingruppen betreut werden.

Detaillierte Hinweise zur praktischen Organisation des differenzierenden Unterrichts sind unter Abschnitt 4.5 nachzulesen.

Zur Sicherung eines erfolgreichen Lernprozesses empfehlen wir dabei die Beachtung folgender Aspekte:

- Festigung der Arbeit mit der Lauttabelle
  (evtl. hier noch als „Vorkurs" die Kopiervorlagen 1–19 mit Übungen zur Lauttabelle durchführen)

- jeweils gemeinsame Einführung neuer Aufgabenformen

- sukzessive Erweiterung der Freiarbeitsphasen
  (zunächst sollte der Umfang der selbstständig zu bearbeitenden Aufgabe beschränkt gehalten werden, um ihn dann nach und nach zu erweitern)

- regelmäßig eingeschobene gemeinsame Unterrichtsphasen
  (z. B. zu den Kapiteleinstiegs- bzw. -abschlussseiten der Fibel; zur Einführung neuer Aufgabenformen; zur Präsentation von Arbeitsergebnissen; zum gemeinsamen Austausch über die Inhalte der Fibeltexte ...)

- regelmäßige Kontrolle und Würdigung der Arbeitsergebnisse

Räuber, Ritter und Rabauken

Hinweise zum Kapitelthema

Schon die Überschrift dieses Kapitels verspricht Abenteuer, Spannung und Fantastisches. Ritter und Räuber üben eine Faszination auf Kinder aus und motivieren insbesondere auch Jungen, sich mit diesen Seiten zu beschäftigen. Diese Seiten bieten den Kindern Gelegenheit, in märchenhafte Welten einzutauchen und ihrer Fantasie gedanklich und auch sprachlich freien Lauf zu lassen.

Neben der Vorstellung von Märchen bzw. Märchenfiguren geht es in diesem Kapitel aber auch darum, aus dem gewöhnlichen Alltag auszubrechen und sich selbst einmal – zumindest in der eigenen Vorstellung – in einen Rabauken zu verwandeln oder ungewöhnliche Abenteuer zu erleben.

Unterschiedlichste Illustrationsstile schulen außerdem die Bildrezeption und regen zum eigenen bildnerischen Gestalten an.

Märchen sind in mehr als einer Beziehung wichtig für Kinder:

- Sprache und Erzählstil der Märchen beeinflussen positiv die Sprachentwicklung der Kinder. Charakteristische Merkmale wie typische Einleitungs- und Schlusssätze, die überlieferte Binnenstruktur (z. B. muss der Held drei Aufgaben lösen, von denen die letzte die schwierigste ist), die Gliederung in überschaubare Abschnitte sowie die Verwendung von wiederkehrenden Sprüchen und Reimen bewirken, dass Märchen sich leicht behalten, nacherzählen und spielen lassen.

- Märchen sind den meisten Kindern bereits vor Schulanfang durch Vorlesen, Hörkassetten oder Märchenfilme begegnet; an die bekanntesten werden sich viele Kinder erinnern.

- Märchen sind in fast allen Ländern verbreitet, wobei einzelne Motive sich auch in anderen Kulturen wiederfinden.

Die Fibelseite 32 präsentiert dazu als Erzählanlass auf drei „Kalenderblättern" jeweils eine Illustration aus einem Märchen- oder Kinderbuch.
Das vierte Kalenderblatt am Seitenfuß regt dazu an, Märchen aus aller Welt zu erzählen oder vorzulesen.

Auf Fibelseite 33 erlesen die Kinder einen kurzen Märchentext, dessen Sinn sich aber erst nach genauer Betrachtung der dazugehörigen Bilder erschließt.
Ein Erzählimpuls am Seitenfuß soll die Kinder anregen, selbst ein Märchen zu erfinden oder ein bekanntes abzuwandeln.

Die Abbildungen aus dem modernen Märchen „Der Sonnenhocker" (Fibelseiten 34/35) verlassen hingegen die traditionelle „Märchenwelt" und bieten den Kindern Raum zum Fabulieren und sich in fantastische Abenteuer zu begeben, Raum zum Artikulieren eigener Vermutungen, sowohl im Unterrichtsgespräch als auch beim freien Schreiben, Malen und Gestalten.

Weitere Möglichkeiten zum kreativen Umgang mit Märchen und fantastischen Geschichten werden in der Textsammlung auf den Fibelseiten 108/109 angeboten.

Kapiteleinstieg: Fibelseite 31

Diese humorvolle Bildergeschichte von Antje Damm, aus der hier drei Abbildungen (ohne Text) angeboten werden, erzählt, wie „böse" Räuberkinder sein können, wie sie spielen, streiten ... wie sie in Notsituationen dann aber doch zusammenhalten.
Das Verhalten dieser Räuberkinder entspricht so gar nicht dem, was von den Schulanfängern alltäglich erwartet wird. Sie verhalten sich ganz offensichtlich genau so, wie es eigentlich jedem Kind verboten wird. Deshalb wird es den Kindern besonders viel Spaß machen, diese Bilder zu beschreiben und darüber zu spekulieren, was die Räuberkinder sonst noch anstellen könnten.
Im Jo-Jo Lesebuch 2 ist zu einem dieser Bilder und drei weiteren Bildern aus dem Kinderbuch der Text abgedruckt.

Anknüpfungsmöglichkeiten im Jo-Jo-Verbund mit dem 2. Jahrgang

Jo-Jo Lesebuch 2	
Seite 53:	Räuberkinder

Hinweis: Dieses Kapitel ist ein Zusatzkapitel, das nur in der Fibel und im Lesebuch 2 angeboten wird.
Im Sprachbuch wird an dieser Stelle der 1. Jo-Jo Test durchgeführt.

Kapitelabschluss: Fibelseite 36

Auf dieser Wiederholungs- und Vertiefungsseite werden Satzbausteine als Würfelspiel angeboten. Die Satzbausteine enthalten verstärkt alle in diesem Kapitel neu eingeführten Buchstaben. Tina und Tino spielen mit drei Würfeln in verschiedenen Farben. Aus jeder Spalte wird eine Zeile erwürfelt. Die erwürfelten Satzteile werden hintereinander gelesen.
Es entstehen in der Regel „Spaßsätze", wie z. B. das auf der Seite ausgewiesene Beispiel „Ritter Rolo redet mit Tinas Mantel". Das Spiel kann aber auch mit einem einzelnen Würfel gespielt werden.

Zur Differenzierung können die erwürfelten Sätze (Satzteil für Satzteil) aufgeschrieben werden. Oder die lustigsten Sätze werden an der Tafel gesammelt, gemeinsam gelesen und – nach Anzahl differenzierend – abgeschrieben.
Dieses Würfelspiel macht nicht nur Spaß, es fordert auch zum wiederholten Lesen der Wörter auf und führt zum ersten Mal in die Arbeit mit tabellarischen Strukturen ein.

KV

KV 66 bietet dazu Schreibzeilen und die Satzteile auf Streifen zum Ausschneiden an.

Weiterführende Texte im Textteil: Fibelseiten 108/109

- Ein Rätsel für Rabauken (Gedicht)
- Wörterspielabend (Wortspielerei)
- Der letzte Drache (Kinderbuchauszug)

Literatur und Internetverweise

Räuberkinder. Antje Damm. Gerstenberg, Hildesheim 2008

Die drei Räuber. Tomi Ungerer. Diogenes Verlag AG, Zürich 1963

Im Wald sind keine Räuber. Astrid Lindgren, Ilon Wikland, Kurt Peters. Verlag Friedrich Oetinger, Hamburg 2010

Räuber Hotzenplotz. Otfried Preußler. Thienemann, Stuttgart 2005

Don Quichotte. Erich Kästner. Reihe: einfach lesen! Cornelsen Verlag, Berlin 2009

Der Sonnenhocker. Oliver Wenniges. Verlag Heinrich Ellermann, Hamburg 2001 *(nur noch in Bibliotheken zu entleihen)*

Der Mondmann. Tomi Ungerer: Diogenes Verlag, Zürich 1996

Der letzte Drache. Markus Grolik. Aus: Kleine Rittergeschichten. Reihe Känguru. Verlag arsEdition, München 2001

Kinder- und Hausmärchen. Brüder Grimm. Reclam, Stuttgart 1997

Es war einmal – Die Werkstatt zu Märchen. Christine Mell. Verlag an der Ruhr, Mülheim an der Ruhr 2000

Märchen in der Grundschule. Gudrun Schulz. Cornelsen Verlag Scriptor, Berlin

EINHEIT 14: R r

Das /r/ gilt als schwierigster deutscher Sprachlaut, da er sprechmotorisch auf drei verschiedene Weisen gebildet werden kann (vgl. Wörterbuch der deutschen Aussprache, Leipzig 1974).
Für die akustische Identifikation sollten deshalb zunächst nur Wörter herangezogen werden, die den R/r-Laut am Wort- oder Silbenanfang enthalten (nicht aber innerhalb von Konsonantenhäufungen, wie z. B. bei „Brot").
Die Endung -er bereitet weniger beim Lesen Schwierigkeiten als bei der akustischen Analyse: Die Endung -er wird dabei häufig als /a/ wahrgenommen („Mutta" statt „Mutter").

Materialien			
FS:	32	**LMB:**	12, 13, 14
AH:	33, 34, 35	**KV:**	56, 57, 58
Diff.-Block:	17		
DLG:	15		

Einführen der Buchstaben R/r

Für die Einführung bieten sich mehrere Möglichkeiten:

a) Über die Überschrift der Fibelseite 32:
Rosen – Ritter – Piraten?
Die Lehrerin schreibt die drei Wörter an die Tafel. Sie selbst oder Kinder, die bereits lesen können, lesen die Wörter vor. Der neue Buchstabe/Laut wird über das Abhören der Wörter mit oder ohne Zuhilfenahme der Lauttabelle erschlossen. Weitere Wörter mit R/r werden gesucht.

b) Die Lehrerin bringt die Figuren „Ritter" und „Pirat" als Spielfiguren mit. Diese werden benannt, die Wörter angeschrieben und erlesen. Anschließend wird wie unter a) beschrieben verfahren.

c) Die Lehrerin regt in Anlehnung an die Titelseite ein Ratespiel an. Sie schreibt (z. B. als „stummen Impuls") an die Tafel:

Wir raten .
Rate mit !

Fortgeschrittene Kinder können die Sätze vorlesen. Die Kinder äußern sich frei dazu, was diese Aufforderung wohl bedeuten soll. Der neue Laut/Buchstabe wird erarbeitet (siehe oben).
Anschließend wird die Fibelseite gemeinsam betrachtet und gelesen.

Fibelseite 32: Rosen – Ritter – Piraten

Auf dieser Seite sind Abbildungen von Märchen- bzw. Kinderbuchfiguren zu sehen. Die Abbildung der Räuberkinder haben die Leseanfänger bereits auf der Einstiegsseite kennen gelernt. Die Illustrationen sind auf gelochten Blättern dargestellt und enthalten zur Differenzierung für fortgeschrittene Kinder die Titel der entsprechenden Märchen in einem Balken am Seitenkopf.

Erarbeitung des Fibeltextes

Die Kinder können die „Rätselfragen" lesen und anhand der Abbildungen über die Antworten spekulieren.
Die kurzen Fragen zu den Bildern können die Kinder anhand der Illustrationen auch ohne genaue Kenntnis der dazugehörigen Märchen bzw. Geschichten beantworten.

Je nach Einführung sind die Wörter der Überschrift „Rosen – Ritter – Piraten ?" bzw. die der Sätze „Alle wollen raten. Rate mit!" bereits ganz oder teilweise bekannt. Die Kinder können die Fragen vorlesen und von anderen Kindern („Meldekette") beantworten lassen.

Weitere Rätselfragen können an der Tafel oder auf Karten (als Kartei) gesammelt und gemeinsam oder in Partnerarbeit beantwortet werden:
Beispiel:
Wie viele Räuber sind hier zu sehen?
Welches Räuberkind hat mehr Angst?
Was können die Räuberkinder nun tun?
usw.

Der Block „Märchen aus aller Welt" am Seitenfuß soll dazu anregen, Märchen anderer Völker und Kulturen zu sammeln und bildnerisch darzustellen. Die Kinder können zu ihren Bildern frei schreiben. Alle Blätter werden anschließend zu einem internationalen Märchen-Block zusammengebunden.

D Differenzierungsmöglichkeiten zum Fibeltext

Lesen
Textvarianten zusammenstellen, erlesen und dann evtl. schreiben:
Wir raten. / Rate! / Alle raten. /
Alle wollen raten. / Wollen alle raten?
Rate mit! / Alle raten mit! / Raten alle mit?

Alternativ mit Tafelbild:

Wo ist Ritter Rolo ? 

Wo ist Pirat Willi ? 

Freies Schreiben

- Märchenbilder malen und Namen oder kleine Texte dazu schreiben
- Rätselfragen formulieren, aufschreiben und den Mitschülern stellen (Fragen entweder als Buch oder Kartei sammeln)
- „Rabauken-Geschichten" frei schreiben und dazu malen
- Sätze oder kleine Geschichten zu bekannten oder erfundenen Märchen- und Kinderbuchfiguren schreiben (s. a. Fibelseite 109)

Sonstiges

- Ratespiel (s. o.) spielen
- Märchensammlung anlegen

ÜBUNGEN ZU EINHEIT 14: R/r

Arbeitsheft, Seite 33

Mögliche *mündliche* Vorübung zur akustischen Identifikation des R/r-Lautes:

Wortanlaut:
Rose, Rasen, Regen, Riese, Reise, Rolle, Rinde, Rabe, rasen, raten, rennen, rufen, reiten, rot, riesig, rund, reif

Inlaut bzw. Silbenanlaut im Wortinnern:
Beeren, fahren, kehren

Aufgabe 1

Selbstständige Bearbeitung: Begriffe benennen, abhören, alle Abbildungen einkreisen oder anmalen, in denen der R/r-Laut zu hören ist (R/r-Laut hier nur am Wort- bzw. Silbenanfang): Rose, Giraffe, Känguru, Schere, Pirat, Radio, Rad, Rock.

Aufgabe 2

Selbstständige Bearbeitung: Lautstellung ermitteln und ankreuzen

D Buchstaben eintragen

Aufgabe 3

a) Einkreisen oder Nachspuren des R/r
b) Nachspuren des gesamten Wortes
c) Wörter erlesen und den Abbildungen richtig zuordnen
d) Sprechschwingen, Silbenbögen setzen und Selbstlaute rot markieren

Druckschriftlehrgang, Seite 15

Da auf den folgenden Arbeitsheftseiten das R/r auch geschrieben werden muss, sollte der Druckschriftlehrgang an dieser Stelle bearbeitet werden.

Arbeitsheft, Seite 34

Aufgabe 1

Texte gemeinsam erlesen; Bilder nach den Textangaben ergänzen

Aufgabe 2

Selbstständige Bearbeitung: Begriffe benennen und Silben erlesen. Anfangssilben nachspuren und mit den passenden Endsilben vervollständigen; das e innerhalb der Endsilbe rot nachspuren und eingesetzte Endsilben aus der Auswahl streichen.

D mit schwächeren Kindern die passenden Endsilben gemeinsam suchen und ggf. auch per Pfeil mit der dazugehörigen Zeile verbinden; evtl. Aufgabe mit Silbenkärtchen vorbereiten

Arbeitsheft, Seite 35

Aufgabe 1

Sätze gemeinsam lesen, selbstständig oder unter Anleitung zum Bild passende Sätze ankreuzen

Aufgabe 2

Anfangssilben lesen und Verben benennen; Anfangssilben nachspuren und mit den passenden Endsilben vervollständigen; das e innerhalb der Endsilbe rot nachspuren und eingesetzte Endsilben aus der Auswahl streichen (s. Aufgabe 2, Seite 34)

D Weitere Differenzierungsmöglichkeiten zu den Übungen

Differenzierungsblock
jeweils Seite 17 (grün und blau)

Übungen zur optischen Identifikation von R/r

- Namen der Kinder aus der Klasse anschreiben oder Namenskärtchen an der Tafel anheften. Alle Namen, die ein R/r enthalten, heraussuchen und unter dem Buchstaben R bzw. r befestigen.
  Weitere Namen: *Nora, Sara, Tamara, Marie, Rosa, Ramon, Ramona, Roman, Armin, Rita, Marco.*
  R/r farbig hervorheben durch Einkreisen, Nachmalen etc.
- KV KV 56, oben: Buchstaben markieren R/r

Übungen zum Zuordnen von Silben

- KV Einsatz der Silbenstreifen von KV 58: Getrennt nach Nomen *(Mond)* und Verben *(Stern)* können die Streifen kopiert, ausgeschnitten und mit dem Silbenschieber zum „Schreiben" von Wörtern eingesetzt werden.
  Mittels der CD-ROM kann diese KV individuell verändert (editiert) werden, d. h. es besteht die Möglichkeit, die dort vorgegebenen Silben durch andere auszutauschen.

- Silbenkasten mit Silbenkärtchen herstellen, entweder im Kästchen zur individuellen Arbeit/Freiarbeit oder in größerem Format für die Tafel.
  Beispiele:

ma	ra	ler	rol	ret	ra
len	sen	len	nen	ten	ten

Pi	Tel	Mes	Ro	Ma	Rit
ler	sen	ser	rat	ter	ler

Lesen üben

- R/r-Seite im „Buchstaben-Haus" (KV 138, editierbar) oder in einem „Wörter-Sammel-Heft" oder als „Buchstaben-Poster" gestalten

- Frage- und Antwortkärtchen zum Zuordnen herstellen (klein für Freiarbeit, groß für die Tafel):

Wer rennt ?	Rosalis Perlen
Was will Pirat Willi ?	Rosali
Wo wartet Polli ?	Tina
Wen rettet Ritter Rolo ?	im Sessel

- Vorgegebene Wörter nach Oberbegriffen ordnen:
  Beispiele:

(Geschirr/ Besteck)	Messer, Teller, Tasse
(Obst/Gemüse)	Ananas, Melone, Tomate, Salat
(Tiere)	Lama, Ente, Esel, Wal
(Tinos Familie)	Mama, Papa, Opa, Paola
(Getränke)	Tee, Limo
(Leute)	Maler, Ritter, Pirat

Diese Übung kann mit Wortkärtchen oder an der Tafel durchgeführt werden: Die Wörter stehen durcheinandergewürfelt an der Tafel. Die Lehrerin nennt einen Oberbegriff. Die Kinder markieren alle dazu passenden Begriffe mit einer Farbe.
Wortkärtchen können auch nach anderen Kriterien sortiert werden, z. B. nach Anfangsbuchstaben. Oder sie werden, ergänzt mit Bildkarten, als Memory- oder Lotto-Spiel eingesetzt.

- KV KV 57, oben: Fragen mit Ankreuzantworten;
  D unten: Stolperwörtertext

Analyse-Synthese-Übung

- KV KV 56, unten: Würfelwörter mit R/r schreiben

Mögliche fächerübergreifende Aktivitäten zu Einheit 14: R/r

Sonstiges

Märchenbücher mitbringen, vorstellen, vorlesen

Märchenkassetten mitbringen und gemeinsam anhören

Verschiedene Märchenrätsel/-spiele, z. B.:

a) Märchensprüche erraten (Knusper, knusper, knäuschen, wer knuspert an meinem Häuschen; Spieglein, Spieglein an der Wand ...; Ach wie gut, dass niemand weiß ...).

b) Richtig oder falsch?
Schneewittchen kommt an das Haus der acht Zwerge.
Rotkäppchen bringt Großmutter Brot und Wein ...

Fibelseite 108: Ein Rätsel für Rabauken

Räubergedicht von Fibelseite 108 gemeinsam lesen bzw. vorlesen lassen; Rätsel lösen und ggf. auswendig lernen (freiwillig)

Malen/Basteln

Märchenbilder für ein Märchenbuch malen, sammeln und binden

Gestalterische Idee für z. B. ein Rapunzelbild:
Kartoffeldruck in Grautönen für den Turm; Büsche und Weg mit Wasserfarben, Rapunzelgesicht mit Wasserfarben oder Wachsmalkreiden; Himmel mit zerschnittenen Tafelschwämmchen tupfen; Rapunzelzopf aus Wolle flechten und am Turm herunterhängen lassen

Wilde Räuberkinder-Geschichten erfinden, Bilder dazu malen, sammeln und binden

- „Wie packen Räuberkinder ihre Ranzen?"
- „Wie geht es zu, wenn Räuberkinder baden?"
- „Wie feiern Räuberkinder Geburtstag?"

usw.

Musik

Lied:
Hänsel und Gretel verirrten sich im Wald

1. Hänsel und Gretel verirrten sich im Wald.
Es war so finster und auch so bitterkalt.
Sie kamen an ein Häuschen von Pfefferkuchen fein.
Wer mag der Herr wohl in diesem Häuschen sein?

2. Hu, hu! Da schaut eine alte Hexe raus.
Sie lockt die Kinder ins Pfefferkuchenhaus.
Sie stellte sich gar freundlich. O Hänsel, welche Not!
Sie will dich braten im Ofen braun wie Brot.

3. Doch, als die Hexe zum Ofen schaut hinein,
ward sie gestoßen von Hans und Gretelein.
Die Hexe musste braten, die Kinder gehen nach Haus.
Nun ist das Märchen von Hans und Gretel aus.

Lied:
Dornröschen war ein schönes Kind

	2. Dornröschen nimm dich ja in acht!
	3. Da kam die böse Fee herein.
Böse Fee:	4. „Dornröschen, du musst sterben."
Alle:	5. Da kam die gute Fee herein.
Gute Fee:	6. „Dornröschen, schlafe hundert Jahr!"
Alle:	7. Da wuchs die Hecke riesengroß.
	8. Da kam ein junger Königssohn.
Königssohn:	9. „Dornröschen, wache wieder auf!"
Alle:	10. Da feierten sie Hochzeitsfest.

Text und Melodie: überliefert

Anknüpfungsmöglichkeiten im Jo-Jo-Verbund mit dem 2. Jahrgang

Jo-Jo Lesebuch 2	
Seite 44/45:	Die drei Räuber
Seite 46/47:	Der Räuber Hotzenplotz
Seite 48:	Weizendieb und böser Wind
Seite 51:	Don Quichotte
Seite 52:	Ein Kartenspiel mit Federn
Seite 53:	Räuberkinder

EINHEIT 15: Ei ei

Materialien			
FS:	33	**LMB:**	15, 16
AH:	36, 37	**KV:**	59, 60, 61
Diff.-Block:	18		
DLG:	16		

Einführen der Buchstabenverbindung Ei/ei

Tafelanschrift:

Es war einmal ...

Fortgeschrittene Kinder können die Wörter vorlesen – vom Inhalt her ist diese „Formel" wohl allen bekannt: „So fangen alle Märchen an!"

Die Kinder nennen oder erfinden in Anknüpfung an die zuvor gehörten Märchen und Geschichten selbst Beispiele dazu, z. B.: Es war einmal ein Drache ... ein Einhorn ... eine Großmutter ...

Im Anschluss daran wird die Aufmerksamkeit auf den Zwielaut Ei/ei gelenkt: Die Einzelbuchstaben/Laute e bzw. i sind bereits bekannt. Zusammengesetzt ergeben sie den Zwielaut mit einem anderen, eigenen Klang /ei/: Zwei Buchstaben ergeben einen Laut.
Ei/ei auf der Lauttabelle suchen und feststellen, dass es sich hierbei auch um einen Silbenkönig handelt (rotes Tuch).
Vertiefung anhand weiterer Beispiele (Silben schwingen und Silbenbögen setzen):

ein Ei	eine Rose	ein Eimer
ein Eis	meine Rose	mein Eimer
mein Eis	seine Rose	sein Eimer
sein Eis		

Eventuell werden fortgeschrittene Kinder das Wort „dein" hinzufügen wollen – hier sollte die Lehrerin entscheiden, ob sie es beim mündlichen Benennen belässt oder das Wort auch schon schriftlich anbietet *(das D/d wird erst in der nächsten Einheit eingeführt).*

Weitere mögliche Verbindungen als Vorbereitung für den Fibeltext:

ein Eimer	ein Tor	seine Rose
mit einem Eimer	an einem Tor	seine Rosali

Fibelseite 33: Es war einmal ...

Auf dieser Seite präsentiert Tino eine kleine, lustige Bildergeschichte.
Die Kinder betrachten die Seite und sprechen über die Abbildungen und die dargestellte Handlung. Dabei können konkrete Fragen nach dem Inhalt gestellt und Vermutungen geäußert werden:

Rosali wartet an einem Tor auf ihren Ritter Rolo. Der kommt mit einem Strauß Rosen, die er mit einem Eimer transportiert, auf sie zu. Gleichzeitig nähert sich ein Pirat, der es auf Rosalis Perlen abgesehen hat.
Ritter Rolo rettet Rosali vor dem Dieb, indem er die Rosen aus dem Eimer wirft, diesen dem Piraten über den Kopf stülpt. Der Pirat liegt daraufhin flach am Boden. Als Rolo seiner Rosali die wieder zusammengerafften tropfnassen Rosen überreichen will, springt diese pikiert zur Seite, damit ihr Kleid nicht nass wird.

Die Überschrift „Es war einmal ..." und die Sprechblase Tinos machen deutlich, dass es sich um ein Märchen handelt. Die Texte zu den Bildern werden erlesen.

Auf dem Fußbalken unten sind Lara und Ali ebenfalls mit Sprechblase zu sehen. Sie regen dazu an, selbst bekannte oder erfundene Märchen zu erzählen. Beim freien Schreiben können die Kinder zu ihren Texten auch Märchen malen.

Die Kinder werden größten Spaß daran haben, das Märchen von Rolo und Rosali szenisch im Rollenspiel oder als Pantomime darzustellen.

D Differenzierungsmöglichkeit zum Fibeltext

Erfinden eines Märchenschlusses
Die Kinder erzählen, wie das Märchen mit Rosali und Ritter weitergehen könnte (mündlich und/oder freies Schreiben).

Erzählen des Lieblingsmärchens
Angeregt durch die Sprechblase am Seitenfuß können die Kinder, die das gerne tun, von ihrem Lieblingsmärchen erzählen.

ÜBUNGEN ZU EINHEIT 15: Ei/ei

Arbeitsheft, Seite 36

Aufgabe 1
Selbstständige Bearbeitung: Lautstellung ermitteln und ankreuzen

D Buchstaben ins richtige Feld eintragen

Aufgabe 2
in den Wörtern Ei/ei farbig markieren;
Texte erlesen und Bilder entsprechend den Textaussagen ergänzen

Druckschriftlehrgang, Seite 16
(ab hier: verkleinerte Lineatur)

Arbeitsheft, Seite 37

Aufgabe 1
Unbestimmte Artikel und Begriffe in den Schreibzeilen erlesen; passenden unbestimmten Artikel auswählen und vor das Wort schreiben; Wort nachspuren und eingesetzten Artikel aus der Auswahl oben streichen

Mögliche Vorübung zu Aufgabe 2
Da diese Übungsform hier erstmals auftaucht, kann sie an der Tafel mit Buchstabenkarten oder als Anschrift vorbereitet werden.
Tafelbild:

m r Ei e

s Ei

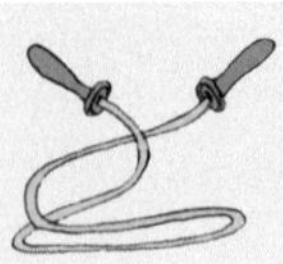

S ei l

Schwächere Kinder können als Hilfe und Kontrolle zusätzlich das ganze Wort als Wortkarte erhalten.
Es ist auch möglich, das ganze Wort als Wortkarte verdeckt anzubringen und es anschließend zur Lösungskontrolle umzudrehen.

Aufgabe 2
Begriffe benennen, sprechschwingen, Einzellaute analysieren und Wörter schreiben, benutzte Buchstaben nach und nach aus der Auswahl streichen

Aufgabe 3
D Erfinden von lustigen Ritternamen; Vervollständigen der Teilnamen. Diese Aufgabe kann von allen Kindern mündlich, von den fortgeschrittenen schriftlich gelöst werden.

D Weitere Differenzierungsmöglichkeiten zu den Übungen

Differenzierungsblock
jeweils Seite 18 (grün und blau)

Übung zur optischen Identifikation von Ei/ei
Tafelanschrift von Wörtern mit Ei/ei:

Ameise	Reise	Seite	leise
Preis	Teil	Eile	einer

Wörter erlesen, sprechschwingen, Silbenbögen setzen, Ei/ei identifizieren und farbig markieren

Lesen und Schreiben üben
- Ei/ei-Seite im „Buchstaben-Haus“ (KV 138, editieren) oder in einem „Wörter-Sammel-Heft“ oder als „Buchstaben-Poster“ gestalten
- KV KV 59 mit einem Domino-Spiel zum Buchstaben Ei/ei;
- KV KV 60 mit Silbenübungen zu Nomen und Verben mit Ei/ei

Silbenkönige (inkl. ie) finden und markieren
- KV KV 61, oben: Sätze erlesen, Wörter sprechschwingen, Silbenbögen setzen, Silbenkönige markieren
  D unten: Sätze erlesen, Wörter sprechschwingen, vorhandene Silbenkönige markieren, fehlende Silbenkönige ergänzen

Übung zum Zuordnen des unbestimmten Artikels
Wortkärtchen mit den unbestimmten Artikeln ein/eine herstellen; bereits vorhandene (oder neu hergestellte) Bild- oder Wortkarten passend zuordnen:

ein	eine
Pirat	Palme
Sessel	Ananas
Ritter	Tomate

Mögliche fächerübergreifende Aktivitäten zu Einheit 15: Ei/ei

Malen/Basteln

Märchenfiguren zeichnen/malen

König, Fee, Wolf, Zwerg, Reh, Hexe, Königstochter, Bär, Frosch, Rabe ...

Sonstiges

Sich verkleiden

(Faschings-)Kostüme und Utensilien mitbringen und sich als Ritter, Pirat, Rosali ... verkleiden

Anknüpfungsmöglichkeiten im Jo-Jo-Verbund mit dem 2. Jahrgang

Jo-Jo Lesebuch 2	
Seite 50:	Knapp daneben
Seite 51:	Don Quichotte

EINHEIT 16: D d

Da das d am Wort- bzw. Silbenende durch die Auslautverhärtung wie /t/ klingt, sollte bei Abhörübungen auf entsprechende Begriffe verzichtet werden. Anhand von ausgewählten Beispielen kann aber verdeutlicht werden, dass das d am Ende eines Wortes als /t/ hörbar ist (Beispiele: Mond, Rad, Pferd).

Materialien			
FS:	34/35	**LMB:**	17, 18
AH:	38, 39	**KV:**	62–66
Diff.-Block:	19		
DLG:	17		

Fibelseite 34/35: Eine Reise ins All

Diese Seite zeigt einzelne Abbildungen aus dem Buch „Der Sonnenhocker" von Oliver Wenniges (Verlag Heinrich Ellermann).

Dieses moderne Märchen erzählt von dem Jungen Erk, der sonntags allein am Frühstückstisch sitzt und dabei einschläft (ihm war langweilig, seine Familie schläft noch, draußen regnet es).

Er träumt, dass sein Küchenhocker zum Sonnenhocker wird, mit dem er zur Sonne fliegt. Dort lernt er Siegbert Sonnenschein kennen, der ihm zeigt, wie man auf der Sonne lebt und welche Besonderheiten es dort gibt.

Zum Schluss erwacht Erk in seiner Küche und merkt, dass er geträumt hat.

Auf der Fibelseite sind dazu folgende Ausschnitte abgebildet:

1. Erk fliegt mit seinem Sonnenhocker durch das All Richtung Sonne.
2. Mitte oben: Siegbert Sonnenschein begrüßt Erk.
3. Rechts oben: Herr Sonnenschein beseitigt Sonnenflecken mit Putzeimer und Bürste.
4. Rechts, Mitte: Herr Sonnenschein repariert kaputte Sonnenstrahlen.
5. Nach der Arbeit wird auch auf der Sonne gebadet.

Das Buch ist nicht mehr lieferbar. Wenn es nicht möglich ist, das Buch in einer Bücherei zu entleihen, kann stattdessen die folgende, leicht gekürzte Fassung vorgelesen werden:

Der Sonnenhocker

Es war Sonntagmorgen und es regnete. Erk saß allein in der Küche, denn er war mal wieder früher als alle anderen aufgewacht. Sonntage waren meistens total langweilig, und Erk fragte sich, warum auch die Tage Sonntag heißen, die so grau und verregnet waren wie dieser.

Plötzlich bewegte sich der Hocker unter ihm. Es gab einen Ruck und der Hocker raste mit Erk durch das Wohnzimmer, raus auf die Terrasse und schoss in den Himmel. Der Hocker flog mit Erk immer höher und höher, bis er über den Wolken war. Als er am Mond vorbei kam, wusste Erk, dass er **auf dem Weg zur Sonne** war (*s. Abbildung, Fibelseite 34*).

Vier Minuten später war er schon da. Er landete neben einer Bank, auf der ein Mann schlief. Obwohl es eine sehr leise Landung war, erwachte der Mann. Er begrüßte Erk: „Gestatten, Sonnenschein mein Name. **Siegbert Sonnenschein**. Sagen Sie sorglos Herr Sonnenschein." „Ich heiße Erk", sagte Erk.

Gemeinsam nahmen sie auf der Bank Platz. Die Bank erhob sich langsam und trug die beiden mit sich fort.

Schon kurze Zeit später überflogen sie eine riesige **Sonnenschirmplantage**.

„Bald sind die Schirme reif", sagte Herr Sonnenschein. „Dann werde ich ihnen beibringen, wie man Schatten macht."

Und schon ging es weiter: vorbei an **leuchtend gelben Sonnenblumenfeldern**, die so schön waren, dass man es kaum beschreiben konnte.

Irgendwann landeten sie neben einer **Kuh**. Ihr Name war **Sieglinde**. Während Herr Sonnenschein Sieglinde molk, erzählte diese, wie wichtig **Sonnenmilch** sei. „Erst kürzlich habe ich gelesen, dass man jetzt sogar eine **Straße** danach benannt hat", sagte sie. Herr Sonnenschein war entzückt über die Nachricht. Er molk noch ein paar Eimer voll, und dann machten sie sich wieder auf den Weg.

Immer wieder mussten sie ihren Flug unterbrechen. Zum Beispiel an einem riesigen **Sonnenbrand**. Dort kontrollierte Herr Sonnenschein das Sonnenöl, um sicherzugehen, dass das Feuer nicht ausging.

An einer anderen Stelle beseitigten sie **Sonnenflecken** (*s. Abbildung, Fibelseite 35, r. o.*). Eine mühselige Arbeit, denn nicht immer hatten sie das passende Werkzeug zur Hand.

Die Sonne hatte beide ganz schön ins Schwitzen gebracht. Und so freuten sie sich auf ein wohlverdientes **Sonnenbad**. Vorher mussten sie aber noch einige **Sonnenstrahlen** reparieren (*s. Abbildung, Fibelseite 35, Mitte*), und erst dann ging es ab in die **Wanne** (*s. Abbildung, Fibelseite 35, unten*).

Leider pflegte Herr Sonnenschein während des Badens zu singen.

Nachdem sich beide abgetrocknet hatten, erklärte Herr Sonnenschein, er müsse Erk noch etwas sehr Wichtiges zeigen. Sie flogen ein Stück mit der Bank, dann waren sie da.

Erk konnte kaum glauben, was er dort sah: Direkt vor ihren Füßen war die Sonne plötzlich zu Ende! Vorsichtig lehnte Erk sich über den Rand.

Heute waren schon komische Dinge passiert, aber was Erk jetzt sah, übertraf alles bei Weitem. **Die Sonne war ein riesiger Hocker. Sie sah genauso aus wie der Küchenhocker,** mit dem Erk hierher geflogen war.

„Die Menschen auf der Erde sehen immer nur die Oberfläche, leider nie das, was dahintersteckt."

Erk staunte. Lange genossen Herr Sonnenschein und Erk den wunderschönen Ausblick. Dann flogen sie zurück zu Erks Sonnenhocker und verabschiedeten sich voneinander.

Von diesem Tag an sah Erk die Dinge mit anderen Augen. Und er hatte gelernt, dass Sonntage nicht immer langweilig sein müssen. Er war so erschöpft, dass er noch auf dem Heimweg einschlief. Als er erwachte, schien die Sonne.

Oliver Wenniges: Der Sonnenhocker. Verlag Heinrich Ellermann, Hamburg 2001

Viele der hier fett gedruckten Begriffe eignen sich sehr gut zum bildnerischen Gestalten mit Wachsmalstiften:

> *Stellt euch vor, wie die Sonnenschirmplantage auf der Sonne aussieht. – Malt Erk und Siegbert Sonnenschein, wie sie zum Schluss am Rande der Sonne als riesigem Sonnenhocker stehen. – ...*

Aber auch unabhängig von der Vorlage können die Kinder darüber spekulieren, was Erk noch auf der Sonne erleben oder unternehmen könnte, z. B.:

> eine Regenmaschine erfinden,
> eine Feuerwehr organisieren ...

Zur Frage von Tino (links unten) könnte auch über den so genannten „Mann im Mond" gesprochen werden.

Zu den Fragen auf Fibelseite 35 sollten die Kinder, ebenfalls unabhängig von den Aussagen der Geschichte, ihrer Fantasie freien Lauf lassen und dazu erzählen können.

Einführen der Buchstaben D/d

Dies kann anhand der Fibelseite und mit Hilfe der Lauttabelle geschehen. Dort finden die Kinder unter dem Buchstaben D/d das Bild „Dach“.
Anschließend können alle Wörter mit D/d, die im Fibeltext vorkommen, an der Tafel gesammelt und dort gezielt erarbeitet werden: Wort laut lesen – neuen Laut/Buchstaben identifizieren – farbig markieren – erneut lesen:
Tafelanschrift:

das der denn deine Ideen
redet Dame
dem dort

(ggf. die Großschreibung von „Das ...“ und „Der ...“ am Satzanfang im Fibeltext thematisieren)

D Differenzierungsmöglichkeiten zum Fibeltext

Lesen

- Textvarianten (ohne Auslaut-d!) erlesen:

Der Mann redet mit einer Dame.
Der Mann redet mit Tino.

Wo ist der Mann ?
Ist er in der Sonne ?
Nein, er ist in der Wanne.

der Mann im All
der Mann in der Sonne
der Mann in der Wanne

Sobald die Kinder die Seite 19 im Druckschriftlehrgang bearbeitet haben, können sie hier auch ihre Lieblingssätze abschreiben.

- Märchentitel auf Kärtchen schreiben und zuordnen:

Hans	im Glück
Hänsel	und Gretel
Schneeweißchen	und Rosenrot
Tischlein	deck dich
Der Wolf	und die sieben Geißlein
Die Bremer	Stadtmusikanten
Der süße	Brei
Die goldene	Gans

- Märchensprüche sammeln, lesen und ergänzen:

Ach wie gut, dass niemand weiß,
dass ich Rumpelstilzchen heiß.

Rapunzel, Rapunzel,
lass dein Haar herunter.

Spieglein, Spieglein an der Wand,
wer ist die Schönste im ganzen Land?

Heute back ich, morgen brau ich,
übermorgen hol ich der Königin ihr Kind.

Buchtipp zum Vorlesen

Der Mondmann. Tomi Ungerer: Diogenes Verlag, Zürich 1996

ÜBUNGEN ZU EINHEIT 16: D/d

Arbeitsheft, Seite 38

Aufgabe 1

Selbstständige Bearbeitung: Lautstellung ermitteln und ankreuzen (hier alle Begriffe ohne Auslaut!)

D Buchstaben ins richtige Feld eintragen

Aufgabe 2

drei Auswahlsätze zu einer Abbildung erlesen, jeweils zur Abbildung passenden Satz ankreuzen

Druckschriftlehrgang, Seite 17

Arbeitsheft, Seite 39

Mögliche Vorübung zu Aufgabe 1

Tafeltext:

Wir reimen mit W, L, D

Name	Rose	Tino	Reiter	Tanne
_ame	_ose	_ino	_eiter	_anne

Mit den Kindern sollten ggf. zunächst die Begriffe „reimen“ bzw. „Reimwort“ geklärt werden.
Die fehlenden Buchstaben werden in die Lücken eingesetzt.

Weitere Reimübungen können *mündlich* durchgeführt werden:

Topf – Zopf; Fisch – Tisch; Tasche – Flasche; Keller – Teller ...

Aufgabe 1

Wörter erlesen, abgebildete Begriffe darunter sprechen und zu den Abbildungen passendes Reimwort (unter Austausch des jeweiligen Anfangsbuchstabens) darunterschreiben

Aufgabe 2

Text lesen und Bild entsprechend den Textaussagen ergänzen

Aufgabe 3

Begriffe benennen, sprechschwingen, Einzellaute analysieren und Wörter schreiben; benutzte Buchstaben nach und nach an der Auswahl streichen

Aufgabe 4

D fehlende Domino-Augen richtig ergänzen

D Weitere Differenzierungsmöglichkeiten zu den Übungen

Differenzierungsblock
jeweils Seite 19 (grün und blau)

Übungen zur optischen Identifikation von D/d

KV KV 62

Übungen zur akustischen Identifikation von D/d

- Akustische Identifikation von D/d:
  Wörter mit D/d im Anlaut bzw. Binnenlaut suchen bzw. D/d in vorgesprochenen Wörtern identifizieren:
  Dach, Daumen, Dieb, dick, dünn, doof, Radio, Nadel, Limonade, Krokodil, Laden, baden, landen

Bei dieser Übung sollten zunächst keine Wörter vorgegeben werden, die gleichzeitig einen /t/-Laut enthalten.

- KV KV 63 mit Übungen zur Lautunterscheidung /d/ und /t/ *(Nur bei Kindern einsetzen, die den /d/-Laut bereits verinnerlicht haben!)*

- Auslautverhärtung bei d am Wort- bzw. Silbenende: Anhand ausgewählter Wörter, die die Kinder schon lesen können, wird den Kindern bewusst gemacht, dass d am Wortende als /t/ hörbar ist.

Tafelanschrift:

Mond – Sand – Wand – Rand – Land

Evtl. können hier mündlich schon Beispiele zur Verlängerung (bzw. zum Weiterschwingen) von Wörtern gegeben werden: Mon-de, Wän-de, Län-der).

- Mündliche Gegenüberstellung von Wörtern mit D und T (auf deutliche Artikulation achten):

Dino – Tino	Dach – Tag
Dose – Tomate	Dame – Tafel

Lesen und Schreiben

- KV KV 64 mit Ankreuzsätzen;
  KV 65 mit Würfelwörtern für die Setzleiste

- Kleine Lesetexte aus bekannten Wörtern zusammenstellen und evtl. aufschreiben:

Was ist alt?	Eine alte Nadel.
Was ist leer?	Der Laden.
Was ist rot?	Eine rote Dose.
Was ist warm?	Das Wasser in der Wanne.
Was ist rosa?	Eine rosa Rose.

- D/d-Seite im „Buchstaben-Haus“ (KV 138, editieren) oder in einem „Wörter-Sammel-Heft“ oder als „Buchstaben-Poster“ gestalten

Mögliche fächerübergreifende Aktivitäten zu Einheit 16: D/d

Malen/Basteln

Fantasiegeschichten-Kalender gestalten
„Wen könnte Erk mit seinem Hocker im All noch treffen?“
„Wohin könnte Erk mit seinem Hocker noch fliegen?“

Kapitelabschluss: Fibelseite 36
siehe Hinweise auf Seite 112

Anknüpfungsmöglichkeit im Jo-Jo-Verbund mit dem 2. Jahrgang

Jo-Jo Lesebuch 2	
Seite 54/55:	Die tollkühnen Abenteuer von JanBenMax

Winter

Hinweise zum Kapitelthema

Dieses Kapitel der Jo-Jo Fibel behandelt innerhalb der Buchstabenprogression verschiedene Aspekte der „kalten Jahreszeit“:

Die Fibelseiten spannen dabei den Bogen von schlechtem Wetter draußen, gekoppelt mit den Sachthemen „Verkehrserziehung“ und „passende Kleidung bei schlechtem Wetter“ über das Spielen drinnen bis hin zum Kranksein.

In allen Bereichen können die Kinder von eigenen Erlebnissen berichten, Rollenspiele durchführen, Bilder malen und frei schreiben.

Weihnachten als christliches Fest wird im Textteil (Fibelseiten 110/111) thematisiert und in Bezug zu den religiösen Festen anderer Religionen (Zuckerfest, Lichterfest) gesetzt.

So kann der Leselehrgang in der Progression unabhängig von den festen Feiertagen durchgeführt werden.

Kapiteleinstieg: Fibelseite 37

Die Abbildung der Kapiteleinstiegseite stammt aus dem Buch „Weihnachten im Stall“ von Astrid Lindgren / Illustration: Lars Klinting. Verlag Friedrich Oetinger, Hamburg 2002.
Das Haus auf dem Bild strahlt durch die erleuchteten Fenster eine wohlige Wärme aus. Das warme Licht dringt durch die Fenster nach draußen.
Tina und Tino stehen in Winterkleidung außerhalb des Bildes und schauen in Richtung des Hauses.

Es wäre schön, wenn das Buch besorgt und vorgelesen werden könnte. Ersatzweise besteht auch die Möglichkeit, den Textauszug aus dem Jo-Jo Lesebuch 2, Seite 56/57 vorzulesen.
Diese Geschichte kann für sich als literarischer Text wirken – die Kinder können ein Bild dazu malen und so ihre Gedanken und Empfindungen ausdrücken.

Die Kinder werden darüber hinaus dazu angeregt, über besondere Erlebnisse und Vorlieben im Winter zu berichten/frei zu schreiben.

Anknüpfungsmöglichkeiten im Jo-Jo-Verbund mit dem 2. Jahrgang

Jo-Jo Lesebuch 2	
Seite 56/57:	Weihnachten im Stall
Jo-Jo Sprachbuch 2	
Seite 24:	Winter

Kapitelabschluss: Fibelseite 44

Hier wird das Gestalten eines Winterheftes angeregt. Vier nummerierte kleine Texte beschreiben, womit/wie Tino, Tina, Anton und Anita jeweils ihre Seite gestalten.

Von oben sieht man vier angefangene Winterblätter (Kinderzeichnung), in die jeweils eine Hand ragt. Dabei ist immer nur ein kleines Stück von einem Ärmel in jeweils verschiedenen Farben zu sehen (rot, grün, gelb, blau):

1. Anton (gelb) faltet und schneidet Eisblumen mit Papier und klebt sie auf sein Blatt.
2. Tino (grün) klebt Fotos von Tieren im Winter auf sein Blatt.
3. Tina (rot) malt einen fantasievollen Winterhut.
4. Anita (blau) klebt Fotos von Winteraktivitäten auf und schreibt dazu kleine Texte.

Die Kinder erlesen die Texte, schauen sich die Bilder an und ordnen die Texte den Bildern zu. Dies kann auf verschiedene Weise geschehen:

- Die Kinder ordnen die Ziffer vor dem Satz der jeweiligen Ärmelfarbe zu:
  Die Eins gehört zum gelben Ärmel. ...

- Die Kinder ordnen die Namen der Protagonisten der Ärmelfarbe zu:
  Anton trägt einen gelben Pulli. ...

- Die schwierigste Variante ist die Beschreibung durch Nennung der Richtung:
  Der Satz 1 gehört zu dem Bild *links unten*. –
  Der Satz mit der 3 gehört zu dem Bild *rechts oben*. ...

In diesem Zusammenhang könnten auch die Ordinalzahlen (der erste, zweite, dritte, vierte, fünfte, sechste ...) thematisiert werden.

Die KV 76 enthält eine Seitenvorlage für ein Winterheft, die die Kinder individuell gestalten können.

Zum Schluss der Einheit 20 zum ie wird in diesen Handreichungen ein Gestaltungsvorschlag für einen Winter- oder Wetterhut gegeben.

Weiterführende Texte im Textteil:

Fibelseiten 110/111

- Vier Lichter (Gedicht)
- Geburt Christi (Gemälde von Geertgen tot Sint Jans)
- Dein Licht zum Verschenken (Bastelanleitung)
- Wie die Menschen feiern (Kindertexte zu religiösen Festen in aller Welt)

Literatur und Internetverweise

Weihnachten im Stall. Astrid Lindgren / Lars Klinting. Verlag Friedrich Oetinger, Hamburg 2000

Weihnachten hier und anderswo – Lernen an Stationen in der Grundschule 3/4. Cornelsen Verlag Scriptor, Berlin (Kopiervorlagen und Materialien: ISBN 978-3-589-22524-8)

Weihnacht, Weihnacht, überall!. Weihnachtsbräuche aus aller Welt. Sylvia Tress. Esslinger Verlag, Esslingen 2007

Weihnachten (3malig – Stationenlernen 1/2). Cornelsen Verlag, Berlin (Kopiervorlagen mit CD-ROM: ISBN 978-3-06-081727-6)

Tomte Tummetott. Astrid Lindgren: Verlag Friedrich Oetinger, Hamburg 1960

Rolfs Schulweg Hitparade. Rolf Zuckowski. Mach mit. Musikverlag Hans Sikorski, Hamburg 1992

EINHEIT 17: U u

Für viele Kinder ist die lautliche Unterscheidung von /u/ und /o/ sehr schwierig. Im Rahmen einer zusätzlichen Übung kann die Unterscheidung mit den Kindern – falls erforderlich – gesondert geübt werden.
Zeitversetzt (zum Buchstaben/Laut F/f) gibt es aber auch zu einem späteren Zeitpunkt im Arbeitsheft eine solche Übung (Arbeitsheft, Seite 43, Aufgabe 2).

Materialien			
FS:	38/39	**LMB:**	19, 20
AH:	40, 41	**KV:**	67–70
Diff.-Block:	20		
DLG:	18		

Einführen der Buchstaben U/u

Die Lehrerin schreibt einige Wörter mit U/u an die Tafel. Auch möglich: Bildkarten/Wortkarten/Buchstabenkarten:

Lupe	rudern	du	und
Nudel	nun	tun	Mund

Die Kinder suchen den neuen Buchstaben heraus, markieren ihn und ermitteln den dazugehörigen Laut. Die Wörter werden mehrmals laut gelesen.
Andere Wörter mit /u/-Laut können *mündlich* gesucht und abgehört werden:
Puder, Uhu, Blut, Bruder, bunt, Luft, hundert, Ufer, Tulpe ...

Suchen der „Wörter mit U/u" im Fibeltext:
rudert, und, nun, umarmt, du, umsonst, nun, tun

Fibelseite 38/39: An der Bushaltestelle

Auf dieser Doppelseite gibt es eine Bildfolge, die nicht der Folge der Textabschnitte entspricht. Die Kinder betrachten und beschreiben die Bilder, erlesen die Texte dazu.
Die Texte sind mit Symbolen gekennzeichnet. Am Seitenfuß sieht man Tina, Tino und Anita mit Sprechblasen. Tina fragt: „Was passt denn wo?" (Die Bedeutung dieser Fragestellung gemeinsam erarbeiten.)
In Tinos und Anitas Sprechblasen werden zwei unterschiedliche Reihenfolgen der Textabschnitte durch die Symbole präsentiert.
Wer entdeckt die richtige Reihenfolge?
(Anita: Dreieck, Kreis, Viereck, Karo/Stern)

1. Bild: *Alles ist nass. ...*
Tino und Tina warten an einer roten Ampel. Sie wollen auf die andere Straßenseite zur Bushaltestelle. Es regnet und es liegt viel matschiges Laub auf der Straße. Tino trägt Turnschuhe. Tina trägt Gummistiefel.

2. Bild: *Dann rennt Tino als Erster los. ...*
Die Ampel hat auf Grün umgeschaltet. Tino ist offensichtlich als Erster über die Straße gerannt. Drüben angekommen, rutscht er aus, gerät ins Straucheln, versucht noch, sich abzufangen.

3. Bild: *Umsonst! Was soll ...*
Tino liegt vor der Bushaltestelle im nassen Laub. Tina rennt jetzt auch über die Straße (die Ampel noch grün).

4. Bild: *Tina umarmt Tino: ...*
Tina umarmt Tino und hilft ihm wieder auf die Beine.

Wiederholtes sinnerfassendes Lesen wird hier gefordert und mit detaillierter Bildbetrachtung gekoppelt.

KV Die KV 67 enthält die zu den Bildszenen passenden Textstreifen zum Ausschneiden für jedes Kind. Die Kinder können diese Streifen direkt unter die Fibelbilder legen und prüfen, ob sie dazu passen.
Für diese Übung bietet sich besonders auch die Partnerarbeit an.

Ein Gespräch über richtiges Schuhwerk bzw. richtige Kleidung bei nassem und ungemütlich kaltem Wetter kann sich anschließen.
KV KV 70, unten: Kleidungsstücken zum Ankreuzen

Ebenso kann diese Doppelseite als Einstieg in das Thema „Verkehrserziehung“ (Verhalten an der Ampel / Überqueren der Straße / sichere und angemessene Kleidung) dienen.

D Differenzierungsmöglichkeiten zum Fibeltext

Lesen

Textvarianten lesen und evtl. (ab)schreiben:

Rennt Tino los ? Rennt Tina los ? Tino rennt los.	Tino wartet. Tina wartet. Tino und Tina warten an der Ampel.
Was tut Tino ? Was tut Tina ?	Umarmt Tino Tina ? Tina umarmt Tino.

Was soll Tino nun tun ?
Soll Tino rudern ?
Soll Tino reden ?
Soll Tino warten ?
Soll Tino rennen ?
Tino soll ...

Freies Schreiben

- in Einzel- oder Partnerarbeit eine Überschrift zu den Fibelseiten ausdenken und aufschreiben
- KV KV 70, oben: Erzählbild zu einer weiteren Situation im Straßenverkehr mit Blanko-Lineaturen zum freien Schreiben
- Verkehrsbilder malen und Wörter oder kleine Texte schreiben
- Verkehrsposter mit den wichtigsten Verkehrszeichen aufhängen, Wörter und Sätze dazu sammeln und aufkleben (z. B. Zebrastreifen, Ampel, Schulweg-Schild, Spielstraße ...)

ÜBUNGEN ZU EINHEIT 17: U/u

Druckschriftlehrgang, Seite 18

Diese Seite sollte zuerst bearbeitet werden, da auf allen Arbeitsheftseiten geschrieben werden muss.

Arbeitsheft, Seite 40

Aufgabe 1

Selbstständige Bearbeitung: Lautstellung ermitteln und ankreuzen
D Buchstaben eintragen

Aufgabe 2

Auswahlsätze erlesen, zum Bild passenden Satz ankreuzen

Aufgabe 3

Begriffe benennen, sprechschwingen, Einzellaute analysieren und Wörter schreiben; benutzte Buchstaben nach und nach aus der Auswahl streichen

Arbeitsheft, Seite 41

Aufgabe 1
Selbstständige Bearbeitung: Lautstellung ermitteln und ankreuzen

D Buchstaben eintragen

Aufgabe 2
Texte lesen und Bilder entsprechend den Textaussagen ergänzen

Aufgabe 3
D Satz silbierend erlesen, Wörter sprechschwingen, Silbenbögen setzen und Silbenkönige rot nachspuren

D Weitere Differenzierungsmöglichkeiten zu den Übungen

Differenzierungsblock
jeweils Seite 20 (grün und blau)

Lautunterscheidung: langes /u/ – kurzes /u/
Wörter aus dem Fibeltext und von den Arbeitsheftseiten werden auf „langes" bzw. „kurzes /u/" abgehört und evtl. in einer Tabelle sortiert. Hierfür wird die Vokallänge durch alternatives Sprechen (einmal mit kurzem und einmal mit langem ersten Vokal) abgehört:
Tafelbild:

U u

Lupe	und
Nudel	Mund
rudern	unter
nun	Pulli
du	Turm
tun	Wurm

Lautunterscheidung /u/ – /o/
Diese Übung kann mündlich oder mit Hilfe von Bildkarten durchgeführt werden. Die Kinder entscheiden, ob ein /u/ oder /o/ zu hören ist, und sortieren die Wörter entsprechend, z. B.:

Mond, Turm, Wolle, Wurm, Tor, Mund, Dino, Dose, Rose, Nudel, Pudel, Lupe
(diese Wörter können auch gelesen werden)

Hund, Ohr, Uhr, Hose, Stute, Burg, Tube
(diese Wörter können noch nicht komplett erlesen werden)

Wortverwandlung durch Austausch von Buchstaben (Minimalpaare)

Tafelbild:

Mund	Turm	Pudel
M_nd	_urm	_udel
Oma	Tino	Tanne
O_a	Tin_	_anne

Lesen und Schreiben
- KV 68 mit Ankreuzsätzen zum sinnerfassenden Lesen;
- KV 69, oben: Lückenwörter zum Zuordnen und Abschreiben
- U/u-Seite im „Buchstaben-Haus" (KV 138, editieren) oder in einem „Wörter-Sammel-Heft" oder als „Buchstaben-Poster" gestalten

Silbenkönige markieren (inkl. ei)
KV 69, unten (analog zu Aufgabe 3, Arbeitsheft, Seite 41)

Mögliche fächerübergreifende Aktivitäten zu Einheit 17: U/u

Malen/Basteln
Verkehrsbilder malen und dazu schreiben

Sachthema
Thema „Verkehrserziehung":
a) richtiges Verhalten an der Ampel, am Fußgängerüberweg, an der Bushaltestelle
b) richtige Kleidung bei schlechter Sicht (Reflektoren, helle Jacken, Mützen etc.)

Musik
Verkehrslied(er) singen und spielen
Eine gute Auswahl bietet u. a. Rolfs Schulweg-Hitparade von Rolf Zuckowski.

Lied:

Josefine heißt die Ampel

2. Josefine liebt die Kinder,
   ob sie groß sind oder klein.
   Um besonders sie zu schützen,
   fiel ihr kürzlich etwas ein.

   Refrain: Schaut, schaut, schaut ...

3. Kinder hüpfen, springen, zappeln,
   manchmal gehen sie im Traum,
   sehen Autos, Räder, Menschen,
   doch die Ampel sehn sie kaum.

   Refrain: Schaut, schaut, schaut ...

4. Josefine hat geduldig
   viel geübt und es geschafft:
   Stehen Kinder an der Kreuzung,
   hat ihr Rotlicht viel mehr Kraft.

   Refrain: Schaut, schaut, schaut ...

5. Rotes Licht von Josefine
   funkelt hell die Kinder an.
   Strahlt und leuchtet, glänzt und schimmert.
   Keins es übersehen kann.

   Refrain: Schaut, schaut, schaut ...

6. Kinder stehn am Straßenrande,
   rennen nicht mehr unbedacht.
   Josefine ist zufrieden,
   weil ihr das viel Freude macht.

   Refrain: Schaut, schaut, schaut ...

7. Wenn ihr nun auf eurem Wege
   eine rote Ampel seht,
   schaut gut hin. Es wäre möglich,
   Josefine vor euch steht.

   Refrain: Schaut, schaut, schaut ...

Text: Lore Kleikamp, Musik: Detlev Jöcker

EINHEIT 18: F f

Materialien

FS:	40/41	**LMB:**	21, 22
AH:	42, 43	**KV:**	71, 72, 73
Diff.-Block:	21		
DLG:	19		

Fibelseite 40/41: Tinos Anruf

Es ist zu kalt, um draußen zu spielen. Am Fenster sieht man Eisblumen.
Am Fenster ist auch ein Kater zu sehen, der offensichtlich gerne in die warme Wohnung will. Polli „begrüßt" ihn von drinnen.
Tino ruft Tina an, um sich mit ihr zu verabreden: Tinos Opa möchte die beiden in der Wohnung mit Polli filmen.
Der Dialog ist so abgebildet, dass man nur lesen kann, was Tino sagt. Tinas Sprechblasen enthalten hingegen Auslassungspünktchen (deren Bedeutung mit den Kindern vorab geklärt werden sollte). Die Kinder erfahren also hier nicht, was Tina antwortet.

Die Kinder sollen nun anhand von Tinos Äußerungen darüber spekulieren, was Tina jeweils antworten könnte. Diese Aufgabe erfordert nicht nur wiederholtes sinnerfassendes Lesen, sondern die Kinder müssen sich auch in eine Situation bzw. die handelnden Personen hineinversetzen.
Das Ergänzen von Tinas Aussagen kann zunächst mündlich passieren. Den Kindern muss dabei erläutert werden, dass es nicht eine richtige, sondern verschiedene Lösungsmöglichkeiten gibt.
Dafür eignet sich besonders gut auch das Rollenspiel. Verschiedene Paare können vor der Klasse unterschiedliche Dialoge durchspielen (freiwillig!).

Mögliche (alternative) Antworten Tinas:

1: Ja gerne, was wollen wir denn machen? – Au ja, sollen wir dann etwas spielen? ...

2: Wann soll ich denn kommen? – Wann wollt ihr denn anfangen? – Soll ich um drei Uhr da sein? ...

3: O nein, das schaffe ich nicht! – Das ist mir zu früh. – Nein, lieber später. – Können wir uns nicht später treffen? ...

4: Ich habe Mama versprochen, den Abwasch zu machen. – Ich muss noch die Hausaufgaben machen. – Ich muss noch mit Pipo Gassi gehen. – Ich muss vorher mein Zimmer aufräumen. ...

Es ist auch möglich, sich gemeinsam mit der Klasse für jeweils eine Antwort zu entscheiden, diese aufzuschreiben und von zwei Kindern das Telefongespräch im Wechsel lesen zu lassen.

D Differenzierungsmöglichkeiten zum Fibeltext

Lesen

Textvarianten lesen und evtl. (ab)schreiben:

Tino ruft Tina an.
Er will Tina treffen.

Tino muss warten.
Er trifft Tina um 5.

Opa wartet im Sessel.
Er will Tina und Tino filmen.
Er will Tina und Tino mit Polli filmen.

Opa muss warten.
Tino muss warten.
Polli muss warten.
Opa und Tino wollen Tina treffen.
Es ist 5.
Tina ist da.

Freies Schreiben

- Äußerungen Tinas frei schreiben (in Einzel- oder Partnerarbeit)
  KV Die KV 72 enthält Tinos Sprechblasen und Schreibzeilen, in die mögliche Antworten Tinas geschrieben werden können.
- in (vorgegebene) Sprechblasen eigene „Telefongespräche" schreiben
- einen Dialog erfinden, der sich zwischen den beiden Katzen abspielen könnte: „Lass mich rein, mir ist kalt!" „Nein, du machst ja einen Buckel!" ...

Einführen der Buchstaben F/f

Für die Einführung von F/f bietet sich eine Auswahl der im Fibeltext verwendeten Wörter an, ergänzt durch weitere Wörter mit dem Großbuchstaben, z. B.:
Tafelanschrift:

Fenster	Ofen	Foto	Film
Telefon	finden	rufen	treffen

Die Kinder stellen fest, dass in allen Wörtern ein neuer Buchstabe erscheint. Dieser wird farbig markiert und evtl. mit Buchstabenkarten herausgestellt. Die Kinder erschließen den neuen Buchstaben/Laut mit Hilfe der Lauttabelle oder aus dem Sinnzusammenhang.

Weitere Wörter mit F/f werden gesucht oder aus einer (mündlich) gegebenen Wortauswahl gesucht.
Beispiel: „Schwing die Silben und hör ganz genau hin: In welchem Wort klingt ein /f/?"

Hase – Elefant – Igel ...
Lama – Schnecke – Falter ...
Tafel – Kreide – Eimer ...
Kuh – Ziege – Schaf ...

(dabei auf deutliche Aussprache achten, Wörter ggf. wiederholen, Wörter mit /f/-Laut noch einmal wiederholend laut sprechen lassen)

Bei der *Neueinführung* eines Lautes sollte darauf geachtet werden, keine Begriffe mit ähnlich klingenden Lauten abhören zu lassen (hier: keine Begriffe, die die Buchstaben w, v oder pf enthalten).
Ebenso sollte das /f/ innerhalb dieser Übungswörter stets nur an Vokale angrenzen (hier also noch keine Begriffe wie z. B. *Fr*ost anbieten).

ÜBUNGEN ZU EINHEIT 18: F/f

Arbeitsheft, Seite 42

Aufgabe 1
Selbstständige Bearbeitung: Lautstellung ermitteln und ankreuzen
D Buchstaben eintragen

Aufgabe 2
Sätze erlesen und Bilder entsprechend den Textaussagen ergänzen

Druckschriftlehrgang, Seite 19

Arbeitsheft, Seite 43

Aufgabe 1
Begriffe benennen, sprechschwingen, Einzellaute analysieren und Wörter schreiben; benutzte Buchstaben nach und nach aus der Auswahl streichen

Aufgabe 2
Sätze erlesen und entsprechend der Fragestellung ankreuzen

Aufgabe 3
Begriffe benennen, fehlenden Vokal abhören (alternativ mit /u/ und /o/ sprechen) und einsetzen, ganzes Wort nachspuren

Aufgabe 4
D freies Schreiben (siehe auch fächerübergreifende Aktivitäten)

D Weitere Differenzierungsmöglichkeiten zu den Übungen

Differenzierungsblock
jeweils Seite 21 (grün und blau)

Vokallänge vor doppelten Mitlauten abhören
Am Beispiel des Wortes „treffen" (oder eines anderen geeigneten Wortes/Namens) kann Vokallänge vor doppelten Mitlauten erneut thematisiert werden.
Bereits bekannte Wörter:

Ritter, rennen, nass, soll, Mann, Wanne,
Sessel, Sonne, Treppe, retten ...

Auf den Fibelseiten zu F/f:

drinnen, sollen, treffen, will, Polli, musst,
denn, dann, muss

Hierfür wird die Vokallänge durch alternatives Sprechen (einmal mit kurzem und einmal mit langem Vokal vor den doppelten Mitlauten) abgehört.
Die Wörter können auch an der Tafel den beiden unterschiedlichen Jo-Jos (mit Strich und Punkt) zugeordnet werden (s. a. Einheit 17 zu U/u).

Lautunterscheidung /f/ und /w/
KV KV 73 mit Übungen zur Lautunterscheidung

Lesen üben
- KV KV 71 mit Dominospiel zu F/f
- F/f-Seite im „Buchstaben-Haus" (KV 138, editieren) oder in einem „Wörter-Sammel-Heft" oder als „Buchstaben-Poster" gestalten

Freies Schreiben
- Poster gestalten: „Das ist im Winter fein. – Das ist im Winter doof."

Mögliche fächerübergreifende Aktivitäten zu Einheit 18: F/f

Malen/Basteln

- „Katzenbild" analog zu Polli und dem Kater malen, dem Kater einen Namen geben
- Plakate „Das finden wir doof!" – „Das finden wir toll!" schreiben, eigene Einträge dazu machen, Bilder dazu malen oder einkleben

Sachthemen

- Mit einem „toten" Telefon oder Handy Telefongespräche führen (evtl. zwei Geräte benutzen)
- Verhalten von Tieren im Winter:
  Polli im Winter – Pipo im Winter
- Aufschreiben/malen, was warm bzw. kalt ist, z. B.:
  Ofen, Tee, Kerze, Heizung, Eis,
  Schnee, Limo, Suppe ...

Anknüpfungsmöglichkeit im Jo-Jo-Verbund mit dem 2. Jahrgang

Jo-Jo Lesebuch 2	
Seite 65:	Überraschung

EINHEIT 19: H h

Obwohl die Fibelseiten 42 und 43 inhaltlich eng zusammengehören, empfehlen wir, die Buchstaben/Laute H/h und ie gesondert hintereinander einzuführen, da in dem Fibeltext zum H/h Wörter auch mit ei zu lesen sind.
Um optische Verwechslungen zu vermeiden, enthält der Text zum ie hingegen bewusst keine Wörter mit ei.
Wenn Sie die beiden Geschichtenstränge jedoch beim Erlesen nicht teilen wollen, bearbeiten Sie zunächst die Arbeitsheftseiten zu beiden Buchstaben (H/h und ie) und erlesen dann die beiden Fibelseiten gemeinsam.
Das nicht hörbare („stumme") -h wird auf Fibelseite 68/69 – Arbeitsheftseite 71/72 gesondert eingeführt.

Materialien			
FS:	42	**LMB:**	23, 24
AH:	44, 45	**KV:**	74, 75
Diff.-Block:	22		
DLG:	20		

Einführen der Buchstaben H/h

Tafelanschrift:

Tino hat Husten.
Er ist heiser.

Die Kinder erschließen den neuen Laut/Buchstaben aus dem Sinnzusammenhang oder mit Hilfe der Lauttabelle. Der neue Buchstabe wird farbig markiert oder z. B. mit Buchstabenkarten herausgestellt.

Die Kinder hören die Wörter „hat", „Husten" und „heiser" auf den neuen Laut hin ab.
Weitere Wörter mit H/h können mündlich gesucht oder angeschrieben werden (z. B. die Wörter aus dem Fibeltext):

Hals, holt, Holunder, helfen, heilen
D Schnee-Hasen, Hustensaft, Honig

Fibelseite 42: Tino ist ...

Die Kinder äußern sich zunächst frei zu der abgebildeten Situation:
Tino liegt krank im Bett. Seine Mutter bringt ihm Tee, Honig und Ananas auf einem Tablett.

Die Kinder berichten von eigenen Erfahrungen mit dem Kranksein.
Am Seitenfuß sind Dinge abgebildet, die bei einer Erkältung nützlich sind – die Kinder können diese aus eigener Erfahrung noch ergänzen.
Dabei sollte auch darüber gesprochen werden, warum diese Dinge bei einer Erkältung helfen können (Schal und dicke Socken halten warm; Früchte haben viele Vitamine, die gesund sind; Hustensaft kann den Husten heilen).
Anschließend können die Kinder mündlich (Diff.: schriftlich) die Überschrift vervollständigen und den Text abschnittsweise erlesen.

D Differenzierungsmöglichkeiten zum Fibeltext

Lesen

- Textvarianten erlesen und evtl. (ab)schreiben:

Tino hat Husten.
Mama will helfen.
Mama holt Tee.

Tino hat Husten.
Tino ist heiser.
Tinos Hals ist rot.

Der Tee ist warm.
Der Tee soll Tino helfen.
Der warme Tee soll Tino heilen.

Der Tee ist warm.
Der Tee hilft.
Der Tee heilt.
Es ist Holunder-Tee.

- Erlesen von Wörtern mit fremden Buchstaben (Plakataufschrift „Schnee-Hasen“ und die Glasaufschrift „Honig“)

Freies Schreiben

- über eigene Erfahrungen mit Krankheit berichten, dazu frei schreiben und malen
- einem kranken Kind aus der Klasse einen Brief schreiben oder/und Bild malen
- ausgehend von den Abbildungen am Seitenfuß gemeinsam ein Poster mit Dingen erstellen, die bei Erkältung und Krankheit nützlich sind, diese beschriften bzw. kleine Sätze dazu schreiben

ÜBUNGEN ZU EINHEIT 19: H/h

Druckschriftlehrgang, Seite 20

Der Druckschriftlehrgang sollte hier wieder vorgezogen werden, da im Arbeitsheft auf Seite 44 bereits geschrieben werden muss.

Arbeitsheft, Seite 44

Aufgabe 1
Selbstständige Erarbeitung: Lautstellung ermitteln und ankreuzen
D Buchstaben eintragen

Aufgabe 2
Auswahlantworten erlesen und entsprechend der Fragestellung ankreuzen

Aufgabe 3
Reimwörter erlesen, abgebildete Reimbegriffe nennen und darunterschreiben

Aufgabe 4
D farbig markierten Buchstaben der Abbildung entsprechend austauschen und neues Wort schreiben

Arbeitsheft, Seite 45

Aufgabe 1
Begriffe benennen, sprechschwingen, Einzellaute analysieren und Wörter schreiben; benutzte Buchstaben nach und nach aus der Auswahl streichen

Aufgabe 2
Sätze und Auswahlwörter lesen; Lückensätze mit den passenden Verben vervollständigen (sprechschwingen)

Aufgabe 3
D Freies Schreiben: Satzfragment erlesen, nachspuren und sinnvoll ergänzen

D Weitere Differenzierungsmöglichkeiten zu den Übungen

Differenzierungsblock
jeweils Seite 22 (grün und blau)

Lesen üben
KV KV 74 mit Lückentext, in den H/h-Wörter aus einer Auswahl einzusetzen sind

Wörter mit doppelten Mitlauten

KV ● KV 75, oben: Wörter mit doppelten Mitlauten gruppieren und abschreiben

D unten: Verben im Infinfitiv und in der 3. Person singular (**alle** tun etwas – **er** tut etwas)

(Beide Übungen sollten in Kleingruppen unter Anleitung eingeführt werden.)

Mögliche fächerübergreifende Aktivitäten zu Einheit 19: H/h

Sachthemen

Rund ums Thema „Körper und Gesundheit/ Krankheit“:

a) Körperteile kennen und benennen

b) Krankheiten und ihre Ursachen (Erkältung: unpassende Kleidung, Ansteckung – Gipsbein, Beinbruch: durch Sturz ...)

c) Behandlungsmöglichkeiten (viel Schlaf, Tee, Medikamente, Sportverbot ...)
Falls Eltern als Arzt/Ärztin oder Krankenpfleger/ Krankenpflegerin tätig sind, können diese als „Experten“ eingeladen und von den Kindern befragt werden.

d) Gesunde Ernährung und richtige Kleidung als Vorbeugung: Frühstück und vorhandene Kleidung unter diesem Aspekt (nicht unter modischem oder „schickem/schönem“ Aussehen!) betrachten, evtl. Poster dazu gestalten (freies Schreiben)

e) in der Klasse verschiedene Teesorten kochen und kosten

Tiere im Winter

- Plakate zum Thema „Tiere im Winter“ analog zum abgebildeten Plakat „Schnee-Hasen im Winter“ erstellen und beschriften/kommentieren (Pferde, Eichhörnchen, Vögel, Rehe ... im Winter)
- Bücher, Bildbände zu Tieren im Winter ausleihen / von zu Hause mitbringen und gemeinsam betrachten

Anknüpfungsmöglichkeit im Jo-Jo-Verbund mit dem 2. Jahrgang

Jo-Jo Lesebuch 2	
Seite 65:	Die Schnecke im Winter

EINHEIT 20: ie

Bei der Einführung des ie muss darauf hingewiesen werden, dass dies einer der wenigen Buchstaben ist, zu dem es keinen Großbuchstaben gibt, d. h., das ie kann niemals am Wortanfang stehen.
Wegen der optischen Verwechslungsgefahr enthalten der Fibeltext zum ie sowie die Arbeitsheftseiten 46 und 47 bewusst keine Wörter mit ei.
Erst nachdem die Einführung des Graphems ie durchgeführt und in mehreren Übungen vertieft wurde, sollte die Gegenüberstellung von ie und ei auf der Arbeitsheftseite 48 bewusst gemacht und bearbeitet werden.

Materialien			
FS:	43	**LMB:**	25–28
AH:	46, 47, 48	**KV:**	–
Diff.-Block:	23		
DLG:	21		

Einführen der Buchstabenverbindung ie

Tafelanschrift:

Wiese 

Tier Riese
niesen hier

Die Kinder erarbeiten den neuen Laut / die neue Buchstabenverbindung zunächst am Wort „Wiese“ – entweder mit Hilfe der Lauttabelle oder anhand der Zeichnung. Sie erkennen: Bei ie klingen die Buchstaben nicht einzeln wie bei /i/ und /e/, sondern zusammen (wie ein lang gesprochenes i / wie in Tina/Tino):
Um das ie wird ein Kringel gesetzt. Anhand der Lauttabelle erklärt die Lehrerin: Der Buchstabe ie kann nicht am Anfang eines Wortes stehen, deshalb gibt es auf der Lauttabelle zu diesem Buchstaben kein Wortbild, bei dem das ie am Anfang klingt. Dafür steht aber das ganze Wort bei dem Bild. Sie spricht das Wort mehrmals hintereinander Silben schwingend vor: Wie-se.
Dann setzt sie die Silbenbögen unter das Tafelwort:

> Bei dem Wort „Wiese“ klingt am Anfang der ersten Silbe ein /w/. Das kennen wir schon.
> Die Buchstaben der zweiten Silbe von „Wie-se“ kennen wir auch schon: -se.
>
> Der neue Buchstabe ist auch ein Silbenkönig (auf der Lauttabelle prüfen).
> Er ist hier im Wortinnern besonders dick gedruckt: W**ie**se.

Anschließend wird das ie in den anderen Wörtern an der Tafel gesucht und mit einem Kringel gekennzeichnet. Die ie-Wörter werden gelesen.

D Sucht an der Tafel zwei Reimpaare. Welches Wort reimt sich nicht mit einem anderen?
(Wiese – Riese; Tier – hier. Zu dem Wort „niesen" gibt es kein Reimwort an der Tafel.)

Hinweis: Optional (je nach Klassensituation, besonders im jahrgangsübergreifenden Unterricht) kann bereits darauf hingewiesen werden, dass der lang klingende /i/-Laut zumeist ie geschrieben wird.

Fibelseite 43: Paola will helfen

Inhaltlich ist diese Seite eine Fortsetzung der vorherigen: Tinos kleine freche Schwester Paola ist mit der Katze Polli ins Zimmer gekommen. Sie erkennt, dass Tino seine Füße nicht bedeckt hat, und will Polli darauflegen, damit sie sie wärmt. Tino muss grinsen.
Als Mama sie fragt, was sie da vorhat, fängt sie an herumzualbern und „verpackt" dabei ihr Vorhaben in einen Reim. Die Mutter nimmt die Katze und verweist Paola mit Nachdruck darauf, dass Tino jetzt Ruhe braucht.

Zunächst wird die Fibelseite gemeinsam betrachtet und besprochen. Der Inhalt erschließt sich, bis auf Paolas Reime, auch aus den Bildern:

Was tut Paola da? Warum tut sie das?
Wieso muss Tino grinsen?
Was seht ihr unten auf dem Balken?
(hier ist eine Wärmflasche mit Katzenüberzug abgebildet)

Die Kinder lesen den Text zunächst abschnittsweise, dann evtl. auch mit verteilten Rollen. Dafür empfiehlt es sich, die wörtliche Rede auf einer Kopie vorher unterstreichen oder farblich kennzeichnen zu lassen.
Zum ersten Mal wird hier die wörtliche Rede mit der üblichen Zeichensetzung (statt Sprechblasen) versehen. Es bleibt der Lehrerin überlassen, ob sie darauf eingehen will (offizielle Einführung erst zu Fibelseite 73).

D Auch ein Rollenspiel mit selbst erfundenem Text oder spontanen Textvarianten bietet sich an.

D Differenzierungsmöglichkeiten zum Fibeltext

Lesen
Textvarianten erlesen und evtl. (ab)schreiben:

Tino hat Husten.
Er niest.
Sein Hals ist rot.

Paola holt Hilfe.
Holt Paola Papa ?
Holt Paola Pipo ?
Sie holt Polli.

Paola will Tino helfen.
Sie holt Polli.
Mama will Tino helfen.
Sie holt Tee.

Polli und Paola wollen Tino helfen.
Halt, Paola !
Halt, Polli !
Ruhe, Paola !
Ruhe, Polli !
Mama nimmt Polli und Paola mit.

Freies Schreiben
Thema „Kranksein" (s. a. Einheit H/h zu Fibelseite 42)

ÜBUNGEN ZU EINHEIT 20: ie

Arbeitsheft, Seite 46

Aufgabe 1
Text lesen, alle ie markieren

Aufgabe 2
Artikel und Wörter erlesen; richtige Artikel zuordnen und Wörter nachspuren

Aufgabe 3
lesen und entsprechend der Aufgabenstellung malen

Arbeitsheft, Seite 47

Aufgabe 1
Begriffe benennen, sprechschwingen, Einzellaute analysieren und Wörter schreiben, benutzte Buchstaben nach und nach aus der Auswahl streichen

Aufgabe 2
Sätze erlesen, jeweils zur Abbildung passenden Satz ankreuzen

Aufgabe 3
Wörter erlesen und ie farbig markieren; vorgegebene Wörter nachspuren; Reimwörter darunterschreiben; beide aus dem Kasten streichen

D letztes Reimpaar schreiben

Mögliche Vorübung zu Arbeitsheft, Seite 48
Wegen der optischen Verwechslungsgefahr soll der Unterschied zwischen ei und ie noch einmal bewusst thematisiert werden. Zur Einführung kann dies z. B. mit der Gegenüberstellung von zwei ausgewählten Wortpaaren geschehen:

Tafelanschrift (Beispiele):

niesen – heiser   Reise – Riese

D Arbeitsheft, Seite 48

Aufgabe oben
den Text erlesen; ie rot markieren/schraffieren

Aufgabe unten
Alle fünf ie-Wörter aus dem oberen Text in die „Liste" abschreiben. Das Wort Riese taucht in dem Text doppelt auf, sollte aber nur einmal geschrieben werden:
der Riese, die Wiese, Hier, niemand, fies

D Weitere Differenzierungsmöglichkeiten zu den Übungen

Differenzierungsblock
jeweils Seite 23 (grün und blau)

Artikel zuordnen
Wörter (Nomen) sammeln und dem entsprechenden Artikel zuordnen, z. B.:
Tafelanschrift:

~~Ritter~~	Nest
Rose	Teller
Wetter	Hemd

der	die	das
Ritter		

Die Wörter werden erlesen, in die richtigen Spalten eingetragen und evtl. noch einmal in ein Heft abgeschrieben (Diff.).

Lesen üben
eine ie-Seite im „Buchstaben-Haus" (KV 138, editieren) oder in einem „Wörter-Sammel-Heft" oder als Buchstaben-Poster" gestalten

Mögliche fächerübergreifende Aktivitäten zu Einheit 20: ie

Da die Einheit in direktem inhaltlichen Zusammenhang mit Einheit H/h steht, werden die dort begonnenen Aktivitäten fortgeführt.

Musik
Lied:
Kommet all und seht ...

2. Einen blauen Topf hat er auf dem Kopf,
das ist sein neuer Hut, und der gefällt ihm gut.

3. Unser Schneemann weint, wenn die Sonne scheint,
das ist ihm gar nicht recht, denn das bekommt ihm schlecht.

Text und Musik: Hans Poser.
Aus: Heinz Lemmermann. Die Zugabe, Bd. 1, Fidula Verlag, Boppard am Rhein

Kapitelabschluss: Fibelseite 44

ausführliche Hinweise dazu: siehe Seite 123

Gestaltungsidee für einen Winter- oder Wetterhut

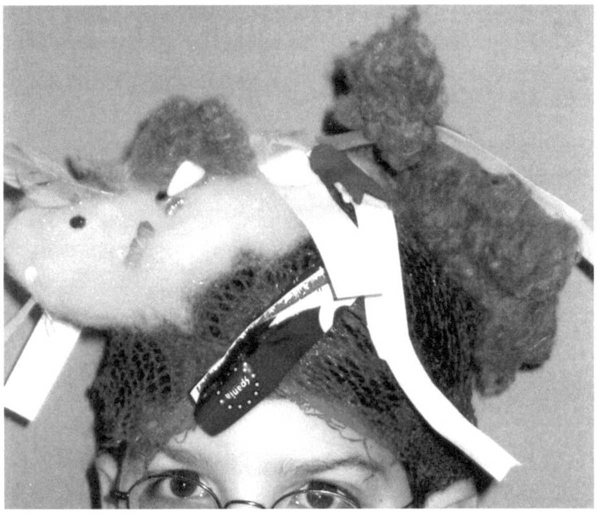

Lustige Hüte lassen sich recht einfach mit (festeren) Mandarinennetzen herstellen:
Das Netz wird an der offenen Stelle *vorsichtig* weiter aufgerissen, bis es über den Kopf passt. Dann wird es wieder abgezogen.
Nun können die Kinder das Netz mit den verschiedensten Materialien bestücken:
Watte (für Wolken), bemalte/gestaltete Tonpapierstücke (z. B. als Schneemann gestaltet), Papierstreifen, Knöpfe, Krepppapier, Glitzerpapier, Wollreste, kleine Stofftiere etc.
Hierbei können die Kinder ihrer Fantasie freien Lauf lassen.
Die Materialien befestigen die Kinder mit Fäden, die durch das Netz gezogen und verknotet werden. Ebenso eignen sich aber auch (leichte) Haarspangen (keine Haarnadeln!) zur Befestigung.

Idee und Foto: Kathrin Eckardt, Ludwigsburg

Anknüpfungsmöglichkeiten im Jo-Jo-Verbund mit dem 2. Jahrgang

Jo-Jo Lesebuch 2	
Seite 66/67:	Ulli ist krank
Seite 67:	Nur ein bisschen krank
Jo-Jo Sprachbuch 2	
Seite 28:	Wörter mit ie

Zeiten und Räume

Hinweise zum Kapitelthema

Kaum etwas hat so viel Einfluss auf unser Leben und unseren Alltag, wie die Zeit. Sie rhythmisiert unseren Tagesablauf, der wiederum durch die Jahreszeiten ganz wesentlich beeinflusst wird, sowohl durch deren Wettererscheinungen, als auch durch die unterschiedlichen „Tageslängen" (Sonnenstunden) im Jahreslauf.
Der Jahreskreis wird auf der Kapitelseinstiegsseite symbolisch durch eine Fliege dargestellt, die in einem Kreis durch die Jahreszeiten fliegt, die hier in kleinen Szenen (s. u.) dargestellt sind.

Der erste Fibeltext (Seite 46/47) beschäftigt sich mit dem Thema „Niemand hat Zeit". Jedes Kind wird bereits reichlich Erfahrung mit Zeitmangel oder Termindruck in bestimmten Situationen gemacht haben und dieses Phänomen anhand von erlebten Beispielen beschreiben können.

Das Thema „Zeiten und Räume" beinhaltet aber auch spannende naturwissenschaftliche Aspekte, die für Mädchen und Jungen gleichermaßen interessant sind.
Viele Kinder dieses Alters haben bereits ein großes Interesse an Naturphänomenen wie z. B. ausgestorbene Tiere, Wetterphänomene oder Himmelskörper und Sternbilder.
Die Fibelseiten 48 bis 52 berücksichtigen diese Interessen im Gesamtzusammenhang: Auf altersgemäßem Niveau werden hier Texte und Abbildungen zu unserem Sonnensystem und seinen Planeten, dem Sonnenlauf und der Erdumdrehung angeboten.
Hier geht es um ein erstes Herantasten an einen erweiterten Raum- und Zeitbegriff: Wo befindet sich eigentlich unsere Erde? Erleben die Menschen auf unserem Erdball die Zeit immer gleich?
Diese spannenden Einblicke in die Thematik ermuntern die Kinder, bereits vorhandenes Wissen weiterzugeben bzw. zu erweitern oder neue Interessengebiete für sich zu erschließen.

Kapiteleinstieg: Fibelseite 45

Diese Einstiegsseite präsentiert vier Illustrationen von Arnold Lobel aus dem Kinderbuchklassiker „Das große Buch von Frosch und Kröte".
Diese Abbildungen zeigen Frosch und Kröte, die, jeweils passend zu den Jahreszeiten, draußen in der Natur unterschiedlichen Beschäftigungen nachgehen.

Eine Fliege fliegt symbolisch im Kreis durch alle vier Jahreszeiten und gibt durch ihre Flugrichtung auch deren Abfolge vor:

Frühling: Frosch und Kröte entdecken auf einem Acker die ersten kleinen Sprösslinge, die aus der Erde kommen. *(Die Fliege kommt noch frierend aus dem Winter geflogen.)*
Sommer: Frosch und Kröte genießen einen Sommertag auf einem kleinen Boot. Der Frosch liest ein Buch, die Kröte angelt. *(Die Fliege ist ins Schwitzen gekommen.)*
Herbst: Frosch und Kröte lassen einen Drachen steigen. *(Die Fliege folgt der Flugrichtung des Drachens steil nach oben.)*
Winter: Der Frosch jagt, mit einem dicken Schal und einer Mütze bekleidet, auf einem Schlitten einen Abhang hinunter. *(Die Fliege versucht ihren Steilflug abzubremsen, vermutlich weil sie vermeiden möchte, in der Kälte des Winters anzukommen.)*

Die Abbildungen zum Winter und zum Sommer sind mit den Jahreszeitennamen gekennzeichnet (alle Buchstaben bekannt). Bei den Abbildungen zum Frühling und zum Sommer stehen stattdessen jeweils drei Fragezeichen.

Es bietet sich an, die Kinder zunächst Vermutungen dazu anstellen zu lassen, was die vier Abbildungen dieser Seite wohl darstellen. Sicher werden einige Kinder mühelos die Begriffe „Winter" und „Sommer" erlesen (und vielleicht auch schon sagen können, warum die Schrift zum „Winter" so „zittrig" aussieht).

Die beiden fehlenden Begriffe „Frühling" und „Herbst" (Buchstaben noch nicht alle eingeführt) werden mündlich ermittelt und die Reihenfolge der Jahreszeiten wird anhand der Flugrichtung der Fliege noch einmal bewusst gemacht.
Danach erzählen die Kinder, was sie bereits über die Jahreszeiten wissen (Naturphänomene, Wetter, Feste, Aktivitäten ...).
Eine bildnerische Aufgabe, z. B. zur Lieblingsjahreszeit, kann sich anschließen.

Da „Das große Buch von Frosch und Kröte" weitere Erlebnisse der beiden Tiere in kurzen, voneinander unabhängigen Kapitel enthält, lassen sich einige davon gut für kurze Vorlesesequenzen auswählen.

Anknüpfungsmöglichkeiten im Jo-Jo-Verbund mit dem 2. Jahrgang

Jo-Jo Lesebuch 2	
Seite 70/71:	Stockmann
Jo-Jo Sprachbuch 2	
Seite 30:	Zeiten und Räume *(Jahreszeiten)*
Seite 31:	Monatsgeschichten *(Geschichten vorbereiten)*
Seite 32:	Monate und Jahreszeiten *(Aufzählungen durch Komma trennen)*

Kapitelabschluss: Fibelseite 52

Diese Seite schließt inhaltlich direkt an die vorherigen an. Die abgebildeten Kinder erzählen, was sie tagsüber vielleicht tun, während in China schon Nacht ist. Diese Überlegungen können die Kinder in der Klasse zunächst mündlich für sich durchführen.
Da die Differenzierungsaufgabe auf dem Fußbalken unten einen großen Spielraum lässt, können aber alle Kinder hierzu auch schon etwas frei schreiben, sei es nur ein einzelner Satz oder schon eine kurze Geschichte.

D Kinder, die mit dem Lesen und Schreiben noch größere Probleme haben, können auch in Anlehnung an einzelne Sprechblasen ein Bild malen, z. B. „In Italien lacht die Sonne" oder „Ich tobe durch mein Zimmer".

Weiterführende Texte im Textteil: Fibelseiten 112/113

- Lebenszeiten
- Zeit-Wörter – Zeitempfinden
- Tina erzählt: So schnell kann ein Tag vergehen

Literatur und Internetverweise

Das große Buch von Frosch und Kröte.
Mit Illustrationen von Arnold Lobel. Neu erzählt von Tilde Michels. Deutscher Taschenbuch Verlag, dtv Junior, München 2000.

Alle Zeit der Welt. Anlässe, um miteinander über Zeit zu sprechen. Antje Damm. Moritz Verlag, Frankfurt a. M. 2010

Frag doch mal ... die Maus! Unsere Erde.
Sylvia Englert / Lorenzo Orlandi. Cbj Verlag, München 2010

Carlotta und das Rätsel der Zeit. Jeanette Randerath / Imke Sönnichsen. Thienemann Verlag, Stuttgart 2006

EINHEIT 21: Z z

Materialien			
FS:	46/47	**LMB:**	29, 30
AH:	49, 50	**KV:**	77, 78
Diff.-Block:	24		
DLG:	22		

Einführen der Buchstaben Z/z

Die Kinder erschließen den neuen Buchstaben/Laut zunächst anhand der Überschrift „Niemand hat Zeit" auf Fibelseite 46 (aus dem Sinnzusammenhang oder mit Hilfe der Lauttabelle).
Weitere Wörter mit Z/z können im Text gesucht (optische Identifikation) und an die Tafel geschrieben werden. Sie werden anschließend erlesen, der neue Buchstabe/Laut wird farbig markiert.
Weitere Wörter mit Z/z können gemeinsam mit den Kindern *mündlich* gesucht werden (akustische Identifikation), z. B.:

Anlaut:	Zelt, Zirkus, Zaun, zeigen, ziehen
Inlaut:	Kerze, Heizung, Wurzel
Auslaut:	Pelz, Pilz, Holz, schwarz

Da sich der Klang des z auch innerhalb von Konsonantenverbindungen nicht ändert, können hier auch Wörter wie „Pilz" und „Holz" eingesetzt werden.

Sollten die Kinder von sich aus keine Wörter finden, können diese auch mündlich vorgegeben und auf die Lautstellung hin abgehört werden.
Im Anschluss wird der Fibeltext abschnittsweise erlesen.

Fibelseite 46/47: Niemand hat Zeit

Tinas Mama ist allein erziehend und lebt mit Tina, ihrem großen Sohn Leon und dem Hund Pipo zusammen. An diesem Morgen hat sie es besonders eilig, weil sie vor der Arbeit noch mit Pipo zum Tierarzt muss. Der zerrt schon an der Leine, eine Pfote ist verbunden.
Bevor sie geht, gibt Mama noch hektisch Anweisungen für ihre Kinder, damit diese rechtzeitig und mit Pausenverpflegung versorgt zur Schule kommen.
Tina ist frustriert und beschwert sich darüber, dass sie alleine frühstücken muss. Die Mutter entschuldigt sich, tröstet Tina und verspricht, dass die Familie gemeinsam um 13.00 Uhr zu Mittag essen wird.

Die Seite gibt Anlass, darüber zu reden, wie der alltägliche Morgen in verschiedenen Familien aussehen kann, was alles zu tun ist, wer wann das Haus verlässt, wie die Kinder zur Schule kommen ...

D Differenzierungsmöglichkeiten zum Fibeltext

*Ab dem Buchstaben Z/z sind die Fibeltexte und die Aufgaben im Arbeitsheft jeweils in einen Basis- und einen Zusatztext aufgeteilt. Der **Basistext** ist, wie bisher, mit abwechselnder Silbenfärbung abgedruckt. Der **Zusatztext** ist mit einem Jo-Jo gekennzeichnet und ohne Silbenfärbung gedruckt. Er kann optional von fortgeschritteneren Kindern gelesen werden, die mehr Lesefutter benötigen.*
Dieser Textanteil ist aber nicht zwingend nötig für die inhaltliche Texterschließung.

Lesen

- abschnittsweises Erlesen und mehrmaliges lautes Vorlesen bzw. stilles Erlesen des Textes
- Lesen des Zusatztextes auf Fibelseite 47, unten
- Textvarianten zusammenstellen, erlesen und evtl. (ab)schreiben:

> Mama muss los.
> Sie muss in die Firma.
> Sie muss zum Arzt.
> Sie muss mit Pipo zum Tierarzt.
>
> Tina muss alleine essen.
> Tina will mit Mama und Leon
> zusammen essen.
> Um eins wollen alle zusammen essen.

Texterschließung

- Die Kinder werden mündlich mit Fragen dazu angeregt, die auf den Fibelseiten dargestellte Situation inhaltlich weiter zu erschließen, z. B.:
  Warum muss Pipo zum Arzt?
  Warum ist Leon in Eile?
  Warum will Tina nichts essen?
  usw.
- KV 77 mit Ankreuzsätzen und einem Stolperwörtertext

Freies Schreiben

- Fortgeschrittene Kinder können zu den angegebenen Tageszeiten der Uhren auf dem Fußbalken (morgens 7 Uhr, mittags 13 Uhr und nachmittags 16 Uhr) malen und/oder schreiben, was sie um diese Zeit gewöhnlich tun (dargestellte Uhrzeiten ggf. vorher gemeinsam besprechen).

- KV KV 78 mit einem Erzählbild zum Thema „Niemand hat Zeit" (unter einem anderen Aspekt als im Fibeltext) und Lineaturen zum freien Schreiben

ÜBUNGEN ZU EINHEIT 21: Z/z

Druckschriftlehrgang, Seite 22

Arbeitsheft, Seite 49

Aufgabe 1

Selbstständige Bearbeitung: Lautstellung ermitteln und ankreuzen

D Buchstaben eintragen

Aufgabe 2

Texte lesen und Bilder entsprechend den Textaussagen ergänzen

Aufgabe 3

Begriffe benennen, sprechschwingen, Einzellaute analysieren und Wörter schreiben; benutzte Buchstaben nach und nach aus der Auswahl streichen

D Begriff „Arzt" zusätzlich aufschreiben

Arbeitsheft, Seite 50

Aufgabe 1

Wörter erlesen; Wörter und Bilder durch Linien (mit dem Lineal ziehen) einander richtig zuordnen; Wörter mit Artikel nachspuren

Aufgabe 2

Sätze erlesen und die beiden zum Bild passenden Aussagen (1 und 4) ankreuzen

Aufgabe 3

D freies Schreiben zur Fragestellung
(hier erstmals ohne Silbenfärbung)

D Weitere Differenzierungsmöglichkeiten zu den Übungen

Differenzierungsblock

jeweils Seite 24 (grün und blau)

Lesen üben

- Z/z-Seite im „Buchstaben-Haus" (KV 138, editieren) oder in einem „Wörter-Sammel-Heft" oder als „Buchstaben-Poster" gestalten

- Häufig gebrauchte Wörter mit z (siehe Fibeltext) anschreiben, erlesen, schreiben, evtl. mündlich Sätze damit formulieren lassen:

  zu, zum, zur, zuerst, zwei, zusammen

- Fragen und Antworten zu Verben mit z lesen und evtl. abschreiben
  Die Verben werden dazu im Infinitiv an die Tafel geschrieben (Silbenbögen setzen!), daneben steht jeweils eine Frage mit dem entsprechenden Verb, z. B.:

  zerren – Wer zerrt an der Leine ?
  Pipo ...

  anziehen – Wer muss den Mantel anziehen ?
  Leon ...

  zurufen – Wer ruft Mama etwas zu ?
  Tina ...

  zittern – Wer zittert im Winter ?

- Aufgaben zu den Zahlwörtern eins – zwei – drei *(analog zu Aufgabe 2, Seite 49)*, z. B.:

  Male ein Herz. / ... eine Zitrone. / ... einen Ranzen.
  Male zwei Riesen. / ... zwei Zelte. / ...
  Male drei Pilze. / ... drei Herzen. / .

Mögliche fächerübergreifende Aktivitäten zu Einheit 21: Z/z

Musik

Lied:

Das Wochenlied

2. Dienstag um neun, um neun, um neun,
da sind wir in der Schule.
Dort rutschen wir um neun, um neun
auf unserm Wackelstuhle.

Schreiben wir Diktat,
weiß ich keinen Rat.
Ach, was wird das heute für ein Wortsalat!

3. Mittwoch um zehn, ...

Lesen wir zum Glück
nicht dasselbe Stück
dreizehn Mal von vorn nach hinten und zurück.

4. Donnerstag um elf, ...

Malen wir ein Bild,
Straße, Haus und Schild,
und der Stift rast auf dem Blatt herum wie wild.

5. Freitag um zwölf, ...

Strengt sich jeder an,
singt, so gut er kann,
weiß er doch: Das Wochenende fängt heut an.

6. Samstag und Sonntag bleibe mir
die Schule bloß gestohlen!
Soll sie von mir aus gern und gleich
und schnell der Kuckuck holen.

Ist die Plackerei
endlich nun vorbei,
haben wir bis Montag dann zum Spielen frei.

Aus Frankreich; deutscher Text: Ortfried Pörsel
Aus: Heinz Lemmermann. Die Zugabe, Bd. 3. Fidula Verlag, Boppard am Rhein

Anknüpfungsmöglichkeiten im Jo-Jo-Verbund mit dem 2. Jahrgang

Jo-Jo Lesebuch 2	
Seite 72:	Morgenmusik *(Gedicht)*
Seite 73:	Morgen in der Stadt *(Gedicht)*
Seite 75:	Was zwischen Morgen und Abend passiert
Jo-Jo Sprachbuch 2	
Seite 33:	Uhren *(Zusammengesetzte Nomen)*

EINHEIT 22: B | b

Materialien

FS:	48/49	**LMB:**	31, 32, 33
AH:	51, 52, 53	**KV:**	79, 80
Diff.-Block:	25		
DLG:	23		

Wegen der lautlichen Nähe von /b/ und /p/ sowie der optischen Ähnlichkeit von b und d sollten die Vorübungen und Aufgaben im Arbeitsheft bei dieser Einheit auf jeden Fall vor dem Erlesen des Fibeltextes durchgeführt werden.

Einführen der Buchstaben B/b

Die Lehrerin bringt z. B. folgende Gegenstände mit und präsentiert sie in der Tischgruppe, im Sitzkreis oder an der Tafel: Ball – Besen – Banane.
Die Kinder benennen die Gegenstände, ermitteln den Anlaut und schreiben oder legen den neuen Buchstaben an der Tafel oder im Kreis.
Mit Hilfe der Lauttabelle suchen sie den passenden Kleinbuchstaben und legen/schreiben ihn dazu.
Tafeltext:

Neben Tinas Bett
ist ein Foto
mit sieben Raben.

Hinweis: Dieser Text enthält bewusst keine Wörter mit kleinem d, um eine optische Verwechslung mit dem kleinen b zu vermeiden.

Die Lehrerin oder fortgeschrittene Kinder lesen den Text vor. Alternativ können auch zunächst die Wörter mit dem neuen Buchstaben gesucht und erlesen werden.

Mögliche mündliche Vorübung zur akustischen Identifikation des B/b-Lautes

Abhören von Wörtern und Benennen der Lautstellung *(alle Wörter ohne Konsonantenverbindungen mit B und b sowie ohne Auslaut-b, um eine klangliche Schärfung des B/b in Richtung eines /p/-Lautes zu vermeiden!):*

Anlaut: Buch – Baum – Boot – Bär – Bus – Birne – (Biber);
basteln – baden; bunt

Inlaut: Gabel – Nabel – Nebel – Schraube – Traube – (Biber);
leben – haben – toben

ÜBUNGEN ZU EINHEIT 22: B/b

Die Aufgaben der Seite 51 und die Aufgaben 1 und 2 von Seite 52 enthalten konsequent noch keine Wörter mit kleinem d, um einer optischen Verwechslung vorzubeugen und das kleine b zunächst isoliert zu üben und zu festigen.
Erst in Aufgabe 3, Seite 52, werden die Kinder dazu aufgefordert, sich mit der Ausrichtung des kleinen b zu beschäftigen. Dies dient zur Vorbereitung auf die Aufgabe 1, Seite 53, in der zum ersten Mal sowohl b als auch d innerhalb eines Lesetextes verwendet werden.

Arbeitsheft, Seite 51

Aufgabe 1

Selbstständige Bearbeitung: Lautstellung ermitteln und ankreuzen

D Buchstaben eintragen

Aufgabe 2

Wörter erlesen und Begriffe innerhalb des Bildes suchen; die dort gefundenen Begriffe innerhalb des Bildes anmalen und unten ankreuzen
(*Banane, Boot und eine bunte Brille sind nicht im Bild versteckt.*)

Druckschriftlehrgang, Seite 23

Arbeitsheft, Seite 52

Aufgabe 1

Selbstständige Bearbeitung: Begriffe benennen, sprechschwingen, Einzellaute analysieren und Wörter schreiben; benutzte Buchstaben nach und nach aus der Auswahl streichen

Aufgabe 2

Sätze gemeinsam lesen. Mögliche Ergänzung bei den Auswahlwörtern suchen (dabei Silben schwingen) und Sätze zunächst einzeln mündlich vervollständigen. Auswahlwörter erneut lesen und in die Lücken einsetzen.
Kinder, die das noch nicht selbstständig schaffen, lösen die Aufgabe in Partnerarbeit.

D Fortgeschrittene Leser können die Auswahlwörter selbstständig suchen und in die passende Satzlücke abschreiben.

Mögliche Vorübung zur optischen Identifikation von B/b

Darbieten von Wörtern an der Tafel und farbiges Hervorheben von B und b (einkreisen, nachmalen, unterstreichen ...):

Boden	Blume	Ball
Rabe	Biber	Farben
binden	leben	bellen
sieben	bunt	

In diesem Zusammenhang kann evtl. auch auf die Bedeutung der Begriffe „links“ und „rechts“ bzw. die entsprechende Ausrichtung der Buchstaben eingegangen werden:
Beim d zeigt der „Bauch“ nach links, beim b zeigt der „Bauch“ nach rechts.

Aufgabe 3

kleines b innerhalb des großen B nachspuren; senkrechten Strich nachspuren und zu einem kleinen b vervollständigen

D kleines b optisch diskriminieren und nachspuren

Arbeitsheft, Seite 53

Aufgabe 1

Text lesen und Abbildung entsprechend den Textaussagen ergänzen

D Die letzten beiden Zeilen ohne Silbenfärbung zusätzlich erlesen.

Aufgabe 2

abgebildete Begriffe benennen, nach ihrem Anlaut abhören und richtigen Buchstaben ergänzen bzw. Wörter nachspuren und vervollständigen

Aufgabe 3

D Text erlesen, alle b nach ihrem Klang abhören; alle b, die wie ein /p/-Laut klingen, grün markieren – Wörter in Pipos Denkblase erlesen, jeweils den Klang des kleinen b abhören
(mögliche Vorübung dazu, s. Folgeseite)

D Weitere Differenzierungsmöglichkeiten zu den Übungen

Differenzierungsblock
jeweils Seite 25 (grün und blau)

Lesen und Schreiben üben

- B/b-Seite im „Buchstaben-Haus“ (KV 138, editieren) oder in einem „Wörter-Sammel-Heft“ oder als „B/b-Poster“ gestalten
- freies Schreiben zu Bildkarten mit passenden Tierwörtern (z. B. Biber, Bär, Rabe)
- KV KV 80 mit einer Wörterschlange aus B/b-Wörtern

Übungen zur Lautunterscheidung von /b/ und /p/

- Vergleichen (mündlich) von Wörtern mit /b/- und /p/-Laut (d. h. schwache bzw. kräftige Verschlusssprengung) an Beispielen:
  Ball – Palme; Bild – Pilz; Boot – Pinsel;
  backen – packen

  Zur Verdeutlichung können die Kinder mit einem Wattebausch prüfen, wie stark sich dieser beim Aussprechen der Wörter mit /b/-Laut bzw. /p/-Laut jeweils bewegt *(alternativ: gegen den Handrücken sprechen und die Stärke des Luftstromes spüren)*: Beim /p/-Laut ist ein deutlich stärkerer Luftstrom zu spüren.
  Anschließend artikuliert die Lehrerin Wörter mit /b/- und /p/-Laut. Die Kinder entscheiden jeweils, welcher Laut in einem Wort zu hören ist:

  Ohne Konsonantenverbindung mit B/b:
  Baum – Puppe – Rabe – Nebel – Besen – Birne – Berg – Pulli – Pilz – Palme – Papier – Pinguin – Raupe – Schraube – Schnabel;
  hupen – treiben – reiben – heben – kleben;
  bunt – bitter – billig ...

  Mit Konsonantenverbindung mit B/b:
  Blume – Blatt – Plan; brennen – pressen – blasen
  plantschen – braten; blau – blind – plötzlich

  Hinweis: Besonders im süddeutschen Raum findet aufgrund der dialektalen Färbung bei der Aussprache des /b/-Lautes innerhalb von Konsonantenverbindungen eine stärker Verschlusssprengung statt, d. h., wenn auf den /b/-Laut ein l oder ein r folgen, tendiert der /b/-Laut hier klanglich stark in Richtung des /p/-Lautes. Die Artikulation beim Vorsprechen dieser Wörter sollte hier also besonders deutlich durchgeführt werden.

- Nomen mit Bildkarten darstellen; Wörter sprechen, abhören, nach /b/- und /p/-Klang ordnen oder einer passenden Buchstabenkarte zuordnen

Übungen zur Auslautverhärtung beim /b/

- Eine Schwierigkeit bei der Identifikation des /b/-Lautes ist die Auslautverhärtung bzw. die Verhärtung am Wortstammende oder innerhalb von Konsonantenhäufungen.
  Die Kinder hören einen /p/-Laut, stellen aber im Vergleich mit dem geschriebenen Wort fest, dass es mit B/b geschrieben wird.
  Bewusstmachung an der Tafel:

  Wir sehen ein b, aber wir hören oft /p/:

  Obst – tobt – lobt – hebt – bleibt – lieb

- Als Vorübung können, *je nach Klassensituation*, schon kleine Sätze zu Verbformen an der Tafel angeboten werden, die entsprechende Verben in der 3. Person Plural und Singular zeigen:
  Tafelanschrift:

  Alle toben.
  Leon tobt.

  Alle heben ein Brett.
  Tina hebt ein Brett.

  Alle lieben Obst.
  Tino liebt Obst.

  Die Sätze werden erlesen, jeweils der Klang des b abgehört und alle b mit /p/-Lautung farbig markiert.

  Dann wird erarbeitet:
  Einige Wörter können wir mit dem Wörtchen „alle" verlängern (Verben in beiden Formen sprechen und dabei die Silben schwingen):
  Tina tobt → alle to-ben
  Tina hebt → alle he-ben

  Das Wort „tobt" kommt also von „to-ben". Deshalb wird „tobt" mit b geschrieben.
  Das Wort „hebt" kommt von „he-ben" ... usw.

  Das Wort „Obst" können wir nicht mit dem Wörtchen „alle" verlängern. Das müssen wir uns merken!

Fibelseite 48/49: Bei Tinas Bruder Leon

Leon hat ein neues Poster in seinem Zimmer aufgehängt. Tina bestaunt es und lässt sich von Leon die Planeten erklären. Fünf Namen (Erde, Mars, Saturn, Uranus, Neptun) können bereits erlesen werden, die restlichen drei (Merkur, Venus, Jupiter) bieten sich als Leseübung zur Differenzierung an.
(*Hinweis: Pluto gilt seit 2007 nicht mehr als Planet.*)

Die Kinder sprechen über die abgebildete Bildsituation auf Seite 48. Schnell wird das abgebildete Poster die Aufmerksamkeit auf sich ziehen und zum Gespräch über den Weltraum, Planeten, Sterne, Sonne und Erde einladen.
Die Kinder können sich in die Position von Tina und Leon versetzen und das Poster gemeinsam betrachten.
Dann wird der Text abschnittsweise erlesen.
Fragen zum Verständnis werden gestellt, diskutiert und beantwortet.

D Der differenzierende Lesetext auf Seite 49 stellt den Bezug zum subjektiven Erleben der Sonne im Tageslauf her: Während es uns so scheint, als ginge die Sonne auf bzw. unter, dreht sich in Wirklichkeit die Erde um sich selbst, sodass immer nur der der Sonne zugewandte Teil der Erdkugel Tageslicht bekommt.
Dieser Sachverhalt wird auf den folgenden Fibelseiten wieder aufgegriffen und vertieft.

Die Seite thematisiert außerdem die Phänomene „Tag" und „Nacht". Diese werden von den Kindern als abhängig vom Stand der Sonne erlebt (sie geht auf bzw. unter).

Diese Zusatztexte können von fortgeschritteneren Kindern oder der Lehrerin vorgelesen werden.
Zum Sonnenlauf auf Seite 49 können auch die Kinder von ihrem Tagesablauf erzählen, die diesen Zusatztext noch nicht selbstständig erlesen:
Wenn es hell wird, stehen sie auf, ziehen sich an, frühstücken, gehen zur Schule usw.

D Weitere Differenzierungsmöglichkeiten zum Fibeltext

Lesen

- KV KV 79 mit Ankreuzsätzen und Stolperwörtertext
- Textvarianten zur Vorbereitung oder Differenzierung:

  zu Seite 48:

  Da ist die Erde.
  Die Erde ist ein Planet.
  Der Mars ist ein Planet.
  Erde und Mars sind Planeten.
  Die Erde ist neben dem Mars. ...

  zu Seite 49:

  Wir erleben die Sonne.
  Wir erleben die Sonne im Osten.
  Es wird hell.
  Wir erleben die Sonne im Westen.
  Es wird finster.

- Planetennamen nennen bzw. vorlesen
- Nennen oder Erlesen der drei Planeten mit unbekannten Buchstaben (vom Poster), die nicht im Lesetext auftauchen *(Merkur, Venus, Jupiter)*

Freies Schreiben

- Aufschreiben der drei Planetennamen mit fremden Buchstaben in gemischter Schrift
- Namen für die Planetenbewohner erfinden und aufschreiben
- Stichwörter oder kleine Sätze zu den erfundenen Planetenbewohnern schreiben

Mögliche fächerübergreifende Aktivitäten zu Einheit 22:

Malen/Basteln

„Sonne“ aus Tonpapier
Dazu auf gelbes/orangefarbenes Tonpapier einen Kreis und Strahlen aufzeichnen (evtl. auch Schablonen herstellen) und von den Kindern ausschneiden lassen (oder selbst herstellen):
Der Kreis und die Streifen/Strahlen werden sonnenförmig auf dunkles Tonpapier aufgeklebt. Besonders reizvoll ist es, wenn die Sonnenstrahlen in verschiedenen Gelb- bzw. Orangetönen aufgeklebt werden.

Mein Tag
Auf einem großen Malblatt den eigenen „Tag“ malen: Das Blatt wird vorher analog zur Darstellung auf Fibelseite 49 in entsprechende Felder aufgeteilt, um die Orientierung zu erleichtern (s. auch Anregung im Textteil, Fibelseite 113 unten).

Sonstiges

Bücher zum Thema mitbringen, zeigen und vorlesen

Anknüpfungsmöglichkeiten im Jo-Jo-Verbund mit dem 2. Jahrgang

Jo-Jo Lesebuch 2	
Seite 74:	Die Reise der Sonne *(Lied)*
Seite 75:	Was zwischen Morgen und Abend passiert
Seite 78:	Das ist die Erde *(Gedicht)* Lange vor allem *(Gedicht)*
Seite 79:	Warum leuchten die Sterne? Sternenhimmel

EINHEIT 23: Ch ch

Materialien			
FS:	50/51	**LMB:**	34, 35, 36
AH:	54, 55, 56	**KV:**	81, 82, 83
Diff.-Block:	26		
DLG:	24		

*Die Buchstabenverbindung Ch/ch hat zahlreiche Klangvarianten, von denen jedoch nur die häufigsten eingeführt werden sollten: ch wie in „Mil**ch**"; ch wie in „Bu**ch**"; Ch wie in „**Ch**or". Da der /k/-Laut nur am Wortanfang und eher seltener auftritt, sollte er gesondert erarbeitet werden (s. Fibelseite 51 unten und Arbeitsheft, Seite 55, Aufgabe 3).*
Auf die Erarbeitung der selteneren Ch-Klangvarianten bei Fremdwörtern wie z. B. in Chef, Champignon, Charts, Check ... wird hier verzichtet, um die Kinder nicht zu verwirren.

*Darüber hinaus ist zu beachten, dass es bei der Aussprache des Ch im Anlaut regionale Unterschiede gibt: Während es in anderen Regionen in der Regel eine Lautung wie in „Mil**ch**" erhält, wird im süddeutschen Raum beispielsweise auch das Wort „China" zumeist mit einem /k/-Laut am Wortanfang gesprochen.*
In diesem Fall muss die /k/-Lautung des Ch vorgezogen werden.

Einführen der Buchstaben Ch/ch

Tafelbild:

Tino und Tina lesen in einem Buch.
Sie finden das Buch echt toll!
Tina: In China ist nun Nacht!
Tino: Bist du sicher?

Der neue Laut/Buchstabe wird in den bekannten Schritten erarbeitet. Dabei wird darauf hingewiesen, dass es sich hier wieder um einen Laut handelt, der aus zwei Buchstaben besteht.

Die unterschiedliche wird Lautung bewusst gemacht:
a) Buch – Nacht: klingt wie in „ach"
b) China* – echt – sicher: klingt wie in „ich"

**Optional für den süddeutschen Raum:*
c) China: klingt wie in „Chor"

Die verschiedenen Lautungen werden innerhalb der Wörter an der Tafel unterschiedlich farbig markiert.

Die Lehrerin kann weitere Beispiele nennen:
a) zum „ach-Laut": lachen, wach, suchen, Krach, machen, doch ...
b) zum „ich-Laut": Licht, nicht, echt, endlich, Teppich ...

Optional (für den süddeutschen Raum):
c) zum /k/-Laut: China, Chor, Christus, ... Christian (und weitere Namen)
(Aufgabe 3, Arbeitsheft, Seite 55 evtl. vorziehen!)

Beim Suchen des Ch/ch auf der Lauttabelle wird festgestellt, dass es sich hierbei, ähnlich wie beim ei und beim ie, um einen Laut handelt, der aus zwei Buchstaben besteht, die zusammen einen neuen Klang ergeben.

Es wird aber auch erarbeitet, dass es sich beim Ch/ch *nicht* um einen Silbenkönig handelt. Denn das Ch/ch ist nicht auf dem roten Tuch, sondern auf dem gelben abgebildet.

***Optional:* Silbenschwingen mit ch-Wörtern**
Durch die in Fibel und Arbeitsheft silbisch markierten Wörter „si-cher", „Wo-che" und „Zei-chen", sowie die Silbenauswahl bei Aufgabe 2, Arbeitsheft, Seite 55, wird den Kindern bereits intuitiv vermittelt, dass das ch am Anfang der zweiten Silbe klingt, wenn es zwischen zwei Silbenkönigen steht.

Für den Fall, dass ein Kind dezidiert danach fragt, kann optional anhand folgender Wörter erarbeitet werden, dass beim Silbenschwingen (-klatschen) das ch nur in der zweiten Silbe klingt (und nicht doppelt gesprochen oder geschrieben wird), wenn es zwischen zwei Silbenkönigen steht:

Tafelbild:

machen Woche Zeichen
lachen
suchen riechen

Die Wörter werden erlesen, die Silben geschwungen und die Silbenbögen unter die Wörter gesetzt.

Bei anderen Buchstabenkombinationen lässt sich die Silbenzugehörigkeit akustisch eindeutig identifizieren:

1. „ch" zwischen Konsonant und Silbenkönig:
   hor-chen, wel-che

2. „ch" zwischen Silbenkönig und Konsonant:
   Näch-te, Lich-ter

Fibelseite 50/51: Wenn es Nacht ist in China

Diese Doppelseite schließt inhaltlich an die vorherige an. Der Text der Fibelseite 51 ist wieder mit einem Jo-Jo gekennzeichnet und wird für die fortgeschritteneren Leser als Zusatztext angeboten.
Anhand der beiden unteren Abbildungen können aber auch die Kinder, die nur den Basistext erlesen, die Inhalte des gesamten Textes nachvollziehen: Der weiße Pfeil innerhalb der Abbildungen signalisiert dabei die Erdrotation.

Tino besucht Tina, die sich immer noch begeistert mit dem Thema Weltall, Erdrotation etc. beschäftigt. Tina liest mit Leon in einem Buch. Dort hat sie gelernt, dass immer nur ein Teil der Erde von der Sonne beleuchtet wird, während in dem anderen Teil der Erde dann Nacht herrscht. Sie schafft es sofort, Tino mit einzubeziehen.
Tina und Leon liegen auf einem Teppich, Leons Strumpf hat ein Loch.
Tino kennt sogar die chinesischen Schriftzeichen für Sonne und Erde. Der Fibeltext wird abschnittsweise erlesen, die Inhalte werden besprochen.

Um das Phänomen der Erdrotation plastisch zu verdeutlichen, kann ein Globus mit einer Taschenlampe beleuchtet werden: Ein Kind spielt die Sonne, ein anderes sorgt für die Erdrotation.

D Differenzierungsmöglichkeiten zum Fibeltext

Lesen

- KV KV 81 enthält die Textabschnitte des Fibeltextes zum Ausschneiden und Sortieren. Die Textabschnitte zu Fibelseite 51, die mit dem Jo-Jo gekennzeichnet sind, können ggf. zuvor herausgenommen werden.

- Textvarianten zusammenstellen, erlesen und evtl. (ab)schreiben:

  Bei uns ist es hell.
  In China ist es Nacht.
  In China ist es hell.
  Bei uns ist es Nacht.

  Tino, Leon und Tina lesen.
  Sie lesen in einem Buch.
  Es ist ein Buch mit tollen Bildern.
  Tina findet das Buch echt toll.

- Die Buchtitel (mit unbekannten Buchstaben und in anderen Schrifttypen gedruckt) auf Seite 50 unten können erlesen, weitere Bücher zum Thema vorgestellt und betrachtet werden.

- Katze Polli sträuben sich alle Haare: Sie bekommt Angst vor dem „Besuch aus dem All" (E.T.). Einige Kinder werden diese Figur aus dem gleichnamigen Film kennen, alle können sie auch ohne diese Kenntnis als „Außerirdischen" identifizieren.

- Erlesen (oder freiwilliges Vorlesen) des Fibeltextes von Seite 51

- Der Satz auf Seite 51 unten kann mündlich ergänzt werden.

Freies Schreiben

- Satzanfang von Fibelseite 51 unten abschreiben und vervollständigen

- Geschichte „Besuch aus dem All" schreiben und dazu malen

Sonstiges

- Im Fibelbild weitere Begriffe mit /ch/-Klängen suchen: Teppich – Loch – chinesische Zeichen

- Kinder aus anderen Kulturen können ihrerseits Schriftzeichen oder Wörter in anderen Schriften präsentieren.

ÜBUNGEN ZU EINHEIT 23: Ch/ch

Druckschriftlehrgang, Seite 24

Arbeitsheft, Seite 54

Aufgabe 1
Text erlesen und alle Ch und ch farbig markieren (zur Kontrolle zählen)

Aufgabe 2
Wörter erlesen, den Klang des Ch/ch-Lautes abhören, bestimmten Artikel zuordnen und nachspuren

Arbeitsheft, Seite 55

Aufgabe 1
Begriffe benennen, Einzellaute analysieren und Wörter schreiben; benutzte Buchstaben nach und nach aus der Auswahl streichen

Aufgabe 2
Einzelsilben lesen, Silben zu Verben zunächst mündlich zusammensetzen, Verben sprechschwingen; Sätze lesen; Lückensätze mit den richtigen Verben vervollständigen, Silbenbögen darunter setzen

Aufgabe 3
Text lesen, verschiedene Klangmöglichkeiten des Ch erkennen (China – Chor); Namen mit Ch erlesen, Ch farbig markieren

Arbeitsheft, Seite 56

Aufgabe 1
Satzteile einzeln erlesen; in Partner- oder Gruppenarbeit mit drei Würfeln Sätze erwürfeln und erlesen; jedes Kind schreibt einen erwürfelten Satz in die Zeilen

D einen weiteren erwürfelten Satz aufschreiben

Dieses Würfelspiel kann natürlich auch zunächst im Klassenverband gemeinsam gespielt werden, damit möglichst viele Sätze erlesen werden (Würfel weiterreichen und Sätze an die Tafel schreiben lassen).

Aufgabe 2
D Verben in der 1. Person Plural erlesen; Verbform in der 3. Person Singular finden und darunterschreiben

D Weitere Differenzierungsmöglichkeiten zu den Übungen

Differenzierungsblock
jeweils Seite 26 (grün und blau)

Übung zur Lautunterscheidung von „ach"-Laut und „ich"-Laut

- KV 82 mit Wörtersammlung zum tabellarischen Sortieren von ch-Wörtern (nach Lautung)

Lesen und Schreiben üben

- Ch/ch-Seite im „Buchstaben-Haus" (KV 138, editieren) oder in einem „Wörter-Sammel-Heft" oder als „Ch/ch-Poster" gestalten

- KV 83 mit Lückentext und Auswahlwörtern zum Einsetzen sowie den chinesischen Zeichen für diese Auswahlwörter

- Zu Verben im Infinitiv weitere Personalformen suchen, z. B. in der 1. und/oder 3. Person Singular:

riechen	horchen	machen
ich rieche	ich horche	ich mache
er riecht	er horcht	er macht

- Ausgewählten Nomen aus dem Fibeltext die bestimmten Artikel zuordnen:
  Besuch, Seite, Teil, Erde, Sonnenlicht, Planeten, Chor, Weltall ...

- Satzanfänge mit ch-Verben sinnvoll ergänzen, z. B.:

Ich rieche ...	(ein Ei, Rosen, Tee ...)
Ich horche ...	(am Fenster, an der Wand, im Wald ...)
Ich besuche ...	(meine Omi, meinen Papa ...)
Ich suche ...	(mein Buch, unter dem Teppich, in einem Loch ...)

Mögliche fächerübergreifende Aktivitäten zu Einheit 23: Ch/ch

Da die Einheiten B/b und Ch/ch inhaltlich unmittelbar zusammengehören, werden die Aktivitäten von Einheit B/b fortgeführt.

Musik

Lied:

Die Reise der Sonne

2. Liegst du noch in schönsten Träumen,
geht die Sonne langsam auf.
Über Asien und Australien
nimmt sie immer ihren Lauf.
Länder, die im Osten liegen,
hat sie schon gesehn
und kann endlich dann zum Frühstück
hier bei uns am Himmel stehn.

3. Übern Tag, da zieht sie westwärts,
wird dort abends untergehn.
Du gehst in dein Bett zum Schlafen
und du kannst sie nicht mehr sehn.
Doch sie scheint jetzt ganz woanders,
in New York, dann in Shanghai
und kommt, wenn der Kreis vollendet ist,
bei uns wieder vorbei.

Musik: Heinz Lemmermann
Text (1. Strophe): Eva Bartoschek-Rechlin
Text (2./3. Strophe): Werner Rizzi

Kapitelabschluss: Fibelseite 52
Hinweise dazu: siehe Seite 137

Anknüpfungsmöglichkeiten im Jo-Jo-Verbund mit dem 2. Jahrgang

Jo-Jo Lesebuch 2	
Seite 74:	Die Reise der Sonne *(Lied)*
Seite 75:	Was zwischen Morgen und Abend passiert
Seite 76/77:	Sehnsucht nach Papa
Seite 78:	Das ist die Erde *(Gedicht)* Lange vor allem *(Gedicht)*
Seite 79:	Warum leuchten die Sterne? Sternenhimmel

Das bin ich

Hinweise zum Kapitelthema

Das Thema „Das bin ich“ wird in der Fibel unter drei Aspekten behandelt:

- Gefühle und Stimmungen (Fibelseiten 53, 54/55)
- Vorlieben und Eigenschaften (Fibelseite 56/57)
- Gesunde Ernährung (Fibelseite 57, 58/59)

Es ist für Schulanfänger oft noch schwierig, ihre Selbstwahrnehmung richtig zu bewerten und die Gefühle und Stimmungen der anderen Kinder richtig einzuschätzen. Die eigenen Erlebnisse und Empfindungen haben für die meisten Kinder noch Vorrang vor denen anderer. Für ein konstruktives Verhalten in der Gruppe, z. B. den Umgang mit Aggressionen und Konflikten, ist aber eine realistische Selbstwahrnehmung sowie das sich Hineinversetzen in andere Voraussetzung. Auf Fibelseite 54/55 reflektieren die Fibelkinder Tina und Tino ihre Gefühle, Regungen und Charaktereigenschaften und motivieren die Erstklässler so, es ihnen gleichzutun.

Zur Selbstwahrnehmung und Persönlichkeitsfindung gehören aber auch Selbstvertrauen sowie persönliche Interessen und Hobbys. Auf Fibelseite 56 regen zwei kurze Texte zu Paola und Anton an, über die eigene Persönlichkeit nachzudenken und/oder zu berichten.
Der Differenzierungstext auf Fibelseite 57 bietet ein weiteres Beispiel für persönliche Vorlieben.
Ergänzend wird auf dem Zettel unten ein einfaches Rezept für einen gesunden Obstsalat angeboten.

Mit „gesunder Ernährung“ können die Kinder einen Beitrag zu Pflege und Gesunderhaltung des eigenen Körpers kennen lernen und – in Absprache mit den Eltern (s. fächerübergreifende Aktivitäten) auch praktisch umsetzen. Die Fibelseiten 58 und 59 führt behutsam in dieses Thema ein.

Kapiteleinstieg: Fibelseite 53

Hier ist das letzte Bild aus dem Buch „Jeder Tag hat eine Farbe“ von Dr. Seuss, Steve Johnson und Lu Fancher, Bertelsmann, München 1996, abgebildet.
Die stilisierte Figur ist in vier Farben versetzt hintereinander zu sehen. In dem Buch werden den Tagen und ihrer jeweiligen (individuell empfundenen) Stimmung Farben zugeordnet.

Die Kinder lesen die kleinen Texte für sich oder fortgeschrittene Kinder lesen sie laut vor. Die Fragen von Tina und Tino helfen den Kindern, die abgebildete Figur zu deuten: Die Figur ist viermal hintereinander zu sehen, aber immer in verschiedenen Farben. Welche Farbe könnte für das Lachen stehen? Welche für die Wut?

In der Regel werden helle Farben mit Fröhlichkeit, Ausgelassenheit und Freude, dunkle Farben eher mit Traurigkeit, Schwermut oder Wut assoziiert.
Den Kindern sollte die Zuordnung jedoch keinesfalls vorgegeben werden. Es gibt hier keine richtigen oder falschen Antworten. Die Kinder sollten aber durchaus dazu aufgefordert werden, ihre Zuordnung zu begründen, weil sie dadurch angehalten werden, über die Gefühle zu reflektieren, die eine Farbe bei ihnen auslöst.

Manchmal fühlen wir uns gut, manchmal traurig – und jedes Mal „passt“ eine andere Farbe zu unserem „Ich“.
Weitere Stimmungen (Trauer, Freude, Langeweile, Liebe ...) können gesammelt und entsprechenden Farben zugeordnet werden.

D freies Schreiben/Malen zum Thema „Ich bin glücklich / Wenn ich traurig bin“ (s. a. Anregung zum „Ich“-Buch, Fibelseite 54/55)

Anknüpfungsmöglichkeit im Jo-Jo-Verbund mit dem 2. Jahrgang

Jo-Jo Lesebuch 2	
Seite 80/81:	Jeder Tag hat eine Farbe

Kapitelabschluss: Fibelseite 60

Die Kapitelunterthemen werden auf dieser Abschlussseite mit Sprachspielereien kombiniert. Hier können die Kinder auf vier unterschiedlichen Niveaus fabulieren bzw. frei schreiben:

1. Zusammengesetzte „Monster-Wörter“ mit Silbentrennung
   Weitere Beispiele:
   Man – da – ri – nen – kom – pott
   Pe – ter – si – li – en – kar – tof – fel – sup – pe
   Pap – ri – ka – ka – rot – ten – ri – sot – to *(FS 57)*

2. Aus verschiedenen Wortarten zusammengesetzte „Monster-Wörter“ mit Worttrennstrichen
   Weitere Beispiele:
   Kann – alles – schmecken – Zunge
   Kann – alles – hören – Ohr
   usw.

   KV KV 92 mit Vorlagen zum Erfinden neuer Monsterwörter

3. „Monsterwörter“ (Komposita) ohne Trennstriche, nur mit farblich hervorgehobenen neuen Wortteilen
   Weitere Beispiele:
   Sonnen blumen kern brötchen
   Himbeer sahne törtchen
   usw.

4. Aufbauende Satzstrukturen mit einem „Monster-Wort“ zum Schluss
   Weiteres Beispiel:
   Ich male ein ... Sommer ferien strand bild.

Weiterführende Texte im Textteil:
Fibelseiten 114/115

- Weil ich bin (Gedicht)
- Wunder des Alltags (Gedicht)
- Tinos Steckbrief: Das bin ich

Literatur und Internetverweise

Jeder Tag hat eine Farbe.
Dr. Seuss / Steve Johnson/Lou Fancher (Ill.).
C. Bertelsmann Jugendbuchverlag, München 1996

Gefühle sind wie Farben. Aliki. Beltz & Gelberg, Weinheim und Basel 2000

Obst und Gemüse. 1.–4. Schuljahr – Lernen an Stationen in der Grundschule. Kopiervorlagen und Materialien. Cornelsen Verlag Scriptor, Berlin

Sternenköche: Kinder aus aller Welt machen Appetit auf ihre Lieblingsrezepte. Birgit Hasselbusch. Goldmann Verlag 2008

EINHEIT 24: Au au

Materialien			
FS:	54/55	**LMB:**	37, 38
AH:	57, 58	**KV:**	84, 85, 86
Diff.-Block:	27		
DLG:	25		

Einführen der Buchstabenverbindung Au/au

Tafelanschriften (alternativ):

1. Haut Auto Traum

2. So bin ich (unter meiner Haut):

   toll faul
   doof sauer
   nett laut

zu 1.): Die Kinder erschließen den neuen Laut/Buchstaben mit Hilfe der Lauttabelle.

zu 2.): Der Text wird mehrmals vorgelesen, die Wörter mit Au/au werden hervorgehoben und Au/au farbig markiert. Wiederholtes Lesen der Wörter mit Au/au.

Den Kindern wird bewusst gemacht, dass Au/au aus zwei Buchstaben besteht, die aber zusammen einen Laut bezeichnen (wie ei und ie).

D Schreiben der neuen Wörter mit Au/au

Fibelseite 54/55:
Das ICH unter meiner Haut

Die Fibelseite führt die Einstiegsthematik „Wie fühlen wir uns, welche Eigenarten haben wir?“ am Beispiel von Tina und Tino weiter. Die Erarbeitung der Fibelseite erfolgt in den bekannten Schritten:

- Die Kinder betrachten zunächst die Seiten und äußern Vermutungen. Hier können gezielte Fragen sinnvoll sein:
  Was macht Tina? Wie fühlt sie sich?
  usw.

- Die Kinder erlesen zuerst satzweise, dann abschnittsweise die Texte von Tina und Tino (jeweils die oberen beiden Abschnitte auf den Fibelseiten 54 und 55). Auch hier bieten sich Fragen der Sinnerfassung an:
  - Wann fühlt ihr euch wohl / findet ihr euch toll?
  - Wann fühlt ihr euch nicht wohl / findet ihr euch doof?
  - Was bedeutet „Mut machen"?
  - Habt ihr auch manchmal keine Lust aufzuräumen?

Fortgeschrittenere Kinder erlesen auch die jeweils unteren Textteile ohne Silbenfärbung. Diese Kinder (freiwillig) oder die Lehrerin lesen die Texte noch einmal für alle vor. Mögliche Fragen zum Text:
- Was ist eine „faule" Ausrede? (Beispiele dazu suchen lassen)
- Was passiert mit Tino, wenn er sich etwas nicht traut?
- Was macht dich wütend?
- Wovor hast du Angst? *(nur freiwillig beantworten lassen!)*

Die Kinder tauschen sich über ihre eigenen Gefühle, Ängste und Eigenarten aus.

Schwächere Kinder können den Text mit Textvarianten vorbereiten (s. u.).

Weitere Differenzierungsmöglichkeiten zum Fibeltext

Lesen

Textvarianten zusammenstellen, erlesen und evtl. aufschreiben:

toll – Ich finde mich toll.
Ich lache.
Ich tobe herum.

faul – Ich bin faul.
Ich will nicht helfen.
Ich suche eine Ausrede.

Wut – Ich habe Wut.
Ich will fortlaufen.

usw.

Freies Schreiben

- Die Kinder erfinden lustige „faule Ausreden" für Tina.

- Ausgehend von Tinos Traum können eigene fantastische Träume aufgeschrieben und/oder dazu gemalt werden.

- Die KV 84 zeigt Tina und Tino mit Gesichtsausdrücken, die verschiedene Gefühle demonstrieren, und enthält Zeilen zum freien Schreiben.

- Auf den Fußbalken der Fibelseiten wird das Herstellen eines „ICH-Buches" angeregt.
  Die KV 85 bietet eine Vorlage dazu mit Platz zum freien Schreiben.
  Diese Seiten über Gefühle können ergänzt werden durch einen Steckbrief (s. Fibelseite 115 und KV 135), Fotos, Andenken an die Babyzeit, Freunde und Freundinnen sowie deren Namen und Unterschriften usw.

Sonstiges

Evtl. könnten auch schon die Bedeutungen von Redewendungen mit „Haut" thematisiert werden:
- etwas geht mir unter die Haut
- sich in seiner Haut (nicht) wohlfühlen
- sich auf die faule Haut legen
- mit Haut und Haaren
- mit heiler Haut davonkommen
- in der Haut eines anderen stecken (wollen) ...

ÜBUNGEN ZU EINHEIT 24: Au/au

Druckschriftlehrgang, Seite 25

Arbeitsheft, Seite 57

Aufgabe 1
Lautstellung ermitteln und ankreuzen
D Buchstaben eintragen

Aufgabe 2
Text lesen und Abbildung entsprechend den Textaussagen ergänzen

Aufgabe 3
Begriffe benennen, sprechschwingen, Einzellaute analysieren und Wörter schreiben; benutzte Buchstaben nach und nach aus der Auswahl streichen

Arbeitsheft, Seite 58

Mögliche Vorübung zu Aufgabe 1
Wörter aus Silben bauen (mit Kärtchen in Gruppen- oder Partnerarbeit oder an der Tafel) und ggf. aufschreiben:

ma			machen
su	–	chen	suchen
la			lachen
lau			laufen
hel	–	fen	helfen
sau			saufen
ma			malen
	–	len	
ho			holen

Aufgabe 1
Anfangssilbe erlesen, passende Schlusssilben suchen (s. a. Differenzierungsmöglichkeiten); Begriffe sprechschwingen und vollständiges Verb in die Lineatur mit dem passenden Anfangsbuchstaben schreiben

Aufgabe 2
Aussagen oben erlesen und individuell passend ankreuzen
D Aussagen unten zusätzlich bearbeiten

Aufgabe 3
D freies Schreiben einer „faulen" Ausrede

D Weitere Differenzierungsmöglichkeiten zu den Übungen

Differenzierungsblock
jeweils Seite 27 (grün und blau)

Lesen und Schreiben üben

- Au/au-Seite im „Buchstaben-Haus" (KV 138, editieren) oder in einem „Wörter-Sammel-Heft" oder als „Au/au-Poster" gestalten
- KV KV 86 mit Reimwörterzuordnung zu au
- Optische Identifikation von Au/au an der Tafel:

Ei	Au	ei	Ei	au	ei	au
au	ei	au	au	Au	ei	Au

- Wortverwandlungen:

Haus – Maus – Laus
Baum – Traum
laufen – raufen – saufen
brauchen – tauchen
Zaun – braun
Bauer – sauer

- Wörter mit den Vorsilben auf- und aus-:

auf- tauchen, brauchen, malen, wachen ...

aus- lachen, saufen, malen, suchen, machen, horchen ...

Mögliche fächerübergreifende Aktivitäten zu Einheit 24: Au/au

Malen/Basteln

„Gefühlsbilder" mit passenden Farben malen
Hierzu eignen sich besonders Wasserfarben oder Wachsmalkreiden.

„Mein Ich-Buch" gestalten
KV Dies kann mit der KV 85, aber auch völlig frei durchgeführt werden.

Lied:

Wenn einer sagt, ich mag dich

2. Wenn einer sagt: „Ich brauch dich, du,
ich schaff es nicht allein.“,
dann kribbelt es in meinem Bauch,
ich fühl mich nicht mehr klein.

Refrain: La-la-la- ...

3. Wenn einer sagt: „Komm, geh mit mir,
zusammen sind wir was!“,
dann werd ich rot, weil ich mich freu,
dann macht das Leben Spaß.

Refrain: La-la-la- ...

Text & Melodie: Andreas Ebert

Anknüpfungsmöglichkeiten im Jo-Jo-Verbund mit dem 2. Jahrgang

Jo-Jo Lesebuch 2	
Seite 82:	Ich freu mich *(Gedicht)*
Seite 83:	Die Stille *(Gedicht)*
Seite 84/85:	Der Tollpatsch

EINHEIT 25: K k

Materialien			
FS:	56/57	**LMB:**	39, 40
AH:	59, 60, 61	**KV:**	87, 88, 89
Diff.-Block:	28		
DLG:	26		

Fibelseite 56/57: Kinder, Kinder ...

Paola erzählt hier über ihre Vorliebe für das Tanzen zu lauter Musik. Gleichzeitig berichtet sie – „zwischen den Zeilen“ auf humorvolle Weise – darüber, dass die Ausübung dieses persönlichen Interesses auch in Einklang mit den Bedürfnissen der Mitmenschen gebracht werden muss: Der Vater fühlt sich durch die laute Musik gestört.

Anton hingegen berichtet darüber, dass er schlecht sehen kann und deshalb eine Brille braucht, die er zunächst nicht tragen wollte.
Hier bietet es sich an, die Kinder darüber spekulieren zu lassen, warum Anton wohl keine Brille tragen wollte. Seine vermutliche Sorge, dass die anderen Kinder ihn damit vielleicht „hässlich“ finden, löst sich hier jedoch auf, weil diese offensichtlich unbegründet war.

D Text und Bild von Fibelseite 57 ergänzen sich hier auf besondere Weise, da erst aus der Abbildung erkenntlich wird, warum Laras Mutter um Hilfe ruft, als sie erfährt, dass das Mädchen ein Risotto (Begriff klären) kochen will.

Das Obstsalat-Rezept am Seitenfuß kann aufgrund der geringen Textmenge auch von den Kindern erlesen werden, die nur den Basistext zum K/k bearbeiten.

Da die einzelnen Tätigkeiten bzw. Arbeitsschritte noch nicht ausformuliert sind, bietet es sich an, hier mündliche Spracharbeit durchzuführen und die Kinder die Arbeitsschritte beschreiben/formulieren zu lassen.

Einführen der Buchstaben K/k

Der neue Buchstabe/Laut kann mit Fibelseite 56 eingeführt werden. Die Kinder betrachten und beschreiben zunächst die Bilder. Dann liest die Lehrerin die Texte zu Paola und Anton nacheinander vor.

Der Laut des neuen Buchstaben K/k wird zunächst mit Hilfe der Lauttabelle oder aus dem Sinnzusammenhang ermittelt. Die Vertiefung kann mittels folgender Tafelanschrift stattfinden:

Kinder kann Musik

Die Kinder markieren den neuen Buchstaben/Laut und erlesen die Wörter. Anschließend können mündlich weitere Wörter mit K/k gefunden werden (unterschiedliche Lautstellungen), z. B.:

Kekse, Kanne, Plakat, Paket, Paprika, Haken ...
kochen, kosten ...
kurz, kalt, klar ...

Weitere (lesbare) K/k-Wörter können im Fibeltext gesucht und an die Tafel geschrieben werden:

Krach, kichern, Kissen, keine, konnte, kaum, komm, kaufen, kleinste, Krabbe, erkennen, klasse ...

Sie werden wiederholt gelesen, der neue Buchstabe K/k wird wieder farbig markiert. Evtl. können die Wörter auch schon abgeschrieben werden.

D Weitere Differenzierungsmöglichkeiten zum Fibeltext

Freies Schreiben

Lieblingsbeschäftigungen/Hobbys

Schreiben eines kleinen Textes mit Hilfe der Lauttabelle

ÜBUNGEN ZU EINHEIT 25: K/k

Druckschriftlehrgang, Seite 26

Arbeitsheft, Seite 59

Aufgabe 1

Text erlesen und alle K/k farbig markieren (Anzahl kontrollieren); Bild entsprechend den Textaussagen ergänzen

Aufgabe 2

Begriffe benennen, sprechschwingen, Einzellaute analysieren und Wörter schreiben; benutzte Buchstaben nach und nach aus der Auswahl streichen

Arbeitsheft, Seite 60

Aufgabe 1

Fragen erlesen, richtige Antworten ankreuzen (Anzahl kontrollieren)

D Aufgabe gemeinsam mit den Kindern erlesen oder mit gleichen, aber vertauschten Wörtern an der Tafel vorbereiten

Aufgabe 2

vorgegebene Begriffe mit Artikel erlesen; passendes Reimwort mit Artikel darunterschreiben

D Aufgabe evtl. mündlich mit einem Beispiel vorbereiten:

der Hund → **die** Hunde
die Hand → **die** Hände
das Boot → **die** Boote

Aufgabe 3

D vorgegebene Wörter mit Artikel erlesen, grün markierte Buchstaben durch K oder k ersetzen, Artikel unten nachspuren und Reimwort daneben schreiben

Zur Bewusstmachung der Schreibung von Doppelkonsonanten können die Kinder hier aufgefordert werden, die Begriffe *Lamm*, *Nuss* und *Tanne* im Plural zu sprechen und dabei die Silben zu schwingen:

das Lamm → alle Läm-mer
die Nuss → alle Nüs-se
die Tan-ne → alle Tan-nen

Arbeitsheft, Seite 61

Aufgabe 1

Bild beschreiben, Text lesen, passende Wörter aus den Einzelsilben zusammenbauen (Silben schwingen) und in den Text einsetzen; Bild entsprechend den Textaussagen ergänzen

D Verben zunächst zusammensetzen und an der Tafel notieren, dann in die Sätze einsetzen

Aufgabe 2

D freies Schreiben zur Abbildung *(Ein Dieb klaut Kartoffeln. Ein Kaffee kippt um. Polli will an den Korb. ...)*

D Weitere Differenzierungsmöglichkeiten zu den Übungen

Differenzierungsblock
jeweils Seite 28 (grün und blau)

Lesen und Schreiben

- K/k-Seite im „Buchstaben-Haus“ (KV 138, editieren) oder in einem „Wörter-Sammel-Heft“ oder als „K/k-Poster“ gestalten
- KV 87 mit Lückentext zu den Sinnen
- KV 88 mit tabellarischer Artikelzuordnung von K/k-Wörtern
- KV 89 mit Ankreuzfragen zur Abbildung von Arbeitsheft, Seite 61

Mögliche fächerübergreifende Aktivitäten zu Einheit 25: K/k

Sonstiges

Gemeinsames herstellen eines Obstsalates
Auf der Basis des Rezeptes von Fibelseite 57 wird gemeinsam ein Obstsalat hergestellt und gegessen.
Vor der Zubereitung sollte man die Kinder darauf hinweisen, dass die Hände und das Obst vorher gründlich gewaschen bzw. abgerieben werden müssen.
(Vorab mögliche Obstallergien bei den Eltern der Kinder erfragen!)

Anknüpfungsmöglichkeiten im Jo-Jo-Verbund mit dem 2. Jahrgang

Jo-Jo Lesebuch 2	
Seite 83:	Die Brille *(Gedicht)*
Seite 84/85:	Der Tollpatsch

EINHEIT 26: Ö ö Ü ü

Materialien			
FS:	58, 59	**LMB:**	41, 42
AH:	62, 63	**KV:**	90, 91
Diff.-Block:	–		
DLG:	27		

Aufgrund der engen inhaltlichen Verbindung der Fibelseiten 58 und 59, bietet es sich an, die Buchstaben Ö/ö und Ü/ü zunächst unmittelbar hintereinander zu erarbeiten und dann beide Fibelseiten im Zusammenhang zu erlesen. Je nach Klassensituation, können die Fibelseiten aber auch getrennt voneinander bearbeitet werden.

Einführen der Buchstaben / des Umlautes Ö/ö

Tafelanschrift:

Öl
Döner
Börek

Die Erarbeitung des neuen Buchstabens erfolgt in den bekannten Schritten mit Hilfe der Lauttabelle oder aus dem Sinnzusammenhang:

- Wörter betrachten/vorlesen
- neuen Laut/Buchstaben identifizieren
- farbig markieren
- Wörter lesen

Anschließend suchen die Kinder mündlich gemeinsam mit der Lehrerin weitere Wörter mit Ö/ö, z. B.:
Löwe, Wörter, Brötchen, Flöte, Löffel, Öffner ...
hören, können, lösen ...
böse, öfter ...

Die Wörter an der Tafel können als Anlass zum Unterrichtsgespräch und zur Vorbereitung der Fibelseite dienen. Wer hat so etwas schon einmal gegessen und kann davon berichten? Woher kommen die Gerichte?
Hierzu können insbesondere türkische Kinder oder Kinder, die die Gerichte aus dem Urlaub oder vom Imbiss kennen, erzählen.
Evtl. kann die Lehrkraft Abbildungen zu den Begriffen mitbringen.

Vor der Bearbeitung der Aufgaben im Arbeitsheft stellt die Lehrkraft noch den Namen der Lehrerin von Tino und Tina vor und schreibt ihn an die Tafel.
Der Name von Tinas und Tinos Lehrerin enthält auch ein ö. Die Lehrerin heißt Frau Löber.

ÜBUNGEN ZU EINHEIT 26: Ö/ö

Arbeitsheft, Seite 62

Aufgabe 1
Gemeinsame Erarbeitung: Sätze erlesen, Lückenwörter erlesen und sprechschwingen

D Je nach Lernfortschritt setzen die Kinder die Lückenwörter selbstständig oder mit Hilfe von Partnerkindern in die Sätze ein.

Aufgabe 2
Begriffe benennen, sprechschwingen, Einzellaute analysieren und Wörter schreiben; benutzte Buchstaben nach und nach aus der Auswahl streichen

Einführen der Buchstaben / des Umlautes Ü/ü

Tafelanschrift (oder Wortkarten):

Was kannst du essen?
Was kannst du nicht essen?

Müsli Nüsse
Müll
Kürbis Bücher

Die Kinder erarbeiten den neuen Buchstaben mit Hilfe der Lauttabelle oder aus dem Sinnzusammenhang in den bekannten Schritten:

- Wörter betrachten/vorlesen
- neuen Laut/Buchstaben identifizieren
- farbig markieren
- Wörter lesen

Anschließend werden die Wörter den beiden Fragen zugeordnet.

D Weitere Wörter mit essbaren oder nicht essbaren Dinge werden gesammelt, z. B.:
Ananas, Banane, Ei, Brief ...

Den Nomen werden bestimmte/unbestimmte Artikel zugeordnet.

D Die Kinder suchen *mündlich* weitere Wörter mit Ü/ü, z. B.:
Tüte, Tür, Würfel, Kübel, über, übel, übermorgen, üben, lügen, rücken, bücken ...

ÜBUNGEN ZU EINHEIT 26: Ü/ü

Druckschriftlehrgang, Seite 27 (Ö/ö und Ü/ü)

Arbeitsheft, Seite 63

Aufgabe 1
Die Satzanfänge und Ergänzungen können zunächst gemeinsam erlesen werden.

D selbstständig oder mit Partnerhilfe alle sinnvollen Ergänzungen ankreuzen

Aufgabe 2
Begriffe benennen, sprechschwingen, Einzellaute analysieren und Wörter schreiben; benutzte Buchstaben nach und nach aus der Auswahl streichen

D Weitere Differenzierungsmöglichkeiten zu den Übungen

Lesen und Schreiben

- Ö/ö- und Ü/ü-Seite im „Buchstaben-Haus“ (KV 138, editieren) oder in einem „Wörter-Sammel-Heft“ oder als „Buchstaben-Poster“ gestalten
- KV 91 mit einem Text, in dem die Kinder die Buchstaben O/o und U/u zu Umlauten verwandeln sollen (Pünktchen setzen)

Fibelseiten 58 und 59

- **Fibelseite 58: Ö/ö – Kartoffeln und Börek**
Die Kinder sitzen im Kreis. Die Lehrerin fragt die Kinder nach ihren Lieblingsspeisen. Alle rufen durcheinander in die Runde.
Die Aufnahme von „Börek“ und „Döner-Kebab“ sowie die Anregung am Seitenfuß können zum Anlass genommen werden, Gerichte aus weiteren Ländern zu besprechen, aufzuschreiben, landestypische Beispiele für z. B. Backwaren mitzubringen, einfache Rezepte umzusetzen und gemeinsam zu essen ...

- **Fibelseite 59: Ü/ü – Über unser Essen**
Diese Seite knüpft unmittelbar an die Klassensituation der vorherigen Seite an.
An der Tafel stehen nun, tabellarisch angeordnet, drei Lebensmittelkategorien.
Die Fragezeichen stehen für „Gemüse“, was die Kinder (wegen des G) aber noch nicht lesen können.

Die darunter aufgeführten Gemüsesorten können jedoch alle erlesen werden.
Es bietet sich also an, neben dem Oberbegriff „Obst", gleichermaßen den Oberbegriff „Gemüse" mündlich zu erarbeiten.
Die Pünktchen unter jeder Spalte fordern zum Ergänzen der Spalten auf, was wiederum mündlich geschehen kann.

Selbstverständlich wird im Zusammenhang mit der Fragestellung der Tafel-Überschrift über gesundes Essen gesprochen.
Tino hat auch schon entdeckt, dass sich zwei weniger gesunde Sachen in die Liste hineingemogelt haben (3. Spalte: Bonbons, Eis).
Die sollen die Kinder herausfinden und darüber spekulieren oder erklären, warum man davon nicht so viel essen sollte.

D Differenzierungsmöglichkeiten zum Fibeltext

Lesen üben (sinnerfassendes Lesen)

KV 90 mit Stolperwörter-Texten auf zwei Niveau-Stufen

Freies Schreiben

- Anschreiben und Erlesen des Oberbegriffes *Gemüse*; Aufschreiben der Ergänzungen in den Spalten der Tabelle
- Was essen die Kinder anderswo in der Welt?
- Lieblingsgerichte und Rezepte aufschreiben und in einem Rezeptbuch sammeln

Mögliche fächerübergreifende Aktivitäten zu Einheit 26: Ö/ö – Ü/ü

Sachthema

Projekt:
„Gesunde Ernährung – Gesundes Frühstück"
(hierbei die Eltern mit einbeziehen)

Lebensmittelposter
Aus Supermarkt-Lebensmittel-Prospekten wird in Gruppenarbeit ein Poster zum Thema „Gesundes Essen" hergestellt.

Malen und Gestalten

Lieblingsgerichte
Diese können z. B. auf die Abbildung eines Tellers gemalt (oder entsprechende Fotos aus Prospekten) werden.

„Kochbuch"
Mit den aufgemalten oder aufgeklebten Bildern (aus Prospekten) stellen die Kinder ein „Kochbuch" her.

Sonstiges

Eine Strichliste anfertigen
Welche Speisen esst ihr am liebsten?

Gesprächsregeln erarbeiten
- sich ruhig verhalten, wenn andere sprechen
- anderen zuhören, wenn sie etwas sagen
- sich melden, bevor man etwas sagt
  usw.

Kapitelabschluss: Fibelseite 60

siehe Hinweise auf den Seiten 149, 150

Anknüpfungsmöglichkeiten im Jo-Jo-Verbund mit dem 2. Jahrgang

Jo-Jo Lesebuch 2	
Seite 86:	Wer isst was?
Seite 87:	Schmeckt *(Gedicht)*
Seite 88/89:	Die knubbeldicke Kartoffelkönigin
Jo-Jo Sprachbuch 2	
Seite 36:	Das bin ich
Seite 37:	Rezepte
Seite 38:	Gemüsegesichter *(Einzahl/Mehrzahl)*
Seite 39:	Silbenkönige: Umlaute
Seite 41:	Frühstück

www.freizeit.de

Hinweise zum Kapitelthema

Mit dem Begriff „Freizeit“ assoziieren die meisten Kinder vor allem das Spielen und Sporttreiben. Manche werden vielleicht auch das Lesen, das Erlernen und Spielen eines Musikinstrumentes oder das Nutzen bzw. Konsumieren unterschiedlicher Medien wie Fernsehen oder Computer damit verbinden. Einige Kinder haben andererseits aber auch schon erlebt, dass sie manchmal gar nicht so recht wussten, was sie mit ihrer Freizeit anfangen sollten.
Auf jeden Fall aber sind die Interessen der Kinder bei diesem Thema sehr individuell ausgeprägt.
Die Fibelseiten rücken das Thema „Freizeit-Tipps“ in den Mittelpunkt. Dabei gilt ein Schwerpunkt der Vielfalt möglicher Freizeitbeschäftigungen. Der andere Schwerpunkt liegt darin, den Fokus auch einmal auf spannende Freizeitbeschäftigungen zu richten, die für die meisten Kinder bisher keine Rolle spielten – und sie dafür zu begeistern. Dazu greift die Fibel ein Buch mit „Augen-Rätseln“ auf, in dem die Kinder auf das faszinierende Phänomen von optischen Täuschungen stoßen.
Dem kreativen Aspekt von Freizeitbeschäftigungen ist die Kapitelabschlussseite gewidmet, die zum Reimen und zum Schreiben eines Freizeit-Akrostichons anregt.

Kapiteleinstieg: Fibelseite 61

Auf dieser Seite werden zwei Illustrationen aus dem Buch JUMBOJET von Heinz Hanisch und Søren Jessen präsentiert, die durch eine plakative Farbigkeit und ungewöhnliche Perspektiven und Größenverhältnisse der Figuren sofort den Blick auf sich ziehen.
In dem sehr textarmen Bilderbuch geht es um zwei Jungen, die von ihren Eltern mit in eine große Stadt genommen werden. Die Eltern müssen noch einige Besorgungen machen und bitten die Kinder, auf einer Bank auf sie zu warten. Die Eltern bleiben sehr lange fort. Also beschließen die wartenden Kinder, sich die Zeit mit Fantasiereisen zu vertreiben. Diese Fantasiereisen werden dann durchgängig in eindrucksvollen großformatigen Bildern dargestellt.

Auf beiden Fibelabbildungen sieht man – nur bei sehr genauer Betrachtung – die zwei Jungen winzig klein auf einer Bank sitzen, die verloren auf dem runden Erdball steht. Von dort aus betrachten sie jeweils das eigentliche Geschehen:
Auf dem oberen Bild befinden sie sich offensichtlich irgendwo in der Prärie. Um sie herum bewegen sich in überzeichneter Dynamik zwei überdimensionierte und zeichnerisch stark stilisierte Figuren: ein Indianer mit Pfeil und Bogen und ein Cowboy (nur als Schattenriss) mit einem Lasso. Als Statisten kann man im Vordergrund noch einen kleineren Hund und am Horizont ein aufgescheuchtes Pferd erkennen. Im Hintergrund geht die Sonne unter.
Auf der unteren Abbildung steht die Bank mit den Jungen direkt unter einem ebenso überdimensionierten blauen Elefanten, der seinerseits einen – im Größenvergleich viel zu kleinen – Turm mit seiner Rüsselspitze trägt. Links im Hintergrund ist gerade noch ein davonfliegender Vogelschwarm zu erkennen.

Als Bezug zu den Fibelfiguren werden neben den beiden Bildern kleine Notizzettel von Tino und Tina präsentiert, die Hinweise darauf geben, was es mit diesen Bildern auf sich haben könnte:
Tino schreibt, dass er es liebt, im Bett Bücher zu lesen, und löst damit die Assoziation aus, das Indianerbild könne aus einem seiner Bücher stammen.
Tina hingegen fragt auf ihrem Zettel ganz direkt danach, ob jemand mit ihr eine Fantasiereise machen möchte.
Diese Zettel können als Anregung dienen, selbst zu notieren, womit man am liebsten seine Freizeit verbringt.

Im bildnerischen Bereich dürfte die Umsetzung von als besonders aufregend empfundenen Buchinhalten oder eigener Fantasiereisen eine spannende Aufgabe sein, z. B.:

... am Nordpol, ... im Urwald, ... auf einer Wolke,
... im Weltall, ... mitten in einer Fantasiestadt ...

Der plakative Illustrationsstil, die verzerrten Perspektiven und die ungewöhnlichen Proportionen der Bilder von Søren Jessen motivieren vielleicht auch Kinder, die ansonsten Hemmungen haben, etwas zu malen, weil sie glauben, dies nicht zu können. Es geht bei diesen Darstellungen ja ganz offensichtlich gar nicht darum, eine der Realität nahekommende Darstellung anzufertigen.

Ein besonders plakatives Ergebnis erhalten die Kinder, wenn sie zunächst eine Strichzeichnung mit einem schwarzen permanenten Filzstift zeichnen (zuvor mit einem Bleistift vorzeichnen lassen!), die sie dann später mit dick angerührten Wasserfarben kolorieren.
Aber auch andere Mischtechniken und/oder Collagen mit eingeklebten Materialien führen hierbei zu reizvollen Ergebnissen.
Wer möchte, schreibt natürlich noch auf, was er anderen zu seinem Bild mitteilen möchte.

Anknüpfungsmöglichkeit im Jo-Jo-Verbund mit dem 2. Jahrgang

Jo-Jo Lesebuch 2	
Seite 90/91:	Martin

Kapitelabschluss: Fibelseite 66

Hier werden zum Thema Freizeit verschiedene Anregungen zum freien Schreiben gegeben. Das Freizeit-Gedicht oben präsentiert ein mögliches Beispiel für ein Akrostichon, das natürlich mit jedem anderen Wort (z. B. Lesen, Reiten, Malen) auch analog durchgeführt werden kann. Die letzte Zeile des Freizeit-Akrostichons soll darüber hinaus auch noch vervollständigt werden.

Unter der Überschrift „Wer macht was am freien Tag?" sind zwei Strophen eines Gedichtes von Gerda Anger-Schmidt abgedruckt, die wieder zu kleinen einfachen Reimen anregen. Die unteren Sprechblasen enthalten weitere Beispiele nach diesem Schema. Die beiden letzten davon sollen vervollständigt werden.

Mögliche Anregung dazu:
Jedes Kind schreibt seinen Lieblingssatz aus der Viererauswahl unten ab und erfindet ein weiteres Beispiel dazu, z. B. mit dem eigenen Namen oder Namen von Freunden und Verwandten, und mit anderen als den auf dieser Seite genannten Tieren:

Die Nicole – hüpft wie toll.
Die Henriette – klaut eine Serviette.
Der Ali – reist nach Bali.
Der Nikolas – hat immer Spaß.
Mein Hund – malt Fische bunt.
Meine Katze – springt auf Opas Glatze.
Der Polizist – sitzt im Mist.

Da viele Namen Endungen besitzen, auf die es nicht sehr viele Reimwörter gibt, sollte das „Verfahren" bei der Entwicklung eines solchen Reims besprochen werden.

1. Namen, Person oder Tier aussuchen; richtigen Artikel/Begleiter davor setzen:
   a) Hund –
   b) der Hund

2. Reimwort zum Namen suchen:
   a) bunt
   Findet das Kind an dieser Stelle schon kein Reimwort, sollte es sich einen anderen Ausgangsnamen suchen.

3. Passendes Verb (Tuwort) suchen; Personalform bilden und Satz damit bauen:
   a) malen
   b) Der Hund malt.
   c) Der Hund malt Fische bunt.

KV Kinder, die mit diesen recht anspruchsvollen Aufgaben noch Schwierigkeiten haben, können auf der KV 100 in die vorbereiteten Raster direkt hineinschreiben.

Anknüpfungsmöglichkeit im Jo-Jo-Verbund mit dem 2. Jahrgang

Jo-Jo Lesebuch 2	
Seite 98:	Elefant und Ente: Elefantabet

Weiterführende Texte im Textteil: Fibelseiten 116/117

- Freizeitbeschäftigungen
- Kinderspiele aus anderen Ländern

Literatur und Internetverweise

JUMBOJET. Heinz Hanisch (T.) / Søren Jessen (Ill.). Bajazzo Verlag, Zürich 2009

Das große Fabulierbuch. Erwin Moser. Beltz und Gelberg in der Verlagsgruppe Beltz, Weinheim/Basel 1995

Rund um den Fußball. Erna Hattendorf. Cornelsen Verlag, Berlin 2010

Mittwochs darf ich spielen. Kirsten Boie. Fischer Taschenbuchverlag, Frankfurt a. M. 2008

www.blindekuh.de
Dieses Internetportal ist eine vom Bundesministerium für Familie, Senioren, Frauen und Jugend geförderte Suchmaschine für Kinder zwischen 6 und 12 Jahren. Unter ca. 16 Suchbegriffen, wie z. B. Kulturen, Unterhaltung, Wissenschaft, Sport, Computer und Internet, finden die Kinder u. a. Spielanleitungen, Onlinespiele, Informationen zu Spielen aus anderen Ländern oder alten Kulturen oder zu physikalischen Phänomenen usw.

EINHEIT 27: Sch sch

Materialien			
FS:	62/63	**LMB:**	43, 44
AH:	64, 65, 66	**KV:**	93, 94, 95
Diff.-Block:	29		
DLG:	28		

Fibelseite 62/63: Nach der Schule

1. Die Lehrerin liest zunächst den oberen Abschnitt des Textes „Nach der Schule" vor.
   Tina und Tino entdecken darin beim Verlassen der Schule eine Plakat-Wand mit Freizeit-Tipps.
   Die Kinder der Klasse beschäftigen sich zunächst mit dieser Plakat-Wand:

   Welche Vorschläge werden dort gemacht?
   Wo würden sie am liebsten hingehen?
   Was würden sie am liebsten tun?
   Welchen Rat würden sie Tina und Tino geben?

   D Auf der Plakat-Wand gibt es einige wenige Wörter mit Buchstaben, die noch nicht eingeführt sind. Diese können von den fortgeschritteneren Kindern vorgelesen werden oder deren Lautqualität wird mit der Lauttabelle ermittelt:
   Sport, **sp**ielen: Sp/sp – **C**omi**c**s: C/c – Löwenz**ah**n: „stummes" h – Sendu**ng**: ng – Fu**ß**ball: ß

   Über die Aussprache (und evtl. die Herkunft) des Wortes Inline-Skaten muss gesprochen werden!

2. Die Lehrerin liest den zweiten Abschnitt vor:
   Tino und Tina können sich nicht entscheiden, was sie unternehmen sollen; sie haben unterschiedliche Vorlieben. Die Stimmung zwischen den beiden wird nach und nach gereizter, was man an ihren Gesichtsausdrücken erkennen kann.
   Die Kinder können die von Tina und Tino geäußerten Vorschläge „Dinos anschauen, fernsehen, lesen, Brief schreiben, Fische malen" auf der Plakat-Wand suchen und ihre Meinung dazu äußern.

3. Die Lehrerin liest den letzten Abschnitt vor:
   Tina verhindert die Eskalation zu einem Streit, indem sie Tino mit einem Zettel in Geheimschrift überrascht, den die Kinder (evtl. in Partnerarbeit) entschlüsseln können. Lösung: „Lass uns losen!"

Einführen der Buchstabenverbindung Sch/sch

Die Einführung kann in Verbindung mit der Fibelseite oder separat an der Tafel erfolgen. Ausgangspunkt ist in beiden Fällen die Überschrift:

Nach der Schule

Die Kinder erarbeiten die neue Buchstabenverbindung in den gewohnten Schritten. Dabei wird den Kindern wieder bewusst gemacht, dass die drei Buchstaben für einen Einzellaut stehen.

Weitere Wörter mit Sch/sch werden in der Fibel gesucht und angeschrieben:

Seite 62:
schon, schau, Schwimmbad, anschauen, schreiben, Fische, schmollt, schnell, Tasche

Seite 63:
Zeitschriften, Schiffe, Fische, Flaschenpost, schreiben, schaukeln, komische, Schrift

Mündlich werden weitere Sch/sch-Wörter gesucht, z. B.:
Schal, Schublade, scheinen, schieben, schön, Busch, Fleisch, hübsch ...

Dabei darauf achten, dass der /sch/-Laut nicht mit dem /ch/-Laut verwechselt wird, was in manchen Dialekten oder bei mundartlicher Aussprache der Fall sein kann.

D Differenzierungsmöglichkeiten zum Fibeltext

Lesen

- wörtliche Rede mit verteilten Rollen lesen
- einzelne Notizzettel von der Plakat-Wand vorlesen
- Geheimschrift entschlüsseln
- KV KV 93 mit Aussagen zur Fibelseite 62/63, die auf ihre Richtigkeit hin überprüft werden müssen

Spracharbeit: Oberbegriffe

In welche Gruppen/Oberbegriffe/Kategorien sind die Aktivitäten der Plakat-Wand aufgeteilt?
Lesen, Museumsbesuch, Fernsehen,
Malen und Basteln, Sport

Die Kinder, die das Sp noch nicht lesen können, können diese Frage mündlich beantworten.

Womit könnte man die vorgegebenen Kategorien noch ergänzen (z. B. Reiten bei Sport; andere Spiele für draußen bei Himmel und Hölle ...)?

Kennen die Kinder noch andere Kategorien (Musizieren, Theaterspielen ...)? Zu welcher Kategorie gehört deine Lieblingsbeschäftigung? usw.

Gesprächsrunde: Medien und Freizeitgestaltung

Was machen die Kinder der Klasse am liebsten? – Welche Fernsehsendung sehen sie am liebsten? – Wie oft schauen sie Fernsehen? – Welche anderen Medien benutzen sie? ...

Freies Schreiben

- KV 93, unten: Leerzeilen und Bildrahmen zum Schreiben und Malen eines eigenen Freizeit-Tipps

- Die KV 95 enthält, neben den Geheimschriftzeichen aus der Fibel, für die wichtigsten Buchstaben noch weitere Geheimschriftzeichen. Ein Beispielsatz mit Auflösung ist vorgegeben. Auf zwei weiteren Zeilen können die Kinder selbst kurze Sätze in dieser Geheimschrift schreiben.

- Klassenplakat mit Freizeit-Tipps erstellen

- Schreiben von Losen mit Freizeitbeschäftigungen (die in der Schule durchführbar sind!): Einmal in der Woche wird ein Los gezogen und die entsprechende Freizeitbeschäftigung gemeinsam durchgeführt.

ÜBUNGEN ZU EINHEIT 27: Sch/sch

Druckschriftlehrgang, Seite 28

Diese Seite kann zu einem beliebigen Zeitpunkt innerhalb der Einheit bearbeitet werden, da alle Einzelbuchstaben des Sch/sch schon von den Kindern geschrieben wurden.

Arbeitsheft Seite 64

Aufgabe 1

Gemeinsame oder individuelle Bearbeitung der oberen beiden Bilder: Texte lesen und Bilder entsprechend den Textaussagen ergänzen

die unteren beiden Texte ohne Silbenfärbung zusätzlich bearbeiten

Aufgabe 2

Begriffe benennen, sprechschwingen, Einzellaute analysieren und Wörter schreiben; benutzte Buchstaben nach und nach aus der Auswahl streichen

Arbeitsheft Seite 65

Aufgabe 1

Gemeinsame Erarbeitung: (Begriff „Selbstlaute" = Silbenkönige ggf. klären) abgebildete Begriffe benennen und dabei sprechschwingen / die Silben klatschen; falsche Silben der Wörter über den Schreiblineaturen erlesen; jeweils die erste und die zweite Silbe alternativ mit richtigem und falschem Vokal sprechen;
Begriff mit ausgetauschten Vokalen und Artikel darunterschreiben

Für schwächere Kinder: richtige Wörter (evtl. verdeckt) an der Tafel anbieten

Aufgabe 2

Begriffe mit mehr als zwei vertauschten Vokalen analog zu Aufgabe 1 bearbeiten (Hinweise dazu in den Sprechblasen)

Arbeitsheft, Seite 66

Aufgabe 1

Satzanfänge und -ergänzungen lesen; Auswahlverben sprechschwingen, passende Ergänzungen ankreuzen und in die Zeilen schreiben

mit schwächeren Kindern die Aufgabe gemeinsam durchführen

Aufgabe 2

freies Schreiben zum Thema Freizeit

Weitere Differenzierungsmöglichkeiten zu den Übungen

Differenzierungsblock
jeweils Seite 29 (grün und blau)

Lesen und Schreiben

- Sch/sch-Seite im „Buchstaben-Haus" (KV 138, editieren) oder in einem „Wörter-Sammel-Heft" oder als „Buchstaben-Poster" gestalten

- KV 94 mit Silbenübungen zu Verben und Komposita mit Sch/sch

Mögliche fächerübergreifende Aktivitäten zu Einheit 27: Sch/sch

Aktivitäten zum Kapitelthema

Rund ums Spielen

neue Pausenspiele sammeln und ausprobieren; Spiele-Bücher mitbringen und betrachten, dabei neue Spiele kennen lernen; einen Spielevormittag mit Gesellschaftsspielen gestalten

Ausflüge

Ausflüge in ein Museum, in den Wald, ein Kinobesuch … werden vorbereitet, durchgeführt und evtl. nachbereitet.

Musik

Lied:

So geht der Elefantentanz

Gebt einander die Hand.

Text: Josef Guggenmos, Musik: Dorothée Kreusch-Jacob. So geht der Elefantentanz. Aus: Josef Guggenmos, Oh, Verzeihung, sagte die Ameise. © 1990 Beltz & Gelberg in der Verlagsgruppe Beltz, Weinheim/Basel

© Musik: Dorothée Kreusch-Jacob

Anknüpfungsmöglichkeiten im Jo-Jo-Verbund mit dem 2. Jahrgang

Jo-Jo Lesebuch 2	
Seite 92:	Himmel und Hölle
Seite 93:	Pippi ist Sachensucher
Seite 94/95:	Lange Lange Lange Langeweile
Seite 98:	Maus
Seite 114/115:	Die Sendung mit der Maus
Jo-Jo Sprachbuch 2	
Seite 44:	www.freizeit
Seite 46:	Vorsilben
Seite 49:	Nach der Schule *(Hier üben wir)*

EINHEIT 28: G g

Materialien			
FS:	64	**LMB:**	45, 46
AH:	67, 68, 69	**KV:**	96, 97, 98
Diff.-Block:	30		
DLG:	29		

Das Auslaut-g bzw. das g vor einem Konsonanten wird als /k/-Laut wahrgenommen und auch gesprochen, z. B. in:

Weg, Berg, Burg ... liegt, fegt ...

Deshalb enthalten der Fibeltext und die Arbeitsheftseiten 67 und 68 noch keine Begriffe mit Auslaut-g oder g vor einem Konsonanten.
Erst die Aufgaben 2 und 3 im Arbeitsheft, Seite 68, bieten gesonderte Übungen zur Auslautverhärtung beim /g/.
Darauf sollten die Kinder vorab hingewiesen werden. Sie können auch selbst beim Erlesen von Wörtern mit g im Auslaut testen, wie der Laut klingt und dass es kaum möglich ist, ihn wie ein /g/ zu sprechen (ähnlich wie beim /d/-Laut am Wort oder Silbenende).

Die g-Lautung mit Folgekonsonanten tendiert aber auch am Silbenanfang zu einem /k/-Laut, z. B. in Wörter wie:
grün, grinst (Diff.-Anteil im Fibeltext)
grau, ausgraben, gruselige (Arbeitsheft)
Deshalb ist, besonders im süddeutschen Raum, beim Vorlesen der Texte auf eine besonders sorgfältige Aussprache zu achten.

Einführen der Buchstaben G/g

Die Einführung kann an die Überschrift der Fibelseite anknüpfen oder frei mit anderen Wörtern durchgeführt werden:

Variante 1
Tafelanschrift oder Fibelseite:

Simon gegen Andi

Variante 2
Tafelanschrift:

Igel Giraffe Ausflug

Der neue Buchstabe/Laut wird in den bekannten Schritten erarbeitet. Wenn ein Wort mit einem Auslaut-g gewählt wird (z. B. Ausflug), werden die Kinder darauf aufmerksam gemacht (s. o.). Das Phänomen der Auslautverhärtung ist ihnen von den Buchstaben d und b bereits bekannt.

Fibelseite 64: Simon gegen Andi

Simon und Andi wollen zusammen Fußball spielen. Als Andi einen gelben Ball aus der Tasche holt, behauptet Simon, das sei der Ball von Anton, und Anton hätte diesen am Vortag vergeblich gesucht.
Andi fühlt sich zu unrecht beschuldigt, wird rot vor Wut und erklärt, dass er diesen Ball von seinem Bruder bekommen habe.
Im dritten Abschnitt, der im Fibeltext zur Differenzierung ausgewiesen ist, kommt Anton mit seinem grünen Ball und schlichtet den aufkommenden Streit. Nun errötet Simon seinerseits, weil er merkt, dass er Andi fälschlicherweise verdächtigt hat, Antons Ball an sich genommen zu haben. Er entschuldigt sich sofort bei Andi.
Anton löst die Situation auf, indem er einfach gegen seinen Ball tritt und anfängt zu spielen.

Aus den Bildern wird ersichtlich, dass die beiden Bälle, bis auf die Farbe, vollkommen identisch aussehen. Es wird also auch für die Kinder, die den Diff.-Anteil des Fibeltextes nicht lesen, gleich klar, warum es zu dieser Verwechslung gekommen ist.

Die Lehrerin oder fortgeschrittene Kinder lesen nur die ersten beiden Abschnitte vor.
Die Kinder betrachten noch einmal die Bilder (Personen ggf. zuvor noch einmal mit Namen benennen) und beschreiben dann zunächst das dritte Bild.
Schließlich können sie Vermutungen dazu äußern, wie sich die Situation geklärt haben könnte und warum Simon wohl dachte, dass es sich bei dem gelben Ball um Antons Ball handeln müsse.

Dann wird der dritte Abschnitt des Textes vorgelesen.

Im Anschluss kann über das Verhalten und die Situation der Jungen diskutiert werden. Mögliche Leitfragen:

- Warum dachte Simon wohl, dass das Antons Ball ist?
- Wie hat Andi sich wohl gefühlt, nachdem Simon seinen Verdacht geäußert hat?
- Wie versucht Andi zu beweisen, dass das sein Ball ist?
- Was könnte Andi zu Simon gesagt haben, nachdem der sich entschuldigt hat?
- Wie verhält sich Anton, als er auf die Wiese kommt? Gefällt euch Antons Verhalten?

Im Rahmen eines solchen Klassengespräches kann über Streitgründe und mögliche Schlichtungsmaßnahmen gesprochen werden.

D Differenzierungsmöglichkeiten zum Fibeltext

Lesen

Textvarianten:

Wohin gehen Simon und Andi ?
- O in die Berge
- O auf eine Wiese.
- O in den Garten

Was holt Andi aus seiner Tasche ?
- O eine graue Banane
- O eine gelbe Giraffe
- O einen gelben Ball

Was zeigt Anton Simon und Andi ?
- O eine gruselige Geige
- O einen grünen Ball
- O grünes Gemüse

Freies Schreiben

aufschreiben, was Andi auf Simons Entschuldigung geantwortet haben könnte

Sonstiges

- über selbst erlebte Streitsituationen austauschen und verschiedene Verläufe (mit und ohne Schlichtung) analysieren und im Rollenspiel darstellen
- Antwort zur Frage vom Fußbalken („Für kluge Forscher") auf Fibelseite 64 herausfinden: Recherche in entsprechenden Chroniken, bei Freunden oder der Familie, im Internet ...

ÜBUNGEN ZU EINHEIT 28: G/g

Druckschriftlehrgang, Seite 29

Diese Seite muss vorab bearbeitet werden, da auf Arbeitsheftseite 67 bereits geschrieben werden soll.

Arbeitsheft, Seite 67

Aufgabe 1

Bearbeitung der oberen beiden Bilder: Texte lesen und Bilder entsprechend den Textaussagen ergänzen

D die unteren beiden Texte ohne Silbenfärbung zusätzlich bearbeiten

Aufgabe 2

Begriffe benennen, sprechschwingen, Einzellaute analysieren und Wörter schreiben; benutzte Buchstaben nach und nach aus der Auswahl streichen

Arbeitsheft, Seite 68

Aufgabe 1

Satzanfänge und -ergänzungen lesen; Auswahlverben sprechschwingen, passende Ergänzungen ankreuzen und in die Zeilen schreiben

D mit schwächeren Kindern die Aufgabe gemeinsam durchführen

Aufgabe 2

Sätze erlesen; Klang des g jeweils abhören; g mit Auslautverhärtung grün markieren

D erstes Beispiel ggf. gemeinsam an der Tafel durchführen – mit schwächeren Kindern die Aufgabe gemeinsam bearbeiten

An dieser Stelle kann, je nach Klassensituation oder mit einzelnen Kindern, schon das Strategiezeichen zum Weiterschwingen/Verlängern eingeführt werden, das links neben der Aufgabe zu sehen ist und mit der Sprechblase von Lara veranschaulicht wird:

> Viele Wörter kannst du weiterschwingen. Dann hörst du zum Beispiel, ob am Ende ein /g/ oder ein /k/ klingt:
>
> der Berg – die/alle Ber-**ge**
> die Burg – die/alle Bur-**gen**
> der Zwerg – die/alle Zwer-**ge**

Die Kinder sprechschwingen die Singular- und Pluralformen und hören den Klang des g am Silbenanfang ab.

Aufgabe 3

D Grundform der Verben erlesen und nachspuren; Verb in der dritten Person Singular darunterschreiben

Arbeitsheft, Seite 69

Aufgabe 1

Bilder betrachten; passende Verben aus den Einzelsilben zusammenbauen, sprechschwingen/klatschen und daneben schreiben

Aufgabe 2

Aussagen erlesen, auf Wahrheitsgehalt prüfen und alle „Lügen" ankreuzen

Aufgabe 3

D freies Schreiben: Erfinden einer „kleinen" Lüge (analog zu Aufgabe 2, z. B.: Alle Geister lieben grünes Gemüse.)

D Weitere Differenzierungsmöglichkeiten zu den Übungen

Differenzierungsblock
jeweils Seite 30 (grün und blau)

Lesen üben

- G/g-Seite im „Buchstaben-Haus" (KV 138, editieren) oder in einem „Wörter-Sammel-Heft" oder als „Buchstaben-Poster" gestalten

- KV KV 96 mit Verbkarten (Infinitiv) und dazugehörigen Sätzen, die einander jeweils zugeordnet werden müssen

Lautunterscheidung /g/ und /k/

- Gegenüberstellung von Wörtern mit G und K, z. B.:
  die Kasse – die Gasse
  das Kabel – die Gabel
  die Karten – der Garten

- KV KV 97 mit Übungen zur Unterscheidung im Anlaut und im Inlaut (ohne Konsonantenverbindungen mit G/g)

Schreiben

- KV KV 98 mit Würfelwörtern für Schreibheft/Setzleiste

Weiterschwingen/Verlängern von Wörtern mit s, d und b im Auslaut

- Mündlich werden z. B. folgende Begriffe verlängert, dabei die Silben geschwungen:
  das Haus – alle Häu-**s**er
  die Maus – alle Mäu-**s**e
  die Hand – alle Hän-**d**e
  der Hund – alle Hun-**d**e
  der Korb – alle Kör-**b**e

Anknüpfungsmöglichkeiten im Jo-Jo-Verbund mit dem 2. Jahrgang

Jo-Jo Lesebuch 2	
Seite 100:	Interview mit Fatmire „Lira" Bajramay
Seite 101:	Der zwölfte Mann

EINHEIT 29: Ä ä

Materialien

FS:	65	**LMB:**	47
AH:	70	**KV:**	99
Diff.-Block:	–		
DLG:	30		

Einführen der Buchstaben/des Umlautes Ä/ä

Tafelanschrift:

Rätsel Ärmel
Mädchen

Der neue Buchstabe/Laut wird wie gewohnt erarbeitet. Die ausgewählten Wörter tauchen auf der Fibelseite wieder auf. Dort werden sie von den Kindern gesucht und durch die weiteren Ä/ä–Wörter ergänzt:

blättern – Ärmel – lässt – lächelt –
älter – schräg – Ätsch!

Wenn alle (oder einige) der Wörter an der Tafel stehen, werden die Buchstaben Ä/ä jeweils optisch identifiziert und farbig markiert, evtl. abgeschrieben. Der Buchstabe wird auf der Lauttabelle gesucht und als Silbenkönig identifiziert.

Fibelseite 65: Augen-Rätsel

Tino hat sich ein Buch ausgeliehen, das die Mädchen nun fasziniert betrachten.
Anhand zweier Bildbeispiele wird hier demonstriert, dass die Augen einen sehr täuschen können.
Beim linken Beispiel können die Kinder selbst ein Lineal anlegen und feststellen, dass die horizontalen grauen Linien waagerecht („gerade") sind, obwohl sie schräg über die Fläche zu laufen bzw. die Streifen sich nach rechts oder links zu verkleinern scheinen.
Besonders eindrucksvoll ist das optische Erlebnis, wenn man bis auf einen Streifen alle anderen mit einem Blatt Papier abdeckt.

Das Bild „Sommer" von Giuseppe Archimboldo zeigt ein Gesicht, das bei näherem Hinsehen ganz aus Obst, Getreide- und Gemüse-Elementen zusammengesetzt ist. Die Antwort auf die Frage unter dem Bild muss also heißen, dass hier beides abgebildet ist.
Die Kinder erlesen den Text. Der untere Teil und die Texte auf den Buchseiten werden von fortgeschrittenen Kindern oder der Lehrerin vorgelesen.

Persönliche Eindrücke und vielleicht auch schon Erlebnisse mit anderen optischen Täuschungen (Fata Morgana ...) werden ausgetauscht.

D Differenzierungsmöglichkeiten zum Fibeltext

Textvarianten lesen:

Tino ist so alt wie Tina.
Tino ist älter als Paola.

Tino lässt Tina und Paola an das Buch.
Die Mädchen blättern im Buch.
Paola ärgert sich über Tino.

Augen-Rätsel :
Schräg oder gerade ?
Gesicht oder Obst und Gemüse ?

Ätsch !
Die Linien sind ganz gerade !
Das Gesicht ist aus Gemüse !

ÜBUNGEN ZU EINHEIT 29: Ä/ä

Druckschriftlehrgang, Seite 30

Arbeitsheft, Seite 70

Vorübung zu Aufgabe 1

Das Ä/ä klingt manchmal wie /e/. Manche Wörter können wir aber von anderen ableiten, um zu erfahren, ob sie mit E/e oder Ä/ä geschrieben werden, z. B.:

alle/die Bälle – der Ball

„Bälle" kommt von „Ball". Deshalb wird „Bälle" mit ä geschrieben.
Weitere Beispiele: Wand – Wände, Bank – Bänke; aber auch: wäscht – waschen; lässt – lassen ...

Die Lehrerin verweist auf das entsprechende Strategiezeichen links neben der Aufgabe 1, Arbeitsheft, Seite 70.

Aufgabe 1

Pluralformen mit Umlaut zu den passenden Bildern finden und mit Artikel aufschreiben

Aufgabe 2

Satzteile einzeln erlesen; in Partner- oder Gruppenarbeit mit drei Würfeln Sätze erwürfeln und erlesen; einen Satz nach vorgegebenen Würfelaugen aufschreiben

D Weitere Differenzierungsmöglichkeiten zu den Übungen

Lesen und Schreiben

- KV 99 mit Würfelwörtern (oben) und einem Stolperwörtertext (unten) zum Ä/ä
- Aufgreifen des „Rätsel"-Themas mit Wörterrätseln: Wörter mit Ä/ä verschlüsseln bzw. verwürfeln und lesen lassen, z. B.:
  Tafelbild:

  Was wird aus Milch gemacht?
  e ä K s

  Welche Geschichten beginnen meist mit „Es war einmal ..."?
  r ch e M ä n

  Was kommt aus den Augen, wenn du weinst?
  r ä n T e n

Mögliche fächerübergreifende Aktivitäten zu Einheit 29: Ä/ä

Malen/Basteln

„Versteckbild"
Die Kinder malen selbst ein „Versteckbild" (in Art eines Wimmelbildes), in dem sie einen Gegenstand oder eine Figur verstecken.

Wir gestalten einen Kopf aus Obst/Blumen/Gemüse/Werkzeug ...
Der Maler Archimboldo hat auch zu den anderen Jahreszeiten Collagebilder aus Naturmaterialien angefertigt. Bildbände dazu dürften in jeder Bücherei auszuleihen sein. Es bietet sich an, diese Bilder mit den Kindern anzuschauen und sie anzuregen, selbst eine solche Arbeit herzustellen.

Dafür eignen sich sowohl die Collagetechnik als auch das Malen mit Wachsmal- bzw. Filzstiften. Als Vorlage wird jeweils ein DIN-A3-Karton mit einer aufgezeichneten Kopfform verwendet.
Für die Collage werden aus Werbeprospekten Obst-, Gemüse, Blumen oder auch technische Geräte, Werkzeuge etc. ausgeschnitten oder -gerissen.
Die Kinder wählen einen Oberbegriff (z. B. Werkzeug) aus und benutzen nur Bilder, die dazu passen (ggf. vorher besprechen).
Die Kinder probieren dann erst einmal durch unterschiedliches Auflegen der Ausrisse, wie der Kopf mit ihren Gegenständen aussehen könnte. Dann kleben sie sie nach und nach auf.
Das Malen mit Wachsmal- oder Filzstiften ist die schwierigere Aufgabe, weil hierbei nicht mehr korrigiert werden kann. Bei dieser Technik sollten die Kinder deshalb auf jeden Fall mit Bleistift ihre „Komposition" vorzeichnen und dann erst kolorieren.

Museumsbesuch

Wir besuchen ein Museum
Das Gemälde von Archimboldo kann zum Anlass genommen werden, über eigene Museumsbesuche zu berichten und darüber, was die Kinder in einem Museum vielleicht schon einmal gesehen haben.
In diesem Zusammenhang bietet sich ein Museumsbesuch an, der dann gemeinsam geplant und durchgeführt wird.
Informationen darüber sammeln, welche Museen es in der Umgebung gibt:
- Welche Museen kennen wir schon?
- Wo gibt es noch andere in unserer Nähe?
- Welches Museum wollen wir einmal besuchen?

Der Museumsbesuch kann z. B. gut vorbereitet werden, indem die Klasse in vier bis sechs Gruppen aufgeteilt wird. Im Museum erhält jede Gruppe ein Blatt mit unterschiedlichen Fragen zu ausgewählten Exponaten.
Dann begeben sich die Gruppen getrennt voneinander für eine halbe Stunde auf die Suche. Nach jeder beantworteten Frage kommen sie zu einer zentralen Stelle, wo die Lehrerin mit einem Stempel oder einem kleinen Klebebildchen die richtige Lösung abzeichnet.

Beispiele für Fragen zum Museumsbesuch. (Die Fragen sollten nur bereits eingeführte Buchstaben enthalten!):
- Nennt den Namen des Malers, der das Bild mit der Burg gemalt hat.
- Welches Bild ist im ersten Raum rechts neben dem Fenster zu sehen?
- Auf welchem Bild hat der Maler eine Wiese mit Blumen gemalt?
- In dem zweiten Raum ist ein Bild mit einem Wald. Gibt es darauf auch eine Tanne?

Es bietet sich an, jeder Gruppe einen Elternteil zuzuteilen, der sie beim Gang durch das Museum begleitet. Wenn sich nicht genügend Eltern finden, muss ein solches Vorgehen zuvor mit der Museumsleitung abgesprochen werden.

Kapitelabschluss: Fibelseite 66
siehe Hinweise auf Seite 159

Frühling

Hinweise zum Kapitelthema

Mit der Wiederkehr des Frühlings verbinden sich für die Kinder mehrere einschneidende Veränderungen. Die Tage werden wieder länger und endlich kann man wieder mehr draußen spielen, seinem Bewegungsdrang folgen oder einfach nur die frische Luft genießen und das „Erwachen“ der Natur beobachten.
Auch emotional spüren die meisten Menschen deutlich Veränderungen, wenn der Winter endlich Abschied nimmt.

Die Fibelseiten zu diesem Kapitel beschäftigen sich zunächst mit diesen Veränderungen in der Natur. Die Kinder besuchen einen Garten, in dem schon die ersten Frühblüher zu sehen sind, und sie registrieren, dass die Tage schon „länger“ werden.

Der zweite Text beschäftigt sich mit den unterschiedlichen Bedürfnissen der Erwachsenen und Kinder an einem Sonntagnachmittag im Frühling. Zusätzlich wird ein April-Lied angeboten, in dem der Begriff „April“ zu „Lirpa“ verdreht, also von hinten nach vorne buchstabiert wird.

Die Abschlussseite enthält eine Bastelanleitung für ein Amselnest und regt somit an, sich auch mit den Veränderungen der Fauna im Frühling zu beschäftigen.

Die Feiertage Ostern und Muttertag werden, unabhängig von der Progression der Buchstabeneinführung, ausschließlich im Textteil der Fibel behandelt.

Kapiteleinstieg: Fibelseite 67

Auf dieser Seite werden zwei Bildausschnitte aus dem liebevoll gestalteten Buch „Hasenlenz“ von Marjaleena Lembcke (T.) und Verena Hochleitner (Ill.) präsentiert.
Die Bilder suggerieren Frische, Helligkeit und Leichtigkeit als Kennzeichen für den Frühling.
Rechts unten ist der Hase Hassu zu sehen, der in der Geschichte des Buches eines Morgens aufwacht und fröhlich ist wie schon lange nicht mehr.
Er möchte plötzlich rückwärts hoppeln, mit dem Schwanz wedeln, wie ein Vogel zwitschern oder galoppieren wie ein Pferd. Er kann sich diese überbordenden Gefühle nicht erklären und befragt seine Hasenmutter dazu. Die sagt nur: „Das ist der Lenz.“ Mehr verrät sie nicht.
Also begibt sich Hase Hassu in den Wald und fragt alle Tiere, was das Wort „Lenz“ bedeutet. Die geben ihm die unterschiedlichsten (witzigen) Antworten, die ihm aber nicht weiterhelfen. Erst als er einem entzückenden Hasenmädchen begegnet, versteht er langsam, was es mit diesen „Frühlingsgefühlen“ auf sich hat.
Dieses Buch ist nur zum Vorlesen und zum gemeinsamen Betrachten der Bilder geeignet, spiegelt aber die Stimmungslagen im Frühling auf vielfältige Weise wieder, sodass Kinder und Erwachsene gleichermaßen Spaß an dieser gemeinsamen Lektüre haben werden.

Der kleine Text zu den Bildern auf Fibelseite 67 reicht aber auch für sich vollkommen als Anregung aus, gemeinsam über die Veränderungen der Natur und der Gefühle im Frühjahr zu „philosophieren“. In Partner- oder Gruppenarbeit können Recherchen zu dem Begriff „Lenz“ durchgeführt werden.

Mögliche Anregungen zur Arbeit mit der Einstiegsseite

- Zum Frühling passende Adjektive/Wie-Wörter sammeln und zu jedem Wort einen Satz schreiben
- Ein Frühlingsbild malen: Was gefällt mir am Frühling besonders?
- Frühlingsbilder (aus Zeitschriften oder Fotos ...) mitbringen und dazu schreiben
- Einführen und Singen des bekannten Liedes: „Nun will der Lenz uns grüßen“

Anknüpfungsmöglichkeiten im Jo-Jo-Verbund mit dem 2. Jahrgang

Jo-Jo Lesebuch 2	
Seite 102:	Das Apfelmännchen
Jo-Jo Sprachbuch 2	
Seite 50:	Frühling
Seite 53:	Adjektive verwenden

Kapitelabschluss: Fibelseite 72

Hier wird eine Bastelanleitung für ein Amselnest angeboten. Durch die Vorgabe der einzelnen Arbeitsschritte bis zur fertigen Bastelarbeit (oben links) kann das Amselnest ohne Probleme nachgearbeitet werden. Die Kinder sollten darauf achten, dass sie den Kleber nicht zu dick auftragen und das Bastelgras zum Schluss in kleinen Büscheln nach und nach aufkleben.

Fächerübergreifend mit dem Sachunterricht/MeNuK könnte darüber gesprochen werden, dass im Frühjahr auch sehr viele Tiere ihre Jungen bekommen. Die Kinder können Informationen dazu sammeln, ein Plakat gestalten oder eine Ausstellung veranstalten.

Anknüpfungsmöglichkeiten im Jo-Jo-Verbund mit dem 2. Jahrgang

Jo-Jo Lesebuch 2	
Seite 109:	Colomba della pace
Seite 112:	Die jungen Amseln

Weiterführende Texte im Textteil:
Seite 118/119

- Reimerei im Frühling
- Ostereier-Leporello
- Zum Muttertag

Literatur und Internetverweise

Hasenlenz. Marjaleena Lembcke (T.) / Verena Hochleitner (Ill.). Residenz Verlag, Salzburg 2010

Frühling. Lernen an Stationen in der Grundschule (2.–4. Schuljahr): Cornelsen Verlag Scriptor, Berlin

Auf den einschlägigen Seiten im Internet, z. B. **www.blindekuh.de**, finden sich weitere spannende Informationen zu den Monaten und Jahreszeiten.

EINHEIT 30: stummes -h

Materialien			
FS:	68/69	**LMB:**	48, 49, 50
AH:	71, 72	**KV:**	101–104
Diff.-Block:	–		
DLG:	31		

Einführen: „stummes" -h („Geister-h")

Tafelanschrift:

die Mühle fahren

der Löwenzahn

Die Kinder lesen die Wörter und erarbeiten:
- Alle Wörter enthalten einen Silbenkönig, dem ein h folgt, das man nicht hören kann.
- Die Silbenkönige vor dem h klingen immer lang (ggf. alternativ sprechen lassen).

Für die Kinder kann man auch den Begriff „Geister-h" einführen. Der macht Spaß und ist ungewöhnlich, sodass die meisten Kinder ihn sich besser merken werden.

Anschließend markieren die Kinder die Vokale/Umlaute zusammen mit dem Geister-h farbig.
Weitere Wörter mit Geister-h werden im Text der Fibelseite gesucht oder an der Tafel vorgegeben und erlesen, die Silbenkönige mit dem -h zusammen markiert, z. B.:

Sohn, Bohrer, Huhn, Hahn, Fohlen,
Bohnen, Fahne, Bahn, Fehler;
wohnen, nehmen, bohren, fehlen, zählen;
hohl, kahl ...

Weil das -h beim Sprechen gar nicht klingt, müssen wir uns diese Wörter für das Schreiben merken. Im Arbeitsheft steht für solche Wörter dieses Zeichen:

(M) *(an die Tafel malen oder im Arbeitsheft zeigen)*

Fibelseite 68/69: An der alten Mühle

Tina, Tino und Anton besuchen mit Ina den Garten von Inas Eltern. Sie entdecken einige Blumen, die schon blühen. Ina kennt sich aus und nennt die Namen dieser Frühblüher.
Die Kinder können diese in grünen Großbuchstaben gedruckten Namen sowohl den illustrierten Blumen als auch den Fotos auf Fibelseite 69, rechts unten, zuordnen.

D Im Text rechts oben ist von der Kuh *Allegra* die Rede. *Allegra* heißt auf Italienisch „die Fröhliche". Diese Kuh sieht allerdings gar nicht fröhlich aus.
Ob das daran liegt, dass ihr die Hühner ständig an den Hufen picken?
Zum Schluss stellen die Fibelkinder fest, dass es schon sehr spät sein muss, obwohl es noch so hell ist.

Die Fibelseite 68 wird abschnittsweise erlesen. Im Unterrichtsgespräch äußern sich die Kinder zu ihren Eindrücken und berichten von ihren Empfindungen und Erfahrungen, die sie mit dem Frühlingsanfang verbinden.

Die in grünen Großbuchstaben gedruckten Frühblüher werden erlesen, in der Fibelillustration gesucht und den Fotos rechts unten zugeordnet.

Fortgeschrittene Kinder oder die Lehrerin lesen dann die Seite 69 vor. Gemeinsamer Austausch über die Inhalte:

Mögliche Schwerpunkte:
- über den tatsächlichen Gesichtsausdruck (und der Ursache dafür) der Kuh Allegra sprechen
- den Begriff „die Fröhliche" von Kindern anderer Muttersprache in ihre Sprache übersetzen lassen
- über die „länger" werdenden Tage sprechen (siehe Schluss des Textes)
- andere Frühlingsmonate benennen

D Weitere Differenzierungsmöglichkeiten zum Fibeltext

Lesen
- Texte unter den Fotos zu den Frühblühern lesen: Sie enthalten auch einige noch nicht eingeführte Buchstaben.

- Sätze mit den Pronomen (ihm – ihr – ihnen) lesen, z. B.:

  Ina zeigt den Kindern ihren Garten.
  Tina holt ihr eine Blume.
  Tino geht mit ihr.
  Anton zeigt ihm Allegra.
  Die Kuh grast auf ihrer Weide.

- KV KV 101 mit einem Stolperwörtertext analog zum Fibeltext

Freies Schreiben
- Besprechen und Aufschreiben der wichtigsten Veränderungen, die man im Frühjahr in der Natur beobachten kann

- KV KV 104 mit einer Vorlage zur Anfertigung weiterer Blumensteckbriefe

- weitere Blumenbilder sammeln und dazu schreiben

- andere lustige Namen für die Kuh suchen und aufschreiben

- in Büchern etc. nachschauen, was andere Tiere im Frühjahr machen, (Vögel, Hasen ...) und darüber schreiben oder dazu malen

- Akrostichon mit Frühlingswörtern herstellen, z. B.:

B	MÄRZ	BLÜHEN
L	BLÜHEN	LÖWENZAHN
U	ERDE	UHRZEIT
M	LÖWENZAHN	MÄRZ
E	UHRZEIT	ERDE
N	NARZISSEN	NARZISSEN

Wörter zunächst den passenden Anfangsbuchstaben zuordnen, dann in Großbuchstaben dahinterschreiben (evtl. mit Wortkärtchen arbeiten); das Akrostichon abschreiben und ein Bild dazu malen

ÜBUNGEN ZU EINHEIT 30:
„stummes" -h

▶ Druckschriftlehrgang, Seite 31

▶ Arbeitsheft, Seite 71

Aufgabe 1
Bearbeitung der oberen beiden Bilder: Texte lesen und Bilder entsprechend den Textaussagen ergänzen
D die unteren beiden Texte ohne Silbenfärbung zusätzlich bearbeiten

Aufgabe 2
Begriffe auf Inas Zettel erlesen; jeweils passenden Artikel in den Schreiblineaturen suchen, Artikel nachspuren und Begriff danebenschreiben

Arbeitsheft, Seite 72

Aufgabe 1

Gemeinsame Erarbeitung mit schwächeren Kindern:
mit Hilfe von Wortkärtchen (oder an der Tafel) zunächst die Einzelwörter aus den Silben zusammenbauen:

zählen, fahren, gähnen, fehlen;

den Lückentext gemeinsam lesen, die zusammengesetzten Wörter einsetzen (mit oder ohne Vorlage an der Tafel)

Aufgabe 2

D freies Schreiben zur Frage

D Weitere Differenzierungsmöglichkeiten zu den Übungen

Lesen und Schreiben üben

- „kleine Wörter“ mit Geister-h an die Tafel schreiben und erlesen; Sätze damit bilden (mündlich und/oder schriftlich); Wörter (Sätze) abschreiben, z. B.:

sehr	Es ist schon sehr warm.
früh	Die Klasse trifft sich früh am Morgen.
wohl	Was erleben die Kinder wohl im Garten?
fröhlich	Tino sieht eine fröhliche Kuh.
wahr	Ist das wahr?

- KV 102, auf der Wörter mit Artikel nach ah, eh, oh und uh sortiert werden sollen
- KV 103 mit Silbenübung und Übung zu den Pronomen mit ih

Mögliche fächerübergreifende Aktivitäten zu Einheit 30: „stummes“ -h

Malen/Basteln

Blumencollage

Aus Katalogen von Gärtnereien oder Baumärkten werden Blumenbilder gesammelt und ausgeschnitten. Daraus gestalten die Kinder in Einzel- oder in Partnerarbeit eine Collage.

Frühlingsband gestalten

Die Kinder können gruppenweise Frühlingsbänder mit Frühlingswörtern (Varianten: nur Adjektive, nur Farbwörter) oder Frühlingsblumen gestalten:
Jede Gruppe erhält ein längeres Stoffband (z. B. aus alten Bettlaken geschnitten) und beschriftet/gestaltet es mit Stofffarben (evtl. auch mit anderen Materialien wie Glitzer, Klebebildchen, kleinen Stoffresten ...).
Die fertigen Bänder werden an Laternenstöcken befestigt.

Sprachbegegnung

Sammeln von Adjektiven in anderen Sprachen

Einige ausgewählte Adjektive werden vorgegeben. Kinder aus anderen Herkunftsländern übersetzen diese in ihre jeweiligen Muttersprachen und schreiben sie ggf. auf. Eine Liste in tabellarischer Form wird angelegt.

Sachthema

Frühblüher

KV 104 mit einer Vorlage zur Anfertigung von Blumensteckbriefen

Musik

Lied:

Ich lieb den Frühling

2. Ich lieb den Sommer,
ich lieb den Sand, das Meer.
Sandburgen bauen
und keinen Regen mehr,
Eis essen, Sonnenschein,
so soll's immer sein.

Di dum, di da ...

3. Ich lieb die Herbstzeit,
stürmt's auf dem Stoppelfeld.
Drachen die steigen,
hoch in das Himmelszelt.
Bunte Blätter fallen
vom Baum herab.

Di dum, di da ...

4. Ich lieb den Winter,
wenn es dann endlich schneit,
hol ich den Schlitten,
denn es ist Winterzeit.
Schneemann baun und rodeln gehn,
ja, das find ich schön.

Di dum, di da ...

Musik: überliefert, deutsche Textfassung: Heike Schrader.
Aus: Handreichungen zum Jo-Jo Sprachbuch 2 (allg. Ausgabe). Cornelsen Verlag, Berlin 2004

Anknüpfungsmöglichkeiten im Jo-Jo-Verbund mit dem 2. Jahrgang

Jo-Jo Lesebuch 2	
Seite 104:	März
Jo-Jo Sprachbuch 2	
Seite 51:	Gedichte schreiben *(Frühlingsgedichte)*

EINHEIT 31: J j

Materialien			
FS:	70/71	**LMB:**	51, 52
AH:	73	**KV:**	105, 106
Diff.-Block:	31		
DLG:	32		

Einführen der Buchstaben J/j

Tafelanschrift:

Jahr Frühjahr Jahreszeit

Das Jahr hat 12 Monate.
Es beginnt im Januar.

Das Frühjahr ist eine Jahreszeit.
Sie beginnt im März.

Kennt ihr auch die anderen Jahreszeiten ?

Die Kinder erschließen den neuen Buchstaben/Laut mit Hilfe der Lauttabelle oder aus dem Sinnzusammenhang. Er wird jeweils farbig markiert. Weitere Wörter mit J/j werden gesucht, z. B.:

Juni, Juli, Junge, Jäger, Jacke, Judo, Jasmin;
jucken, jubeln, jagen;
jemand, jeder

Namen mit J: Jasmin, Julia, Jonas ...

Falls die Kinder Wörter oder Namen mit anderen J-Lautungen nennen, wird darauf hingewiesen, dass diese Lautungen sehr selten sind und zumeist in Namen vorkommen: Jack, Jacqueline ...

Im Anschluss an die Frage kann das Vorwissen der Kinder zum Thema „Jahr – Jahreszeiten – Monate“ erfragt werden.

Fibelseite 70: Die schönste Zeit im Jahr

Tinos Familie verbringt den Sonntagnachmittag im Park. Alle sitzen ruhig beisammen, Opa liest. Paola stört plötzlich die Ruhe, indem sie mit Tinos Jo-Jo wegläuft. Ihr ist langweilig und sie wollte lieber ins Kino gehen.
Außer dem kleinen Jonas lässt sich aber niemand von Paola aus der Ruhe bringen. Offensichtlich sind diese kleinen Streitereien schon zur Gewohnheit geworden.

Die Fibelseite wird abschnittsweise vorgelesen, die Kinder lesen still mit, sie betrachten die Bilder und äußern sich frei:

- Was macht Tinos Familie im Park?
- Warum ist Paola wohl sauer?
- Warum beginnt Jonas zu jammern?

Die Kinder berichten von ihren eigenen Erlebnissen an Frühlingsnachmittagen mit der Familie:

- Was machen sie mit der Familie im Frühjahr?
- Wie gehen sie damit um, wenn sich nicht alle einig sind, was sie (draußen) unternehmen sollen?

Im Fibeltext werden die weiteren Wörter mit J/j gesucht und an der Tafel gesammelt und erneut gelesen.

D Differenzierungsmöglichkeiten zum Fibeltext (Seite 70)

Lesen

- Die Kinder bereiten – je nach Lernstand – einzelne Sätze oder Abschnitte vor und lesen diese der Klasse vor.

- Textvarianten zusammenstellen, erlesen und evtl. schreiben:

  a) Tino ist mit seiner Familie im Park.
  Seine Familie sind Mama, Papa,
  Paola, Jonas und Opa.
  Jonas ist noch klein.
  Paola ist sauer.
  Papa, Mama und Opa fühlen sich
  wohl.

  b) Tino hat ein Jo-Jo.
  Paola nimmt Tino das Jo-Jo weg.
  Sie jubelt laut.
  Tino jagt hinter ihr her.
  Jonas jammert.

- KV KV 105 mit Fragen zum Fibeltext (ankreuzen und schriftlich beantworten)

Freies Schreiben

- zum Thema „Was ich jetzt endlich wieder draußen spielen kann ...“ schreiben und malen
- ein Jo-Jo malen und dazu etwas schreiben
- Der Satz von Mama am Fuß der Seite kann (mit der Text-Überschrift oder anderen Erweiterungen) ergänzt, aufgeschrieben und evtl. mit einem Bild gestaltet werden.

Fibelseite 71: Was macht das Wetter im Lirpa

Die Seite ist inhaltlich mit der vorhergehenden verbunden: Es ist Frühjahr und vieles spielt sich wieder draußen ab. Während Tinos Familie den Sonntagnachmittag im Park verbringt, sitzt Tina mit ihrer Familie auf dem Balkon.
Tina unterhält ihre Mutter und Leon mit Wortspielereien zu den Monatsnamen. Sie artikuliert einige Monatsnamen von hinten nach vorne.

Passend dazu ist das Lied „Was macht das Wetter im Lirpa?“ abgedruckt. Der Liedtext enthält ausschließlich bereits eingeführte Buchstaben. Die Kinder können also, wenn sie es wollen, diesen Text auch selbstständig erlesen.
Der Text ist aber auch so schlicht gehalten, dass er nur mündlich dargeboten und schnell auswendig gelernt werden kann.

D Differenzierungsmöglichkeiten zum Fibeltext (Seite 71)

Lesen üben

- verdrehte Monatsnamen von Tina richtig herum lesen

- KV KV 106 mit Fragen zu jedem Monat im Jahr (Ankreuzantworten)

Sachthema

- Die Bedeutung des Wortes „Monat“ klären:
  Der Mond kreist um unsere Erde. Für eine Umkreisung benötigt er einen Monat. In einem Jahr umkreist er die Erde 12-mal. Deshalb hat das Jahr 12 Monate.

- Monatsnamen sammeln (ggf. auf Aussprache von ai in *Mai* hinweisen)

Freies Schreiben

Jedes Kind sucht sich seinen Lieblingsmonat aus und schreibt etwas dazu. Alle Blätter werden zu einem Jahresbüchlein zusammengeheftet.

Sonstiges

Weitere (analoge) Liedstrophen zu anderen Monatsnamen erfinden (und ggf. aufschreiben)

ÜBUNGEN ZU EINHEIT 31: J/j

Druckschriftlehrgang, Seite 32

Diese Seite sollte vor der Bearbeitung des Arbeitsheftes eingesetzt werden, da das J/j auf Arbeitsheftseite 73 geschrieben werden muss.

Arbeitsheft, Seite 73

Aufgabe 1

Fragen und Auswahlantworten erlesen; richtige Antworten ankreuzen; dabei ggf. Hilfestellung anbieten:
Auf den Zettel mit der Abfolge der Monate hinweisen und evtl. gemeinsam darüber reden, warum Ostern nie im Juli stattfindet (der Juli liegt im Hochsommer / in den Sommerferien ...)
Hinweis. Das noch nicht eingeführte v im Begriff November ist hier blau hinterlegt: ein Hinweis darauf, dass es auf der Rückseite der Lauttabelle zu finden ist. Für die Bearbeitung der Aufgabe müssen die Kinder diesen Monatsnamen jedoch nicht lesen können.

Aufgabe 2

Begriffe benennen, sprechschwingen, Einzellaute analysieren und Wörter schreiben; benutzte Buchstaben nach und nach aus der Auswahl streichen

D Weitere Differenzierungsmöglichkeiten zu den Übungen

Differenzierungsblock
jeweils Seite 31 (grün und blau)

Lesen und Schreiben
J/j-Seite im „Buchstaben-Haus" (KV 138, editieren) oder in einem „Wörter-Sammel-Heft" oder als „Buchstaben-Poster" gestalten

Mögliche fächerübergreifende Aktivitäten zu Einheit 31: J/j

Malen/Basteln

Kalender herstellen

a) Kalenderblätter (mit vorgedrucktem Kalendarium) werden mit Fotos, gemalten Bildern und/oder Texten gestaltet.
b) Die Klasse erstellt einen gemeinsamen Geburtstagskalender.

Musik

Lied:
Ich lieb den Frühling
(s. Seite 171 zu Einheit 30: „stummes" -h)

Lied:
Die Jahresuhr
von Rolf Zuckowski
(z. B. in Papageno: 100 Lieder zum Singen, Spielen, und Tanzen in der Grundschule. Cornelsen Verlag, Berlin 2006)

Kapitelabschluss: Fibelseite 72

siehe Hinweise auf Seite 169

Anknüpfungsmöglichkeiten im Jo-Jo-Verbund mit dem 2. Jahrgang

Jo-Jo Lesebuch 2	
Seite 104:	März *(Gedicht)*
Seite 104:	Neue Bauernregel *(zum April)*

Für Spürnasen

Hinweise zum Kapitelthema

Kinder lieben es, Rätsel zu lösen, Geheimnissen auf die Spur zu kommen, „Täter" zu entlarven, Verstecktes zu entdecken. Nur allzu gerne betätigen sich die Kinder sich selbst als Spürnasen.
Texte und Anregungen, die dazu aufrufen, haben also einen hohen Aufforderungscharakter.
Die Texte in diesem Kapitel werden diesem auf unterschiedlichste Weise gerecht:
Auf der Einstiegsseite gilt es einen „Kriminalfall" zu einem verschwundenen Kaninchen zu lösen.
Die nächste Geschichte erzählt von einem kleinen Stoffschwein, das sich in Spanien wundert, warum kein anderes Tier mit ihm sprechen will. Und für die ganz großen Spürnasen gilt es am Ende der Geschichte noch, ein Rätselwort herauszufinden.
Die dritte Geschichte erzählt von heller Aufregung im Urwald. Ein Gerücht bringt die Urwaldtiere dazu, in unbegründete Panik zu verfallen. Und nur, wer ganz genau hinschaut, findet heraus, was hier wirklich passiert.
Zum Kapitelende werden die Kinder schließlich dazu aufgefordert, wirklich gut versteckte Tiere zu enttarnen.

Mögliche Anregungen zur Arbeit mit der Einstiegsseite

- sich darüber austauschen, wer die Täterin ist und warum sie entlarvt wurde
- Verhöre mit den im Text erwähnten Personen ausdenken
- Weitere Personen erfinden, die im Hof auftauchen und sich verdächtig benehmen
- den Kriminalfall im Rollenspiel nachspielen und darstellen
- andere „Krimis" (z. B. Comics) mitbringen und der Klasse vorstellen

Anknüpfungsmöglichkeiten im Jo-Jo-Verbund mit dem 2. Jahrgang

Jo-Jo Lesebuch 2	
Seite 114/115:	Detektiv John Chatterton
Seite 118/119:	Die rote Socke
Seite 120/121:	Leo und Lucy – Privatdetektive
Seite 124:	Was leuchtet in jedem Bild?

Kapiteleinstieg: Fibelseite 73

Das Kapitel wird durch die Präsentation eines Bildes aus dem Buch Detektivgeschichten von Sabine Jörg (T.) und Mechthild Weiling-Bäcker (Ill.) eingeleitet.
Dieses Buch enthält mehrere Kurzgeschichten zum Thema, aus der hier eine ausgewählt wurde.
Der kleine Detektiv hat einen Fall zu lösen: Hannas Kaninchen ist entführt worden.
Zu sehen ist eine Szene in einem Hinterhof, in dem sich viele Kinder „verbergen": Zwei schauen aus dem Fenster, eines rennt gerade in den Hauseingang, ein weiteres rast mit dem Rad davon und ein Junge mit Brille und „Detektiv-Mütze" steht grübelnd mittendrin.
In kurzen Sätzen und kleinen Textabschnitten werden die Überlegungen des Detektives beschrieben und letztendlich wird der versteckte Hinweis gegeben, der zur Entlarvung der Täterin führt.
Die Kinder können nach Erlesen des Textes ihre Schlüsse ziehen und feststellen, wer das Kaninchen entführt haben muss.
(Sonja hat Löwenzahn in den Händen. Und Löwenzahn ist Kaninchenfutter.)

Kapitelabschluss: Fibelseite 78

Auch die Natur gibt Rätsel auf und lädt zum Entdecken ein. Auf dieser Seite werden vier Fotos präsentiert, auf denen es jeweils ein Tier zu entdecken gibt. Diese Tiere sind aber so gut in ihrer Umgebung versteckt, dass man sie kaum mehr von dieser unterscheiden kann: Sie sind Meister im Tarnen.
Unter den Fotos werden die vier Namen der abgebildeten Tiere genannt und jeweils eine kurze Beschreibung dazu gegeben. Diese Texte sollen erlesen und dem jeweils passenden Foto zugeordnet werden.

Mögliche Anregungen zur Arbeit mit der Abschlussseite

- aufschreiben, wie diese Tiere aussehen und warum sie sich so wenig von ihrer Umgebung unterscheiden
- in Tierlexika und/oder im Internet nach weiteren Meistern im Tarnen suchen

Anknüpfungsmöglichkeit im Jo-Jo-Verbund mit dem 2. Jahrgang

Jo-Jo Lesebuch 2	
Seite 125:	Meister im Tarnen

Weiterführende Texte im Textteil:

Seite 120/121

- IM KINO: Emil und die Detektive (früher und heute)
- Ein Rollenspiel: Detektivin Segugio löst ihren ersten Fall

Hinweis: Das Kapitelthema „Für Spürnasen" wird innerhalb des Jo-Jo Verbundes nur in der Fibel und im Lesebuch angeboten. Deshalb beschränken sich die Verbundverweise nur auf das Jo-Jo Lesebuch 2.

Literatur und Internetverweise

Detektivgeschichten. Sabine Jörg (T.) / Mechthild Weiling-Bäcker (Ill.). Reihe: Der Bücherbär. Arena Verlag, Würzburg 2009

Geschichten von Detektiven und Spürnasen. Manfred Mai (T.) / Werner Färber (Ill.). Reihe: Leselöwen. Loewe Verlag, Bindlach 2005

Nick Nase, der große Detektiv. Marjorie Weinman Sharmat (T.) / Friedbert Stohner (Übersetz.) / Detlev Kersten (Ill.). Ravensburger Verlag, Ravensburg 2009

EINHEIT 32: Sp sp St st

Bisher haben die Kinder nur Wörter mit silbentrennendem s-t und s-p gelesen.
Die Buchstaben werden hierbei einzeln gesprochen, da sie innerhalb eines Wortes entweder am Ende oder „zwischen" zwei Silben stehen (Silbenschwingen, Klatschen, Silbenbögen!).
Bei den neuen Buchstabenverbindungen Sp/sp und St/st ist die Abweichung der Lautung von der Schreibweise deshalb besonders zu beachten, weil sicher einige Kinder versuchen werden, die Wörter mit der bisher bekannten Lautabfolge zu lesen:

- *Das St/st wird am Wort- bzw. Silbenanfang nun wie /scht/ gesprochen.*
- *Das Sp/sp wird am Wort- bzw. Silbenanfang nun wie /schp/ gesprochen.*

Materialien			
FS:	74/75	**LMB:**	53–56
AH:	74–77	**KV:**	107–110
Diff.-Block:	32		
DLG:	33, 34		

Einführen der Buchstabenverbindung Sp/sp

Tafelanschrift:

Alle Kinder spielen gern.

Manche treiben gerne Sport.

Salli ist ein kleiner Spion.

Er folgt einer Spur nach Spanien.

Die Kinder erarbeiten den neuen Laut aus dem Sinnzusammenhang oder mit Hilfe der Lauttabelle. Die Sätze werden erlesen, die Begriffe ggf. erklärt.
Alle Sp und sp werden farbig markiert, die Wörter noch einmal gelesen und dabei die Silben geschwungen (geklatscht).
Dabei wird auf die Abweichung der Lautung von der Schreibung hingewiesen:
Wenn Sp/sp wie bei „spie-len" oder „Sport" zusammen am Anfang eines Wortes oder einer Silbe steht, wird es /schp/ gesprochen. Weitere Beispiele werden mündlich gesucht:

Spaß, Spargel, Spinne, Spiegel, Gespenst ...
sparen, spinnen, sprudeln, sprechen ...
sportlich, spät, gespannt ...

Die Einführung von St/st sollte nun unmittelbar anschließen.

Einführen der Buchstabenverbindung St/st

Tafelanschrift:

... einen Stab mit gelben Sternen.
Male ... ... einen Stiefel mit blauen Streifen.
... einen Stein auf einer Stufe.

Die Erarbeitung des neuen Lautes erfolgt wieder im Sinnzusammenhang oder mit der Lauttabelle. Analog zu Sp/sp wird auf die Besonderheit der Lautabweichung von der Schreibung hingewiesen. Weitere Beispiele werden gesucht (Silbenschwingen!):

Stall, Stift, Sturm, Stunde, ...
staunen, stehen, stimmen, stören, streicheln, ...
steif, stumm, stolz, ...

Vor der Bearbeitung der Aufgaben im Arbeitsheft werden nun zunächst die Fibeltexte erlesen, um die dort erstmals auftauchende Figur „Salli" vorzustellen, auf die sich einige Aufgaben im Arbeitsheft direkt beziehen.

Fibelseite 74/75: Ein Fall für Spürnasen

Hinweis: Die Fibelseite 74 enthält zum letzten Mal unterschiedlich gefärbte Silben (s. a. Abschnitt 3.8.3, S. 42 f.) Ab Seite 75 wird die Silbenfärbung im Buchstabenteil der Fibel ausgesetzt, um spätestens jetzt alle Kinder an das Lesen einfarbig gedruckter Texte zu gewöhnen, die ihnen überall in ihrer Umwelt, aber auch in anderen Lehrmitteln begegnen. Aus diesem Grund sind die durchgängig schwarz gedruckten Texte ab hier auch nicht mehr mit einem Diff.-Jo-Jo gekennzeichnet.

Auf dieser Doppelseite erzählt ein Text mit fünf Fotos von einem kleinen Stoffschweinchen, das nach Spanien fliegt und dort vergeblich versucht, Kontakt zu anderen Tieren aufzunehmen.

Die Kinder beschreiben zunächst, was sie auf den Fotos sehen. Gezielte Fragen können schwächere Kinder dabei unterstützen:

- Was/wer ist zu sehen *(alle Tiere nennen)*?
- Sind das alles „echte" Tiere? *(Das Schwein ist aus Stoff; der Löwe ist aus Stein.)*
- Wo sitzt das Schwein auf dem ersten Bild? *(Das Stoffschwein ist mit einem Gurt angeschnallt: Vermutlich sitzt es im Auto oder in einem Flugzeug.)*
- Der Text verrät uns, wo das Stoffschwein sitzt. Wer möchte den Anfang davon vorlesen?

Der Fibeltext wird abschnittsweise erlesen, mit den Fotos verglichen und besprochen. Zum Schluss werden die Kinder von Tina (Sprechblase) dazu aufgefordert, darüber zu spekulieren, warum die Tiere in Spanien nicht auf Sallis Fragen geantwortet haben.
Für die Beantwortung dieser Frage muss der letzte Textabschnitt sehr genau gelesen und verstanden werden, da er zum Teil Informationen „zwischen den Zeilen" enthält *(eventuell mehrmals lesen)*. Die Suche nach deren Beantwortung kann zunächst in Partnerarbeit stattfinden.

Die Überlegungen bzw. die Antworten werden dann im Klassengespräch diskutiert:

- Was fällt Salli ein, als er eine Pause macht? *(Er bemerkt, dass er die Tiere auf Deutsch angesprochen hat, was die Tiere vermutlich nicht verstehen.)*
- Wer kann noch einmal vorlesen, was Salli ganz zum Schluss sagt *(orange gefärbter Satz)*?
- Wer kann sich denken, was das bedeutet? *(„Mein Name ist Salli!")*
- Welche Sprache spricht Salli wohl in seinem letzten Satz?

Die Kinder stellen fest, dass die Tiere in Spanien Sallis deutsche Fragen nicht verstehen konnten und ihm deshalb nicht geantwortet haben.

D In Tinos Sprechblase können die Kinder eine Rätselfrage erlesen und als „Spürnasen" der Antwort auf den Grund gehen. Es wird erarbeitet:

- Welches Rätsel-Wort meint Tino wohl?
- Wo findet ihr die Zahlen aus Tinos Sprechblase wieder? *(An jeden Foto ist ein kleiner Zettel mit einer Ziffer und einem Buchstaben abgebildet.)*
- Was bedeuten die Zahlen und Buchstaben auf den Zetteln? *(Die Buchstaben müssen in der Reihenfolge der Zahlen zum Lösungswort zusammengesetzt werden.)*

An der Tafel (alle gemeinsam) oder in Einzelarbeit werden die Ziffern von 1 bis 5 aufgeschrieben und die Buchstaben darunter sortiert. Das Lösungswort (Spanisch) wird erlesen.

Spätestens innerhalb dieser Einheit sollten auch die Zeichen der wörtlichen Rede „offiziell" thematisiert werden. Da die Kinder diese noch nicht selbst beim Schreiben einsetzen müssen, reicht es in der Regel zu erarbeiten, dass die „Gänsefüßchen" unten (Anführungsstriche) die wörtliche Rede einleiten, die oberen (Abführungsstriche) den Abschluss der wörtlichen Rede markieren.

D Weitere Differenzierungsmöglichkeiten zum Fibeltext

Lesen und Schreiben

- Wörter mit Sp/sp und St/st heraussuchen und evtl. aufschreiben
- Wer nennt den Namen des Landes, in dem wir leben? Wer kann ihn schon schreiben?
- Textvarianten zusammenstellen, erlesen und evtl. (ab-)schreiben:

> Was stimmt ?
>
> O Salli will spanische Enten stören.
>
> O Salli ist ein Stofftier.
>
> O Salli ist ein Spion.
>
> O Der Löwe ist aus Stoff.
>
> O Salli macht nach einigen Stunden Pause.
>
> O Salli trifft einen stummen Stier.

- KV KV 107 mit Fragen zum Fibeltext (Antworten ankreuzen und aufschreiben)

Freies Schreiben

- kleine Sätze zu den Fotos schreiben
- die Fragen von Fibelseite 75 schriftlich beantworten
- Sammeln und Aufschreiben der Länder, aus denen die Kinder der Klasse kommen
- KV KV 110 mit einem Erzählbild (Salli: Ein Spion in Spanien) zum freien Schreiben

ÜBUNGEN ZU EINHEIT 32: Sp/sp, St/st

An dieser Stelle kann vorab die Rückseite der Lauttabelle mit ihren besonderen Buchstaben und der Zuordnung der Tücher zu den Figuren besprochen werden.

Druckschriftlehrgang, Seiten 33 und 34

Diese Seiten können zu einem beliebigen Zeitpunkt innerhalb der Einheit bearbeitet werden, da die Einzelbuchstaben den Kindern bereits bekannt sind.

Arbeitsheft, Seite 74

Aufgabe 1

Auswahlwörter erlesen (sprechschwingen); Lückensätze nach und nach erlesen und mit den passenden Verben ergänzen

Aufgabe 2

Abbildung nach Textaussagen ergänzen

Arbeitsheft, Seite 75

Aufgabe 1

Gemeinsame Erarbeitung (evtl. an der Tafel): Die Kinder sprechen die Wörter langsam. Es wird bewusst gemacht:

- Steht Sp oder sp am Wortanfang oder Silbenanfang, sprechen wir /schp/ wie in *Spinne*.
- Wenn s und p am Wortende stehen oder zwei Silben trennen (sprechschwingen!), werden sie getrennt gesprochen: *Wes-pe*.

Die Wörter in den Feldern werden erneut gelesen, die Silben geschwungen/geklatscht.
Im linken Feld spuren die Kinder alle Sp/sp blau nach. Dann malen sie eine Spinne über dieses Feld.
Unter die Wörter im rechten Feld können (optional) zur Verdeutlichung Silbenbögen gesetzt werden.

Aufgabe 2

Malen und freies Schreiben zum Thema „Spürnase Salli"

Arbeitsheft, Seite 76

Aufgabe 1

Bearbeitung der oberen beiden Bilder: Texte lesen und Bilder entsprechend den Textaussagen ergänzen

D die unteren beiden Texte ohne Silbenfärbung zusätzlich bearbeiten

Aufgabe 2

Begriffe benennen, sprechschwingen, Einzellaute analysieren und Wörter schreiben; benutzte Buchstaben nach und nach aus der Auswahl streichen

Arbeitsheft, Seite 77

Aufgabe 1

Analog zu Aufgabe 1, Seite 75, erarbeiten:
Wörter in den Feldern erlesen und dabei die Silben sprechschwingen/klatschen; einen Stern über das linke Feld malen und darin alle St und st blau nachspuren
Hinweis: Bei „aufstellen“ steht das st am Silbenanfang – die Kinder erfahren dies durch Sprechschwingen / Klatschen der Silben.

D Zungenbrecher von Paola mehrfach erlesen und dabei immer schneller sprechen

Aufgabe 2

Bilder betrachten, passende Verben aus den Einzelsilben zusammenbauen (Silben klatschen oder sprechschwingen) und danebenschreiben

D Weitere Differenzierungsmöglichkeiten zu den Übungen

Differenzierungsblock
jeweils Seite 32 (grün und blau)

Lesen und Schreiben

- KV KV 108 mit Würfelwörtern für Schreibheft/Setzleiste
- KV KV 109 mit Verbkarten (Infinitiv) und dazugehörigen Sätzen, die einander zugeordnet werden müssen

Wörter „verzaubern“ (Minimalpaare)

- aus Stie**l** wird Stie**r**
- aus St**e**rn wird St**i**rn
- aus St**a**hl wird St**u**hl
- aus Sta**ll** wird Sta**mm**

Mögliche fächerübergreifende Aktivitäten zu Einheit 32: Sp/sp und St/st

Sprachbegegnung

Alle Kinder übersetzen Sallis Satz in ihre jeweilige Muttersprache *(mündlich oder schriftlich)*:
Spanisch: Mi nombre es Salli.
Deutsch: Mein Name ist Salli.
Englisch, Türkisch, Polnisch, Italienisch ... usw.

Eventuell können zusätzlich sprachliche Ähnlichkeiten herausgearbeitet werden.

Rollen- oder Puppenspiel

Die Kinder denken sich in Partner-/Gruppenarbeit Dialoge aus, die zwischen den Tieren stattfinden könnten, und spielen sie vor (evtl. mit eigenen Stofftieren), z. B.:

Salli: „Spielt ihr jeden Tag im Park?“
Enten: „Nein, hier ist es zu voll. Wir futtern hier nur.“
Salli: „Ich habe schon ihm Flugzeug gegessen. Aber darf ich nachher mit euch spielen?“

Salli: „Darf ich dich streicheln?“
Kater: „Pssst!!! Sei still! Du verjagst mir die Tauben! Die muss ich doch ausspionieren!“
Salli: „Das glaub ich dir aber nicht! Du willst sie sicher fressen!“
usw.

Anknüpfungsmöglichkeiten im Jo-Jo-Verbund mit dem 2. Jahrgang

Jo-Jo Lesebuch 2	
Seite 116:	Das ABC im Rückwärtsgang *(Buchstaben nach einem „Code“ zu Lösungswörtern ordnen)*
Seite 117:	Simsalabim *(Minimalpaare)*
Seite 124:	Was leuchtet in jedem Bild? *(Buchstaben nach einem „Code“ zu Lösungswörtern ordnen)*

EINHEIT 33: ck

Materialien			
FS:	76/77	**LMB:**	57, 58
AH:	78, 79	**KV:**	111, 112
Diff.-Block:	33		
DLG:	35		

Einführen der Buchstabenverbindung ck

Die Einführung kann in Verbindung mit der Fibelseite 76/77 oder separat an der Tafel erfolgen.
Ausgangspunkt ist die Textüberschrift:

Picknick auf der Brücke

Die Kinder erarbeiten die neue Buchstabenverbindung in den gewohnten Schritten und markieren sie farbig. Dabei wird ihnen bewusst gemacht:

- ck wird wie k ausgesprochen
- ck steht niemals am Wortanfang
- der Silbenkönig vor dem ck klingt immer kurz
- statt kk schreiben wir ck
- ck wird als „ce-ka" bezeichnet (optional)

Die Kinder können auf den Fibelseiten weitere Wörter mit ck suchen:

hocken, schlecken, kleckern, wackelt, knackt, blicken; geknackt, ...
lecker, dicke, huckepack, zurück, ...

Fibelseite 76/77: Picknick auf der Brücke

Diese Doppelseite präsentiert eine humorvolle Tiergeschichte, die sich gut als Rollenspiel gestalten lässt: Elefant, Giraffe, Zebra, Schnecke, Löwe, Antilope und Hase treffen sich im Urwald auf einer Hängebrücke zum Picknick. Sie sitzen auf der Brücke, trinken Limonade, essen Eis, einige kleckern ein bisschen herum ...
Im Hintergrund ist ein Geier mit „schlauer" Brille zu sehen, der aus dem Urwald heraus das Geschehen beobachtet. Wo die Brücke im Vordergrund endet, ist zunächst (Seite 76) noch nicht zu sehen.

Plötzlich hört der Elefant ein Knacken. Er denkt sofort (ohne zu prüfen, woher das Geräusch kommt!), dass die Brücke knackt. Er bekommt Angst und rennt von der Brücke herunter.

Die Giraffe, die neben ihm saß, schaut erstaunt und fragt, was denn passiert sei. Der Elefant warnt sie vor dem vermeintlichen Einsturz der Brücke. Daraufhin gerät auch die Giraffe in Panik und rennt davon.

Nun ist das Zebra an der Reihe ... die Szene setzt sich fort in der Reihenfolge (von rechts nach links!), in der die Tiere auf der Brücke sitzen.
Allerdings ist das Szenario nur bis zur Reaktion der Schnecke beschrieben.

Eine Fortführung der Dialoge (von rechts nach links: Löwe fragt Schnecke; Antilope fragt Löwen; Hase fragt Antilope) ist hier offen gelassen und kann ggf. schon einmal mündlich erarbeitet werden. Anregungen zur schriftlichen Fortführung: s. u.

Als alle Tiere voller Panik im rettenden Urwald ankommen, werden sie von dem „schlauen" Geier vehement gestoppt. Der Elefant bremst ab, alle anderen Tiere rauschen in ihn hinein. Der Geier fragt die Tiere nach dem Grund ihrer Flucht, woraufhin diese behaupten, sie hätten „es" alle gehört (dabei haben sie nur unkritisch der Aussage des Elefanten geglaubt).

Dem „Flügelzeig" des Geiers folgend, blicken sie zurück zum anderen Ende der Brücke. Dort steht eine Palme, zwischen deren Palmwedel ein Paar Tierarme hervorblitzt und einzelne Kokosnuss-Schalenstücke herausfallen. Daneben ist eine Sprechblase zu sehen. Mit dem darin abgedruckten Text macht sich jemand über die Tiere lustig, indem er sie fragt, seit wann sie denn alle so sportlich seien.

Eine dezidierte Fragestellung zu der Geschichte wird dann schließlich in Tinas Sprechblase, rechts unten auf Fibelseite 77 gestellt.

Die Kinder spekulieren zunächst darüber, wer in der Palme sitzt (ein Affe) und was er dort macht (Kokosnüsse knacken). Sie stellen fest, dass sich die Tiere wohl geirrt haben bzw. umsonst in Panik ausgebrochen sind, weil das Knacken gar nicht vor der Brücke sondern von den Kokosnussschalen herrührte.

Die Dialoge sind in kurze Abschnitte aufgeteilt abgedruckt, sodass diese sofort mit verteilten Rollen gelesen werden können.
Im Anschluss wird ein Gespräch darüber geführt, dass es sinnvoll ist, Aussagen anderer zu hinterfragen und/oder zu prüfen, bevor man sie glaubt.

Differenzierungsmöglichkeiten zum Fibeltext

Lesen

- Die wörtliche Rede wird an der Tafel den jeweiligen Tieren zugeordnet, die Dialoge werden mit verteilten Rollen gelesen, z. B.:

Die Giraffe fragt: „Was ist denn mit dir los?"
Der Elefant ruft: „Lauf! Schnell! Es knackt! Die Brücke bricht!"

Hierbei sollten dann auch die Zeichen der wörtlichen Rede farbig gesetzt werden, um die Unterscheidung zum Begleitsatz kenntlich zu machen.

Dialoge fortführen

KV Die KV 112 enthält einen vorgefertigten Bogen zur Fortführung der Dialoge. Links sind die Tiere abgebildet, dazu die Fragen, die sie den jeweils vor ihnen flüchtenden Tieren stellen. Die Antworten können auf die Zeilen rechts daneben geschrieben werden.
Diese KV eignet sich aber auch für die Kinder, die noch nicht frei schreiben, als nützliche Vorlage zur mündlichen Ergänzung der Dialoge, da sie die Wortwechsel optisch strukturiert.

Mögliche Antworten der Tiere (Fragen: s. KV 112!):
Schnecke: „Ich reite lieber, als ins tiefe Tal zu stürzen!" ...
Löwe: „Hast du nicht gehört, dass die Brücke bricht?" ...
Antilope: „Nein, aber wenn du nicht ganz schnell kommst, werde ich böse mit dir!" ...

ÜBUNGEN ZU EINHEIT 33: ck

Druckschriftlehrgang, Seite 35

Arbeitsheft, Seite 78

Aufgabe 1
vorgedruckte Begriffe erlesen; Reimwörter mit Anfangsbuchstaben aus den Schreibzeilen bilden und darunterschreiben

Aufgabe 2
Auswahlwörter und Sätze erlesen; Sätze mit passenden Verben ergänzen

Aufgabe 3
Begriffe benennen, Einzellaute analysieren und Wörter schreiben; benutzte Buchstaben nach und nach aus der Auswahl streichen

Arbeitsheft, Seite 79

Aufgabe 1
Satzanfänge und -ergänzungen lesen; passende Ergänzungen ankreuzen

Aufgabe 2
Reimwörter nach Vorgabe der farbig markierten Buchstaben in die Zeilen schreiben

Aufgabe 3
D freies Schreiben zur Frage

Weitere Differenzierungsmöglichkeiten zu den Übungen

Differenzierungsblock
jeweils Seite 33 (grün und blau)

Lesen üben
KV KV 111 mit Verbkarten (Infinitiv) und dazugehörigen Sätzen, die einander zugeordnet werden müssen

Mögliche fächerübergreifende Aktivitäten zu Einheit 33: ck

Theaterprojekt
Die Geschichte mit kompletten Dialogen als Theatervorstellung planen und aufführen (Tiermasken und Tierkostüme anfertigen; eine Brücke und Urwaldbäume für die Kulisse basteln, Rollen verteilen, ...).

Kapitelabschluss: Fibelseite 78
siehe Hinweise auf Seite 175

Anknüpfungsmöglichkeit im Jo-Jo-Verbund mit dem 2. Jahrgang

Jo-Jo Lesebuch 2	
Seite 122/123:	Was ist das rätselhafte Ding?

Natur entdecken – Pflanzen

Hinweise zum Kapitelthema

Die meisten Kinder im Grundschulalter interessieren sich grundsätzlich sehr für die Natur – sowohl für Pflanzen als auch für Tiere. Während einige sich vielleicht regelmäßig in der Natur aufhalten und das bewusst (oder unbewusst) genießen, gibt es aber auch Kinder, die sich nur noch wenig in der Natur bewegen. Dieses Kapitel will deshalb das Augenmerk der Kinder bewusst auf die Beobachtung und Auseinandersetzung mit Pflanzen lenken.
Pflanzen sind in ihrer großen Vielfalt nicht nur schön, sondern auch für Mensch und Tier überlebenswichtig. Sie können z. B. heilen und somit unserer Gesundheit dienen. Aus diesen (und vielen anderen) Gründen müssen wir sie vorsichtig behandeln und gut pflegen, der Mensch kann nicht beliebig über sie verfügen.

Nach dem Kapiteleinstiegstext, der in der Fibel emotional auf das Thema einstimmt, liegt der Schwerpunkt auf dem Thema „Wildblumen“: Die Texte enthalten Anregungen dazu, selbst Blumensamen auszusäen, Pflanzen in der Natur / auf der Wiese zu suchen und mit selbst getrockneten Pflanzen „Wildblumenkarten“ zu gestalten, also auch haptische Erfahrungen mit Pflanzen zu sammeln.

Das Pflanzen bzw. Säen, Keimen und Wachsen können die Kinder im Klassenzimmer selbst initiieren und beobachten. Bei Unterrichtsgängen in die freie Natur oder in eine Gärtnerei werden die gewonnenen Erfahrungen und Einsichten vertieft.

Kapiteleinstieg: Fibelseite 79

Die hier abgedruckte Abbildung stammt aus dem Buch von Binette Schroeder: Ritter Rüstig & Ritter Rostig, NordSüdVerlag, Zürich 2009.
Der Text dazu fasst in aller Kürze die wesentliche Aussage des darin geschilderten Märchens zusammen: Zwei benachbarte Ritterfamilien streiten sich um eine besonders schöne und große Blume, bis diese im Streit zerbricht.
Nach dem Winter geschieht jedoch ein kleines Wunder. Plötzlich gibt es 14 Blumen dieser Art im Garten.

Die Kinder betrachten zunächst die Abbildung und beschreiben die dort abgebildeten Figuren und die Pflanze. Sie stellen fest:

- Es sind zwei Frauen und zwei Männer zu sehen.
- Es handelt sich vermutlich um Menschen aus der Zeit der Ritter.
- Alle stehen im Kreis und schauen hinauf zur Blüte einer riesigen Blume.
- Die Blume hat ein Gesicht: Sie sieht traurig aus oder schläft.

Der Text wird abschnittsweise erlesen. Zum Schluss spekulieren die Kinder darüber, wieso nach dem Winter plötzlich so viele Blumen dieser Art im Garten wachsen konnten, obwohl die Blume doch von den Rittern zerbrochen wurde.
Im Unterrichtsgespräch wird herausgearbeitet, dass manche Blumen Samen haben, aus denen neue Blumen wachsen, wenn sie auf die Erde fallen.

Zusätzlich kann, unabhängig vom Kapitelthema, thematisiert werden, dass die beiden Ritterpaare zunächst friedlich nebeneinander wohnten und sich aus Habgier zerstritten haben.

Mögliche fächerübergreifende Aktivitäten zu Fibelseite 79

Bildnerisches Gestalten

Malen des Gartens nach dem Winter auf einem DIN-A3-Blatt (quer):
Im unteren Teil malen die Kinder eine Wiese. Aus der Wiese ragen viele große Blumen mit verschiedenen üppigen und farbenfrohen Blüten heraus. Zum Größenvergleich können die Kinder ein kleines Ritterpaar danebensetzen (aus Katalogen ausschneiden oder auf ein gesondertes Blatt malen, ausschneiden und aufkleben).
Als weitere Anregung dazu eignet sich aber auch das Gartenbild von Gustav Klimt im Textteil der Fibel auf Seite 122.

Anknüpfungsmöglichkeiten im Jo-Jo-Verbund mit dem 2. Jahrgang

Jo-Jo Lesebuch 2	
Seite 126/127:	Ritter Rüstig & Ritter Rostig
Seite 134:	Der beste Karlsson der Welt

Kapitelabschluss: Fibelseite 84

Diese Seite regt zur Gestaltung einer Karte mit getrockneten Wildblumen an. Im Klassenverband können Anlässe gesammelt werden, zu denen die Kinder derartige Karten gestalten:

Grußkarten – Karten an kranke Kinder – Karten zu bestimmten Feiertagen – Kalender – Geburtstagskarten – Einladungskarten ...

Tina hat auf ihre Karte zwei getrocknete Kamillenblüten geklebt und ein selbst verfasstes Gedicht dazugeschrieben.
Ein weiteres Gedicht zu einer Distel ist auf einer zweiten Karte zu lesen.
Die Kinder erlesen die Bastelanleitung und führen sie mit Hilfe der Lehrerin oder von Familienmitgliedern aus.
Fortgeschrittene Kinder können sich ebenfalls im Reimen von Gedichten versuchen. Die anderen Kinder schreiben einfach einen kleinen Satz/Text, Wünsche, Grüße o. Ä. dazu.

Mögliche Erweiterung: Aus Erfahrungsberichten, aus Büchern, aus dem Internet etc. werden die Namen und Bilder von giftigen oder die Haut reizenden Pflanzen gesucht und ein Plakat mit Bildern dazu gestaltet.

Weiterführende Texte im Textteil:
Seite 122/123

- Gustav Klimt: Italienische Gartenlandschaft (1913)
- Wiesenblumen-Namen
- Wälder und Wiesen

Literatur und Internetverweise

Die Wiese entdecken. Lernen an Stationen in der Grundschule. 1./2. Schuljahr. Cornelsen Verlag Scriptor, Berlin 2005

Ich, mein rotes Fahrrad und mein erster Garten. Tomek Bogacki. Verlag Freies Geistesleben, Stuttgart 2000

www.blindekuh.de
Gibt man hier in der Suchmaschine den Begriff „Pflanzen" ein, werden verschiedenste Artikel zu diesem Thema angeboten, aus denen man gezielt auswählen kann.

EINHEIT 34: Pf pf tz

Da die Einzelbuchstaben und -laute dieser beiden Buchstabenverbindungen den Kindern bereits bekannt sind, bereiten sie ihnen in der Regel keinerlei Schwierigkeiten beim Lesen. Deshalb können diese beiden Buchstabenverbindungen problemlos direkt hintereinander eingeführt werden.
Je nach Klassensituation können die beiden Grapheme aber auch zunächst getrennt voneinander bearbeitet werden.

Materialien			
FS:	80/81	**LMB:**	59–62
AH:	80, 81	**KV:**	113, 114, 115
Diff.-Block:	–		(147, 148)
DLG:	36, 37		

Einführen der Buchstabenverbindung Pf/pf

Tafelanschrift:

Im Topf hüpfen die Pflanzen.

Die Kinder erarbeiten die neue Buchstabenverbindung aus dem Sinnzusammenhang oder mit Hilfe der Lauttabelle. Weitere Wörter mit Pf/pf werden gesucht und an die Tafel geschrieben, z. B.:

Pfoten, Topf, Pfau, Zopf, ...
schimpfen, pflanzen, pfeifen, ...

Die Kinder sollten beim lauten Lesen dieser Wörter sehr genau auf die deutliche Aussprache achten, um sich des Unterschiedes zum /f/-Laut bewusst zu werden.

Wenn die Grapheme Pf/pf und tz getrennt voneinander eingeführt werden sollen, schließen sich hier zunächst die Erarbeitungen von Fibel- und Arbeitsheftseite 80 an.

Einführen der Buchstabenverbindung tz

Tafelanschrift:

In der Hitze kratzen die Katzen.

Die neue Buchstabenverbindung wird wie gewohnt erarbeitet. Weitere Wörter mit tz werden von der Lehrerin an der Tafel vorgegeben (da die Kinder das tz nur als /z/-Laut wahrnehmen):

Sitz, Blitz, Hitze, Witze, sitzen, nützen, kratzen, ...

Den Kindern wird bewusst gemacht, dass das tz nur als /z/-Laut wahrnehmbar ist.
Im Anschluss werden die Kinder dazu aufgefordert, die Silbenkönige vor dem tz auf ihre Klangdauer hin abzuhören (alternatives Sprechen, evtl. mit Langziehen eines Gummibandes). Sie stellen fest, dass ein Silbenkönig, der unmittelbar vor einem tz steht, immer kurz klingt. Unter diese Silbenkönige wird jeweils ein Punkt gesetzt.

Außerdem: Das tz gibt es nur als Kleinbuchstaben (auf der Lauttabelle verifizieren), es kann also niemals am Wortanfang stehen.

Fibelseite 80/81: Sommer im Topf – So setzen die Kinder die Samen ein

Wenn die Grapheme Pf/pf und tz getrennt voneinander eingeführt werden sollen, wird zunächst nur die linke Seite erlesen.

Linke Seite: **Sommer im Topf**
Tino und Paola besuchen Tina. Alle wollen mit Tinas Mutter zusammen Wildblumen für den Balkon aussäen. Auf der linken Seite wird zunächst beschrieben, was die Kinder dafür brauchen.

D Anregung am Seitenfuß durchführen

Rechte Seite: **So setzen die Kinder die Samen ein**
Auf der rechten Seite erfahren sie, wie die Samen ausgesät und gepflegt werden müssen, damit auch wirklich Blumen aus ihnen wachsen können.
Die Aktivitäten der Fibelfiguren können die Kinder in der Schule leicht selbst nachvollziehen (s. a. unter fächerübergreifende Aktivitäten zu dieser Einheit).

D mit dem Jo-Jo gekennzeichneten Textanteil zusätzlich lesen

Die Texte werden abschnittsweise erlesen und besprochen. Die Kinder erzählen von ihren eigenen Erfahrungen, die sie evtl. schon einmal beim Pflanzen oder Pflegen von Blumen gemacht haben.

D Differenzierungsmöglichkeiten zu den Fibeltexten

Lesen (zu Fibelseite 80)

Begleitsätze und wörtliche Rede passend zu den Fibeltexten werden *ungeordnet* an die Tafel geschrieben (evtl. auch Papierstreifen benutzen) und anschließend einander richtig zugeordnet.
Dabei können entweder die Satzzeichen der wörtlichen Rede oder Sprechblasen benutzt werden.

Beispiele:

Paola fragt:	„Das werden Wildblumen."
Tina antwortet:	„Was werden das für Pflanzen?"
Paola wundert sich:	„Die Pflanzen müssen wir doch erst aussäen."
Tina erklärt Paola:	„Und wo sind die Pflanzen?"

Die Kinder erlesen die Begleitsätze und ordnen ihnen die richtige wörtliche Rede zu (mit Linien verbinden oder abschreiben).

Lesen und Schreiben (zu Fibelseiten 81, 82)

Ergänzung von Lückensätzen/Aussagen:

Was Pflanzen brauchen:

Pflanzen brauchen _________ . *(Erde)*
Pflanzen brauchen _________ . *(Wasser)*
Pflanzen brauchen _________ . *(Licht)*

Was Pflanzen nicht brauchen:

Pflanzen brauchen keine ________ . *(Hitze)*

Die Kinder können die fehlenden Begriffe selbst im Fibeltext suchen (Partnerarbeit) und einsetzen. Anschließend können die Sätze abgeschrieben und evtl. durch Zeichnungen ergänzt werden.

Was wir zum Aussäen brauchen:

Wir brauchen ________ . *(Samen)*
Wir brauchen ________ . *(Erde)*
Wir brauchen ________ . *(Töpfe)*

Was wir nicht brauchen:

________ ________________.

Zur letzten Zeile frei formulieren lassen, z. B.:
Hundepfoten – kleine freche Hunde – Pipos dreckige Pfoten – freche/schreckliche kleine Schwestern – rote Zöpfe.

Fragen beantworten (zu Fibelseiten 81, 82)

KV KV 113 mit Fragen zu beiden Fibeltexten (ankreuzen und aufschreiben)

Freies Schreiben

- Zusammengesetzte Nomen/Komposita mit dem Wort „Blumen" finden und aufschreiben, z. B.: Blumenerde, Wildblumen, Blumensamen, Blumentopf

- eine kleine Geschichte (oder Einzelsatz) zu Hund Pipo schreiben

  KV Die KV 147 und 148 enthalten z. B. 16 kleine lustige Erzählbilder mit Pipo und Polli als Anregung zum freien Schreiben (zur Auswahl).

- Samentütchen (evtl. Abbildungen aus Gartenkatalogen ausschneiden) aufkleben und dazuschreiben, was daraus wachsen soll, bzw. nähere Angaben zu den Pflanzen und deren Verwendung machen (essbar, z. B. Schnittlauch, Kresse / schön, z. B. Sommerblumen)

ÜBUNGEN ZU EINHEIT 34: Pf/pf

Druckschriftlehrgang, Seite 36

Arbeitsheft, Seite 80

Aufgabe 1
alle Pf/pf farbig markieren; Text erlesen und Abbildung nach Textaussagen ergänzen

Aufgabe 2
Begriffe oberhalb der Schreibzeilen erlesen; durch Abbildungen vorgegebene Reimwörter mit dem richtigen Artikel darunterschreiben

D Weitere Differenzierungsmöglichkeiten zu den Übungen (Pf/pf)

Reimwörter mit Pf/pf
Reimwortpaare werden gesucht und evtl. aufgeschrieben, z. B.:

Note – Pfote, tropfen – klopfen, hüpfen – schlüpfen ...

Freies Schreiben

- zu Pipos Frage „Wo ist mein Napf?" (Arbeitsheft, Seite 80) Vermutungen äußern und aufschreiben; evtl. eine kleine Geschichte oder Einzelsätze dazu schreiben und ein Bild malen

- Paolas Frage „Wie pflanzt man einen Apfelbaum?" (Arbeitsheft, Seite 80) beantworten und dazu malen/schreiben

ÜBUNGEN ZU EINHEIT 34: tz

Druckschriftlehrgang, Seite 37

Arbeitsheft, Seite 81

Aufgabe 1
Begriffe oberhalb der Schreibzeilen erlesen; durch Anfangsbuchstaben vorgegebene Reimwörter darunterschreiben

Aufgabe 2
Texte erlesen und Abbildungen nach Textaussagen ergänzen

Aufgabe 3
Begriffe auf dem Zettel erlesen; jeweils passenden Artikel in den Schreiblineaturen suchen, Artikel nachspuren und Begriff danebenschreiben

D Differenzierungsmöglichkeiten zu den Übungen (tz)

Reimwörter mit tz
Reimwortpaare werden gesucht und evtl. aufgeschrieben, z. B.:

Blitz – Sitz, Tatze – Katze, schwitzen – blitzen, schützen – nützen, ...

Wörter schreiben *(nach tz)*

KV KV 115 mit Würfelwörtern für Schreibheft/Setzleiste

Mögliche fächerübergreifende Aktivitäten zu Einheit 34: Pf/pf und tz

Sachthema
Blumen aussäen und wachsen lassen
Analog zu den Angaben von Fibelseite 81 werden Blumensamen gesät und zum Wachsen gebracht.
Hinweis: Die Töpfe sollten nur zu 3/4 mit Erde gefüllt werden, bevor diese festgedrückt und die Samen darübergestreut werden.

Dafür sollten die Kinder ...
- ... eine Liste anlegen, mit den Dingen, die vorher besorgt werden müssen. Dafür entsprechende Informationen aus den Fibeltexten (Töpfe, Blumenerde, Samen) und den Illustrationen (Unterteller, Schaufel, Gießkanne, Zeitungspapier zum Unterlegen) entnehmen.
- ... die Besorgungen aufteilen.

- ... die Aussaat in Partnerarbeit durchführen.
- ... die Pflege der Aussaat gemeinsam planen und durchführen.

KV Die KV 114 stellt dazu einen Beobachtungsbogen bereit, auf dem die Kinder das Pflanzenwachstum bildnerisch und mit Worten dokumentieren können.

Malen / Basteln

Blumencollage

aus Gartenkatalogen Blumenbilder ausschneiden und eine Collage gestalten

Meine Foto-Blume

eine große Blüte malen und ein eigenes Foto in die Blütenmitte kleben

Blumentopfmanschette

eine bunte Manschette (z. B. aus Krepppapier) für einen Blumentopf mit Blumensaat gestalten und diesen damit umhüllen

Musik

Lied:

Gänseblümchen, Gänseblümchen

2. Gänseblümchen, Gänseblümchen,
liebst den Sonnenschein,
bist auf deiner bunten Wiese
niemals ganz allein,
bist auf deiner bunten Wiese
niemals ganz allein.

3. Gänseblümchen, Gänseblümchen,
wiegst im Sommerwind,
und die kleine Honigbiene
kommt zu dir geschwind,
und die kleine Honigbiene
kommt zu dir geschwind.

4. Gänseblümchen, Gänseblümchen,
bleib noch lange stehn,
denn dann komm ich jeden Tag,
nur um dich anzusehn,
denn dann komm ich jeden Tag,
nur um dich anzusehn.

Text: Heinz Beckers, Musik: Detlev Jöcker
Aus: CD/MC und Buch: „Si-Sa-Singemaus".

Anknüpfungsmöglichkeiten im Jo-Jo-Verbund mit dem 2. Jahrgang

Jo-Jo Lesebuch 2	
Seite 132:	Der freundliche Gärtner
Seite 133:	Die Pflanzen-Sprache
Seite 134:	Der beste Karlsson der Welt
Seite 135:	Pflanzanleitung
Jo-Jo Sprachbuch 2	
Seite 56:	Natur entdecken – Pflanzen *(Was im Garten wachsen soll)*
Seite 58:	Ein Bohnentagebuch *(Verkleinerungsformen)*
Seite 59:	Wortstamm und Wortfamilie *(u. a. Komposita)*

EINHEIT 35:

chs

Materialien			
FS:	82	**LMB:**	63
AH:	82	**KV:**	116
Diff.-Block:	34		
DLG:	38		

Einführen der Buchstabenverbindung chs

Tafelanschrift:

Auf der Wiese wachsen Wildblumen.
Die Kinder sind in sechs Gruppen aufgeteilt.
Jedes Kind liest einen Blumen-Namen.
Sie wechseln sich ab.

Die Buchstabenverbindung wird wie gewohnt erarbeitet:
- Vorlesen des Tafeltextes, Mitlesen durch die Kinder, dabei Hervorheben des chs-Lautes durch deutliche Betonung
- farbiges Markieren von chs, evtl. Herausstellen der entsprechenden Wörter
- Erarbeitung: „chs“ steht nie am Wortanfang. Dieser Buchstabe klingt in Wörtern wie /ks/. Deshalb müssen wir uns die Wörter mit chs merken.
- erneutes, mehrfaches Lesen des Tafeltextes und der markierten Wörter

ÜBUNGEN ZU EINHEIT 35: chs

Die Übungen sollten zu dieser Einheit vor dem Erlesen des Fibeltextes durchgeführt werden, insbesondere auch wegen der Verbindung von Aufgabe 3 (Arbeitsheft, Seite 82) zum Fibeltext (Hinweise dazu: s. u.).

Druckschriftlehrgang, Seite 38

Arbeitsheft, Seite 82

Aufgabe 1
Tiernamen mit chs erlesen und abschreiben

Aufgabe 2
Abbildungen nach Textvorgabe anmalen

Aufgabe 3
Hier lernen die Kinder drei Wiesenblumen mit lustigen Namen kennen und bekommen auch jeweils ein Foto dazu präsentiert. Dann werden sie dazu aufgefordert, diese Pflanzen auf Fibelseite 82 zu suchen und herauszufinden, welche anderen Namen diese Pflanzen jeweils noch haben. Zu diesen zweiten Namen ist im Arbeitsheft jeweils schon der erste Buchstabe vorgegeben.

Die Kinder werden also, ähnlich wie die Fibelkinder, auf die Suche nach vorgegebenen Pflanzen geschickt, und damit sicher hoch motiviert, den Fibeltext zu erlesen.
In Partnerarbeit macht es besonders viel Spaß, diese Lösungen in der Fibel zu finden. Analoge Fotos helfen dort bei der Orientierung auf der Fibelseite.

Fibelseite 82: Können Knöpfe wachsen?

Ein Arbeitsheft bleibt pro Schülertisch auf Seite 82 geöffnet.

Im Anschluss wird die Fibelseite gemeinsam abschnittsweise erlesen:
Frau Löber macht mit der Klasse einen Unterrichtsgang/ Ausflug zu einer Wiese. Die Kinder sind in Gruppen aufgeteilt. Jede Gruppe hat einen Zettel, auf dem Wiesenblumen abgebildet sind, die die Gruppe suchen soll. Die Kinder amüsieren sich über die merkwürdigen Namen der Pflanzen (Sachinformationen zu den Pflanzen: s. u.: mögliche fächerübergreifende Aktivitäten zu dieser Einheit).
Es handelt sich dabei ausschließlich um zusammengesetzte Nomen/Komposita.

Die Partnerkinder erhalten dann etwas Zeit, um die weiteren Namen für die Pflanzen auf den Fotos zu finden und richtig zuzuordnen.
Im Unterrichtgespräch werden die Lösungen der Partner schließlich besprochen, um die Ergebnisse der „Nachforschungen“ zu überprüfen (evtl. an der Tafel notieren).
Jedes Kind schreibt die Lösungen in sein Arbeitsheft:
Wurmkraut = Wiesenknopf;
Hasenpappel = Käsepappel;
Eierkuchen = Bärenohr

D Differenzierungsmöglichkeiten zum Fibeltext

Lesen üben
KV oberer Teil der KV 116 mit reduziertem Fibeltext, in dem alle chs farbig markiert werden sollen

Zusammengesetzte Nomen / Komposita erfinden

Die zusammengesetzten Pflanzennamen sind in der Fibel fett und farbig gedruckt. Anton spekuliert bereits darüber, ob es vielleicht auch eine Fuchsnase (analog zum Bärenohr) gibt.
Der Fußbalken unten enthält dazu die Anregung, selbst weitere seltsame Pflanzennamen zu erfinden und diese auch zu malen (Wurstblume, analog zur Käsepappel – Waldgürtel, analog zum Wiesenknopf).
Sammeln der Namen an der Tafel: Jedes Kind sucht sich dann seinen persönlichen Lieblingsnamen aus und malt dazu diese erfundene Fantasiepflanze.

Weitere Anregungen dazu:
Erwähnte zusammengesetzte Namen neu zusammensetzen, z. B.:

Bären-ohr	Käse-pappel	Wiesen-knopf
neu zusammengesetzt:		
Wiesen-ohr	Käse-knopf	Bären-pappel

Für die drei in der Fibel erwähnten Pflanzen existieren jeweils noch weitere zusammengesetzte Namen:

a) **Bärenohr:**
Eierkuchen – Frauenschüssel – Handschuhblume – Himmelsschlüssel – Kuckucksblume – Peterschlüssel

b) **Käsepappel:**
Hasenpappel – Katzenkäse – Pissblume – Stockrose

c) **(kleiner) Wiesenknopf:**
Blutströpfchen – Drachenblut – Wurmkraut – Becherblume – Nagelkraut

Diese Namen könnten nach Einzelbestandteilen getrennt auf Wortkarten an die Tafel geheftet und dann wieder beliebig neu zusammengesetzt werden, z. B.:

Eier-kuchen	Katzen-käse	Drachen-blut
neu zusammengesetzt:		
Drachen-käse	Katzen-kuchen	Eier-blut

KV 116 (unterer Abschnitt) mit einer Auswahl von Bestandteilen der Pflanzennamen in Großbuchstaben zum Ausschneiden und neu Zusammenlegen

D Weitere Differenzierungsmöglichkeiten zu den Übungen

Differenzierungsblock
jeweils Seite 34 (grün und blau)

Lesen üben
Fragen lesen und durch Ankreuzen beantworten:

Können Knöpfe wachsen ?	ja O	nein O
Können Füchse wachsen ?	ja O	nein O
Können Menschen wachsen ?	ja O	nein O
Kann Käse wachsen ?	ja O	nein O

Die Fragen und Antwortmöglichkeiten können stattdessen auch innerhalb einer Tabelle zum Ankreuzen dargeboten werden.
Weitere Variante: Die Kinder denken sich selbst analoge Fragen aus und schreiben diese auf Kärtchen, die dann in die Tabelle geheftet werden.

Einzahl- und Mehrzahlformen – Zahlwort sechs
Tafelanschrift:

ein Fuchs	– sechs Füchse	*((Achtung: Umlaut im Plural))*
ein Luchs	– sechs Luchse	
ein Dachs	– sechs Dachse	
ein Lachs	– sechs Lachse	

Im Gespräch muss dabei geklärt werden, um welche Tiere es sich hierbei jeweils handelt (evtl. auf Abbildungen im Arbeitsheft zeigen lassen).

Mögliche fächerübergreifende Aktivitäten zu Einheit 35: chs

Sachthema: Wildblumen

Sachinformationen

Informationen zu den erwähnten Wildblumen:

1. Bärenohr
Blütezeit: April bis Mai
Das Bärenohr ist besser bekannt unter dem Namen Schlüsselblume. Die Schlüsselblume steht unter Naturschutz und darf in der freien Natur nicht gepflückt werden. Schlüsselblumentee kann u. a. bei Kopfschmerzen helfen.

2. Käsepappel
Blütezeit: Mai bis September
Käsepappel ist einer von vielen Namen für die Wilde Malve. Malventee hilft unter anderem bei Entzündungen der Atemwege und der Haut, bei Magenkoliken und leichten Durchfällen.

3. Wiesenknopf
Blütezeit: Mai bis August
Der Kleine Wiesenknopf gehört zur Familie der Rosengewächse. Tee aus dem Kleinen Wiesenknopf wirkt appetitanregend, harntreibend, entzündungshemmend im Mund und Rachenraum (Mundspülungen), beugt Karies vor – und er hilft bei Verdauungsbeschwerden. Die frischen jungen Blätter können als Kräuter vielseitig in der Küche verwendet werden.

Unterrichtsgang zu einer Wiese / in einen Garten / in die Gärtnerei ...
Die Fibelseite regt dazu an, selbst einen Unterrichtsgang zu planen und durchzuführen. Unabhängig davon, ob ein solcher Unterrichtsgang tatsächlich durchgeführt wird oder nicht, sollte darauf hingewiesen werden, dass aus Gründen des Naturschutzes auch beim Erkunden einer Wiese darauf geachtet werden muss, nicht willkürlich und übermäßig Pflanzen zu pflücken oder zu zerstören (s. a. Hinweise auf Fibelseite 84 oben).

Achtung: Ebenso ist darauf hinzuweisen, dass manche Pflanzen giftig sind oder bei Berührung Hautirritationen hervorrufen können.

Ein Unterrichtsgang dazu könnte also z. B. in der Form stattfinden, dass jede Gruppe zu ihren Pflanzen eine Zeichnung, den Pflanzennamen und weitere Informationen erhält (z. B., ob sie unter Naturschutz steht oder vielleicht sogar giftig ist), ihre Pflanzen sucht, sie aber nicht pflückt, sondern fotografiert bzw. von der Lehrerin fotografieren lässt.
Das Finden einer gesuchten Pflanze kann zusätzlich innerhalb einer Tabelle durch Ankreuzen dokumentiert werden.

Blumen aussäen und wachsen lassen
Fortführung der in der vorherigen Einheit zu Pf/pf – tz bereits begonnenen Aktivitäten

Anknüpfungsmöglichkeiten im Jo-Jo Verbund mit dem 2. Jahrgang

Jo-Jo Lesebuch 2	
Seite 128:	Was ist eine Wiese?
Seite 130:	Vergissmeinnicht
Seite 131:	Scharfer Hahnenfuß
Jo-Jo Sprachbuch 2	
Seite 60:	Auf den Wiesen ... *(Merkwörter mit -h)*

EINHEIT 36: V v

Materialien			
FS:	83	**LMB:**	64, 65, 66
AH:	83, 84	**KV:**	117
Diff.-Block:	35		
DLG:	39		

Einführen der Buchstaben V/v

Tafelanschrift:

vier blaue Veilchen
drei rote Vasen
eine violette Blüte
viele kleine Vögel

Die Wörter mit V/v werden unterstrichen und laut gelesen. Es wird erarbeitet:

Das V/v klingt unterschiedlich:
Manchmal klingt es /w/, wie in: Vase, violett
Manchmal klingt es /f/, wie in: vier, Veilchen, viele, Vögel

Das V/v wird auf der Lauttabelle gesucht, die Klänge der Anlaute von *Vogel* und *Vase* noch einmal abgehört. Es wird festgestellt:

Das V/v hat keinen eigenen Klang. Es klingt entweder wie /w/ oder wie /f/. Deshalb müssen wir uns die Wörter mit V/v merken.

Fibelseite 83: Von Kuhblume und Butterblume

Auf dieser Seite wird das Thema der Pflanzennamen anhand des Löwenzahns fortgeführt. Die Kinder sollen im Auftrag ihrer Lehrerin mit dem Suchen dieser allgemein bekannten Pflanze beginnen. Allerdings nennt sie ihnen einen dafür eher weniger gebräuchlichen Namen: Statt „Löwenzahn" sagt sie „Kuhblume".
In der Überschrift zu diesem Text wird außerdem noch der Name „Butterblume" aufgeführt.
Am Ende des Textes gibt Andi noch ein paar Tipps zum Auffinden des gesuchten Namens.
Außerdem ist das Gedicht „Der Löwenzahn" von Josef Guggenmos (allerdings ohne Überschrift) dazu abgedruckt. Die reduzierten Bildelemente auf dem Zettel verweisen jedoch ebenfalls auf die gesuchte Pflanze.

Hör-CD Track-Nr. 35
Höraufgabe: *Welche Pflanze ist hier gemeint?*

Mögliche Anschlussaufgaben:
- Finden des Namens „Löwenzahn"
- D Erlesen des Gedichtes (das Gedicht ist hier in einer anderen Schrifttype abgedruckt); Auswendiglernen des Gedichtes
- Sammeln weiterer Namen für den Löwenzahn (zu Hause nachfragen oder in Büchern, Lexika, im Internet nachlesen), wie z. B.:
  Hundeblume – Pusteblume – Backenzahn –
  Bettpisser (weil harntreibend) –
  Milchbusch – Saumilch – Speckblume ...

Weitere Sachinformationen finden sich unter den möglichen fächerübergreifenden Aktivitäten zu dieser Einheit.

D Weitere Differenzierungsmöglichkeiten zum Fibeltext

Lesen/Lautunterscheidung

Suchen der V/v-Wörter im Fibeltext; aufschreiben und je nach Lautung verschiedenfarbig markieren:

vor	vorsichtig	Vase
viele	verschieden	violett
	vielleicht	

Weitere Wörter (und Namen) mit V/v können von der Lehrerin angeschrieben und von den Kindern dem entsprechenden Lautwert zugeordnet (alternativ sprechen lassen) werden:
- Video, Vulkan, Kurve, verlieren, vorspielen, vorbei ...
- Verena, Valerie, Volker ...

Freies Schreiben

Löwenzahnpflanze malen und dazu schreiben (z. B. die verschiedenen Namen der Pflanze oder den ersten Teil des Gedichtes)

Sonstiges

Farben/Farbwörter lesen und malen (vor allem seltenere Farben):

violett	sonnengelb
purpur	himmelblau
türkis	rosarot

D beige, orange

D *Mögliche Erweiterung:* Farbwörter in anderen Sprachen kennen lernen

ÜBUNGEN ZU EINHEIT 36: V/v

Druckschriftlehrgang, Seite 39

Der Druckschriftlehrgang sollte zu dieser Einheit wieder vor dem Arbeitsheft bearbeitet werden.

Arbeitsheft, Seite 83

Aufgabe 1
Begriffe erlesen und mit den passenden Abbildungen verbinden; Begriffe dann nach Klang des V/v abhören und in die richtige Zeile einschreiben

Aufgabe 2
Abbildung entsprechend den Textaussagen ergänzen

Arbeitsheft, Seite 84

Aufgabe 1
Satzanfänge und -ergänzungen lesen; dann passende Ergänzungen ankreuzen und in die Zeile schreiben

Aufgabe 2
D Kreuzworträtsel nach Bildvorgaben lösen; Sprechblasen von Tino und Tina vorlesen lassen. Hier wird zum ersten Mal Tinos richtiger Name verraten!

D Weitere Differenzierungsmöglichkeiten zu den Übungen

Differenzierungsblock
jeweils Seite 35 (grün und blau)

Lesen und Schreiben

- V/v-Seite im „Buchstaben-Haus" (KV 138, editieren) oder in einem „Wörter-Sammel-Heft" oder als „V/v-Poster" gestalten
- KV KV 117 mit einem Lückentext zum Einsetzen von v-Wörtern
- Übung zu den Vorsilben *vor-* und *ver-*:

vor	spielen	ver	laufen
	lesen		sprechen
	machen		legen

- Übung zu Einzahl und Mehrzahl (Plural mit Umlautung beachten), z. B.:

ein Vogel	viele Vögel
ein Video	viele Videos
eine Vase	viele Vasen
ein Vater	viele Väter

Mögliche fächerübergreifende Aktivitäten zu Einheit 36: V/v

Sachthema

Wiesenblumen
Die im Rahmen des Kapitels begonnenen Aktivitäten werden fortgeführt.

Löwenzahn

Weitere Informationen zum Löwenzahn:

Hauptblütezeit: von Mai bis April
(Er kann aber vereinzelt bis in den Herbst blühen.)

Der Löwenzahn ist eine Giftpflanze, weshalb er vorzugsweise mit Handschuhen berührt werden sollte. Der Milchsaft kann bei Hautkontakt Rötungen, Juckreiz und allergische Reaktionen verursachen.

Junge Blätter können als Salat verwendet werden (leicht bitter); aus den gelben Blüten kann ein wohlschmeckender Sirup hergestellt werden.
Übermäßiger Verzehr kann jedoch zu Bauchschmerzen und Durchfall, in seltenen Fällen zu kollaptischen Zuständen oder Herzrhythmusstörungen führen.

Der Milchsaft aus den Stängeln trocknet sehr schnell zu einer braunen gummiartigen Masse, die nur schwer von der Haut zu entfernen ist.
Das Einweichen der Haut in einer Wasser-Öl-Emulsion (z. B. Wasser mit Milch oder Hautcreme) kann unangenehmes Schrubben vermeiden helfen.

Kapitelabschluss: Fibelseite 84
siehe Hinweise auf Seite 183

Anknüpfungsmöglichkeiten im Jo-Jo-Verbund mit dem 2. Jahrgang

Jo-Jo Lesebuch 2	
Seite 129:	Federball – Blumenlied – Der Löwenzahn *(Gedichte)*
Seite 130:	Gewöhnlicher Löwenzahn *(Sachtext)*

Wie wir leben

Hinweise zum Kapitelthema

Aus dem umfangreichen Themenrahmen „Ich und die anderen“ wird hier das Zusammenleben innerhalb der Familie herausgegriffen: Familien und ihre Strukturen sind heute sehr unterschiedlich. „Die“ Familie mit den „typischen“ Konflikten und Problemen gibt es nur noch selten. Entsprechend müssen Kinder mit sehr unterschiedlichen Konstellationen fertig werden.
Dazu gehören die so genannte „Patchwork-Familie“, die Familie bestehend aus Kindern und einem allein erziehenden Elternteil, die Mehrgenerationen-Familie, das Leben als Einzelkind, die Herkunft aus anderen Ländern (Migrationshintergrund) usw.
Dieses Thema beschäftigt alle Kinder gleichermaßen, weil sie tagtäglich mit ihrer individuellen Situation, aber auch mit den Unterschieden zu den Konstellationen der Familien anderer Kinder konfrontiert werden und sich darin positionieren wollen.
Es ist deshalb wichtig, dieses besonders emotionale Thema sehr sensibel zu behandeln, den Kindern (ohne erhobenen Zeigefinger) nahezubringen, dass jedwede Familienkonstellation gleichwertig neben den anderen zu sehen ist.
Analog zu den verschiedenen Familienkonstellationen ändern sich aber auch die Rollen- und Aufgabenverteilung im Alltag.

Die Fibeltexte greifen dabei folgende Aspekte heraus: Rollentausch innerhalb der Familie; das Verhältnis zwischen Geschwistern einerseits und Geschwistern und Eltern andererseits; Aufgabenverteilung im Haushalt; der neue Freund von Tinas Mama; das Thema „Herkunft“ (eine Familie kann Mitglieder aus unterschiedlichen Regionen und Ländern in sich vereinen).
Die Kapitelabschlussseite ergänzt diese Aspekte noch einmal mit spannenden Fotos und anregenden kurzen Texten, in denen Kinder in der Ich-Form von den Besonderheiten ihrer Familien berichten.

Kapiteleinstieg: Fibelseite 85

Zur Einstimmung in das Thema werden exemplarisch drei der ungewöhnlichen Abbildungen aus dem Buch „Wenn ich du wäre“ von Richard Hamilton (T.) und Babette Cole (Ill.) präsentiert.
Das Buch beschreibt auf sehr unterhaltsame Weise zahlreiche imaginäre Situationen, die durch einen Rollentausch von Vater und Tochter entstehen könnten.

Auf der Fibelseite fassen drei den Abbildungen zugeordneten Textabschnitte den Inhalt des Originaltextes zusammen:

Laura und Papa tauschen hier in ihrer Fantasie die Rollen, es finden hier also gedanklich sowohl ein Geschlechter- als auch ein Generationentausch statt.
Aus den ersten beiden Abbildungen/Textabschnitten geht hervor, dass Vater und Tochter ganz offensichtlich ein wenig „neidisch“ sind auf die Vorteile, die das Alter des jeweils anderen mit sich zu bringen scheint.

Laura will endlich mal nicht selbst von oben bis unten eingeseift und abgeschrubbt werden (besonders nicht hinter den Ohren!), sondern dies umgekehrt bei ihrem Vater tun.
Der Vater hingegen sähe seinen Vorteil darin, dass er spielen könnte, während Laura – als Papa – Arbeiten im Haushalt erledigen müsste.
Aus dieser Perspektive begreift Laura sehr schnell den „Kinderstatus“ als den vermutlich bequemeren, und sie stellt fest, dass sie dann doch lieber sie selbst bleiben möchte.

Die Kinder werden sich vermutlich auch ohne gesonderte Aufforderung sofort mit den Bildern beschäftigen wollen, auf denen ein Mann mit einem rosa Rüschenkleidchen zu sehen ist und in einer Badewanne kräftig eingeseift wird.

Zunächst werden nur die Bilder betrachtet und darüber spekuliert, was hier wohl passiert sein könnte. In diesem Zusammenhang bietet es sich auch an, von den Kindern die Gesichtsausdrücke beschreiben zu lassen (insbesondere zum ersten und dritten Bild).

Dann wird der Text abschnittsweise erlesen und besprochen. Gezielte Fragen können dabei wieder das Klassengespräch unterstützen, z. B.:

- Wer ist auf diesen Bildern zu sehen?
- Worüber denken die beiden nach?
- Wie sieht der Papa / die Laura aus?
- Welches Bild gefällt dir am besten (warum)?
- Was geschieht auf dem ersten Bild *(hier ist zur dargestellten Situation kein Text abgedruckt)*
- Warum will Laura doch lieber sie selbst bleiben?

Die Kinder werden durch den hier provozierten Perspektivwechsel vermutlich sehr schnell feststellen, dass ein typischer Gedanke, wie „Erwachsene haben es gut. Die dürfen alles machen, was sie wollen!", eigentlich eine sehr undifferenzierte Aussage ist.
Ihnen wird auf humorvolle Weise vor Augen geführt, dass einerseits das Erwachsensein mit sehr viel Verantwortung verbunden ist, von der die Kinder selbst zumeist noch verschont bleiben; dass andererseits das Kindsein durchaus seine Vorteile und Bequemlichkeiten mit sich bringt.

Mögliche fächerübergreifende Aktivitäten zu Fibelseite 85

Malen / Freies Schreiben

Ausdenken und Malen weiterer Situationen, in denen Familienmitglieder ihre Rollen tauschen.
Dazu sollten vorher mündlich Überlegungen angestellt und ein paar Stichpunkte zur ausgedachten Situation aufgeschrieben werden.

KV Die KV 118 bietet dazu 3 Aufgaben auf unterschiedlichem Niveau an:

1. Malen zu einem vorgegebenen Text
2. Schreiben zu einem vorgegebenen Bild
3. Freies Schreiben ohne Text- oder Bildvorgabe

Anknüpfungsmöglichkeiten im Jo-Jo-Verbund mit dem 2. Jahrgang

Jo-Jo Lesebuch 2	
Seite 136/137:	Wenn ich du wäre
Seite 138:	Meine Oma fährt im Hühnerstall Motorrad
Seite 140/141:	Der Streik
Seite 146:	Manchmal wär ich gern ... *(Gedicht)*

Kapitelabschluss: Fibelseite 92

Diese Seite greift anhand verschiedener Fotos noch einmal das Thema „Familienstrukturen" im weitesten Sinne auf:

Bild 1: Moses und Marylin
Das erste Bild zeigt den Jungen Moses, Sohn eines deutschen Vaters und einer kamerunischen Mutter. Auf dem Bild ist er mit dem kleinen Mädchen Marylin zu sehen, das seine Nichte ist. Folgerichtig erklärt er, dass er dessen Onkel ist.

- (behutsames) Thematisieren verschiedener Hautfarben und warum der Junge viel hellere Haut hat als seine Nichte (evtl. Hinweis auf Anton, siehe vor allem in der Fibel vorne)

- Lügt der Junge, oder kann es wirklich sein, dass Moses Marylins Onkel ist? Hierzu wird geklärt, dass Moses vermutlich einen sehr viel älteren Bruder oder eine sehr viel ältere Schwester hat, deren Tochter Marylin ist.

- KV KV 128 mit einer kleinen Stammbaumvorlage, in die die Kinder die Vornamen ihrer Geschwister, Eltern, Onkel, Tanten und Großeltern eintragen können

Bild 2: Zwillinge
Das zweite Bild zeigt ein Zwillingspaar im Babyalter. Der Text dazu wird aber von älteren Kindern erzählt, die andeuten, dass es durchaus von Vorteil ist, dass die Menschen unterschiedlich aussehen.

Diese beiden ersten Bilder können zum Anlass genommen werden, darüber zu reden, dass uns der erste Eindruck von einem Menschen oft sehr täuschen kann, und die intensivere Beschäftigung mit denjenigen, die uns begegnen, oft überraschend andere Wahrheiten vermittelt, als zunächst vermutet.
Ein Einstieg in die Betrachtung dieser beiden Bilder könnte also auch folgendermaßen durchgeführt werden:
Schaut euch die beiden Bilder oben an. Was meint ihr?

- Gehören die beiden Kinder links oben zu einer Familie? Warum (nicht)?
- Sind die beiden Babys oben zwei Mädchen oder zwei Jungen?

Bild 3: Yvonne
Der Text zum dritten Bild, auf dem das Mädchen Yvonne mit seinem Vater und der schwangeren Mutter zu sehen ist, dokumentiert nicht nur das spannende Erlebnis der Schwangerschaft der Mutter, sondern auch beiläufig, dass beide Elternteile ursprünglich aus großen Städten kommen, die Familie aber jetzt in einem kleinen Dorf wohnt.

Gedicht „Wenn meine Eltern streiten"
Dieses Gedicht von Angela Sommer-Bodenburg thematisiert behutsam die Gefühle und Ängste von Kindern, deren Eltern streiten. Die Hilflosigkeit von Tino manifestiert sich hier in der Aussage, dass er der Situation am liebsten „einfach" aus dem Weg gehen möchte, indem er räumlich vor ihr flieht.

Hör-CD Track-Nr. 37
Höraufgabe: *Was möchte der Junge gerne tun, wenn seine Eltern streiten?*

Meist verstehen Kinder gar nicht, worum es bei Streitereien zwischen den Eltern geht. Sie empfinden jedoch eine diffuse (berechtigte) und ohnmächtige Angst davor, dass vorhandene Strukturen, in denen sie sich zu Hause und aufgehoben fühlen, vielleicht doch nicht für ewig bestehen könnten.
Da dies ein hoch sensibles Thema ist und auch die Privatsphäre der Kinder und deren Familien gewahrt bleiben muss, sollte dieses Gedicht nur sehr behutsam besprochen werden.
Vielen Kindern wird es schon ein Trost sein, zu erfahren, dass andere Kinder dieses hier beschriebene Gefühl auch schon einmal durchleben mussten, sie selbst damit also nicht alleine sind.

Zu dieser Abschlussseite können zwei Kopiervorlagen eingesetzt werden:

KV KV 127 mit Texten und Bildern zu verschiedenen Familiensituationen, die einander zugeordnet werden sollen; Raum zum freien Schreiben und Malen zu einer anderen oder der persönlichen Familiensituation (freiwillig!)

KV KV 128 mit einer kleinen Stammbaumvorlage, in die die Kinder die Vornamen ihrer Geschwister, Eltern, Onkel, Tanten und Großeltern eintragen können

Weiterführende Texte im Textteil: Fibelseiten 124/125

- Wie wir leben
  (drei Geschichten aus anderen Ländern)
- Für jeden die Hälfte (Kinderbuchauszug)

Anknüpfungsmöglichkeit im Jo-Jo-Verbund mit dem 2. Jahrgang

Jo-Jo Lesebuch 2	
Seite 143:	Eins, zwei oder drei

Literatur und Internetverweise

Wenn ich du wäre. Richard Hamilton (T.) / Babette Cole (Ill.). Patmos Verlag GmbH & Co KG Sauerländer, Düsseldorf 2009

Geschwistergeschichten. Ingrid Uebe (T.) / Irmgard Paule (Ill.). Reihe: Kleine Lesetiger. Loewe Verlag GmbH, Bindlach 2003

Antonia, ihre Brüder und der Papa. Petra Szammer (T.) / Brigitta Knoll (Ill.). Falter Verlag, Wien 2008

Klar, dass Mama Anna lieber hat. Kirsten Boie (T.) / Silke Brix-Henker (Ill.). Oetinger Verlag, Hamburg 2000

Kinder aus aller Welt. Barnabas und Anabel Kindersley. Loewe Verlag GmbH, Bindlach 1995

EINHEIT 37: Eu eu

Materialien

FS:	86/87	**LMB:**	67, 68
AH:	85, 86	**KV:**	119, 120
Diff.-Block:	36		
DLG:	40		

Einführen der Buchstabenverbindung Eu/eu

Tafelanschrift:

Tino hat ein neues Spielzeug.
Es ist ein Feuerwehr-Auto.
Es ist ferngesteuert.
Es hat 20 Euro gekostet.

Die neue Buchstabenverbindung wird wie gewohnt erarbeitet. Weitere Wörter mit Eu/eu werden von der Lehrerin an der Tafel vorgegeben (*wegen der Lautgleichheit zu Äu/äu die Kinder nicht selbst suchen lassen*), z. B.:

Teufel Eule Beule neun

heulen

neu teuer heute

Die Kinder lesen die Wörter, identifizieren den Laut und markieren die Buchstabenverbindung jeweils farbig.
Auf der Lauttabelle wird die Buchstabenverbindung als Silbenkönig identifiziert.

Fibelseite 86/87: Tinos neues Spielzeug

Diese Seite erzählt von einer konkreten Streitsituation zwischen Tino und seiner kleinen Schwester Paola, so, wie sie in allen Familien einmal vorkommen kann:

Linke Seite: Zunächst spielen die beiden friedlich miteinander mit Tinos neuem Feuerwehrauto. Als Tino Paola kurz mit dem ferngesteuerten Spielzeug alleine lässt, fährt Paola dieses an die Wand.
Der Text endet zunächst hier und lässt die Reaktion von Tino offen.

D *Rechte Seite:* Hier wird eine mögliche Variante beschrieben, welchen Verlauf die Geschichte nehmen könnte. Es entwickelt sich ein Streit zwischen den Kindern, in den später auch die Eltern mit einbezogen werden.

Die Textanteile der wörtlichen Rede sind dabei durch unterschiedliche Farben den beteiligten Personen zugeordnet.
An vier Stellen des Streitdialoges (Fibelseite 87) sind kleine rote Sternchen abgedruckt. Am unteren Rand dieser Seite ist Tina zu sehen, die überlegt, wie der Dialog an diesen Stellen auch anders hätte geführt werden können.

Der Text wird abschnittsweise erlesen bzw. vorgelesen, die rechte Seite dabei von den fortgeschrittenen Kindern. *(Das Wort „ferngesteuert“ können vielleicht einige Kinder der Klasse erklären.)*

Ein Unterrichtsgespräch schließt sich an. Darin wird z. B. erarbeitet, dass ...

1. ... Tino auch erst einmal hätte prüfen können, ob das Auto überhaupt beschädigt ist.
2. ... Tino Paola nicht als „Heulsuse“ hätte beschimpfen sollen.
3. ... Paola bei den Eltern nicht die Wahrheit sagt (sie durfte ja mit dem Auto spielen).
4. ... die Mutter erst einmal hätte fragen sollen, was überhaupt passiert ist, bevor sie Tino ermahnte.

Zusammenfassend ist hier festzustellen, dass bei diesem Streit alle beteiligten Personen gleichzeitig teilweise im Recht und im Unrecht sind, eindeutige Schuldzuweisungen also nicht angemessen wären.

Anschließend können die Kinder über Möglichkeiten eines anderen Gesprächverlaufes diskutieren (dabei müssen nicht unbedingt alle Sternchenaussagen ersetzt werden).
Der Gesamtverlauf hängt natürlich jeweils von den (neuen) Aussagen bei den anderen Sternchen ab, z. B.:

Sternchen 1:
- Was hast du denn gemacht?
- Was ist denn hier passiert? ...

Sternchen 2:
- Ist doch nicht so schlimm. Das Auto ist ja noch ganz.
- Aber das nächste Mal passt du bitte besser auf, ja?
- Ich zeig dir noch einmal, wie man das Auto am besten steuert.

Sternchen 3:
- Papa, ich habe Tinos Feuerwehrauto aus Versehen an die Wand gefahren, ...
- ... aber es ist zum Glück nichts passiert.
  oder
  ... aber Tino hat gar nicht geschimpft.

Sternchen 4:

- Tino, was ist denn passiert?
- Da habt ihr aber Glück gehabt.
- Das ist aber nett von Tino.
- Paola, das nächste Mal musst du aber besser aufpassen, versprochen?

Für Tino könnte der Satz zum ersten Sternchen aber auch bestehen bleiben, während er beim zweiten Sternchen dann feststellen könnte: „Ach, das ist nicht so schlimm. Es ist ja nichts passiert."
Wie könnte der Dialog danach weitergehen?

Sollten einzelne Kinder darauf kommen, dass der Streit ja auch noch heftiger hätte ausfallen können, muss natürlich auch darauf eingegangen werden.
Im Rollenspiel können die Kinder die Buchszene sowie verschiedene Dialogvarianten ausspielen und sich über die Gefühle der einzelnen Protagonisten austauschen.

D Das Gedicht „Meine Schwester und ich" auf Fibelseite 87 kann dazu vorgelesen und besprochen werden. Es dokumentiert noch einmal (analog zu den Texten der Kapiteleinstiegsseite), warum Tino sich ungerecht behandelt fühlt.

Hör-CD Track-Nr. 6
Höraufgabe: *Wie heißt die Frage zum Schluss des Gedichtes?*

KV 120 mit einer Vorlage zum Aufschreiben anders verlaufender Dialoge

D Weitere Differenzierungsmöglichkeiten zum Fibeltext

Lesen und Schreiben

- Auf Fragen zum Inhalt durch Ankreuzen antworten, z. B.:

Tino hat ein neues Auto.
Es ist ...
O ein Polizei-Auto.
O ein Feuerwehr-Auto.
O ein Renn-Auto.

Das Auto war teuer.
So viele Euro hat es gekostet:
O zehn Euro
O fünf Euro
O zwanzig Euro

- KV 119 mit weiteren Fragen zum Fibeltext (ankreuzen und schreiben)
- Gedicht „Meine Schwester und ich" selbstständig erlesen und ggf. auswendig lernen

Freies Schreiben

- „Streitbild" malen und dazu schreiben
- letzte Gedichtzeile von „Meine Schwester und ich" aufgreifen und dazu aufschreiben: „Wer mich mag"
- „Lieblingsspielsachen" aufmalen und dazu schreiben

ÜBUNGEN ZU EINHEIT 37: Eu/eu

Druckschriftlehrgang, Seite 40

Arbeitsheft, Seite 85

Aufgabe 1
Begriffe zunächst alle einmal erlesen; über die Bedeutung reflektieren (evtl. mit Unterstützung der Lehrerin); Wörter, die zu einer Wortfamilie gehören, jeweils untereinander in die Schreibzeilen schreiben
Hier kann ggf. darauf eingegangen werden, dass es sich nicht um Reimwörter handelt und manche Wörter mit einem Klein- und manche mit einem Großbuchstaben beginnen.

Aufgabe 2
Abbildungen entsprechend den Textaussagen ergänzen

Aufgabe 3
Begriffe benennen; Einzellaute analysieren und Wörter schreiben; benutzte Buchstaben nach und nach aus der Auswahl streichen

Arbeitsheft, Seite 86

Aufgabe 1
Lückensätze erlesen; Auswahlwörter erlesen (ggf. Silben schwingen oder klatschen) und die Sätze damit vervollständigen

Aufgabe 2
D Schreiben von Vornamen nach Aufgabenstellung

D Weitere Differenzierungsmöglichkeiten zu den Übungen

Differenzierungsblock
jeweils Seite 36 (grün und blau)

Übung zur Groß- und Kleinschreibung
Eu/eu in Lückenwörter einsetzen:

In jedem Wort fehlt ein Eu oder eu:

Spielz___g	h___te
t___er	n___
___le	st___ern
F___er	L___chten
___ro	

Übung zu den Adjektiven: neu – teuer

ein neues Spielzeug
ein teures Spielzeug

ein neuer Löschwagen
ein teurer Löschwagen

eine neue Puppe
eine teure Puppe

ein neues Buch
ein teures Buch

Mögliche fächerübergreifende Aktivitäten zu Einheit 37: Eu/eu

Sachthema: Familie

Unsere Familien
In Verbindung mit dem Sachunterricht/MNK kann eine Projektwoche zu diesem Thema veranstaltet werden, bei der auch andere Familienmitglieder der Kinder mitwirken.

Malen/Basteln

Meine Familie
„Meine Familie" malen und Namen dazuschreiben

Musik

Lied:
Ich mag dich so

2. Ich mag dich so, ich mag dich so,
ich mag dich so gut leiden.
Ich stell mich einfach neben dich.
Wie wär's denn mit uns beiden?

3. Ich mag dich so, ich mag dich so,
ich mag dich so gut leiden.
Ich geb dir einfach meine Hand.
Wie wär's denn mit uns beiden?

4. Ich mag dich so, ich mag dich so,
ich mag dich so gut leiden.
Ich lege meinen Arm um dich.
Wie wär's denn mit uns beiden?

5. Ich mag dich so, ich mag dich so,
ich mag dich so gut leiden.
Ich tanze rundherum mit dir.
Wie wär's denn mit uns beiden?

Text: Rolf Krenzer, Musik: Walter Vahrenkamp

Anknüpfungsmöglichkeiten im Jo-Jo-Verbund mit dem 2. Jahrgang

Jo-Jo Lesebuch 2	
Seite 142:	Bitte, Luise!
Seite 143:	Mutter, Vater, ich und sie
Seite 144/145:	Klar, dass Mama Anna lieber hat Klar, dass Mama Ole lieber hat
Jo-Jo Sprachbuch 2	
Seite 64:	Wie wir leben

EINHEIT 38a:

Die beiden Fibeltexte gehören inhaltlich unmittelbar zusammen. Deshalb wurden die beiden Einheiten zum nk und zum ng unter Einheiten 38a und 38b zusammengefasst. Je nach Klassensituation können die beiden Grapheme wahlweise direkt aufeinanderfolgend oder getrennt voneinander eingeführt und bearbeitet werden.

Hinweise zu den Lautungen von /ng/ und /nk/:
Das ng bezeichnet (in der Regel) nur einen Laut; das nk bezeichnet zwei Laute: den Nasallaut /ng/ und den Verschlusslaut /k/. Da das den Kindern beim Lesen der Wörter in der Regel keine Schwierigkeiten bereitet, muss darauf aber nicht weiter eingegangen werden.

Materialien			
FS:	88	**LMB:**	69
AH:	87		
DLG:	41		

Einführen der Buchstabenverbindung nk

Tafelanschrift:

sinken	tanken	denken
winken	zanken	schenken
hinken	bedanken	lenken
stinken		

Die Reimwörter werden Spaltenweise von oben nach unten erlesen, die neue Buchstabenverbindung wie gewohnt erarbeitet. Dabei wird bewusst gemacht, dass hier zwei Buchstaben als ein Laut gesprochen werden und nk niemals am Wortanfang stehen kann.
Erarbeitung der Buchstabenverbindung durch optische und akustische Identifikation: Der /nk/-Laut klingt anders als die Einzellaute /n/ und /k/.

Die Kinder werden aufgefordert, mündlich (evtl. auch schriftlich) Sätze mit den Tafelwörtern zu bilden (ggf. Klärung der Wortbedeutung), z. B.:

Schiffe können sinken.

Leon und Tina winken ihrem Papa.

Onkel Stefan trinkt gerne Apfelsaft.

ÜBUNGEN ZU EINHEIT 38a: nk

Druckschriftlehrgang, Seite 41

Arbeitsheft, Seite 87

Aufgabe 1

Begriffe oberhalb der Schreibzeilen erlesen; zu jedem Begriff zwei Reimwörter mittels der vorgedruckten Austauschbuchstaben suchen und in die Zeilen darunterschreiben

Aufgabe 2

Aufgabe nach Anweisung durchführen

Fibelseite 88: Wer hilft wobei?

Hier werden sowohl das Verhältnis von Tina zu ihrem großen Bruder thematisiert als auch die Aufgabe der berufstätigen, allein erziehenden Mutter, den Alltag zu organisieren.

Auf der Abbildung sind die Geschwister in vertrautem Umgang miteinander zu sehen.
Oft müssen Kinder, die nur mit einem Elternteil aufwachsen, mehr als andere in die Organisation des Alltags eingebunden werden. Hier helfen eine gute Planung und eine klare Aufgabenverteilung, die alle Familienmitglieder in angemessener Weise Verantwortung übernehmen lassen. Passend dazu ist hier ein Aufgabenzettel abgebildet, auf dem einige der nötigen Erledigungen schon den Kindern zugeordnet sind.

D Der kleine Zusatztext weist aber auch auf Anlässe zu Streitereien zwischen den beiden Geschwistern hin, z. B. wenn es darum geht, Aufgaben im Haushalt zu übernehmen.

KV Die KV 123 enthält eine zum Zuordnen von Aufgaben im Haushalt (zum Ankreuzen).
Diese KV sollte aber erst nach der Bearbeitung des ng in Einheit 38b erfolgen, weil sie auch ng-Wörter enthält.

D Differenzierungsmöglichkeit zum Fibeltext (Seite 88)

Freies Schreiben

- eigenen Aufgabenzettel schreiben, dabei die Aufgaben familienbezogen abwandeln

EINHEIT 38b: ng

Materialien			
FS:	89	**LMB:**	70
AH:	88	**KV:**	121, 122, 123
Diff.-Block:	37		
DLG:	42		

Einführen der Buchstabenverbindung ng

Tafelanschrift:

der Engel die Wohnung der Junge

klingeln streng die Angst

Erarbeitung analog zum nk: Dabei wird bewusst gemacht, dass hier zwei Buchstaben als ein Laut gesprochen werden und ng niemals am Wortanfang stehen kann.
Optische und akustische Identifikation: Der /ng/-Laut klingt anders als die Einzellaute /n/ und /g/.

Die Kinder bilden im Anschluss Sätze mit den Wörtern. Diese werden angeschrieben und gelesen (evtl. auch abgeschrieben), z. B.:

Paola ist kein Engel.

Tina, Mama, Leon und Pipo
wohnen in einer Wohnung.

Der Junge hat (keine) Angst.

ÜBUNGEN ZU EINHEIT 38b: ng

Druckschriftlehrgang, Seite 42

Arbeitsheft, Seite 88

Aufgabe 1

Reimwörter in der Sprechblase lesen;
Begriffe oberhalb der Schreibzeilen erlesen, durch Abbildungen vorgegebene Reimwörter mit dem richtigen Artikel in die Zeilen schreiben

Aufgabe 2

Text lesen, alle ng farbig markieren (6 x); Frage zum Text schriftlich beantworten

Fibelseite 89: Tina erzählt von ihrer Familie

Auf dieser Seite erzählt Tina von der Trennung ihrer Eltern und der ersten Begegnung mit Mamas neuem Freund.

Wir erfahren hier, dass Tinas Eltern sich vor längerer Zeit getrennt haben (warum, ist bewusst ausgelassen) und dass sie jedes zweite Wochenende bei ihrem Papa verbringt, den sie als weniger streng empfindet.
Tina schildert die Situation ohne Groll, betont aber trotzdem ihre große Freude über die gemeinsamen Wochenenden mit ihrem Vater und darüber, dass ihr Geburtstag immer mit der gesamten Familie gefeiert wird.

D Der Zusatztext thematisiert Tinas anfänglichen Ängste dem neuen Lebenspartner der Mutter gegenüber. Dessen behutsame Begrüßung bei der ersten Begegnung mit Tina (und vielleicht auch die unvoreingenommene Begrüßung des Hundes) enden aber in der vorsichtigen Aussage von Tina, dass der neue Freund der Mutter wohl „ganz in Ordnung" sei. Tina legt sich hier noch nicht fest, aber sie signalisiert damit, dass sie diesem fremden Menschen, trotz ihrer unsicheren Gefühle, ihrer Ängste, mit einer angemessenen Offenheit begegnen will.
Die Ambivalenz dieser Gefühle werden zahlreiche Kinder, die nur noch bei einem Elternteil leben, gut nachvollziehen können. Viele haben diese Situation sicher schon in ganz ähnlicher Weise durchlebt.

Die Fibeltexte werden differenzierend erlesen (oder vorgelesen). Ein Unterrichtsgespräch schließt sich an:

Die Kinder können sich z. B. austauschen über ...
- ... unterschiedliche Familienstrukturen.
- ... Besuche beim Elternteil, mit dem ein Kind nicht mehr zusammenlebt.
- ... die Gefühle, wenn ein Elternteil einen neuen Lebenspartner kennen lernt.
- ... Personen, die für die Eltern die Kinder betreuen (Kindermädchen, Verwandte).

Es versteht sich von selbst, dass diese Themen mit einer besonderen Sensibilität behandelt werden müssen, die Kinder nur freiwillig über die eigene Familie erzählen sollen, und dass alle Arten des Zusammenlebens als gleichwertig zu betrachten sind.

D Differenzierungsmöglichkeiten zum Fibeltext (Seite 89)

Lesen

Textvarianten:

Zu Tinas Familie gehören:
Mama, Papa, Leon und Pipo.
Wer gehört zu deiner Familie ?

Papa wohnt in einer anderen Wohnung.
Tina denkt oft an ihn.
Heute geht sie ihn besuchen.
Tina freut sich sehr darauf.

Mamas neuer Freund klingelt an der Tür.
Zuerst hat Tina etwas Angst vor ihm.
Dann findet sie ihn ganz in Ordnung.

Freies Schreiben

- Familienmitglieder aufschreiben und malen (evtl. kleine Steckbriefe zu den Familienmitgliedern herstellen – freiwillig!)
- kleine Briefe an die Familienmitglieder schreiben

D Weitere Differenzierungsmöglichkeiten zu den Übungen (nk und ng)

Differenzierungsblock
jeweils Seite 37 (grün und blau)

Lesen üben
- Fragen beantworten, z. B.:

  Woran denkst du gerne ?
  An mein Haustier.
  An die Schule.
  An meine Schwester / meinen Bruder.

  Woran denkst du nicht gerne ?
  An die Hausaufgaben.
  An die Schule.
  An meine Aufgaben zu Hause.

  Weitere Möglichkeiten: Wovor hast du Angst? Worauf freust du dich? Wen magst du besonders gern? ...

- KV KV 121 mit Verbkarten (Infinitiv) und dazugehörigen Sätzen, die einander zugeordnet werden müssen

Reimwörter mit nk und ng schreiben

KV 122 mit Reimwörtern, die einander zugeordnet werden sollen, und einer Übung zur Artikelzuordnung

Mögliche fächerübergreifende Aktivitäten zu Einheit 38 a/b: nk und ng

Fortführung der in Einheit 37 begonnenen Aktivitäten

Sachthema

Wie wir in der Familie helfen

KV 123 mit Tabelle zum Zuordnen von Aufgaben im Haushalt (zum Ankreuzen)

Anknüpfungsmöglichkeiten im Jo-Jo-Verbund mit dem 2. Jahrgang

Jo-Jo Lesebuch 2	
Seite 138:	Comic / Abwasch *(Gedicht)*
Seite 146:	Manchmal wär ich gern ...
Seite 147:	Ich habe zwei Haustüren
Jo-Jo Sprachbuch 2	
Seite 66:	Aufforderungssätze
Seite 67:	Satzarten und Satzschlusszeichen *(Aufgabenverteilung im Haushalt)*
Seite 68:	Oma-Geschichten *(Wörter mit b, d, g verlängern)*

ß

EINHEIT 39 a:

Auch die folgenden beiden Fibeltexte gehören inhaltlich unmittelbar zusammen. Deshalb werden die Einheiten zum ß und zum Y/y ebenfalls unter Einheiten 39 a und 39 b zusammengefasst.
Je nach Klassensituation können die beiden Grapheme wieder wahlweise direkt aufeinander folgend oder getrennt voneinander eingeführt und bearbeitet werden.

Materialien			
FS:	90	**LMB:**	71, 72
AH:	89	**KV:**	124, 125, 126
DLG:	43		

Einführen des Buchstabens ß

Tafelanschrift:

Ich heiße Tino.
Ich esse gerne heiße Würstchen.
Noch lieber mag ich süßen Pudding.
Am liebsten mag ich ein großes Eis.
Was isst du gerne ?

Die Kinder erschließen den neuen Buchstaben wie gewohnt. Auf die Aussprache und die Lautwahrnehmung des ß wird hingewiesen:

- Das ß klingt immer scharf/gezischt.*
  (Wörter dabei deutlich vorsprechen, nachsprechen und abhören lassen)
- Das ß kann niemals am Wortanfang stehen.

**Hinweis: Da im süddeutschen Raum alle s-Laute scharf/gezischt gesprochen werden, kann dieser Aspekt ggf. ausgelassen werden. Die Kinder erhalten dafür den Hinweis, dass Wörter mit ß (für sie) Merkwörter sind.*

Durch Gegenüberstellung der verschiedenen Schreibweisen des s-Lautes anhand der entsprechenden Wörter in den Sätzen wird den Kindern nun verdeutlicht, dass der s-Laut drei verschiedene Schreibweisen hat:
Tafelanschrift:

was	essen	heiß
das	wissen	groß
Glas	küssen	Fuß

Die entsprechenden Schreibweisen werden farbig markiert.

Die Kinder können anschließend auf die Frage „Was isst du gerne?“ mündlich (oder auch schriftlich) antworten.

D Je nach Situation der Klasse, kann zusätzlich erarbeitet werden, dass ein Silbenkönig vor dem ß immer lang klingt (vor dem ss klingt er immer kurz, vor dem s kann er lang oder kurz klingen). Die Silbenkönige vor den s-Lauten werden dann entsprechend mit einem Punkt oder Strich untermalt.

ÜBUNGEN ZUM BUCHSTABEN ß

Druckschriftlehrgang, Seite 43

Diese Seite sollte vor der Arbeitsheftseite bearbeitet werden, weil das ß auch im Arbeitsheft geschrieben werden muss.

Arbeitsheft, Seite 89

Aufgabe 1
Satzteile einzeln erlesen; in Partner- oder Gruppenarbeit mit drei Würfeln Sätze erwürfeln und erlesen; zu den Würfelaugen passenden Satz in die Zeile schreiben

Aufgabe 2
Abbildungen betrachten; passende Verben aus den Einzelsilben zusammenbauen (Silbenschwingen) und danebenschreiben

D Differenzierungsmöglichkeiten zu den Übungen (zu ß)

Lesen
- ß-Seite im „Buchstaben-Haus“ (KV 138, editieren) oder in einem „Wörter-Sammel-Heft“ oder als „Buchstaben-Poster“ gestalten
- KV KV 124 mit Verbkarten (Infinitiv) und dazugehörigen Sätzen, die einander zugeordnet werden müssen

Schreiben
- im Anschluss an Arbeitsheft, Seite 98, Aufgabe 1, weitere gewürfelte Sätze abschreiben
- KV KV 125 mit Zuordnung von Gegenteilwörtern mit ß
- KV KV 126 mit Würfelwörtern für Schreibheft/Setzleiste

Freies Schreiben
„Ich heiße Paola und ich weiß es!“ In Anlehnung an die Sprechblase von Arbeitsheft, Seite 89, Aufgabe 2, selbst formulieren, was man (alles) weiß, und es aufschreiben, z. B.:
- Ich heiße Anna und ich weiß es!
- Ich spiele gerne Fußball und ich weiß es!

Fibelseite 90: Tino erzählt von seiner Familie

Analog zur vorherigen Doppelseite erfahren wir hier von Tinos individueller Familiensituation. Er lebt mit seinen Eltern, den Geschwistern Jonas und Paola sowie mit seinem Opa zusammen.
Sein Vater stammt aus Italien, seine Mutter ist Deutsche. Tino erzählt, wie seine Eltern sich kennen gelernt haben, und erwähnt dabei auch die anfänglichen Verständigungsprobleme aufgrund ihrer unterschiedlichen Nationalitäten.
Die Sprechblase unten erklärt in diesem Zusammenhang auch noch einmal die Herkunft des Namens Tino, der eine Abkürzung des italienischen Namens Valentino ist (*s. a. Arbeitsheft, Seite 84 unten*).

EINHEIT 39b: Y y

Materialien			
FS:	91	**LMB:**	73
AH:	90		(127, 128)
Diff.-Block:	38		
DLG:	44		

Einführen der Buchstaben Y/y

Tafelanschrift:

Tinos Opa kommt aus Syrakus.
Das ist eine Stadt in Italien.
Tinos Oma heißt Yelva.

Oma, Opa und Tino –
alle waren früher einmal ein Baby.

Der Text wird vorgelesen und von den Kindern mitgelesen. Das Y/y wird jeweils durch deutliches Sprechen hervorgehoben und farbig markiert.

Die Y/y-Wörter werden dann mit (vorgefertigten) Wortkarten an der Tafel befestigt und isoliert vom Text auf die drei Aussprachevarianten hin untersucht:

Y klingt wie J :	–	Yelva
y klingt wie ü :	–	Syrakus
y klingt wie i :	–	Baby

Da mit Ausnahme von „Baby" die Y/y-Wörter unbekannt sind, müssen sie von der Lehrerin vorgelesen und erklärt werden.

Der Buchstabenname „Ypsilon" wird wahrscheinlich einigen Kindern bekannt sein und genannt werden. Durch mehrfaches lautes Lesen der drei Wörter werden die Aussprachevarianten bewusst gemacht.

Die Lehrerin nennt weitere Wörter mit Y/y (evtl. sind auch einige den Kindern bekannt), z. B.:
Pony, Pyramide, Yvonne, Sybille, Blacky, Yannik ...

Diese können den oberen Wörtern entsprechend zugeordnet werden, z. B.:

wie ü Syrakus	wie j Yelva	wie i Baby
Pyramide	Yannik	Pony

ÜBUNGEN ZU DEN BUCHSTABEN Y/y

Druckschriftlehrgang, Seite 44

Diese Seite sollte vor der Arbeitsheftseite bearbeitet werden, weil das Y/y auch im Arbeitsheft geschrieben werden muss.

Arbeitsheft, Seite 90

Aufgabe 1
Unterschiedliche Klänge des Y/y abhören; Begriffe aus der Kopfzeile (Lautbilder) in die richtigen Spalten sortieren

D Nachforschungen über den Yak anstellen

Aufgabe 2
Brief und Denkblase von Tino erlesen; weitere Fragen ausdenken und frei schreiben

D einen vollständigen Brief schreiben (an fiktive oder reale Person)

D Weitere Differenzierungsmöglichkeiten zu den Übungen (zu Y/y)

Differenzierungsblock
jeweils Seite 38 (grün und blau)

Lesen und Schreiben
Y/y-Seite im „Buchstaben-Haus" (KV 138, editieren) oder in einem „Wörter-Sammel-Heft" oder als „Buchstaben-Poster" gestalten

Informationen sammeln
Sprechblasen von Opa und Tino (Arbeitsheft, Seite 90) aufgreifen und zu weiteren Stichwörtern Informationen sammeln, z. B.:
- Was ist ein Zylinder? Wer trägt einen Zylinder?
- Was ist der Unterschied zwischen einem Pony und einem Pferd?

Fibelseite 91: Mein Opa

Auf dieser Seite erklärt Tino, dass sein Opa auch aus Italien kommt (er muss also der Opa väterlicherseits sein) und warum Opa nicht in Italien geblieben ist.
Opa lebte früher mit seiner Frau Yelva in der Stadt Syrakus (auf Sizilien). Nachdem Yelva gestorben war, kam er dann zu Tinos Familie nach Deutschland.
Gleichzeitig wird Tinos eigenes Verhältnis zum Vaterland thematisiert: Tino verbringt regelmäßig seine Ferien in Italien und hat dort auch Freunde.

D Opa hat heute noch manchmal Heimweh. Wonach er sich sehnt, wird in dem kleinen Zusatztext am Seitenfuß geschildert.

D Weitere Differenzierungsmöglichkeiten zu den Fibeltexten (Seiten 90 und 91)

Dieser Text bietet zahlreiche thematische Anknüpfungspunkte, die, je nach Klassensituation und Aktualität für die Kinder, aufgegriffen werden können.
Vorschläge dazu sind unter den möglichen fächerübergreifenden Aktivitäten zu dieser Einheit aufgelistet.

Lesen – Sinnerfassung

Den Text als Ganzes vorlesen und darüber sprechen; anschließend abschnittsweise vorlesen oder vorlesen lassen (fortgeschrittene Kinder); dazu jeweils Fragen zur inhaltlichen Erschließung bearbeiten, z. B.:

- Aus welchem Land kommt Tinos Vater/Mutter?
- Wie haben sich Tinos Eltern am Anfang unterhalten?
- Aus welcher Stadt kommt Tinos Opa?
- Wann/warum kam Tinos Opa nach Deutschland?
- Wie heißen Tinos Freunde in Italien?

Textvarianten zur Vorbereitung auf den Fibeltext, z. B.:

> Tinos Familie
>
> Zu Tinos Familie gehören Mama, Papa,
> Paola, Jonas und Opa. Und Tino!
>
> Tinos Papa kommt aus Italien.
> Tinos Opa kommt auch aus Italien.
> Tinos Mama kommt aus Deutschland.
>
> Tino, Paola und Jonas sind
> in Deutschland geboren.
> Alle leben zusammen in Deutschland.
> Tinos Oma Yelva ist gestorben.
> Deshalb kam Opa nach Deutschland.
>
> Italien ist ein Land in Europa.
> Pisa ist eine Stadt im Norden Italiens.
> Syrakus ist eine Stadt im Süden Italiens.
> Kennst du noch andere italienische Städte?

Variante für fortgeschrittene Kinder, die schon Landkarten lesen können:
Hierzu evtl. auf der Italienkarte, Fibelseite 91, weitere Städte suchen lassen; mit Namen angegeben sind bereits Pisa (s. a. Fibelseite 26) und Rom. Die Kinder kennen von Auslandsreisen evtl. auch andere Städte, z. B. Venedig oder Florenz, Mailand und Turin, die hier jeweils nur mit kleinen roten Punkten markiert sind.

Freies Schreiben

- in Anlehnung an Tinos Brief selbst Briefe schreiben (evtl. Klassenbriefkasten aufstellen)
- Abkürzungen von Namen sammeln/erfinden:
  Tino – Valentino; Christopher – Chris; Isabel – Isa ...
- lustige Tiernamen für die beiden Vögel (Tinos Papageien) erfinden und aufschreiben
- Zu Opas Begründung für sein Heimweh: aufschreiben, was man vermisst, wenn man sich nicht an seinem Urlaubsort bzw. im Vater-/Mutterland befindet.

Mögliche fächerübergreifende Aktivitäten zu Einheit 39a und 39b: ß und Y/y

Sachthemen

Familie

Fortführung der in den Einheiten (37, 38) zu Eu/eu und nk/ng begonnenen Aktivitäten unter folgenden inhaltlichen Aspekten (Auswahl):

- Thematisieren bikultureller Familienstrukturen
- Sammeln der Namen der Nationen, die innerhalb der Klasse vertreten sind; Informationen über diese Länder zusammentragen und dokumentieren und evtl. auf einem Globus suchen
- Familienmitglieder „unter einem Dach"
- Thema „Großeltern" (*Wo leben sie? Wie leben sie? Wie/wann verbringen die Kinder Zeit mit ihnen?*)
- Heimweh nach dem Ursprungsland
- Tod eines Familienmitgliedes
- Briefe an ferne Verwandte und Freunde schreiben

Deutschland und andere Länder

a) Karte von Italien/Europa aufhängen und Städte auf der Karte zeigen
b) Länderposter von Deutschland/Italien oder anderen Ländern (z. B. Herkunftsländer der Kinder) gestalten (mit Bildern aus Reiseprospekten, Fotos ...)

Kapitelabschluss: Fibelseite 92

KV KV 127; KV 128
detaillierte Hinweise dazu: siehe Seite 193 f.

Anknüpfungsmöglichkeiten im Jo-Jo-Verbund mit dem 2. Jahrgang

Jo-Jo Lesebuch 2	
Seite 139:	Meine Oma fährt im Hühnerstall Motorrad *(Lied)*
Seite 148/149:	Erstens, zweitens, drittens
Seite 149:	Du *(Gedicht)*

Sommer

Hinweise zum Kapitelthema

Der Sommer ist für die Kinder gleichbedeutend mit „Ferien, Freizeit, Schwimmen, Verreisen“. Wenn Kinder Sommerbilder malen, stehen fast immer das Meer, das Freibad oder das Spielen mit Wasser im Vordergrund. Alle Kinder halten sich im Sommer möglichst oft im Freien auf, viele leben ihren Bewegungsdrang in sportlichen Aktivitäten aus.
In der Urlaubszeit machen die Kinder aber auch noch andere Erfahrungen:
Sie verbringen Zeit in anderen Ländern und Kulturen, müssen sich in der neuen Umgebung zurechtfinden; sie nehmen vielleicht sogar Geräusche anders wahr; sie erleben unter Umständen lange Autofahrten; sie sind manchmal für eine gewisse Zeit von Freunden oder Familienmitgliedern getrennt ...
Diese Aspekte des Themenbereichs „Urlaub“ greift die Jo-Jo Fibel in diesem Kapitel auf.

Kapiteleinstieg: Fibelseite 93

Der Textauszug auf dieser Seite beschäftigt sich mit dem Thema „Angst vorm Schwimmen“, das Rudolf Herfurtner in dem abgebildeten Buch „Der wasserdichte Willibald“ thematisiert (mit Illustrationen von Oliver Wenniges).

Das Buch erzählt auf sehr humorvolle Weise die Geschichte des kleinen Willibald, der eigentlich viele Dinge besonders gut beherrscht, aber mit seiner Angst vorm Schwimmen zu kämpfen hat, insbesondere, als er mit der Familie in den Sommerurlaub ans Meer fährt.
Sein Bruder Tobias („Tobi, der Kotzbrocken“) zieht ihn ständig damit auf, während seine Schwester Theresa Mitleid mit ihm hat. Im Laufe des Urlaubs gelingt es der Schwester natürlich, Willibald die Angst vor dem Wasser zu nehmen.

Der abgedruckte Textauszug beschreibt eine von vielen möglichen Erklärungen dafür, die der Junge sich in seiner Not ausdenkt, um vor den anderen und sich selbst zu beweisen, dass seine Angst durchaus ihre Berechtigung hat: Hier stellt er die Frage danach, ob er denn überhaupt „wasserdicht“ sei (Begriff ggf. klären).

Hör-CD Track-Nr. 44
Höraufgabe: *Wie heißt der Junge, der Angst vor dem Schwimmen hat?*

Da auf dem Cover des abgebildeten Buches zu lesen ist, dass Willibald als wasserdicht beschrieben wird, wird die Antwort auf diese Frage den Kindern schon nahegelegt.
Die Kinder können im Gespräch eigene Ängste thematisieren und gemeinsam überlegen:

- Ängste sind kein Grund, jemanden auszulachen.
- Jeder hat Ängste.
- Wie kann ich lernen, Ängste zu überwinden?

Möglicherweise ist es für Kinder leichter, bereits überwundene Ängste zu artikulieren, als aktuell (noch) bestehende.

- Ich habe Angst vor ..., aber ... kann ich schon gut.

Den Ängsten werden Fähigkeiten gegenübergestellt, die das Kind schon beherrscht.

Anknüpfungsmöglichkeiten im Jo-Jo-Verbund mit dem 2. Jahrgang

Jo-Jo Lesebuch 2	
Seite 154/155:	Willi hat keine Schwimmhäute
Jo-Jo Sprachbuch 2	
Seite 70:	Sommer
Seite 72:	Dilara und Tom im Freibad *(Wortfelder)*

Kapitelabschluss: Fibelseite 96

Tina verbringt die Ferien mit ihrem Vater auf einem Bauernhof im Allgäu.
Dort erhält sie Post von Tino, der aus Syrakus eine Postkarte schickt, und von Leon, der eine E-Mail sendet. Aus Tinos Karte geht u. a. hervor, dass er in diesem Urlaub schwimmen gelernt hat (Bezug zur Kapiteleinstiegsseite).
Anhand von Leons E-Mail wird klar, dass Tina nur mit ihrem Papa verreist ist, also ohne Leon und ihre Mutter (Bezug zu Fibelseite 95, oben).

Für die meisten Kinder dürften beide Briefformen zum Alltag gehören. Die relativ formlose Art der E-Mail (die die Kinder in der Regel noch nicht allein absenden werden) wird hier der handschriftlich erstellten Postkarte gegenübergestellt, bei der bestimmte Formalien einzuhalten sind: Name, Straße, Hausnummer, Postleitzahl, Ort, Land müssen (in lesbarer Schrift) angegeben werden. Die Postkarte muss mit einer Briefmarke frankiert werden.

Dies können die Kinder selbst ausprobieren, indem sie von der Schule aus eine Postkarte (z. B. eine Ansichtskarte des Wohnortes oder eine selbst gestaltete Karte) verschicken. Die Karte kann an Familienmitglieder, Freunde (oder an sich selbst nach Hause) geschickt werden. Die Kinder können die Karten frankieren und anschließend gemeinsam zur Post bringen.

Weiterführende Texte im Textteil:

Fibelseite 126/127

- Aus meinem Urlaubstagebuch
- Die Flaschenpost *(Kinderbuch-Auszug)*

Anknüpfungsmöglichkeiten im Jo-Jo-Verbund mit dem 2. Jahrgang

Jo-Jo Lesebuch 2	
Seite 152:	Was im Sommer Freude macht *(Lied)*
Seite 153:	Unterwasser-Seh-Rohr
Seite 156/157:	Zwei Ameisen reisen nach Australien
Seite 158:	Kartengrüße aus den Ferien
Jo-Jo Sprachbuch 2	
Seite 71:	Botschaften schreiben ... *(Postkarten und Briefe schreiben)*

Literatur und Internetverweise

Der wasserdichte Willibald. Rudolf Herfurtner (T.) / Oliver Wenniges (Ill.). dtv junior, Deutscher Taschenbuch Verlag, München 2002

Strandgeschichten. Cornelia Funke (T.) / Karin Schliehe & Bernhard Mark (Ill.). Reihe: Leselöwen. Loewe Verlag, Bindlach 2007

Kinder aus aller Welt. Barnabas und Anabel Kindersley. Loewe Verlag GmbH, Bindlach 1995

Alltagsgeräusche als Orientierungshilfen. Carola Preuß / Klaus Ruge. (CD und Bildkarten), Verlag an der Ruhr (in dieser Reihe auch: Geräusche im Zoo – Waldgeräusche-Spiel – Wassergeräusche-Spiel ...)

EINHEIT 40: Äu äu C c

Materialien			
FS:	94/95	**LMB:**	74, 75, 76
AH:	91, 92, 93	**KV:**	129
Diff.-Block:	39		
DLG:	45, 46		

Einführen der Buchstabenverbindung Äu/äu

Tafelanschrift:

Geräusche

Die Kuh säuft.
Das Wasser läuft über.
Der Wind rauscht in den Bäumen.

Die Kinder erarbeiten die neue Buchstabenverbindung wie gewohnt. Da es akustisch keinen Unterschied zu Eu/eu gibt, schreibt die Lehrerin weitere äu-Wörter der Fibelseite an die Tafel:

die Geräusche	die Träume
die Bäume	die Bäuerin
Die Kuh säuft.	Das Wasser läuft.

Die Buchstabenverbindung wird jeweils farbig markiert, und die Wörter werden wiederholt erlesen (*ggf. nochmals darauf hinweisen, dass diese Buchstabenkombination anders klingt als die beiden Einzellaute zu ä und u*).

Es wird erarbeitet:
Äu/äu klingt genau so wie Eu/eu. Bei manchen Wörtern kann man aber ableiten, ob sie mit eu oder äu geschrieben werden (Trick!):
Tafelanschrift:

⚡

der Traum	der Baum	alle laufen
die Träume	die B__me	er läuft

Die Kinder stellen fest: Wenn ein Wort mit einem /eu/-Klang ein verwandtes Wort mit au hat, wird es mit äu geschrieben. Sie vervollständigen die Pluralform zum Begriff *Baum*.
Das Strategiezeichen kennen die Kinder bereits aus Einheit 29 zum Ä/ä. Daran kann ggf. noch einmal erinnert werden:
die Hände – die Hand
die Äste – der Ast

ÜBUNGEN ZUR BUCHSTABENVERBINDUNG Äu/äu

Druckschriftlehrgang, Seite 45

Arbeitsheft, Seite 91

Aufgabe 1
Wörter im Singular erlesen und nachspuren; Pluralformen mit äu darunterschreiben

Aufgabe 2
Wörter aus einer Wortfamilie suchen und mit einer Farbe für jede Wortfamilie markieren

Aufgabe 3
freies Schreiben nach Fragestellung

D Differenzierungsmöglichkeit zu den Übungen (Äu/äu)

Verkleinerungsformen bilden
Baum – Bäumchen; Haus – Häuschen
Maus – Mäuschen; Strauß – Sträußchen

Einführen der Buchstaben C/c

Verschiedene Aussprachemöglichkeiten des C/c:
- C als /k/-Laut: Computer
- C als „gezischter“ /s/-Laut: Cent
- C als /tsch/-Laut in anderen Sprachen: Ciao

Tafelanschrift:

Computer Cent Comic Café City

Der neue Buchstabe wird wie gewohnt eingeführt, die beiden in Deutschland häufig vorkommenden Aussprachevarianten werden ermittelt (*dass diese Wörter alle aus anderen Sprachen in die deutsche Sprache übernommen wurden, ist den Kindern wegen deren häufigen Auftretens nicht bewusst, könnte aber als zusätzliche Information erwähnt werden*).
Die Wörter werden nach Lautvarianten sortiert und evtl. durch Namen der Kinder aus der Klasse ergänzt, z. B.:
Marco, Nicole, Nico, Collin, Carmen, ...

Es wird festgehalten:
- Die Buchstaben C und c können unterschiedlich klingen, z. B. wie /k/ oder wie ein gezischtes /s/.
- Wörter mit C oder c müssen wir uns merken.

ÜBUNGEN ZU DEN BUCHSTABEN C/c

Druckschriftlehrgang, Seite 46

Arbeitsheft, Seite 92

Aufgabe 1

C/c-Wörter aus den Sprechblasen erlesen (ggf. Aussprache klären) und nach ihrem Klang abhören
(die dritte Klangmöglichkeit des C/c, wie bei „Ciao!" evtl. im Klassenverband noch einmal gemeinsam klären: /tsch/)

Aufgabe 2

Sätze erlesen; Lückenwörter erlesen (Aussprache evtl. klären oder mit den Kindern gemeinsam ermitteln) und die Sätze damit vervollständigen

Arbeitsheft, Seite 93

Diese Arbeitsheftseite kann auch erst nach Erarbeitung der Fibelseite eingesetzt werden.

Aufgabe 1

Comic lesen; beschreiben, was geschieht

D Die Comic-Geschichte mit eigenen Worten ins Heft schreiben

Hinweis: ¿qué pasa? = Spanisch: „Was ist passiert?". Im Spanischen werden Ausrufe- und Fragezeichen auf den Kopf gedreht auch vor einen Satz gesetzt.

D Differenzierungsmöglichkeiten zu den Übungen (C/c)

Differenzierungsblock

jeweils Seite 39 (grün und blau)

Lesen

- C/c-Seite im „Buchstaben-Haus" (KV 138, editieren) oder in einem „Wörter-Sammel-Heft" oder als „Buchstaben-Poster" gestalten

- Buchstabenverbindungen mit c wiederholen:

ch:	Buch, lachen, weich ...
ck:	Rücken, backen, dick ...
chs:	Fuchs, Dachs, wachsen ...
Sch/sch:	Schule, duschen, schön ...

(suchen / sich erinnern / im Arbeitsheft nachschlagen / Aussprachemöglichkeiten wiederholen und vertiefen)

Fibelseite 94/95: Wir sammeln Geräusche

Auf dieser Doppelseite erinnern sich die Kinder der Klasse an Geräusche, die sie mit Urlaub und Ferienzeit verbinden, und versuchen, diese zu imitieren.

Die Sprechblasen-Aussagen der Kinder geben gleichzeitig Auskunft über ihre individuellen Erlebnisse und/oder Nutzung moderner Medien im Urlaub:

- Tino mag das Rauschen des Windes in den Bäumen.
- Lara erinnert sich an die Wasser saufenden Kühe auf einem Bauernhof.
- Tina erzählt, dass sie im Urlaub per Internet mit ihrer Mutter und Leon den Kontakt hält.
- Andi hat eine große Schwester, die auf Autoreisen ihren MP3-Player offensichtlich etwas zu laut einstellt.
- Das (namenlose) afro-deutsche Mädchen liebt Lagerfeuer auf einem Campingplatz.

Die vielen fremdsprachlichen Fachausdrücke werden den Kindern in der Regel keine Schwierigkeiten bereiten, da sie ihnen bereits tagtäglich begegnen. Dennoch sollte darauf geachtet werden, dass sie die Wörter richtig aussprechen.

Die Fibelseite regt die Kinder an, einmal ganz genau hinzuhören bzw. sich an Geräusche zu erinnern, die sie vielleicht mit dem letzten Urlaub oder den letzten Ferien verbinden.
Das setzt keinesfalls eine Urlaubsreise voraus: Das örtliche Freibad, der Spielplatz oder das Spielen auf der Straße bzw. im Garten sind ebenfalls mit typischen Geräuschen verbunden. Mit mitgebrachten oder bereitgestellten Utensilien können zumindest einige Geräusche nachgeahmt werden.

Es hängt von der technischen Ausrüstung der Schule ab, ob diese auch aufgenommen werden können. Zur Bearbeitung der Fibelseite ist das jedoch nicht zwingend notwendig.
Natürlich können in dieser Unterrichtseinheit auch Geräusche-Kassetten oder -CDs zum Einsatz kommen, wie sie z. B. vom Verlag an der Ruhr angeboten werden (s. unter Literatur und Internetverweise, Seite 206).

D Differenzierungsmöglichkeiten zum Fibeltext (Seite 94/95)

Freies Schreiben

- „Geräuschebilder" malen und dazu kleine Sätze oder Geschichten schreiben
- zur Frage auf dem Fußbalken der Fibelseite 95 Erkundigungen zu den Begriffen (Internet-Café – E-Mail – MP3-Player – cool) einholen und einzelne oder alle Begriffe schriftlich erläutern
- KV KV 129 mit verschiedenen C/c-Wörtern, aus denen zwei ausgewählt und schriftlich erläutert werden können
- gemeinsam eine E-Mail schreiben und versenden
- malen und dazu schreiben, was man auf einem Camping-Platz erleben kann (oder schon erlebt hat)
- aufschreiben, welche Musik/Hörspiele/Lieder auf dem MP3-Player oder dem CD-Player gehört werden („Best off"–Liste erstellen)

Sonstiges

- „Geräuscheraten" veranstalten: Ein Kind macht verdeckt Geräusche vor (z. B. Husten, Brotdose öffnen und schließen ...), die anderen Kinder schreiben auf oder malen, was sie gehört haben.
- die fremdsprachlichen Wörter in einem Wörterbuch nachschlagen und Erläuterungen dazu mündlich wiedergeben
- die Fachausdrücke auch in den Englischunterricht integrieren

Mögliche fächerübergreifende Aktivitäten zu Einheit 40: Äu/äu und C/c

Sachthemen

Was ist wasserdicht?

Welche Materialien/Dinge sind wasserdicht? Hierzu können die Kinder eine Tabelle anlegen (wasserdicht – nicht wasserdicht), die Materialien testen und in die Tabelle eintragen.

Umgang mit modernen Medien

Hierzu kann ein Projekt gestaltet werden, z. B. unter den Aspekten:

– Welche Medien nutze ich?
– Wie (häufig) nutze ich sie?
– Welche Vorteile/Nachteile können sie haben?
– Welche Medien brauche ich (noch) nicht?
– Welche Alternativen gibt es zu bestimmten Medien?

Malen/Basteln

Urlaubspostkarten gestalten

selbst eine Postkarte gestalten, beschreiben und an Freunde verschicken

Musik

Geräusche nachahmen

Weitere Geräusche sammeln, imitieren und raten lassen, z. B.:

– Motorgeräusche von Autos und Flugzeugen
– Brandung am Meer
– Klappern von Geschirr

Lied:

Ich lieb den Sommer

(Folgestrophe von: Ich lieb den Frühling, siehe Einheit 30, Seite 171 f.)

Kapitelabschluss: Fibelseite 96

siehe Hinweise auf Seite 205 f.

Anknüpfungsmöglichkeiten im Jo-Jo Verbund mit dem 2. Jahrgang

Jo-Jo Lesebuch 2	
Seite 152:	Was im Sommer Freude macht *(Lied)*
Seite 153:	Unterwasser-Seh-Rohr *(Bastelanleitung)*
Seite 159:	Der König und das Meer / Die Muschel hat das Meer gefangen *(Gedichte zum Meeresrauschen)*

Ich liebe Bücher

Hinweise zum Kapitelthema

Die zentrale Rolle von Büchern und Lesen im Bildungsprozess kann gar nicht oft genug hervorgehoben werden. Auch der zunehmende Gebrauch von PCs hat daran nichts geändert – im Gegenteil: Auch dafür bleibt das Lesen eine grundlegende Voraussetzung.

Gleichzeitig wird immer wieder betont – und durch Untersuchungen, z. B. der Stiftung Lesen, untermauert –, dass immer mehr Kinder zu Hause nicht regelmäßig vorgelesen bekommen und oft nur wenige und nicht immer altersgemäße Bücher besitzen.
Eine der wichtigsten Aufgaben im Zusammenhang mit der Alphabetisierung der Kinder muss also, neben der Vermittlung der Lesefertigkeit, auch die Motivation zum Lesen sein. Spannende, altersgemäß aufbereitete Themen – für Jungen und Mädchen – sowie die attraktive Gestaltung von Büchern spielen dabei eine ganz wesentliche Rolle.
Die Begegnung mit Büchern sollte den Kindern so leicht wie möglich gemacht werden. Deshalb werden in der Jo-Jo Fibel, insbesondere auf den Kapiteleinstiegsseiten, bereits zahlreiche spannende Bücher vorgestellt.

Mit zunehmender Lesefertigkeit werden Kinder aber auch selbstständiger in der Nutzung dieses Mediums. Hier muss die Schule entscheidende Impulse geben, sei es durch regelmäßige Ausleihe in der Schulbücherei, Besuch der Stadtbücherei, Anlegen einer Klassenbücherei und/oder das Durchführen regelmäßiger Vorlesestunden.

Die Jo-Jo Fibel stellt in diesem letzten Kapitel folgerichtig den Besuch einer Bücherei in den Mittelpunkt. Gleichzeitig bildet dieses Kapitel den Übergang zum Textteil der Fibel (detaillierte Ausführungen: siehe Abschnitt 5.5), der mit Kinderbuchauszügen und Beiträgen unterschiedlichster Textsorten einen (für viele Kinder ersten) Einblick in die bunte und spannende Welt der Bücher ermöglicht und dazu beitragen soll, bei den Kindern Lesehunger zu wecken.
Deshalb gibt es zu diesem Kapitel keine Abschlussseite.

Kapiteleinstieg: Fibelseite 97

Auf dieser letzten Kapiteleinstiegsseite werden nun die Cover sämtlicher Bücher präsentiert, die auf den vorangegangenen Einstiegsseiten vorgestellt wurden. Haben die Kinder im Verlauf des Lehrgangs bereits das durchgängige „Suchspiel“ (s. Erläuterungen auf Seite 63) nach den passenden Covern zu den Einstiegsseiten regelmäßig durchgeführt, ist ihnen diese Seite schon bestens vertraut.

Zum Einstieg in dieses Kapitel sollte den Kindern ausreichend Zeit gegeben werden, diese Buchtitel noch einmal anzuschauen, sich an die damit verknüpften Geschichten der Kapiteleinstiegsseiten zu erinnern, zurückzublättern und sich darüber auszutauschen, warum welcher Buchtitel zu welcher Einstiegsseite gehören muss.
Die stilistisch sehr unterschiedlichen Gestaltungsweisen können auf diese Weise im Unterrichtsgespräch thematisiert und verglichen werden. Sie regen zum genaueren Hinsehen an.

Tina und Tino sind gerade gemeinsam in ein Buch versunken, das den Titel „Mein Lieblingsbuch“ trägt.
Dieser Titel kann zum Anlass genommen werden, das Unterrichtsgespräch durch gezielte Fragen zu lenken:
Mögliche Impulse:
- Welches Buch würdest du dir ausleihen? Warum?
- Welchen Buchnamen/Titel kannst du schon lesen?
- Wie heißen die Ritter, die sich um die große Blume gestritten haben?
- Wie heißt das kleine blaue Monster, dass ganz am Anfang unserer Fibel zu sehen ist?
- Wie heißt das Buch, in dem Papa ein rosa Kleidchen trägt?

Sicher wäre es für die Kinder sehr spannend, wenn eines der auf der Fibelseite abgebildeten Bücher ausgeliehen und in der Klasse vorgelesen werden könnte.
(Stand Mai 2011: Alle abgebildeten Bücher sind noch lieferbar.)

Selbstverständlich werden die Kinder auch dazu ermuntert, von eigenen Lieblingsbüchern zu berichten, diese mitzubringen und vorzustellen. Darüber hinaus stellt die Lehrerin einige aktuelle Kinderbücher (Bilderbücher und Erstlesebücher) bereit oder greift auf entsprechende Bücher aus der Klassen- bzw. Schulbücherei zurück.

Tinos Sprechblase unten fordert zu einem letzten spannenden Suchspiel auf: Eines der Bücher gehört zu keiner Kapiteleinstiegsseite der Fibel. Wer findet heraus, welches Buch das ist? *Lösung:* JAguar und NEINguar. Die Sprachspielerei der beiden Wortanfänge wird besprochen.
(Hinweis: Dieses Buch wird auf der analogen Kapiteleinstiegsseite im Jo-Jo Lesebuch 2 vorgestellt.)

Weiterführender Text im Textteil:
Fibelseiten 128/129

Pippi bekommt Besuch (Kinderbuchauszug)

Literatur und Internetverweise

Die Quellenangaben zu den Kapiteleinstiegsbüchern sind bereits unter den entsprechenden Kapiteln und im Quellenverzeichnis der Fibel abgedruckt.

JAguar und NEINguar. Gedichte von Paul Maar / Ute Krause (Ill.). Oetinger Verlag, Hamburg 2007

www.vorleser.net
Von diesem Internetportal aus können kostenlos Hörbücher heruntergeladen werden. Für die Altersgruppe der Erstleser werden hier allerdings hauptsächlich Märchen angeboten.

www.toni.de
Hier werden Downloads zu einer großen Auswahl an Kinderhörbüchern zur aktuelleren Kinderliteratur angeboten, die auch nach Altersgruppen gestaffelt sortiert sind. Diese Downloads sind *kostenpflichtig*, aber zu sehr moderaten Preisen.

Anknüpfungsmöglichkeiten im Jo-Jo-Verbund mit dem 2. Jahrgang

Jo-Jo Lesebuch 2	
Seite 160/161:	Ich liebe Bücher *(3 Gedichte aus: JAguar und NEINguar)*
Seite 168/169:	Kinderbücher *(Buchtitel aus Jo-Jo Lesebuch 2)*
Jo-Jo Sprachbuch 2	
Seite 76:	Ich liebe Bücher *(Buchtitel)*
Seite 77:	Buchvorstellung *(Steckbriefe)*

EINHEIT 41: Qu qu X x

Bei dieser letzten Einheit sollte die Bearbeitung der Arbeitsheftseiten in jedem Fall der des Fibeltextes vorausgehen:
Einerseits findet die Aufforderung von Leon (Arbeitsheftseite 95, unten) in dem Fibeltext (Fibelseite 98/99) ihre unmittelbare Umsetzung, andererseits wird der gesamte Jo-Jo Leselehrgang in dem Fibeltext (und der darin versteckten Anregung, die erworbenen Fähigkeiten nun auch anzuwenden) zum Abschluss gebracht.

Materialien			
FS:	98/99	**LMB:**	77, 78
AH:	94, 95	**KV:**	130
Diff.-Block:	40		
DLG:	47, 48		

Einführen der Buchstaben Qu/qu und X/x

Die Buchstaben können – wie hier vorgeschlagen – zusammen oder aber auch getrennt mit den entsprechenden Wörtern eingeführt werden.

Mögliche Tafelanschrift:

Alles Quatsch und Hexerei

Tina mixt im Aquarium.
Tino boxt beim Quartett.
Paola hext Erdbeerquark.
Leon quirlt das Lexikon.

Die Kinder erarbeiten die Buchstaben wie gewohnt und markieren sie verschiedenfarbig. Die Wörter können auch nach x und Qu/qu geordnet und angeschrieben werden (unbekannte Begriffe ggf. klären).

Wenn Wortkarten eingesetzt werden, können die Kinder die Sätze auch neu zusammenstellen („verhexen"), z. B.:
- Tina boxt im Aquarium.
- Paola mixt Erdbeerquark.

Die Aussprache der neuen Buchstaben wird erarbeitet.
- Qu/qu klingt so ähnlich wie /kw/:
  Qualle, Quatsch, quasseln, quieken ...

In der deutschen Sprache schreiben wir keine Wörter mit kw: Wir schreiben diese Wörter immer mit Qu oder qu.

- X/x klingt wie /ks/:
  Hexe, Mixer, Boxer, hexen, mixen ...

Diese Wörter müssen wir uns merken.

Dazu schreibt die Lehrerin diese und weitere Wörter an die Tafel. Diese werden erneut gelesen (Buchstaben wieder markieren lassen).

Die Kinder bemerken dabei vielleicht von sich aus, dass es nicht viele davon gibt: Diese Buchstaben werden eher selten verwendet.

ÜBUNGEN ZU EINHEIT 41:
Qu/qu und X/x

Druckschriftlehrgang, Seiten 47, 48

Diese Seiten sollten vor den Arbeitsheftseiten bearbeitet werden.

Arbeitsheft, Seite 94 (Qu/qu)

Aufgabe 1
Quizfragen erlesen und die jeweils richtige Antwort ankreuzen
Diese Aufgabe eignet sich auch gut zur Partnerarbeit.

Aufgabe 2
vier beliebige Wörter mit Qu/qu aus dem Text aussuchen und in die Zeile abschreiben

Arbeitsheft, Seite 95 (X/x)

Aufgabe 1
Auswahlwörter erlesen und (Nomen mit Artikel) neben die passenden Abbildungen schreiben
unten:
Texte in den Sprechblasen erlesen → Fibeltext direkt anschließen!

D Differenzierungsmöglichkeiten zu den Übungen

Wenn die unten vorgeschlagenen Differenzierungsmöglichkeiten eingesetzt werden, sollte das Erlesen der Sprechblasen von Arbeitsheft, Seite 95 unten, erst danach erfolgen, damit der Fibeltext direkt angeschlossen werden kann.

Differenzierungsblock
jeweils Seite 40 (grün und blau)

Lesen und Schreiben

- Qu/qu- und X/x-Seite im „Buchstaben-Haus“ (KV 138, editieren) oder in einem „Wörter-Sammel-Heft“ oder als „Buchstaben-Poster“ gestalten
- zusammengesetzte Nomen mit „Hexe“ bilden und aufschreiben, z. B.:
  Hexensuppe, Hexenspruch, Hexenhaus ...
- weitere seltene Wörter mit Qu/qu lesen (evtl. im Wörterbuch suchen), z. B.:
  Quaddel, Querflöte ...

Fibelseite 98/99: Besuch in der Bücherei

Der Fibeltext wird abschnittsweise erlesen oder vorgelesen.

D Fortgeschrittene Kinder lesen dabei den Zusatztext auf Seite 98 unten.

Die vier „Fibelkinder“ besuchen gemeinsam eine Bücherei. Auch Paola, die noch nicht lesen kann, findet hier etwas: Hörbücher.
Die Kinder erfahren, dass es in der Bücherei nicht nur Bücher gibt, sondern auch andere Medien:
DVDs, CDs (Hörbücher) und CD-Player ...

Diese Begriffe werden gemeinsam bezüglich ihrer Aussprache und Funktion (lesen, hören, sehen und hören) besprochen und ggf. erklärt.
Die meisten Kinder haben heutzutage aber bereits vorschulische Erfahrung mit diesen „modernen“ Medien (oft ja sogar mehr als mit Büchern!).

In der Bücherei entdecken die Kinder auch unterschiedliche Buchgattungen:
Märchen, Sachbücher, Quizbücher, Comics ...

Der Text endet damit, dass alle Kinder, einschließlich der kleinen Paola, etwas Spannendes zum Lesen bzw. Anhören finden und sich darein vertiefen.
Tinas großer Bruder Leon stellt (zum Abschluss des Leselehrgangs!) mit Stolz fest, dass nun tatsächlich alle Kinder „lesen“ können.

Selbstverständlich bietet es sich an, mit den Kindern der Klasse einen Büchereibesuch zu organisieren. Wenn das nicht möglich ist, kann eine „Klassenbücherei“ auf einem separaten Regal / in einer Ecke eingerichtet werden, in der es ebenfalls verschiedenartige Medien auszuleihen gibt. Die Kinder können von eigenen Erfahrungen erzählen, interessante Bücher mitbringen und in einer Leseecke darin schmökern bzw. sich gegenseitig vorlesen.

D Weitere Differenzierungsmöglichkeiten zum Fibeltext (Seite 98/99)

Lesen/Texterschließung

Fragen zur Texterschließung stellen und beantworten, z. B.:
- Welches Hörbuch hört Paola?
- Worin blättert Tino zuerst?
- Was hat Tina sich ausgeliehen?

KV Die KV 130 enthält sechs Fragen zum Fibeltext in Quizform. Zu jeder Frage werden Auswahlantworten angeboten. Jeder richtigen Antwort ist ein Lösungsbuchstabe zugeordnet. Alle Lösungsbuchstaben ergeben zusammen das Lösungswort „Märchen".

Qu/qu- und X/x-Wörter schreiben

- Wörter mit Qu/qu und X/x im Text suchen und aufschreiben

Sachthema: Medien

- Lexikon für Experten, Fibelseite 99, unten: Begriffe nachschlagen und evtl. auch mit eigenen Worten erklären oder Bedeutung aufschreiben
- zusammenstellen, was man in der Bücherei alles entleihen kann: CDs, Kassetten, Hörbücher ...
- aufschreiben, welche Bücher es in der Bücherei gibt: Tierbücher, Comics, Bilderbücher ...
- Ausleihkarten für Bücher und andere Medien (Schulbücherei, öffentliche Bücherei, Klassenbücherei) ausfüllen
- ggf. Fortführung der unter Einheit 40: Äu/äu – C/c begonnenen Aktivitäten zum Sachthema: Umgang mit modernen Medien (s. S. 209)

Freies Schreiben

- kleine Sätze und Texte zu „seltenen" Qu/qu- und X/x-Wörtern schreiben, z. B.: Qualle, Quagga *(eine ausgestorbene Zebra-Art)*, Aquarium, Nixe
- Hexensprüche (nach dem Vorbild von Paola) ausdenken und aufschreiben (auch bekannte Hexensprüche)
- Quizfragen zur Beantwortung für die anderen Kinder aufschreiben, evtl. auch Antworten dazu (Kärtchen)
- Lieblingsbuch: Angaben zu Buchtitel, Autor/in, Illustrator/in, Seitenzahl und Verlag herausschreiben

Mögliche fächerübergreifende Aktivitäten zu Einheit 41: Qu/qu und X/x

Alle fächerübergreifenden Aktivitäten drehen sich jetzt natürlich rund um das Buch und können auch vorbereitend für Aktivitäten im zweiten Schuljahr angestoßen werden.
In diesem Zusammenhang freuen sich die Kinder sicher auch über ein gemeinsam mit den Eltern geplantes und durchgeführtes großes Lesefest zum Abschluss des Jo-Jo Leselehrgangs.

Wir lieben Bücher

Bücherei-Besuch

Bücherei besuchen – Entleihkarten ausfüllen – Bücher im Sitzkreis oder vor der Klasse vorstellen und Textproben daraus vorbereiten – Bücherrückgabe – ...

„Tischbuch"

Einführung des „Tischbuches": Jedes Kind legt sich „unter den Tisch" ein Buch, in dem es in der „Lesezeit" lesen kann. Dies kann bei schwächeren Kindern auch ein Bilderbuch oder ein Comic sein.

Schreibwerkstatt/Malwerkstatt

a) Einrichten einer Schreibwerkstatt/Malwerkstatt bzw. -ecke
b) Wir schreiben/gestalten Bücher selbst.

Anknüpfungsmöglichkeiten im Jo-Jo Verbund mit dem 2. Jahrgang

Jo-Jo Lesebuch 2	
Seite 166/167:	Linas Lesehunger
Seite 168/169:	Buchtitel *(Bücherregal, alphabetisch)*
Zur Entstehung von Büchern:	
Seite 162/163:	Paul Maar kennt gute Tricks zum Reimen
Seite 164/165:	Ute Krause malt gerne Unsinnsbilder
Jo-Jo Sprachbuch 2	
Seite 77:	Steckbriefe und Diagramme
Seite 78:	Die Bücherei kennen lernen

5.5 Unterrichtspraktische Vorschläge zum Textteil und zur Textwerkstatt

Der Textteil im Anhang der Jo-Jo Fibel ist als optionales Angebot konzipiert. Der Einsatz dieser Seiten sollte grundsätzlich auf die speziellen Bedürfnisse der Klasse oder einzelner Kinder abgestimmt werden. Keinesfalls müssen alle Kinder alle Texte zum Schuljahresende gelesen haben.
Für schwächere Kinder ist u. U. allein das Textangebot des Buchstabenlehrgangs auch vollkommen ausreichend. Der Einsatz erfolgt also in jedem Fall differenzierend, entweder individuell für einzelne Kinder oder Gruppen oder aber im Klassenverband auf unterschiedlichen Niveaustufen oder – im jahrgangsübergreifenden Unterricht – auch für die schwächeren Kinder aus Jahrgangsstufe 2.

5.5.1 Vorbemerkungen

Wie bereits in den Hinweisen zum Kapitelthema „Ich liebe Bücher" angesprochen, spielt neben dem eigentlichen Prozess des Lesenlernens und der Aneignung der Lesefertigkeit die **Motivation zum Lesen** eine ganz entscheidende Rolle.
Dazu bedarf es einerseits einer gezielten Hinführung der Kinder zu Lesestoff und Leseerlebnissen. Andererseits müssen diese Angebote aber auch altersgemäß aufbereitet und attraktiv gestaltet sein und – für Mädchen und Jungen – spannende und interessante Inhalte bereithalten.

Textrezeption bedeutet für Kinder, die weit gehend ohne Kenntnisse der Schrift zur Schule kommen, zunächst in erster Linie das Zuhören (beim Vorlesen oder Hören von Audio-Medien) sowie das Zuhören und Anschauen (Bilderbücher, illustrierte Texte, Fernsehen, Kino, DVDs).
Während der Alphabetisierung lernen sie erst nach und nach (einzelne erst sehr langsam), sich eigenständig Wörter, kleine Sätze bis hin zu kleineren Textabschnitten und Texten rezeptiv zu erschließen. Diese Kinder sollten nicht mit für sie zu anspruchsvollen Texten überfordert und dadurch demotiviert werden.

Einige Kinder verfügen aber bereits schon über Lesefertigkeiten, wenn sie in die Schule kommen, und benötigen von Anfang an mehr Lesefutter sowie Anregungen zur selbstständigen Nutzung und Beschaffung von Büchern, Zeitschriften etc. Manche von ihnen müssen deshalb schon frühzeitig mit über die Fibeltexte des Buchstabenlehrgangs hinausgehendem Lesestoff versorgt werden, um einer Unterforderung vorzubeugen.

Unabhängig davon, über welche Lesefertigkeiten die einzelnen Kinder verfügen, sollte das Interesse am Lesen geweckt und durch konsequente Vermeidung von Über- bzw. Unterforderung kontinuierlich aufrechterhalten werden.

Im Textteil der Jo-Jo Fibel werden, von der Buchstabenprogression des Lehrgangs losgelöst, zu jedem Kapitel auf einer Doppelseite (Ausnahme: zwei Doppelseiten zum ersten Kapitel) altersgemäße weiterführende Texte angeboten, die inhaltlich sowohl die Interessen der Jungen als auch die der Mädchen berücksichtigen.

Dabei sind die Texte der jeweils linken Seite in der Regel leichter zu bearbeiten (unterschiedliche Aspekte: größere Schrift, teilweise mit farbiger Silbenmarkierung, oder geringerer Umfang, stärkere Gliederung, leichteres sprachliches Niveau ...). Der Schwierigkeitsgrad und Umfang der Beiträge steigt dabei kontinuierlich an, nach und nach werden auch mehr Texte in anderen Schrifttypen präsentiert.

TW Zu ausgewählten Seiten oder Textbeiträgen findet sich noch eine Aufgabe oder Handlungsanregung in der **Textwerkstatt** (Fibelseiten 130–133). Darauf wird auf dem Fußbalken der jeweiligen Seite verwiesen.

Während die Texte zum Erlernen der Buchstaben/Laute häufig noch methodischen Erfordernissen unterworfen sind, die die Auswahl der Textsorten zunächst einschränken, enthält die Textsammlung ein großes Spektrum unterschiedlichster Beiträge (s. Abschnitt 2.1.3).
Diese unterscheiden sich teilweise schon rein optisch durch die Gestaltung voneinander.
Dadurch bieten sie auch für Noch-nicht-Leser einen Anreiz, diese Varianten zu entdecken, darin zu „schmökern", sich eine „Lieblingsseite" oder ein „Lieblingsbild/-foto" herauszusuchen.

Für Fortgeschrittene bedeutet das Erlesen dieser Seiten außerdem eine aktive Erweiterung ihres literarischen Erfahrungsschatzes, die herausfordert und mit abwechslungsreichen Inhalten belohnt und damit die Lesemotivation aufrechterhalten kann.

Die Texte können deshalb sowohl parallel zum Leselehrgang als auch (im stark differenzierenden oder offenen Unterricht) selbstständig von den fortgeschritteneren Kindern gelesen und ggf. bearbeitet werden.

Hör-CD
Dieses Symbol verweist auf eine entsprechende Aufnahme auf der Jo-Jo Hör-CD (s. u. Abschnitt 2.12) und eine dazugehörige Höraufgabe.

Gemeinsame Bearbeitung

Im gemeinsamen Unterricht (Partner- oder Gruppenarbeit bzw. bei der Bearbeitung im Klassenverband) eignen sie sich zum Vorlesen durch die fortgeschritteneren Kinder (freiwillig!) oder die Lehrerin und selbstverständlich zum abschnittsweisen Erlesen.
Kinder, die die Texte noch nicht lesen können, beteiligen sich mündlich an deren Erarbeitung. Kurze Gedichte können sie auch auswendig lernen. Ebenso besteht für diese Kinder die Möglichkeit, sich zu den Illustrationen und Fotos auf der entsprechenden Fibelseite zu äußern, sie z. B. bestimmten Textabschnitten zuzuordnen, die vorgelesen wurden.
Die Aufgaben in der Textwerkstatt (s. Abschnitt 2.1.3) bieten weitere Möglichkeiten zur Differenzierung:
Viele Aufgaben sind ebenfalls mündlich oder auch aktiv handelnd durchzuführen. Schriftliche Aufgaben werden dann nur von den fortgeschrittenen Kindern bearbeitet.

Besonders während der ersten Schulmonate sollten solche Phasen noch von der Lehrkraft geleitet werden, die dabei die Beiträge aller Kinder gleichermaßen würdigt. Mit zunehmender Erfahrung können die Kinder die Bearbeitung der Textsammlung jedoch nach und nach auch selbstständiger (in Partner- und Gruppenarbeit) durchführen.
Die so in der Gemeinschaft erlebte Textrezeption, zu der jedes Kind auf seinem individuellen Niveau etwas beitragen kann, unterstützt die Entwicklung von Sozialkompetenz und der aktiven Gestaltung und Beeinflussung gruppendynamischer Prozesse. Darüber hinaus werden insbesondere Kinder mit wenig literarischer Vorerfahrung motiviert, sich mit anspruchsvolleren Texten zu beschäftigen, die sie dann in naher Zukunft auch vollständig selbst erlesen können.

Selbstständige Bearbeitung

Arbeiten die fortgeschrittenen Kinder im differenzierten oder offenen Unterricht selbstständig, suchen sie sich die Themen und Texte aus, die sie interessieren oder zu denen sie, beispielsweise während einer gemeinsamen Kapiteleinstiegsstunde, berichten möchten.

Da unterschiedliche Textsorten (Sprachspielereien, literarische Texte, Sachtexte, Gedichte, Bastelanleitungen ...) auch unterschiedliche Herangehensweisen erfordern (manche regen ausschließlich zum Nachdenken an, andere fordern zum „Weiterspinnen" oder auch zum konkreten Handeln auf ...), einzelne Anregungen auch nur in Partner- oder Gruppenarbeit umzusetzen sind, sollte die Lehrerin stets im Blick behalten, welches Kind sich mit welchem Text beschäftigt.
Dabei ist es sinnvoll, diese Kinder dazu aufzufordern, ggf. Unterstützung oder Informationen bei ihr einzuholen, insbesondere bei der selbstständigen Bearbeitung der Aufgaben aus der Textwerkstatt.
Auch bei der individuellen Bearbeitung sollte den Kindern zum Schluss stets eine Rückmeldung zu ihrer Arbeit gegeben werden (Inhalt eines Textes erzählen, selbstständig verfasste Texte oder sonstige Arbeiten zeigen lassen ...).

5.5.2 Unterrichtspraktische Vorschläge

FS 100/101

Ich – Du – Wir (1)

Zu diesem ersten Kapitel werden im Textteil auf der ersten Doppelseite zunächst ganz einfache Sprachspielereien angeboten, die (bis auf die Beispiele zur „Konkreten Poesie" auf Fibelseite 100, links unten) alle auch nur mündlich durchgeführt werden können.
Für Kinder, die schon mit Lesekenntnissen in die Schule gekommen sind, dürften zumindest die Zungenbrecher der Türkei, aus Italien und Japan leicht zu erlesen sein.
Der spielerische Umgang mit Sprache (mündlich) ist den Kindern vertraut, und fast alle haben Freude daran.

Fibelseite 100

Kinder, die schon lesen können, können die Zungenbrecher und den Abzählreim vorlesen; alle Kinder können sie nachsprechen und auswendig lernen, weitere ihnen bekannte hinzufügen.
Ali präsentiert hier einen türkischen, Tino einen italienischen und Lara einen japanischen Zungenbrecher. Die Übersetzung von Tinos Zungenbrecher ist auf Fibelseite 130 abgedruckt. Hier die anderen beiden:

Ali: Der Hund stieß den Hund,
der Floh stieß den Hund,
der Hund stieß den Floh.
Der Floh ging, der Hund ging.
Fertig, aus, Schluss.

Lara: blaues Papier
rotes Papier
gelbes Papier

Kinder aus nicht deutschen Familien stellen analog dazu Zungenbrecher und Abzählreime aus ihren Muttersprachen vor.

TW **Seite 130:** Anregung zum Vortragen von Zungenbrechern

Tina und Simon präsentieren unten eine weitere Möglichkeit, spielerisch mit Sprache umzugehen: Wörter werden mit den Mitteln der so genannten „Konkreten Poesie“ dargestellt:
Das O aus dem Wort LUFTBALLON fliegt davon.
Ein L aus dem Wort FALLEN fällt zu Boden.

Die Gestaltung von Schriftbildern analog zu ihrer inhaltlichen Bedeutung ist den Kindern vielleicht schon von Fibelseite 5 her bekannt, wo das o innerhalb des Wortes „Sonne“ als Sonne gestaltet ist. *(Gegenüber den Kindern kann der Begriff „Wörterbilder“ verwendet werden.)*
Die Vorgehensweise bei den Fibelbeispielen kann besprochen werden. Fortgeschrittene Kinder können ggf. schon angeregt werden, sich eigene „Wörterbilder“ auszudenken.

Fibelseite 101

Hier werden Sprachspielereien aus (ehemals!) zusammengesetzten Nomen vorgestellt, bei denen sich jeweils der zweite Wortbaustein reimt. Das jeweilige Reimwort können alle Kinder gemeinsam mündlich suchen. Die Abbildungen neben den Reimen geben dabei versteckte Hinweise zur Lösung.
Als Vorübung bietet es sich an, mündlich Reime erkennen zu lassen und so die Aufmerksamkeit der Kinder auf den Reim zu lenken, z. B.:

Immer nur zwei Wörter reimen sich:
Tasse – Kasse – Hand;
Löwe – Kamel – Möwe ...

Als weitere Hilfe können ggf. die auseinandergerissenen Komposita zunächst einmal mündlich zusammengesetzt werden, z. B.:

Sommer sucht Sprosse: Sommersprosse
Haifisch sucht Flosse: Haifischflosse

Das kleine Gedicht auf dem gelben „Zettel“ können die Kinder rasch auswendig lernen (Aussprache von „How do you do?“ und den Begriff „Gnu“ klären).

TW **Seite 130:** „Forscheraufgaben“ zum Gedicht

Anknüpfungsmöglichkeiten im Jo-Jo-Verbund mit dem 2. Jahrgang

Jo-Jo Lesebuch 2	
Seite 10:	Zungenbrecher
Seite 12/13:	Abzählverse für die Pause *(international)*

FS 102/103

Ich – Du – Wir (2)

In den Texten dieser beiden Seiten geht es um das Miteinander in verschiedenen Beziehungen. Einzelne oder alle Gedichte und der Kinderbuchauszug werden gelesen bzw. vorgelesen und evtl. auswendig gelernt.
Über den Kinderbuchauszug kann im Unterrichtsgespräch gemeinsam diskutiert werden.

Fibelseite 102

Mein Vater
Das Gedicht „Mein Vater“ (von Regina Schwarz) thematisiert die verschiedenen Rollen, die der Vater als Tröster, Helfer usw. einnehmen kann. Die Tatsache, dass heute viele Kinder mit allein erziehenden Müttern aufwachsen, kann als Ausgangspunkt zum Gespräch über die Rolle von Vätern im Leben der einzelnen Kinder genommen werden.
Für Kinder, die vielleicht keinen Kontakt mehr zu ihrem Vater haben, wird das Gedicht „umgeschrieben“: Meine Mutter – sie bindet mir ...
Selbstverständlich sind bei diesem sensiblen Thema Rücksichtnahme und die vollständige Freiwilligkeit beim Erzählen geboten!

Hör-CD Track-Nr. 1
Höraufgabe: *Was spielt der Vater mit seinem Kind?*

Ich und du
Neben dem Gedicht (von Gerda Anger-Schmidt) sind Anton und Ina zu sehen. Beide unterscheiden sich äußerlich von den meisten anderen Kindern der Klasse: Anton hat schwarze Haut. Ina sitzt im Rollstuhl.
Das Gedicht thematisiert unterschwellig, bewusst leicht und humorvoll, die Unbedeutsamkeit von Äußerlichkeiten: Ein Kind erzählt von einem Menschen, der es einfach so mag, wie es ist.
Hier bieten sich zahlreiche Anknüpfungspunkte für ein Gespräch über Freundschaft, die Bedeutung von Äußerlichkeiten, evtl. das Anderssein, Vorurteile etc. an.
Auch die Erörterung dieses Themas sollte natürlich besonders sensibel behandelt und an die Zusammensetzung der Klasse angepasst werden.

Hör-CD Track-Nr. 2
Höraufgabe: *Wie heißt der Fisch in diesem Gedicht?*

Der Brief
Das Gedicht „Der Brief“ (von Josef Guggenmos) signalisiert mit einfachen Worten, dass ein Brief zwar nur ein Stück Papier ist, aber wesentliche Gefühle transportieren kann, wie z. B. mit den ebenso schlichten wie emotionalen Aussagen „Ich hab dich lieb, ...“ und „..., vergiss mich nicht.“.

Hör-CD Track-Nr. 3
Höraufgabe: *Übe das Gedicht und lerne es auswendig.*

Fibelseite 103

Paul will auch eine Bande
Dieser Kinderbuchauszug beschäftigt sich mit dem Wunsch aller Kinder, irgendwo dazuzugehören. Die Lehrerin kann den Text ggf. vorlesen, alle Kinder können überlegen, wie die Geschichte wohl weitergeht. Einen Hinweis dazu liefert das Bild rechts unten.

TW **Seite 130:** Anregung zum „Weiterspinnen“ der Geschichte

D Die relativ anspruchsvolle Anregung zum „Weiterspinnen“ der Geschichte lässt sich auch gut in Partnerarbeit umsetzen. Möglicher Impuls:
Paul und Boris finden einen Schatz. Die anderen Banden erfahren von dem Schatz. Plötzlich wollen alle Kinder in der Bande von Paul und Boris mitmachen. Ob daraus wohl eine einzige große Dettendorf-Bande werden kann ...?

Da sicher einige Kinder schon einmal Situationen erlebt haben, in denen sie sich allein und keiner Gruppe zugehörig gefühlt haben (Umzug; keine bekannten Kinder in der Klasse; Urlaub in fremder Umgebung ...), bietet sich darüber hinaus ein Unterrichtsgespräch zum Thema an, das z. B. durch folgende Fragen gelenkt werden könnte:
- Hast du dich schon einmal irgendwo ganz allein gefühlt?
- Wie fühlst du dich, wenn du irgendwo bist, wo du niemanden kennst?
- Was wünschst du dir in einer solchen Situation?
- Wie könntest du einem anderen Kind helfen, wenn du siehst, dass es ganz alleine ist (in der Klasse, auf dem Schulhof, auf einem Fest ...)?

Hör-CD Track-Nr. 4
Höraufgabe: *Wie viele Kinder machen bei Pauls Bande mit?*

FS 104/105

Herbst

Diese beiden Gedichte sowie das Lied können von fortgeschrittenen Kindern vorgelesen, von allen aber schon ggf. auswendig gelernt werden (auswählen lassen).

Fibelseite 104

Herbstwind
Das Gedicht von Günter Ullmann thematisiert – in Ergänzung zur Kapiteleinstiegsseite, wo er die Samenkörner wegpustet –, was der Wind sonst noch anstellt: Er spielt Fußball mit Papas Hut, schüttelt die Bäume, lässt Drachen leben und wringt die Wolken aus.
Über die zum Teil ungewöhnlichen Formulierungen können die Kinder spekulieren und dazu ihre eigenen Formulierungen suchen, z. B.:
„Er spielt Fußball mit Vaters Hut.“ bedeutet, dass er Vaters Hut umherhüpfen lässt.
„Er wringt die Wolken aus.“ bedeutet, dass er es aus den Wolken regnen lässt.
Die Aktivitäten des Windes lassen sich auch gut als Rollenspiel / pantomimische Darstellung umsetzen.

Hör-CD Track-Nr. 8
Höraufgabe: *Womit spielt der Wind in diesem Gedicht Fußball?*

Die Vogelscheuche
Dieses humorvoll illustrierte Gedicht von Helme Heine weist auf die Tatsache hin, dass nicht nur Menschen von der Erntezeit im Herbst profitieren, sondern auch die Tiere.
Der Begriff „Vogelscheuche“ ist sicher einigen Kindern nicht geläufig. Andere werden ihn schon erklären können, haben vielleicht sogar selbst schon einmal eine Vogelscheuche auf einem Feld gesehen.
Es wird geklärt, warum es in der Nähe von Vogelscheuchen für die Vögel immer viel zu fressen gibt, warum die Vögel aber Mut brauchen, dort zu fressen.

Im Zusammenhang mit diesem Gedicht bietet es sich natürlich an, selbst eine Vogelscheuche herzustellen.

Variante 1:
Gemeinsame Herstellung einer lebensgroßen Vogelscheuche, die dann evtl. im Schulgarten (sofern vorhanden), auf dem Schulgelände oder im Schulgebäude aufgestellt werden kann.

Variante 2:

Jedes Kind fertigt mittels Collagetechnik seine eigene gruselige Vogelscheuche an. Dazu bemalt und beklebt es einen größeren Karton. Für die Collage können Stoffreste, Stroh, Bastelgras, Knöpfe etc. verwendet werden. Sicher macht es auch Spaß, eine Vogelscheuchen-Party zu veranstalten, für die sich alle Kinder als Vogelscheuchen verkleiden.

Hör-CD Track-Nr. 9

Höraufgabe: *Sprich mit, bis du das Gedicht auswendig kannst.*

Fibelseite 105

Ein armer Mann, ein armer Mann

Dieses Lied von Rolf Krenzer und Peter Janssens gehört zu den weniger populären Martinsliedern. Es wird selbstverständlich zu St. Martin gesungen, sei es in der Klasse oder direkt bei einem Laternenumzug.

Das Lied eignet sich aber auch gut zur Umsetzung in ein Rollenspiel, weil darin die Martinsgeschichte in fünf kurzen Strophen sehr einfach zusammengefasst ist.

Hör-CD Track-Nr. 7

Höraufgabe: *Übe das Lied und singe die erste Strophe auswendig.*

Anknüpfungsmöglichkeiten im Jo-Jo-Verbund mit dem 2. Jahrgang

Jo-Jo Lesebuch 2	
Seite 18/19:	Nur ein kleines Samenkorn
Seite 20:	Der Wind vor dem Richter
Seite 21:	Drachenpost – Briefe an den Wind
Seite 22:	Windgedicht / Herbstblätter *(Gedichte)*
Seite 24:	Wer war Sankt Martin? Warum gibt es Laternenumzüge?
Seite 25:	Durch die Straßen auf und nieder *(Gedicht)*
Seite 26/27:	Laterne, Laterne *(Spielstück)*
Jo-Jo Sprachbuch 2	
Seite 10:	Herbst *(Fundstücke)*
Seite 11:	Einladung zum Herbstfest

FS 106/107

Natur entdecken: Tiere

Im Textteil zu diesem Kapitel rücken die humorvollen, emotionalen und sachbezogenen Aspekte des Themas in den Mittelpunkt. Auch diese Texte könnten ggf. vorgelesen und mündlich erarbeitet werden. Insbesondere die Fotos von Fibelseite 107 regen auch die Kinder, die die Texte noch nicht erlesen können, dazu an, sich mitzuteilen und am Unterricht zu beteiligen.

Fibelseite 106

Tierwitze

Die Kinder hören (oder lesen) die Tierwitze. Evtl. müssen die Pointen dem ein oder anderen Kind erklärt werden. Da es sich aber um relativ bekannte Witze handelt, dürften die meisten Kinder keine Verständnisprobleme haben.

Selbstverständlich dürfen die Kinder auch einige der ihnen bekannten Witze zum Besten geben.

Außerdem können sie angeregt werden, selbst nach weiteren (Tier-)Witzen zu forschen und diese der Klasse zu präsentieren (s. a. Internetverweise auf S. 100).

Tier-Rondo

Das Tier-Rondo wendet sich der emotionalen Seite im Verhältnis zwischen Kindern und Tieren zu. Hier ist Paola zu sehen, die mit sehr einfachen Worten innerhalb einer ebenso einfachen, vorgegebenen Textstruktur ganz schlicht auf den Punkt bringt, welche Empfindungen sie ihrer Katze gegenüber hat.

Um die schlichte Struktur des Rondos zu verdeutlichen, kann der Text mit verteilten „Rollen“ von zwei Kindern gesprochen oder gelesen werden (1. Kind: Zeilen 1, 3, 5 – 2. Kind: Zeilen 2, 4).

TW **Seite 130:** Anregung zum Schreiben eines eigenen Tier-Rondos

Gemeinsam können die Kinder nach dem vorgegebenen Rondo-Schema selbst ein Tier-Rondo dichten und/oder Bilder dazu malen.

KV Der obere Teil der KV 132 enthält dazu ein analoges Muster für ein Hunde-Rondo mit Anteilen zum freien Schreiben.

Die Textform des Tier-Rondos wurde in den Schreibwerkstätten von Edelgard Moers entwickelt.

Fibelseite 107

Aus einem Tierlexikon: Delfine – Haie
Zunächst betrachten die Kinder die Fotos und erhalten Gelegenheit, sich dazu zu äußern. Diese Sachtexte werden vorgelesen bzw. selbstständig gelesen und besprochen. Sicher gibt es „Spezialisten“ in der Klasse, die die Texte durch weitere Informationen ergänzen können. Es bietet sich aber auch an, Bilder und Bücher zu den beiden (und anderen) Tierarten mitbringen und gemeinsam betrachten zu lassen oder dazu im Internet zu recherchieren.
Vielleicht existiert in der Umgebung ja auch ein Aquarium, das bei einem Klassenausflug besucht werden kann.

Die Kinder können kleine Tierbüchlein mit selbst gemalten/ausgeschnittenen oder fotografierten Tierbildern gestalten und mit Texten versehen (freies Schreiben).

KV KV 131 mit Fragen zu den Lexikontexten, die durch freies Schreiben und Ankreuzen zu beantworten sind

Anknüpfungsmöglichkeiten im Jo-Jo-Verbund mit dem 2. Jahrgang

Jo-Jo Lesebuch 2

Natur entdecken: Tiere
Grundsätzlich eignen sich alle Lesebuchtexte zu diesem Kapitel als Anknüpfungspunkte.

Jo-Jo Sprachbuch 2

Seite 16:	Natur entdecken: Tiere
Seite 17:	Was ein Hund braucht
Seite 18:	Was Tiere können
Seite 21:	Hund und Katze / Tierrätsel

FS 108/109

Räuber, Ritter und Rabauken

Da im Buchstabenlehrgang zu diesem Zeitpunkt nur wenige Buchstaben behandelt sind, muss das Textangebot zu diesem Kapitel dort noch sehr reduziert bleiben. Die Angebote hier im Textteil lassen sich aber ebenfalls für alle Nicht-Leser problemlos mündlich erarbeiten. Zu diesem Kapitel werden drei völlig unterschiedliche Textsorten angeboten: ein Rätselgedicht, eine Sprachspielerei und ein Kinderbuchauszug.

Fibelseite 108

Ein Rätsel für Rabauken
In diesem Gedicht beschreibt der Räuber Hotzenplotz (hier: inkognito!) sich selbst auf vergleichsweise ungewöhnliche Art: Er stellt bewusst vornehmlich negative Eigenschaften in den Vordergrund. Auf die ist er offensichtlich mächtig stolz.
Das letzte Wort / den letzten Reim des Gedichtes sollen die Kinder selbst ergänzen. Es handelt sich dabei um den Namen „Hotzenplotz“. Hinweise auf diesen Namen geben einerseits das vorgegebene Reimwort („Bärenrotz“), andererseits die Figurausschnitte, die der klassischen Kinderbuchfigur nachempfunden sind.
Das Lösungswort steht aber auch – auf den Kopf gestellt – in gelber Schrift unter der davonlaufenden Räuberfigur.

Fortgeschrittene Kinder können den Text bereits erlesen und/oder vorlesen. Unbekannte Begriffe wie „ruppig“, oder auch „Bärenrotz“ sollten vorher oder im Anschluss zusammen mit den Kindern geklärt werden.

Hör-CD Track-Nr. 16
Höraufgabe: *Wie viele Messer trägt der böse Dieb in seinem Gürtel?*

Wörterspielabend
Hier werden die drei Nomen „Räuber“, „Höhlen“ und „Tanz“ jeweils unterschiedlich aneinandergereiht und zu neuen Wörtern (Komposita) zusammengesetzt.
KV KV 132, unten, mit einem Muster, in das zwei hier noch fehlende Kombinationen eingetragen werden können (Räubertanzhöhlen – Tanzhöhlenräuber – Höhlenräubertanz)

Tina regt an, dasselbe mit den Nomen „Ritter“, „Schloss“ und „Tür“ zu probieren:
Schlosstürritter, Rittertürschloss ...

TW **Seite 131:** Tipps zur Durchführung von Tinas Anregung

Weitere mögliche Kombinationen können angeregt werden, z. B.:
Ritter – Burg – Mauer
Zwerge(n*) – Haus – Tür
Rosen – Hecke(n*) – Schloss ...

Besonders für diejenigen, die noch nicht lesen können, ist es sehr anschaulich, drei Kinder vor der Tafel nebeneinanderzustellen, die jeweils für eines der drei Wörter „zuständig“ sind. Diese Kinder sprechen dann (von links nach rechts) ihr Wort (*dabei auf das „Fugen-n“ achten). Dann wird die Reihenfolge geändert ...
Die dabei entstehenden (Fantasie)-Wörter können die Kinder mit unterschiedlichen Betonungen sprechen.

Dieses so genannte „Sprechtaculum“ wurde in den Schreibwerkstätten von Edelgard Moers entwickelt.

Hör-CD Track-Nr. 17
Höraufgabe: *Lerne die Wörter auswendig. Sprich sie dann hintereinander immer schneller.*

Fibelseite 109

Der letzte Drache
Dieses ganz andere Märchen (Kinderbuchauszug) bietet sich zum Weitererzählen an, da der Schluss bewusst offengelassen ist.
Was könnte der Drache für Ritter Kunibert auf der Burg noch tun?

- Er könnte Nudeln kochen.
- Er könnte Wäsche trocknen.
- Er könnte ...

Zu diesen Ideen bietet es sich an, die Kinder Bilder malen zu lassen (der Drache zündet das Kaminfeuer an; der Drache brät Spiegeleier ...) und ein Leporello bzw. ein Büchlein damit herzustellen.

Hör-CD Track-Nr. 18
Höraufgabe: *Der Ritter entdeckt vor der Höhle ein Schild. Was steht auf diesem Schild?*

Anknüpfungsmöglichkeiten im Jo-Jo-Verbund mit dem 2. Jahrgang

Jo-Jo Lesebuch 2	
Seite 46/47:	Räuber Hotzenplotz
Seite 48/49:	Weizendieb und böser Wind
Seite 50:	Knapp daneben
Seite 51:	Don Quichotte

FS 110/111

Winter

Die Winterzeit ist in Deutschland ganz untrennbar mit dem christlichen Weihnachtsfest verbunden. Selbst einige Familien, die anderen Religionsgemeinschaften angehören, integrieren einzelne Rituale dieser Feierlichkeiten bereits in ihren in Deutschland gelebten Alltag. Andere wiederum feiern ganz andere Feste zu unterschiedlichen Anlässen.
In allen Religionen spielt aber die Bedeutung des Lichts eine (meist auch symbolische) Rolle. Deshalb wurde dieser Aspekt diesen beiden Fibelseiten zu Grunde gelegt.
Da in den meisten Schulklassen heute Kinder verschiedener Religionsangehörigkeit unterrichtet werden, sollen sie hier außerdem die Gelegenheit bekommen, Unterschiede und Gemeinsamkeiten ihrer religiösen Feierlichkeiten gleichberechtigt kennen zu lernen.

Fibelseite 110

Die heilige Nacht
Das Gedicht wird (vor)gelesen und evtl. von einigen Kindern auch auswendig gelernt.
Die Kinder betrachten dann das abgebildete Gemälde „Geburt Christi“ von Geertgen tot Sint Jans und äußern sich zunächst frei dazu. Dann können Gemeinsamkeiten zwischen dem Gedicht und dem Gemälde herausgearbeitet werden.

Hör-CD Track-Nr. 20
Höraufgabe: *Lerne das Gedicht auswendig. Sprich es am Anfang etwas lauter, werde dann aber immer leiser.*

Dein Licht zum Verschenken
Diese Bastelidee kann mit den Kindern leicht umgesetzt werden:
Jedes Kind benötigt einen Bogen Zeitungspapier (als Unterlage), ein Glas (z. B. ein Konserven- oder Jogurtglas), verschiedenfarbiges Transparentpapier und einen dickeren Pinsel.
Es empfiehlt sich, je eine Schüssel mit angerührtem Fertigkleister gruppenweise zur Verfügung zu stellen.
Die Kinder reißen aus dem Transparentpapier unterschiedlich große Stücke aus, bestreichen sie mit dem Kleister und drücken sie nach und nach vorsichtig außen an die Gläser. Die Papierstücke werden überlappend aufgeklebt, sodass das Glas vollständig bedeckt ist. Der obere Glasrand sollte (aus Sicherheitsgründen) allerdings frei bleiben, das Papier nicht um den Rand nach innen geklebt werden.
Wenn der Kleister durchgetrocknet ist, können (von Erwachsenen!) brennende Teelichte hineingestellt werden.

Auch wenn sie nicht verschenkt werden (oder vor dem Verschenken), bringen die Lichter weihnachtliche Stimmung ins Klassenzimmer, wenn sie auf dem Tisch oder der Fensterbank aufgestellt und an einem noch dunklen Morgen angezündet werden (vorsichtshalber immer einen Eimer mit Wasser bereithalten!).

Fibelseite 111

Wie die Menschen feiern
Tina und Tino erzählen vom christlichen Weihnachtsfest, Ali erzählt vom muslimischen Zuckerfest und Sarah vom jüdischen Lichterfest.

Anhand der Texte können die Kinder herausarbeiten, dass das Brauchtum zu den beschriebenen Festen der unterschiedlichen Religionen durchgängige Gemeinsamkeiten aufweist: Bei allen Festen ist es Brauch, gemeinsam zu singen und zu beten, gemeinsam gut zu essen und sich gegenseitig zu beschenken.
Gleichzeitig demonstrieren die Fotos zu den Texten, dass auch das Thema „Licht" in allen Religionen eine wichtige Rolle spielt.
Davon ausgehend kann noch einmal auf das Gedicht und das Gemälde der Seite 110 Bezug genommen werden.
Hierzu können Kinder aus anderen Kulturen oder anderen Religionsgemeinschaften ihre Erfahrungen einbringen bzw. typische Gerichte, Gegenstände und Bräuche vorstellen.

TW **Seite 131:** Anregung zum Anstellen von Nachforschungen dazu

Weitere Anregungen zu FS 110/111:

1. Schneekristalle als Pappkantendruck

Unterschiedlich dicke und lange Pappstreifen werden mit den Kanten in Deckweiß getaucht. Mit diesen Stempeln drucken die Kinder Schneekristalle auf dunkles Tonpapier. *(Verbindung zu Mathematik: Kristalle mit symmetrischen Formen drucken)*

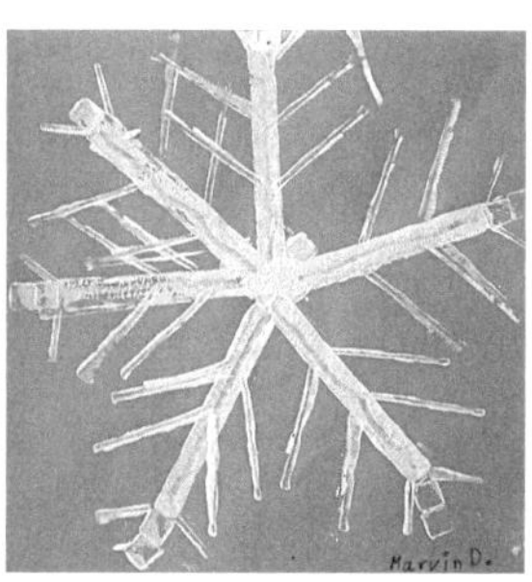

Zur Vorbereitung können im Sitzkreis mit länglichen Bauklötzen, Stiften oder anderen schmalen Gegenständen symmetrische Muster mit 6 Eckpunkten gelegt werden, um die grundsätzlich symmetrische Struktur der Eisflocken (s. a. Foto) zu demonstrieren.
Die sollte aber nur als gedankliche Orientierung für die Kinder dienen, an die sie sich bei der Umsetzung des Pappkantendrucks nicht exakt halten müssen. Dort sollten sie ihrem Gestaltungsdrang freien Lauf lassen können.
Als Variante ist es auch möglich, eine Pappkante auf das Papier zu drücken, diese unter dem Druck etwas über das Papier zu ziehen und damit eine Schleifspur zu erzeugen.

Buchtipp (engl.):
Duncan C. Blanchard: The Snowflake Man: A Biography of Wilson A. Bentley. Mcdonald & Woodward Publishing Company, Ohio 1998 (ISBN 978-0-939923-71-7)
Diese Biographie erzählt von Wilson A. Bentley, der in den Jahren 1885 bis 1931 u. a. Schneeflocken durch ein Mikroskop fotografierte und so Bilder schuf, die bis heute nichts von ihrer Faszination verloren haben (im Internet unter: The Snowflake Man → Bilder anzusehen).

Idee und Fotos: Kathrin Eckardt, Ludwigsburg

2. Schneemann als Korkendruck

Analog zum Pappkantendruck werden hier Korken als Stempel benutzt und damit Schneemänner auf dunkles Tonpapier gedruckt.

Anknüpfungsmöglichkeiten im Jo-Jo-Verbund mit dem 2. Jahrgang

Jo-Jo Lesebuch 2	
Seite 56/57:	Weihnachten im Stall
Seite 58/59:	Die Geschichte vom beschenkten Nikolaus
Seite 60:	Nikolausgedichte
Seite 61:	Der heilige Nikolaus
Seite 62:	Weihnachtszeit in den Niederlanden
Seite 63:	Letterbanket – Buchstabenkuchen
Seite 64:	Wenn Weihnachten ist / Zieh dein Mützlein auf die Ohren *(Gedichte)*
Seite 65:	Überraschung / Die Schnecke im Winter *(Gedichte)*
Jo-Jo Sprachbuch 2	
Alle Sprachbuchseiten zu diesem Kapitel enthalten inhaltliche Bezüge zur Weihnachtszeit.	

FS 112/113

Zeiten und Räume

Die unterschiedliche Wahrnehmung von Zeit oder Tageszeiten ist bereits auf den entsprechenden Seiten im Buchstabenlehrgang thematisiert worden. Hier in der Textsammlung wird dieses Thema noch um einige spannende Aspekte erweitert.
Gleichzeitig werden die Kinder dazu angeregt, ihren ganz persönlichen Tagesablauf zu reflektieren.

Fibelseite 112

Lebenszeiten
Mit dem Erleben von Zeiträumen bzw. Zeitspannen beschäftigt sich diese Seite. Dass Tiere unterschiedliche Lebenszeiten haben, wissen die Kinder von ihren Haustieren. Ausgehend von der Gegenüberstellung „Schildkröte – Eintagsfliege" können sie von eigenen Erfahrungen berichten.

D in Nachschlagewerken weitere Beispiele suchen

„Zeit"-Wörter
Zusammengesetzte Wörter mit -zeit beziehen sich auf Zeitspannen oder -räume, die die Kinder bewusst als solche erleben – die Lebenszeit von Tieren und Menschen, die Halbzeit beim Fußball, die Ferienzeit, die Winterzeit usw. zu all den angeführten „Zeiten" können die Kinder Beispiele suchen, damit diese auch inhaltlich geklärt werden, z. B.:

- Wann ist Halbzeit?
- Wie lange dauert sie?
- Was geschieht während der Halbzeit bei den Zuschauern bzw. beim Trainer oder bei den Spielern?

Zeitempfinden
Dieselbe Zeitspanne wird häufig von jedem anders erlebt. Zeit kann zu lang oder kurz erscheinen.
Opa und Tino äußern sich über ihre Zeitempfinden. Die Kinder können darüber spekulieren, was Opa mit seiner Aussage ausdrücken will:

- Opa findet, dass Tino schnell gewachsen ist.
- Für Opa scheint es noch gar nicht so lange her zu sein, dass Tino noch ein Baby war ...

Analog dazu bietet es sich an, die Kinder zu fragen, wie Tino selbst das wohl empfindet. Sicher können sie nachvollziehen, dass Tino seine eigene bisherige Lebenszeit als unendlich lang empfindet.
Zur bildlichen Unterstützung könnte ein Zeitstrahl an die Tafel gemalt werden, auf dem Markierungen für das Alter der Eintagsfliege, von Tino, Opa und der Schildkröte (Mama, Papa ...) gesetzt werden:

Tafelbild:

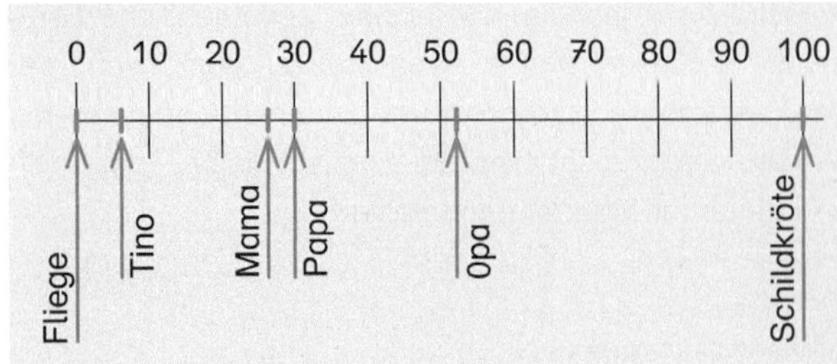

Während Tino schläft, merkt er gar nicht, wie die Zeit vergeht. Wie aber empfinden andere Menschen denselben Zeitraum, wenn sie während Tinos Schlaf wach sind und etwas tun?
Die Kinder tauschen sich über ihr persönliches Zeitempfinden in bestimmten Situationen aus, z. B.:

– in der Pausenzeit – in der Unterrichtszeit
– auf dem Spielplatz – im Wartezimmer

D Die Kinder können sich eine Zeitspanne aussuchen, z. B. die Pausenzeit, und dazu ein Bild malen und/oder etwas schreiben.

TW **Seite 131:** Anregung für eine tabellarische Auflistung dazu

Fibelseite 113

Tina erzählt: So schnell kann ein Tag vergehen
Hier erzählt Tina von ihrem Tagesablauf. Die Kinder stellen Parallelen zu ihrem Tagesablauf her. Die Tabelle „Mein schönster Tag" bietet eine Anregung, zeichnerisch und schriftlich einen wunschgemäßen Tagesablauf darzustellen.

KV KV 133 enthält eine etwas anders gestaltete Vorlage mit Zeilen zum freien Schreiben.

D Ein Blatt Papier wird in vier Spalten gefaltet. Die Faltlinien werden zu einer Tabelle farbig nachgezeichnet. Statt der schwierigen Wörter „morgens, vormittags ..." etc. können die Sonnensymbole benutzt werden. Oder die Lehrerin gibt Überschrift und Wörter z. B. auf einem Arbeitsblatt vor.

Anknüpfungsmöglichkeiten im Jo-Jo-Verbund mit dem 2. Jahrgang

Jo-Jo Lesebuch 2	
Seite75:	Was zwischen Morgen und Abend passiert
Jo-Jo Sprachbuch 2	
Seite 33:	Uhren / Wörter mit -zeit

FS 114/115

Das bin ich

Die beiden Gedichte auf Fibelseite 114 greifen das Thema Stimmungen und Gefühle auf. Fortgeschrittene Kinder können die Texte vorlesen, alle Kinder können sie gemeinsam mit der Lehrerin rhythmisch sprechen. Tinos Steckbrief auf der rechten Seite zeigt ein Beispiel dafür, wie das Kapitelthema abschließend „auf den Punkt" gebracht werden kann.

Fibelseite 114

Weil ich bin

Dieses Gedicht von Helmut Glatz enthält zunächst einmal die völlig unspektakulären Aussagen, dass die erzählende Person atmet und beim Laufen einen Fuß vor den anderen setzt – wie alle anderen Menschen auch.
Der Schlusssatz wiederum stellt suggestiv das „Ich" und seine Individualität in den Vordergrund. Das werden nicht alle Kinder gleich verstehen.
Wenn man jedoch die Aussagen über das Atmen und das Laufen mit der Betrachtung des Fotos kombiniert, dürften die Kinder schnell nachvollziehen können, dass wir alle besondere Individuen sind, die aber eben auch auf eine gewisse Weise alle gleich (und damit gleichwertig) sind.

TW **Seite** 132: Anregung zum Aufschreiben, was man an sich besonders gern mag

Wunder des Alltags

Dieses Gedicht von Hans Manz schließt inhaltlich unmittelbar an die Fibelseiten 54/55 (Einheit 24: Au/au) an. Es demonstriert, dass intensive schlechte Gefühle einen vielleicht einsam machen können, dass es besonders gut tut, wenn man in einer solchen Situation Zuwendung von einem anderen Menschen erfährt.

Die Auseinandersetzung mit diesem Gedicht kann auch dazu dienen, sich in andere hineinzuversetzen und ihnen Hilfe anzubieten, wenn es ihnen nicht gut geht. Dafür eignet sich besonders eine pantomimische Umsetzung:
Die Kinder lesen den Text vor, ein Kind (freiwillig) demonstriert mit pantomimischen Bewegungen und der entsprechenden Mimik die Gefühlsstimmungen. Zum Schluss kommt ein zweites Kind dazu, reicht dem ersten seine Hand und fragt: „Komm, du, geht's dir nicht gut?"

Es bietet sich an, den weiteren Verlauf der Begegnung durchzuspielen, z. B.:

- Wie tröstet jemand ein Kind, das traurig ist?
- Wie nimmt man jemandem die Angst?

Weitere Gefühle können pantomimisch dargestellt und von den Kindern erraten werden.

TW **Seite 132:** Anregung zur Darstellung von Gefühlen mit Musikinstrumenten

KV Die KV 134 bezieht sich auf die Aufgabe aus der Textwerkstatt, die zu diesem Gedicht angeboten wird. Auf der KV sollen Klangzeichen Gefühlen zugeordnet werden.

Hör-CD Track-Nr. 27
Höraufgabe: *Überlege: Was kann man noch zu jemandem sagen, den man trösten möchte?*

Fibelseite 115

Tinos Steckbrief: Das bin ich bin ich ...

Hier können die Kinder mehr über Tino erfahren. Fortgeschrittene Kinder lesen den Text vor. Dieser bietet zahlreiche Anknüpfungspunkte für die Weiterarbeit:

KV Die KV 135 enthält einen analogen Steckbrief mit Leerzeilen zum freien Schreiben. Damit können die Kinder ihren persönlichen Steckbrief erstellen.
Der Steckbrief kann ausgefüllt auch in das Ich-Buch (s. Einheit 24: Au/au) integriert werden.

Kinder, die noch nicht so gut schreiben, können den Steckbrief von Tino oder ihren eigenen auch bildnerisch auf einem Poster umsetzen: Tino/sich selbst malen und dazu Dinge malen, die Tino/man selbst mag oder nicht mag, z. B. ein Schokoladeneis, ein Fahrrad ...
Das Symbol der „Smileys" wird dafür übernommen.

Anknüpfungsmöglichkeiten im Jo-Jo-Verbund mit dem 2. Jahrgang

Jo-Jo Lesebuch 2	
Seite 80/81:	Jeder Tag hat eine Farbe
Seite 82:	Ich freu mich *(Gedicht)*
Seite 84/85:	Der Tollpatsch

www.freizeit

Zu den noch eher stichpunktartigen Anregungen auf den Fibelseiten 62/63 werden hier in Text und Bild konkreter dargestellte Freizeitanregungen angeboten.

Fibelseite 116

Freizeitbeschäftigungen

Auf dieser Seite werden den Kindern Vorschläge gemacht, wie sie ihre Freizeit verbringen können. Der Blick wird dabei zunächst auf die Fotos gelenkt: Das erste Foto zeigt einen Jungen der, offensichtlich in einem Naturkundemuseum, in ein Dinosauriermaul hineinschaut. Hier können Bezüge zu Fibelseite 63 (Plakat zur Dino-Ausstellung) hergestellt werden.
Das zweite Foto zeigt zwei Kinder beim Skaten. Anhand dieses Bildes können die Kinder sich z. B. über die geeignete Ausrüstung beim Skaten austauschen (Helm, Ellbogen- und Knieschützer ...).
Das dritte Foto zeigt ein „Out-Door"-Museum (Technikmuseum Sinsheim und Speyer), wo ein riesiger (s. Größenverhältnisse zu den Menschen darunter!) Düsenjäger zu besichtigen ist.

Im Text werden weitere Freizeitbeschäftigungen angesprochen: lesen, Sport treiben, Gesellschaftsspiele spielen usw.
Im Unterrichtsgespräch können sich die Kinder darüber austauschen. Die wiederkehrenden drei Fragezeichen regen zum Ergänzen der erlesenen Aktivitäten an.

Die Sprechblasen der Kinder am Seitenfuß dienen als Aufforderung, über eigene Interessen und Hobbys zu berichten. Zu diesem Thema kann eine „Hitliste" angelegt werden: Was die Kinder unserer Klasse in ihrer Freizeit am liebsten tun!

Es bieten sich zahlreiche Möglichkeiten zur Weiterarbeit, z. B.:
- Spielebücher mitbringen und Spiele ausprobieren
- „Spielebilder" malen und/oder dazu schreiben
- einen „Spielevormittag" gestalten und neue Spiele kennen lernen
- neue Pausenspiele kennen lernen und ausprobieren
- eine Spielesammlung „gegen Langeweile" anlegen
- ein Klassen-Hobby-Buch anlegen: Jedes Kind gestaltet dazu seine persönliche Seite.

Fibelseite 117

Kinderspiele aus anderen Ländern

Hier lernen die Kinder Spiele kennen, die ursprünglich aus anderen Ländern stammen. In Varianten sind sie zum Teil auch hier in Deutschland bekannt. Diese Varianten können von den Kindern beschrieben werden.
Ausländische Kinder können weitere Beispiele aus ihren Heimatländern beisteuern, die z. B. in die oben genannten Möglichkeiten zur Weiterarbeit integriert werden können.
Die Spielanleitung zu „Pusteball", die hier nur als Abbildung vorgegeben ist, wird im Unterrichtsgespräch mündlich erarbeitet, z. B.:
- Das Spiel wird von zwei Kindern gespielt.
- Man braucht einen sehr großen Pappkarton, eine Schere und einen Tischtennisball.
- Mit der Schere ...

Wer zuerst zehn Punkte hat, hat gewonnen.

D Differenzierungsmöglichkeiten zu FS 117

- Die Sprechblasen regen dazu an, die genannten Länder auf der Landkarte zu suchen.
- Freies Schreiben: Eine Spielanleitung zu „Pusteball" aufschreiben
- Freies Schreiben: Eine Spielanleitung zu einem Lieblingsspiel aufschreiben

TW **Seite 132:** Anregung zur Formulierung einer Spielanleitung

KV Die KV 136 enthält analog zur Aufgabe der Textwerkstatt eine Vorlage für eine Spielanleitung, in die die Kinder direkt hineinschreiben können.

Anknüpfungsmöglichkeiten im Jo-Jo-Verbund mit dem 2. Jahrgang

Jo-Jo Lesebuch 2	
Seite 92:	Himmel und Hölle
Seite 93:	Pippi ist Sachensucher
Seite 94/95:	Lange Lange Lange Langeweile
Seite 100:	Interview mit Fatmire „Lira" Bajramaj
Seite 101:	Der zwölfte Mann
Jo-Jo Sprachbuch 2	
Alle Sprachbuchseiten zu diesem Kapitel enthalten inhaltliche Bezüge zu Freizeitaktivitäten.	

FS 118/119

Frühling

Während die linke Seite noch einmal die Frühblüher von Fibelseite 68/69 gemeinsam in einem Frühlingsgedicht vorstellt, enthält die rechte Seite Angebote zu den wichtigsten jahreszeitlichen Festen im Frühjahr: Ostern und Muttertag.

Fibelseite 118

Reimerei im Frühling
Dieses Frühlingsgedicht bezieht sich direkt auf die drei im Fibeltext von Seite 68/69 zuzuordnenden Frühblüher: Krokusse, Narzissen und Tulpen.
Zu jeder Blume werden eine Gedichtstrophe und ein Foto mit einer Großaufnahme ihrer Blüte präsentiert.

Kinder, die das Gedicht noch nicht lesen können, hören zu und beteiligen sich mündlich an der Erarbeitung:
- Welche Blumen werden hier genannt?
- Welche Blumen sind auf den Fotos dargestellt (evtl. „echte" Blumen mitbringen und vergleichen lassen)?
- Wie heißen die Reimwörter? ...

Fortgeschrittene Kinder können die Frühlingsreime lesen und nachsprechen, evtl. auch einzelne Strophen auswendig lernen und in einer kleinen Gruppe dann das Gedicht gemeinsam aufsagen.
Die letzten vier Zeilen werden dann von allen Kindern zusammen gesprochen.

Fibelseite 119

Ostereier-Leporello
Die Kinder können das Leporello nach der Bastelanleitung herstellen. Eine Gestaltungsmöglichkeit ist am oberen Rand der Seite angegeben. Weitere Möglichkeiten: Oster-Wörter, Frühlingsblumen oder ein kleines Gedicht etc. auf die Eier schreiben.
Bei Bastelschritt 3 werden viele Kinder noch Hilfe benötigen. Hier ist es sehr wichtig, darauf zu achten, dass wirklich nur die rot markierten Stellen ausgeschnitten werden und die Faltkanten, die die „Eier" zusammenhalten, erhalten bleiben.
Sinnvoll ist es auch, hier größere Papierstreifen anzubieten, weil das die Arbeit für die Kinder erleichtert, deren Feinmotorik oft noch nicht so gut ausgebildet ist.

Zum Muttertag
Dieses Gedicht ist so kurz, dass alle Kinder es auswendig lernen und ein Bild dazu malen können, das sie am Muttertag verschenken.

Da auch alle Buchstaben schon eingeführt sind (sofern das Gedicht parallel zum Buchstabenlehrgang eingesetzt wird), besteht die Möglichkeit, das Gedicht abschreiben oder auf ein farbiges Tonpapier stempeln zu lassen und diesen Bogen dann weiter zu gestalten.

Anknüpfungsmöglichkeiten im Jo-Jo-Verbund mit dem 2. Jahrgang

Jo-Jo Lesebuch 2	
Seite 102/103:	Das Apfelmännchen
Seite 104:	März *(Gedicht)* / Bauernregel
Seite 105:	Sprachspielereien zu Ostern
Seite 106/107:	Zehn kleine Osterhasen *(Spielstück)*
Seite 108:	Ostern in Italien / Osterspiele
Seite 109:	Colomba della pace
Seite 110/111:	Das schönste Ei der Welt
Jo-Jo Sprachbuch 2	
Seite 50:	Frühling
Seite 51:	Gedichte schreiben
Seite 53:	Adjektive verwenden *(mit Osterbezug)*

FS 120/121

Für Spürnasen

Im Buchstabenlehrgang lag der inhaltliche Schwerpunkt bereits auf Texten, die eher „zwischen den Zeilen" Informationen für „Spürnasen" freigaben und durch bestimmte „Indizien" in Text und Bild auf eine gesuchte Figur oder einen klärenden Sachverhalt verwiesen.

Im Textteil sollen die Kinder das spannende Thema „Für Spürnasen" noch lebendiger und realer erleben. Dies geschieht einerseits durch die Verbindung der Thematik mit verschiedenen Medienformen (Buch, Kinofilm), andererseits durch die Anregung zu einem konkreten Rollenspiel, das nicht nur eingeübt und präsentiert, sondern auch in beliebig erweitert werden kann.

Fibelseite 120

IM KINO: Emil und die Detektive

Anhand einer kurzen Zusammenfassung des Kinderbuchklassikers „Emil und die Detektive" von Erich Kästner (Dressler Verlag) wird hier nicht nur auf Emils Abenteuer neugierig gemacht, sondern auch ein Verweis auf die zum Teil enge Verknüpfung zwischen Büchern und Filmen gegeben. Nahezu jedes Kind im Erstlesealter hat schon einmal ein Kino besucht und bringt entsprechende Vorerfahrungen mit.

Außerdem dürfte es für die Kinder spannend sein, eine Vorstellung davon zu bekommen, wie lang die „Lebenszeit" eines Klassikers dauern kann *(z. B.: 80 Jahre lang – vor 80 Jahren war mein Opa noch gar nicht auf der Welt)*. Die hier einander gegenübergestellten Filmausschnitte von früher und aus der heutigen Zeit demonstrieren das eindrücklich durch ihre, auch für die Kinder, ganz offensichtlich unterschiedliche Bildsprache.

Es bietet sich natürlich an, ein Video zum Film oder das Buch zum Vorlesen der Detektivgeschichte mitzubringen und einen Detektivnachmittag zu veranstalten.
Tipp: *Wenn Sie „Emil und die Detektive Download" in eine Suchmaschine eingeben, werden Ihnen mehrere Angebote zum kostenlosen Download von Videos (alte und neue Verfilmungen!) und Hörbüchern angeboten.*

Unabhängig davon können die Fotos zu den Kinofilmen beschrieben und unmittelbar miteinander verglichen (Farbigkeit, Bewegung, Kleidung ...) werden.
Insbesondere das letzte s/w-Foto bietet sich für den direkten Vergleich mit dem großen Farbfoto an, weil es sich hier um eine inhaltlich identische Szene handelt.

TW **Seite 133:** Anregungen zum Vergleich der beiden Filme und Aufforderung dazu, einem anderen Kind die Geschichte seines Lieblingsfilmes zu erzählen.

Fibelseite 121

Detektivin Segugio löst ihren ersten Fall

Mit diesem kleinen Rollenspiel werden die Kinder schließlich dazu angeregt, selbst eine kleine Detektiv-Geschichte szenisch umzusetzen.
Sicher werden viele Kinder sofort die Figuren aus der Kinderliteratur erkennen. Wer ganz genau hinschaut, bemerkt außerdem, dass sich hier einige Personen aus den Fibelfamilien verkleidet haben:

Tinas Mama:	das Sams
Paola:	Pippi Langstrumpf
Tino:	der kleine Vampir
Tinos Opa:	der Räuber Hotzenplotz

Und schließlich gibt es da noch Tina, die in diesem Spielstück als Detektivin Segugio auftritt.

Die Texte werden abschnittsweise erlesen, schwierige oder unbekannte Begriffe (Detektivin, blass, Vampir, Kaffeemühle) ggf. geklärt.
Dann wird der Text noch einmal still gelesen und darüber spekuliert, wer der/die Täter/in sein könnte (gut für Partnerarbeit geeignet!). Kommen die Kinder nicht auf die Lösung, finden sie diese, allerdings etwas verfremdet, am Seitenfuß gedruckt.

Szenische Umsetzung: Zuordnen der Schriftfarben zu den Personen (+ Erzähler/in = Schwarz; „alle anderen" = Blau!); Rollenverteilung; Mitbringen von Verkleidungsutensilien und Schminke; ...

TW **Seite 133:** Anregungen zum Erfinden weiterer Personen (und deren Aussagen) auf dem Dorffest sowie zur Erforschung des Namens „Segugio" (ital.: Spürnase/Spürhund)

Anknüpfungsmöglichkeiten im Jo-JoVerbund mit dem 2. Jahrgang

Jo-Jo Lesebuch 2	
Seite 118/119:	Die rote Socke
Seite 120/121:	Leo und Lucy – Privatdetektive

FS 122/123

Natur entdecken: Pflanzen

Unmittelbar an die Inhalte aus dem Buchstabenlehrgang anknüpfend wird hier zunächst noch einmal das Thema der zusammengesetzten Blumennamen aufgegriffen. Über den sprachlichen Aspekt zu dem Thema hinaus wird den Kindern hier außerdem ein Kunstwerk des Malers Gustav Klimt präsentiert.
Tino und Tina sind außerdem auf einer Wiese liegend zu sehen. Hinführend zu den Inhalten der rechten Seite fragt Tina, ob der Mensch ohne Wiesen und Wälder leben könnte, und lenkt somit die Aufmerksamkeit auf die Tatsache, dass wir unsere Natur schützen müssen.

Fibelseite 122

Gustav Klimt: Italienische Gartenlandschaft (1913)
Das Betrachten des Bildes von Gustav Klimt kann die Kinder dazu anregen, selbst Ausschau nach einer Blumenwiese zu halten bzw. selbst eine solche zu gestalten (z. B. mit Hilfe von Gartenkatalogen).
Das Gemälde kann aber auch ergänzend zur Kapiteleinstiegsseite 79 eingesetzt werden und das Malen eines Gartenbildes mit Wasserfarben anregen (s. a. Hinweise zum Kapiteleinstieg, Seite 182).

Wiesenblumen-Namen
Mit den Wörtern auf dem grünen Feld unten können die Kinder echte und erfundene Blumennamen zusammensetzen:
- Löwenzahn, Gänseblümchen, Klatschmohn, Kornblume, Wiesenklee
- Löwenklatsch, Gänsezahn, Zahnblume, Blümchengänse ...

Die echten Blumen können im Freien gesucht und z. B. zur Gestaltung von Wiesenblumenkarten (analog zu den Wildblumenkarten von Fibelseite 84) benutzt werden.

Zur Erkundung von Blumen, die in der Natur nicht so leicht zu finden sind, bietet sich das Ausleihen von entsprechenden Pflanzenbüchern an.

TW **Seite 133:** Anregung, zu den erfundenen Blumennamen entsprechende Bilder zu malen

KV In diesem Zusammenhang könnte auch noch einmal die KV 104 mit der Vorlage für einen Blumensteckbrief eingesetzt werden, der dann zusätzlich durch verschriftete Informationen über die Fantasiepflanze ergänzt wird.

Fibelseite 123

Wälder und Wiesen
Auf dieser Seite wird die Frage aufgegriffen, die Tina auf FS 122 gestellt hat. Eindrucksvolle Fotos unterstützen einen emotionalen Einstieg in das Thema.
In kurzen Sätzen werden dann die wichtigsten Informationen dazu gegeben, warum der Wald und die Wiesen für Tiere und Menschen so wichtig und deshalb schützenswert sind.

Die Kinder erlesen den Text Satz für Satz *(dabei die Lesart der Fortsetzungs- und Aufzählungspunkte klären);* unbekannte Begriffe (Klima, Sauerstoff, Feuchtigkeit, Insekten, ...) werden geklärt.
Um die Folgen von Naturzerstörung noch deutlicher zu untermauern, können die Aussagen zu den Aufzählungspunkten umformuliert werden, z. B.:

- Wenn Tiere und Menschen nicht mehr atmen können, können sie nicht weiterleben.
- Wenn Pflanzen keine Feuchtigkeit und kein Wasser bekommen, vertrocknen sie.
- Ohne Tiere und Pflanzen hätten wir nichts mehr zum Essen: kein Gemüse, kein Obst, keine Eier, kein Fleisch, kein Brot, keine Milch ...
- Ohne den Wald gäbe es viele Tiere nicht mehr, z. B.: Schnecken, Eichhörnchen, Rehe, Wildschweine ...
- Ohne die Wiese hätten die Bienen kein Futter und könnten keinen Honig mehr herstellen.

Den Kindern sollte die Gelegenheit gegeben werden, zu erzählen, was sie selbst an der Natur besonders schön und erhaltenswert finden.

Umweltprojekt: Informationen (Sachbücher, Internet, ...) sammeln über den Nutzen von Flora und Fauna für den Menschen, über Möglichkeiten, die Natur zu schützen; Herstellung von Plakaten (Gruppenarbeiten):
1. Dafür brauchen wir die Natur
2. So können wir die Natur schützen

Anknüpfungsmöglichkeiten im Jo-Jo-Verbund mit dem 2. Jahrgang

Jo-Jo Lesebuch 2
Seite 128: Was ist eine Wiese? *... und alle weiteren Texte zu diesem Kapitel*
Jo-Jo Sprachbuch 2
Seite 56: Natur entdecken: Pflanzen *... und alle weiteren Texte zu diesem Kapitel*

Wie wir leben

Diese beiden Seiten vertiefen mit umfangreicheren Texten die beiden Schwerpunkte des Kapitels im Buchstabenlehrgang: Unterschiedliche Familienstrukturen und Auseinandersetzungen zwischen Familienmitgliedern.

Fibelseite 124

Wie wir leben

Drei Kinder stellen hier ihre Familien vor: Aseye aus Ghana, Edgar von den Philippinen und Meena aus Indien. Im Unterrichtsgespräch kann erörtert werden:

- Was ist anders als bei uns?
- Was ist ähnlich wie bei uns?

Kinder nichtdeutscher Herkunft können von sich und ihrer Heimat berichten und evtl. Fotos von ihren Familien mitbringen (vorher mit den Eltern absprechen!). Besonders spannend könnte es sein, wenn ältere Familienmitglieder (Eltern, Großeltern) dieser Kinder persönlich in der Klasse von ihrem Heimatland berichten.

Auf dem Globus bzw. einer Weltkarte können die genannten Länder gesucht und Informationen zu ihnen in Büchern, Zeitschriften etc. gesammelt werden.

TW **Seite 133:** drei inhaltliche Fragen zu den Berichten, die die Kinder in Partnerarbeit mündlich oder schriftlich bearbeiten können

Variante: Die Kinder suchen sich (Partnerarbeit) einen der Texte aus und formulieren eine Frage dazu, die die anderen Kinder beantworten sollen.

Fibelseite 125

Für jeden die Hälfte

Die Geschichte beschäftigt sich auf humorvolle Weise mit dem (vor allem zwischen Geschwistern) typischen Streitthema „Teilen".

Es handelt sich hierbei um einen Auszug aus dem Buch von Ingrid Uebe (T.) / Irmgard Paule (Ill.): Geschwistergeschichten. Reihe: Kleine Lesetiger. Loewe Verlag GmbH, Bindlach 2003 *(nicht mehr lieferbar, nur noch in Büchereien zu entleihen)*.

Jan und Felix, die das Teilen zunächst doof finden, sehen schließlich auch etwas Gutes im Teilen: Man muss nicht nur das Schöne, sondern kann auch das Lästige oder Unangenehme miteinander teilen.

Der Text wird abschnittsweise erlesen oder vorgelesen. Fortgeschrittene Kinder werden auch schon in der Lage sein, den Text in dieser anderen Schrifttype zu erlesen. Wahrscheinlich können alle Kinder von ähnlichen Erfahrungen berichten.

Eine reizvolle Aufgabe dazu ist das Malen von „Streitbildern". Wer mag, schreibt eine kleine Geschichte dazu.

Besteht die Möglichkeit, sich das Buch auszuleihen, können in einer Lesestunde auch weitere Geschwistergeschichten daraus vorgelesen werden.

Hör-CD Track-Nr. 38

Höraufgabe: *Nenne drei oder mehr leckere Sachen, die die Familie zum Picknick mitgenommen hat.*

Anknüpfungsmöglichkeiten im Jo-Jo-Verbund mit dem 2. Jahrgang

Jo-Jo Lesebuch 2	
Seite 136/137:	Wenn ich du wäre
Seite 138:	Comic / Abwasch
Seite 140/141:	Der Streik
Seite 142:	Bitte, Luise!
Seite 143:	Mutter, Vater, ich und sie Eins, zwei oder drei
Seite 144/145:	Klar, dass Mama Anna/Ole lieber hat
Jo-Jo Sprachbuch 2	
Seite 66:	Aufforderungssätze

Sommer

Auf dieser Seite werden zwei unterschiedliche Darstellungen von Urlaubserlebnissen angeboten. Der erste Text präsentiert einen Auszug aus dem Urlaubstagebuch von Moses, der den Bericht über die Reise in ein eher untypisches Reiseland mit Fotos schmückt.
Bei dem zweiten Beitrag handelt es sich um einen Kinderbuchauszug, der den Aspekt der Langeweile im Urlaub aufgreift.

Fibelseite 126

Aus meinem Urlaubstagebuch
Hier erzählt Moses, der sich den Kindern bereits auf Fibelseite 92 vorgestellt hat, von einem besonderen Urlaub im Herkunftsland seiner Mutter, in Kamerun.
Die Kinder lesen dort zunächst noch einmal nach, was Moses von sich berichtet hat.
Der Bericht aus Moses' Urlaubstagebuch vermittelt beiläufig, dass für Moses das Leben in Kamerun auch aufregend anders ist als hier in Deutschland, wo er aufgewachsen ist. Sein Bericht und die Fotos enthalten somit spannende Anregungen zu vielfältigen Gesprächsthemen, z. B.:

- mit Nutztieren zusammenleben (hier: eine Ziege)
- Kleidung der Uroma
- Urwälder, Palmenwälder
- Kinder, die arbeiten müssen, um zum Lebensunterhalt beizutragen
- der Vulkan „Mount Kamerun", der noch Lava spuckt
- schwarze Strände (im Vergleich mit den bekannten hellen Stränden)

Zu diesen Aspekten bieten sich spannende Gestaltungsmöglichkeiten an:

1. Der Urwald

Unter dem Aspekt „Grüntöne" kann mit Wasserfarben ein Urwaldbild (DIN A3, quer) mit Palmen, Lianen, Farnen usw. gemalt werden. Im Vorfeld probieren die Kinder die Mischung verschiedenster Grüntöne auf gesonderten Blättern aus.
Nach diesen Versuchen berichten die Kinder von ihren Erfahrungen und mit welchen Farbmischungen sie ihre Grüntöne am besten erreicht haben.
Die besten Lösungen werden zur Orientierung an der Tafel festgehalten.
Dann (ggf. nach einer Skizze mit Bleistift) malen sie ihren Urwald (mit besonders dichtem Blattwerk) und versuchen dabei, möglichst viele Grüntöne umzusetzen.
Andere Farben sind für Konturen, Kokosnüsse und kleines Getier in geringem Maße erlaubt.
Dabei ist darauf zu achten, dass die Farben dickflüssig angemischt werden und nach jedem Farbauftrag eine kleine Trockenphase eingelegt werden muss.
An einer großen Wand (z. B. in den Fluren) nebeneinandergehängt, ergeben die Bilder der Klasse dann einen riesigen Urwald.

2. Vulkanausbruch in der Nacht

Jedes Kind erhält einen mittelblauen DIN-A3-Karton und einen Bogen braunes oder schwarzes Tonpapier. Auf das braune/schwarze Tonpapier werden die Umrisse eines „typischen" Vulkans (Dreieck mit abgeschnittener Kegelspitze oben) gezeichnet. Diese Form schneiden die Kinder aus und kleben sie an den unteren Rand des DIN-A3-Kartons (hochkant!).
Dann malen und tupfen sie mit unterschiedlich dicken Borstenpinseln und gelber, orangefarbener und roter Plakatfarbe (und Mischungen daraus) Feuer und Glut, die aus dem Vulkan gespuckt wird, über den Kegel. Natürlich darf auch Lava den Bergrücken hinunterfließen ...

3. Kleidung aus Fantasia

In Anlehnung an das Foto von Moses Urgroßmutter bietet es sich an, gemeinsam Bildbände mit Kleidung aus anderen Kulturen zu betrachten und sich darüber auszutauschen (z. B. die Fotos von Fibelseite 124 aus: Barnabas und Anabel Kindersley: Kinder aus aller Welt. Loewe Verlag GmbH, Bindlach 1995).
Sicher können auch Kinder der Klasse aus anderen Herkunftsländern Fotos dazu mitbringen.
Die Kinder erhalten daraufhin die Anregung, sich den Namen für ein Fantasieland auszudenken, in dem die Bewohner ganz besondere Kleidung tragen. Dann malen sie eine Figur mit der zu ihrem Fantasieland passenden „Tracht".

Hierbei kann den Kindern die Wahl des Gestaltungsmaterials freigestellt bleiben: Buntstifte, Filzstifte, Wasserfarben, Collagen aus Stoffen, Papier und anderen Materialien ...
Sie sollten allerdings vorher festlegen, welche Technik sie verwenden wollen, damit diese Materialien dann auch bereitgestellt werden können.

Fibelseite 127

Dieser Text enthält einen Auszug aus einer von mehreren Kurzgeschichten aus dem Buch „Strandgeschichten" von Cornelia Funke (T.), Karin Schliehe & Bernhard Mark (Ill.), Loewe Verlag, Bindlach 2007.
Mia langweilt sich in ihrem Strandurlaub, weil sie keine Spielkameradin hat. Als sie auf dem Wasser eine Flaschenpost mit einer rätselhaften Aufgabe entdeckt, hat die Langeweile ein Ende ... und zum Schluss findet sie über diese Flaschenpost auch einen „Schatz", nämlich eine Freundin, mit der sie den Rest des Urlaubes gemeinsam erleben kann.

Dieser Text ist abwechselnd in Abschnitten mit und ohne Silbenfärbung gedruckt und eignet sich so besonders gut zum differenzierenden gemeinsam Erlesen.

Die Langeweile im Urlaub ist vielen Kindern, besonders Einzelkindern, sicher schon bekannt. Im Gegensatz zum gewöhnlichen Alltag, sind die Tage nicht durch den Schulbesuch, die Hausaufgaben und andere regelmäßige Beschäftigungen strukturiert. Die erwachsenen Reisebegleiter sind aber über einen längeren Zeitraum kein Ersatz für die gleichaltrigen Schulkameraden und Freunde, mit denen die Kinder gewöhnlich ihre Freizeit verbringen.
Sicher können die Kinder von ähnlichen Empfindungen im Urlaub berichten.

Der Text kann z. B. dazu anregen, ...

- ... über eigene Beschäftigungen im Urlaub zu berichten und dazu ein Bild zu malen
- ... eigene Flaschenpostbriefe mit einem Rätsel zu formulieren und zu „verschicken"
  (die Kinder rollen sich im Sitzkreis Flaschen mit Briefen zu: kleine Flaschen benutzen, aus denen die Briefrolle noch ein wenig herausragt)

Anknüpfungsmöglichkeiten im Jo-Jo-Verbund mit dem 2. Jahrgang

Jo-Jo Lesebuch 2	
Seite 152:	Was im Sommer Freude macht *(Lied)*
Seite 153:	Unterwasser-Seh-Rohr *(Bastelanleitung)*
Seite 154/155:	Willi hat keine Schwimmhäute
Seite 158:	Kartengrüße aus den Ferien
Seite 159:	Die Muschel hat das Meer gefangen

Jo-Jo Sprachbuch 2	
Seite 70:	Sommer
Seite 71:	Feriengrüße / Eine geheimnisvolle Botschaft *(Botschaften schreiben/ entschlüsseln)*
Seite 72:	Wortfelder *(Bewegungen im Wasser)*
Seite 73:	Wasserwörter *(Wörterspiele/Komposita)*

FS 128/129

Ich liebe Bücher

Zum letzten Kapitel präsentiert die Textsammlung einen längeren Auszug aus dem Kinderbuch-Klassiker „Pippi Langstrumpf", der 2007, zum 100sten Geburtstag der Autorin Astrid Lindgren, neu aufgelegt und von Katrin Engelking illustriert wurde. Am Seitenkopf werden dabei zunächst Abbildungen des Jubiläumsbandes und die einer der ersten deutschen Ausgaben einander gegenübergestellt.

Fibelseite 128 oben

Ich liebe Bücher

Tina wundert sich:
Schon ihre Oma hat die Bücher von Pippi Langstrumpf gelesen – es gibt „Lieblingsbücher", die schon mehrere Generationen begeistert haben. Für viele Kinder existiert aber Pippi Langstrumpf heutzutage vielleicht auch nur als „Filmfigur" – spätestens an dieser Stelle lernen sie nun die literarische Vorlage für die Pippi-Langstrumpf-Filme kennen oder begegnen dieser Figur zum ersten Mal (s. a. Hinweise zu „Emil und die Detektive", S. 226).

Fibelseiten 128 (unten) und 129

Pippi bekommt Besuch

Fortgeschrittene Kinder oder die Lehrerin lesen den Text abschnittsweise vor.
Alternativ:
Auch bei diesem Textauszug sind die Absätze abwechselnd mit und ohne Silbenfärbung abgedruckt: Alle Kinder können einen Abschnitt vorbereiten und so zum gemeinsamen „Leseerlebnis" („wir lesen zusammen eine Geschichte") beitragen.

Im Klassengespräch findet ein Austausch über die im Auszug beschriebene Situation und deren Witz statt.

KV Die KV 137 enthält vorformulierte Fragen zum Text. Diese Fragen können mündlich oder (beispielsweise auch in Partnerarbeit) schriftlich (ankreuzen oder aufschreiben) beantwortet werden.

Hör-CD Track-Nr. 46
Höraufgabe: *Wie erklärt Pippi den Polizisten, dass sie schon einen Platz in einem Kinderheim hat?*

Unser Pippi-Langstrumpf-Fest (oder Lesefest)

Zum „feierlichen" Abschluss des ersten Schuljahres könnte ein Pippi-Langstrumpf-Tag oder sogar eine Pippi-Langstrumpf-Lesenacht in der Schule veranstaltet werden (mit Beteiligung der Eltern).

Lesen

Weitere Pippi-Langstrumpf-Bücher werden mitgebracht und vorgestellt.
Wer mag, kann andere Pippi-Geschichten schriftlich nacherzählen oder eigene erfinden und präsentieren.

Malen/Basteln

Die Geschichte(n) fordert/n zum Malen und Gestalten heraus:
Die Villa Kunterbunt, Pippi, der kleine Onkel (das Pferd) und Herr Nilsson (der Affe) können nach dem Anschauen der Illustrationen im Buch oder aus dem Gedächtnis / der Vorstellung gemalt werden, vielleicht sogar auf ein großes Plakat, das auf dem Lesefest zur Dekoration aufgehängt wird.

Verkleiden

Die Kinder können sich als Figuren aus ihren Lieblingsgeschichten von Pippi Langstrumpf verkleiden.

Theater spielen

Kleine Szenen oder Pippi-Geschichten werden einstudiert und auf der Feier oder während der Lesenacht vorgespielt.

Musik

Und natürlich wird dazu das Pippi-Lied gesungen (vielleicht auch schon mit Instrumenten gespielt):

Lied:
Hey, Pippi Langstrumpf

2. Zwei mal drei macht vier, wide, wide, witt, und drei macht neune.
Wir machen uns die Welt, wide, wide, wie sie uns gefällt.
Drei mal drei macht sechs, wide, wide, wer will's von uns lernen?
Alle, Groß und Klein, tra-la-la-la, lad ich zu uns ein.

Refrain:
Hey, Pippi ...

Text und Musik: Konrad Elfers, Jan Johansson, Wolfgang Franke © Filmkunst Musikverlag, München

6 Diagnose des Lernfortschritts und Fördermaßnahmen *(Beate Weiß)*

Die Einschätzung und Kenntnis von **Lernstand** und persönlichem Lernverlauf jedes einzelnen Kindes sind für Lehrende unerlässlich. Sorgfältige Beobachtungen der Lehr- und Lerninteraktionen sowie die kritische Reflexion der Rückmeldungen aus dem täglichen Unterricht sind die grundlegenden Säulen dieser Leistungseinschätzung durch die Lehrkraft. Sie hat zusätzlich die Möglichkeit, ihre schülerspezifischen Diagnosen auf Lernerhebungsbögen/Lernkontrollen zu stützen, wie sie z. B. in diesem Band (s. Abschnitt 7) parallel zum Jo-Jo Leselehrgang vorgeschlagen werden.

Lernfortschritte, Lernlücken, Hintergründe

Eine präzise Analyse der individuellen Teilleistungen befähigt Lehrende, zielgerichtet genau am kritischen Punkt der Lernschwierigkeit anzusetzen und spezifische Fördermaßnahmen einzuleiten. Durch eine regelmäßige Durchführung von Lernstandserhebungen dokumentiert sich die Lernentwicklung des Kindes, sei es in Schwankungen, Aufholen anfänglicher Lücken oder kontinuierlichem Schwächerwerden.

Entscheidend ist aber auch die umfassende Beobachtung der individuellen Fähigkeiten der Kinder im großen pädagogischen Zusammenhang durch die Lehrkraft selbst. Sie ist der Lernbegleiter ihrer Schulanfänger und versucht in einer differenzierten Gesamtzusammenschau sämtliche Ursachenfelder für Lernschwierigkeiten ins Blickfeld zu nehmen, die allein durch Diagnoseverfahren womöglich nicht zu Tage träten:

Persönlichkeitsmerkmale *(Selbstwertgefühl, intrinsische Motivation, Durchhaltevermögen, Konzentrationsfähigkeit, Interessen etc.)*, soziale Herkunft *(Familie, Umfeld, Migrationshintergrund etc.)* und kognitive Kompetenzen des einzelnen Kindes.

Nur so können auch ggf. psychische oder physische Ursachen für Leistungsdefizite identifiziert werden, wie z. B.:

Krankheit, Angst, Stress, Übermüdung, Ablenkung, Seh- oder Hörfehler des Kindes.

Bei Kindern anderer Herkunftssprachen muss zunächst die Qualität ihrer deutschen Sprachkenntnisse ermittelt werden, um möglicherweise eine grundlegende Sprachförderung einzuleiten.

6.1 Eingangsdiagnostik

Phonologische Bewusstheit, optische Analysefähigkeit, Graphomotorik, Konzentration, Gedächtnis, kognitives Leistungsvermögen

Mit einer **Eingangsdiagnostik** innerhalb der ersten Schulwochen, die die phonologische Bewusstheit, die Fähigkeit zur optischen Analyse, eventuell schon erste Buchstabenkenntnisse, Konzentration und Gedächtnis sowie die Motorik, insbesondere die feinen graphomotorischen Fähigkeiten eines Kindes einschätzt, können Lehrende aufschlussreiche Informationen für ihren Unterricht, differenzierende Maßnahmen und Förderbedarf gewinnen.

Um so früh als möglich Lernversagen und Versagensängste, die „Killer“ jeder Lernmotivation, zu verhindern, versucht jede Lehrkraft, aktuelle und genaue Kenntnis über jedes einzelne Kind zu bekommen.

Im Unterrichtsalltag gelingt es manchen Kindern immer wieder, sich mit Ausweichstrategien (z. B. auswendig lesen) längere Zeit „durchzumogeln“, bis ihre fehlende Kenntnis des Schriftprinzips bemerkt wird. Wollen Sie als Lehrkraft schon sehr früh die Erfassung des Lese-Schreibprinzips überprüfen, legen Sie Ihrem Kind mit Buchstabenkärtchen (bereits eingeführter Buchstaben) einfache, ungeübte (!) Wörter mit möglichst eindeutiger Buchstaben-Laut-Zuordnung vor.

Kann das Kind diese Wörter noch nicht lesen, erfragen Sie den Klang der einzelnen Buchstaben, um zu analysieren, wie weit es die Buchstaben-Laut-Zuordnung – vom Buchstaben ausgehend – gespeichert hat.

- Die Jo-Jo Fibel enthält als Beileger ein Lernstandsheft mit **acht Lernstandsseiten/Lernkontrollen**, die **parallel zum Leselehrgang** im Verlauf des Schuljahres als Lernstandserhebung eingesetzt werden können.

  Der darauf abgestimmte **Lernerhebungsbogen** gibt den Unterrichtenden ein einfach zu nutzendes Werkzeug an die Hand, auf dem die Entwicklung jedes einzelnen Kindes übersichtlich dokumentiert werden kann (s. Abschnitt 7).

- Wer ein lehrwerksunabhängiges Diagnoseinstrument für die Fächer Deutsch, Mathematik, Sachunterricht sowie das allgemeine Arbeits- und Sozialverhalten (für die Jahrgänge 1 und 2) gesammelt nutzen

möchte, dem sei (neben den KV 152–156, s. S. 27) außerdem das folgende Material empfohlen:
Beobachtungsheft 1/2, inkl. editierbaren Förderplänen auf CD-ROM, 60 Seiten, Cornelsen Verlag, Berlin 2008: Best.-Nr. 814228 / ISBN 978-3-06-081422-0

Die darin gesammelten Beobachtungsbögen helfen, die Leistungen einer Klasse übersichtlich zu erfassen. Mit der beiliegenden CD-ROM lassen sich die Beobachtungen komfortabel in Excel erfassen. Zur Erstellung individueller Förderpläne ist es dann nur noch ein kleiner Schritt – denn auf Basis der Exceldaten erstellt das Programm automatisch ein Worddokument, das den Lernstand des Kindes in Textbausteinen zusammenfasst.

- Darüber hinaus stellt **Das kleine Jo-Jo** (s. Abschnitt 2.9) eine hilfreiche, auf den Jo-Jo Leselehrgang abgestimmte Aufgabensammlung zur Förderung der oben genannten, grundlegenden Lernvoraussetzungen für den Schriftspracherwerb zur Verfügung:
  Übungen zur Förderung von Konzentration, Gedächtnis, optischer Differenzierungsfähigkeit, Feinmotorik, phonologischer Bewusstheit auf unterschiedlichen Schwierigkeitsniveaus.
  Das Angebot entspricht einer idealen, kindgemäßen Vorbereitung auf den Anfangsunterricht und ist bereits vor der Einschulung, aber auch innerhalb der ersten Schulwochen und -monate einsetzbar.

6.2 Früherkennung von Lese- und Rechtschreibschwierigkeiten mit dem Münsteraner Screening (MÜSC)

Jede Lehrkraft hat in ihrer Schulanfängerklasse Kinder, die mit dem Schriftspracherwerb Probleme haben und zusätzliche Förderung auf ihrem Weg zur Schrift benötigen. Offensichtlich haben diese Kinder notwendige Basalfähigkeiten dafür noch nicht entwickelt.
Die Schriftspracherwerbsforschung konnte auf der Grundlage des Entwicklungsmodells von Frith (1986) vier kognitive, grundlegende Vorläuferfertigkeiten (Marx 1992) analysieren, die notwendig für das frühe Lesen- und Schreibenlernen sind:

- **Fertigkeiten der phonologischen Bewusstheit**
  (Analyse- und Synthesefertigkeiten hinsichtlich der Laute unserer Sprache auf Silbenebene bis hinein in einfache Lautassoziationen durch Reimen, Silbensegmentierung, Laut-zu-Wort-Vergleiche)
- **ausreichende Kurzzeitgedächtniskapazität**
  (erfassbar über das Behalten von Wörterreihen)
- **ausreichende Geschwindigkeit beim Abruf aus dem Langzeitgedächtnis**
  (überprüfbar mit dem schnellen Ankreuzen von Farben)
- **ausreichende visuelle Aufmerksamkeit**
  (erfassbar durch Wortvergleich-Suchaufgaben)

Das **Münsteraner Screening (MÜSC)** stellt eine *effektive* und *Zeit sparende Diagnosemöglichkeit* schon zu Beginn des Anfangsunterrichts dar, um die Ausprägung dieser vier Basalkomponenten des frühen Lesens und Schreibens zu testen. Das Verfahren prüft als Gruppentest (bis zu acht Kinder gleichzeitig in ca. 2 x 20 Minuten) direkt und auf schnellstem Wege das Wesentliche, sodass keine wertvolle Förderzeit verstreicht, bis die betreffenden Kinder in einer Förderlerngruppe zusätzliche Unterstützung bekommen.

Die Konzeption des *Münsteraner Screenings* gründet sich auf Längsschnittstudien, die mit auffallender Zuverlässigkeit anhand der Ausprägung der vier Vorläuferfertigkeiten den Verlauf des schulischen Schriftspracherwerbs von Kindern prognostizieren konnten. Zusätzlich konnten deutliche Erfolge durch vorschulische Präventionsprogramme (*Münsteraner Trainingsprogramm*, s. u.) aufgezeigt werden.

Mit der Vorhersage, ob ein Kind die notwendigen Voraussetzungen für seinen Schriftspracherwerb besitzt, folgt das *Münsteraner Screening* der Grundannahme eines *kompensatorischen Entwicklungsmodells*:
Nur wenn ein Kind in mehreren Vorläuferfähigkeiten Entwicklungsdefizite hat, ist es nicht mehr in der Lage mit seinen anderen Fähigkeiten diese „Schwächen" auszugleichen. Sind es im Test nur wenige Aufgaben, die das Kind nicht bewältigen kann, können diese Entwicklungsrückstände mit den „Stärken" kompensiert werden.

Das **Münsteraner Trainingsprogramm (MÜT)** für förderbedürftige Kinder im Anfangsunterricht ist so konzipiert, dass mit gezielten spielerischen Förderübungen genau diese „Schwächen" hinsichtlich der Vorläuferfertigkeiten ohne aufwändige Vorarbeit sehr früh im ersten Schuljahr intensiv auftrainiert werden können. Mit folgenden vier Förderbereichen liegt der Förderschwerpunkt von *MÜT* auf der phonologischen Bewusstheit:

- *Reimen* (Spiele und Übungen in den ersten Tagen)
- Arbeit auf *Satz- und Wortebene*
- *Segmentieren* von Wörtern in Silben; *Synthetisieren* von Wörtern aus Silben
- Übungen zu den *Lauten* (Schwerpunkt: mehr als die Hälfte der Lernzeit)

Münsteraner Screening (MÜSC):
Diagnose und Förderung am Schulanfang. Test zur Früherkennung von Lese-Rechtschreibschwierigkeiten. Cornelsen Verlag, Berlin 2007.

- 15 Testhefte A (ISBN 978-3-06-081520-3)
- 15 Testhefte B (ISBN 978-3-06-081525-8)
- Handreichungen für den Unterricht (ISBN 978-3-06-081522-7)

Münsteraner Trainingsprogramm (MÜT):
Förderung der phonologischen Bewusstheit am Schulanfang (MÜT). Materialien. Cornelsen Verlag, Berlin 2007 (ISBN 978-3-06-081524-1)

6.3 Förderunterricht

Ziel: Lesen als Einsicht in die Analyse-Synthese-Prozesse bei gleichzeitiger Sinnerfassung

Förderunterricht in Kleingruppen schon am Schuljahresanfang stellt eine Idealbedingung dafür dar, Kinder gezielt zur Einsicht in den Sprache-Schrift-Zusammenhang und zur Fähigkeit der vollständigen Analyse-Synthese-Prozesse bei gleichzeitiger Sinnerfassung hinzuführen.
Sprachspiele, Hör-, Reim-, Klatsch-, Silbenschwing- und Silbenübungen zur Verinnerlichung der sprachlichen Strukturierungsprozesse, die ohnehin fester Bestandteil des regulären Klassenunterrichts sind, können hier vertieft und gefestigt werden. Zwei bis drei Kinder könnten beispielsweise als Kleingruppe so lange den Förderunterricht besuchen, bis sie das Leseprinzip verstanden haben; dann käme die nächste Kleingruppe an die Reihe.
Mit Hilfe der Lernstandsseiten bzw. Lernkontrollen sowie der Übungen aus „Das kleine Jo-Jo“ könnte die Lehrkraft in diesen Kleingruppen Schwierigkeiten der einzelnen Kinder analysieren, um die notwendigen Übungsschwerpunkte zu setzen.

Das **zentrale Lernziel** – im Förderunterricht wie im Klassenunterricht – ist der Erwerb der Fähigkeit zur vollständigen Kodierung und Dekodierung von Schrift in gründlich erarbeiteten Analyse-Synthese-Prozessen bei durchgängiger Integration der Silbenarbeit.

Die Kinder sollen erkennen, dass Laute unabhängig von der Bedeutung des Wortes durch Buchstaben wiedergegeben werden und umgekehrt Buchstaben in Laute klanglich „übersetzt“ werden können. Sie sollen erfahren, dass Wörter aus Buchstaben, Silben und weiteren Wortbausteinen bestehen. Sie sollen das Wort in seine optisch und lautlich erfassbaren Bestandteile zergliedern *(Analyse)* und diese Laute und Buchstaben dann wieder zum Wort vereinigen können *(Synthese).*

Alle neuen Buchstaben werden nie isoliert eingeführt, sondern stehen immer im Sinnzusammenhang eines Wortes und innerhalb dessen Klang- und Schriftbildes. Denn nur mit der Sinnsuche, Sinnerwartung und der daraus hervorgehenden Sinnfindung ist das eigentliche Ziel des Lesens erreicht.

Gerade die Arbeit mit Silben als Teile der rhythmischen Klangstruktur unserer Sprache versucht dem Wortklang unserer gewohnten gesprochenen Sprache nahe zu kommen, damit die Kinder im erlesenen Klangbild möglichst leicht ein ihnen bekanntes Wort entdecken *(phonologische Rekodierung)* und so zur leichteren Sinnentnahme *(semantische Dekodierung)* gelangen können.
Oben beschriebene Programme wie das *„Münsteraner Trainingsprogramm (MÜT)“* oder „Das kleine Jo-Jo“ sind wirksam zur Förderung der Lesevoraussetzungen im beginnenden Anfangsunterricht, im Förderunterricht wie auch noch innerhalb der Vorschulzeit zur Hinführung auf die Anforderungen des Anfangsunterrichts und zur frühzeitigen Ausbildung der Vorläuferfertigkeiten zum frühen Schriftspracherwerb.

6.3.1 Kodieren und Dekodieren im Wortkontext

Immer wieder ist zu beobachten, dass Kinder nur einzelne zum Lesen benötigte Teilleistungen beherrschen: Sie sind zwar in der Lage, bestimmte Buchstaben aus einer Anzahl von verschiedenen Buchstaben herauszusortieren, können Klein- und Großbuchstaben einander zuordnen, Buchstaben nachspuren, kneten, legen, stempeln, schreiben, ertasten und jeweils deren Klang dazu sagen. Aber dennoch gelingt es ihnen nicht, ganze Wörter zu erlesen, also zu synthetisieren.

Worin liegen die Schwierigkeiten dieser Kinder und vielleicht auch methodisch-didaktische Fehler? Durch das Einüben reiner Teilleistungen und die Isolierung der Buchstaben bleiben den Kindern die Funktion der Buchstaben, aber auch die ständigen Abweichungen vom „Normallaut“, je nach Position im Wort (Stellungslaut), verborgen.
Die isolierten Teilfertigkeiten können deshalb von diesen Kindern in keinen größeren sinnhaften Zusammenhang gebracht werden.

Zwar ist es für viele Kinder sehr nützlich, über das Lernen mit allen Sinnen, also die Nutzung sämtlicher Lernkanäle *(Hören, Sehen, Tasten, Artikulieren, feinmotorisches praktisches Arbeiten)* den Lernprozess zu unterstützen, doch benötigen die Leseanfänger in jedem Fall immer auch das Training vollständiger Analyse-Synthese-Prozesse, um einen tatsächlichen Lernfortschritt zu erzielen.

Die Kinder müssen demnach lernen, die Lautwerte und Lautstellungen eines Buchstabens innerhalb eines Wortes bzw. eines vorgegebenen Wortklangbildes zu analysieren, bevor sie die Fähigkeit zur Synthese erlangen können (s. a. Abschnitt 3).
Soll das Üben von Teilfertigkeiten für Kinder gewinnbringend sein, muss dies also konsequent in den Zusammenhang mit Erlese- und Schreibprozessen eingebunden werden. Die wichtigsten Übungsformen dazu seien im Folgenden beschrieben:

6.3.2 Basisübungen im Förderunterricht

Durchstrukturierung und Lautanalyse
Hierbei geht es Ihnen als Lehrkraft um die Durchstrukturierung von Wörtern bis zur Einzellautanalyse. Dazu muss das Kind bereits den Buchstabe-Laut-Zusammenhang einiger Buchstaben und die Leseabfolgerichtung kennen sowie erste Ansätze zur Synthese zeigen.

Übungsbeispiel:
Legen Sie das Wort „Tina" mit Buchstabenkärtchen. Das Kind soll es erlesen. Schafft es dies nicht, fragen Sie nach dem Klang des ersten Buchstabens:

Hörst du, wie das Wort „Tina" am Anfang klingt?

Antwortet das Kind nun mit der Lautfolge „Ti", loben Sie die gelungene Analyse und fragen weiter in die Buchstabenebene hinein:

Diese beiden Buchstaben klingen zusammen „Ti".
Wie klingt der allererste?

Für die vollständige Durchstrukturierung der Klang- und Buchstabenfolge empfiehlt sich der Wortauf- und -abbau: Das Wortklangbild wird nochmals vorgegeben. Nun wird der Wortklang analog im Schriftbild gesucht und durch Auf- und Abbau vollständig durchstrukturiert:

Für den *Wortaufbau* werden die Buchstabenkärtchen nach und nach nebeneinandergelegt und synthetisierend erlesen. Zur Unterstützung kann das Kind mit einem Finger jeweils auf den Buchstaben zeigen, den es gerade klingen lässt *(dieses Vorgehen evtl. zunächst demonstrieren)*:

T Ti Tin Tina

Für den *Wortabbau* nehmen Sie vom Wortende beginnend nach und nach die Einzelbuchstaben weg und lassen jeweils den entstehenden Wortrumpf lesen:

Tina Tin Ti T

Zum Schluss wird das Wort noch einmal aufgebaut.

Lautanalyse, Graphem-Phonem-Korrespondenz und Synthese bei der Verschriftung
Hierbei geht es Ihnen als Lehrkraft um die Verschriftung, jedoch nicht als graphomotorische Übung, sondern als Abhören eines gesuchten Wortes nach seinem Klang, und um das Auffinden des passenden Graphems (Buchstabenkärtchen) mit anschließender Synthese aus den Einzelgraphemen.

Übungsbeispiel:
Sie stellen dem Kind – je nach Fähigkeit weniger oder mehr – Auswahlbuchstaben zur Verfügung *(z. B. Buchstabenkarten, Stempel, Knetgummi)*. Sie legen beispielsweise folgende Buchstabenkarten vor ihm aus mit der Aufforderung, das Wort „Tina" zu schreiben:

N I A T *oder* n i a T

Das Kind muss also zunächst den Klang des Wortes nach dem ersten Laut abhören, dann den Buchstaben aus dem Gedächtnis oder mit Hilfe der Lauttabelle legen; entsprechend analysiert es das Wort vollständig. Das *aufbauende Lesen* schließt sich an:

T TI TIN TINA *oder* T Ti Tin Tina

Wenn Sie Ihr Kind stempeln lassen, sind vorgegebene Rasterstreifen (Lautkästen) methodisch äußerst klar und hilfreich: Es weiß dann, dass in jedes einzelne Rasterfeld immer ein Buchstabe gestempelt wird, z. B. vier Felder für „T I N A" *oder* „T i n a".

Erweiterung:
Je nach Fähigkeit des Kindes könnten Sie hier auch auf die Silbenstruktur des Wortes eingehen, indem Sie die Buchstabenkärtchen so legen, dass zwischen *„Ti"* und *„na"* ein Abstand entsteht und leicht rhythmisiert gelesen wird *(dabei die Silben schwingen lassen)*. Dabei kann natürlich auch der Silbenschieber zum Einsatz kommen.

Minimalpaaranalyse
Hierbei geht es Ihnen als Lehrkraft um die anschauliche Darstellung der Graphem-Phonem-Korrespondenz und grundlegende Analyse-Synthese-Erfahrungen. Die gründliche Arbeit mit der Deutlichkeit von Minimalpaaren (Wörter, die sich nur in einem Laut bzw. Buchstaben unterscheiden) führt sehr direkt zur Einsicht in den Laut-Schrift-Zusammenhang.

Übungsbeispiele *(Wortverwandlungen)*:
Sie verwandeln das mit Buchstabenkarten gelegte, vom Kind erlesene und in seiner Bedeutung geklärte Wort „Tina" in „Tino", indem sie eine Buchstabenkarte austauschen.

Kennt Ihr Kind den Klang des (neuen) Buchstabens nicht, nennen Sie ihn. Das Kind liest nun das neu entstandene Wort. Gelingt es ihm nicht, können Sie das erste Wort „Tina" nochmals sprechen und sofort danach den neuen Buchstaben / Laut „o".

T i n **a** T i n **o**

Dabei können Sie die Wörter vorlegen und erlesen lassen oder das gewünschte Wort mündlich vorgeben und vom Kind legen lassen:

Verwandle das Wort „Tina" in das Wort „Tino".
Du musst dafür nur einen Buchstaben austauschen.

Derartige Wortverwandlungen können auch in längeren Reihen weitergeführt werden, wobei die Positionen des auszutauschenden Buchstaben / Lautes sich ändern:

Tina	Oma	Wanne
Tin**o**	O**p**a	**T**anne
Dino	Op**i**	T**o**nne
	O**m**i	**S**onne
	Om**a**	

Die bekanntesten Übungsformen dazu sind einfache Reimwörter, bei denen nur der Anlaut ausgetauscht bzw. um einen Buchstaben / Laut ergänzt wird:

soll	ist	Ast
toll	**M**ist	**M**ast

sollen	essen
wollen	**m**essen

Eine etwas schwierigere Stufe hierzu ist das Austauschen von *zwei* gleichen Buchstaben / Lauten:

Mama
Pa**p**a
P**o**p**o**

Lückenwörter: Einzellautanalyse mit *optischer* Hilfe
Hierbei wollen Sie als Lehrkraft Kindern mit großen Schwierigkeiten beim Abhören von Einzellauten die grundlegende Einsicht in den Laut-Buchstaben-Zusammenhang vermitteln und durch die optische Darbietung des geschriebenen restlichen Wortes die Lautanalyse erheblich vereinfachen.
Das offensichtlich zuvor diffuse Klangbild erscheint nun dem Kind, gestützt durch die Visualisierung, gegliedert vor Augen. Achten Sie dabei auf das synchrone Zeigen und Dehn- oder Silbensprechen, um den Klang-Schrift-Zusammenhang zu festigen.

Übungsbeispiel:
Sie legen mit Buchstabenkärtchen ein Wort und lassen einen Buchstaben weg. Kann das Kind das gesuchte Gesamtwort nicht vorwegnehmend erlesen, geben Sie auf jeden Fall das vollständige Wortklangbild vor (Dehnsprechen). Das Kind hört nun den fehlenden Laut ab und soll den entsprechenden Buchstaben *(ggf. aus einer kleinen Auswahl anderer Buchstaben)* dazulegen, z. B.:

T _ na *Alternativ nach Silben:* T _ - na

Diese zentrale Übung sollte mit Wortlücken in allen Positionen durchgeführt werden, also Lücken im Anlaut, im Wortinnern und im Auslaut *(s. a. Übungen im Arbeitsheft, Seiten 4 und 5)*:

_ i n a T i _ a T i n _

Für die Durchführung werden die Buchstabenkärtchen von den Ausschneidebögen *(Beileger im Arbeitsheft)* eingesetzt.

6.3.3 Schwerpunktübungen im Förderunterricht

Phonologische Bewusstheit, Lautanalyse, alphabetische Strategie, Syntheseschulung, sinnerfassendes Lesen

Phonologische Bewusstheit und Sprachbewusstheit
Anlautunterscheidung, Reime, Silbengliederung und Sprachrhythmus, Schriftkomponenten
Schulanfänger sind in der Regel zunächst noch in der konkret-semantischen Sprachebene verhaftet, d. h. Sprache wird von ihnen ausschließlich auf der Bedeutungsebene, also rein inhaltlich genutzt und betrachtet. Um jedoch die abstrakte Schriftsprache umsetzen zu können, müssen sie – im Kontrast zur Bedeutungsebene – eine linguistische Sprachbewusstheit über die lautliche Seite von Sprache (phonologische Bewusstheit) und die sprachlichen Einheiten (Buchstabe, Silbe, Wort, Satz, Text) gewinnen.

Übungsbeispiele *zur Aufmerksamkeitsrichtung auf linguistische Aspekte*:

- **Anfangslaute** abhören: aus einer Reihe von Bildern diejenigen mit dem gleichen Anlaut herausfinden
- **Reimpaare** finden: Gleichklang von Wörtern erkennen und sprechen
- **Reimwörtermemory:** Reimpaare aus vorgegebenen Bildern legen
- **Silbensprechen:** Gefühl für die Lautstruktur durch Zerlegung von Wörtern stärken
- **Silbenklatschen / Silbenschwingen:** synchron zum Silbensprechen

- **Sprachspiele** zur Steigerung der auditiven Aufmerksamkeit, z. B.: Kinder bellen zu einer vorgelesenen Hundegeschichte immer beim Wort *„Hund“*
- **Fantasiewörter** nachsprechen: Schulung von auditiver Konzentration und Gedächtnis
  (z. B.: Pilo, Baloga, Karimsula, Ribusalamu – Wörter unterschiedlicher Länge)
- **Wörteranzahl** aus einem vorgesprochenen Satz abhören, evtl. mitklatschen *(akustisch)*
- **Sätze:** Wort um Wort abwechselnd zweifarbig aufschreiben *(optisch)*
- am geschriebenen Wort/Satz/Text die **Anzahl der Buchstaben/Silben/Wörter/Sätze** ermitteln *(optisch)*

Lautanalyse

Heraushören und Unterscheiden von Anlauten, Inlauten und Auslauten im Wortklangbild

Die *Lautdiskriminierung/Lautanalyse* – im Hinblick auf Lautidentifikation und Lautunterscheidung – ist unabdingbare Grundlage für die Phonem-Graphem-Zuordnung, also dem Erlernen des Schriftsprachprinzips. Dazu fördern Sie die Konzentration der Kinder auf den Klang eines Wortes, ihre Unterscheidungsfähigkeit der Einzellaute und die Ausbildung ihres Laut-Buchstaben-Rasters für Wortklangbilder.

Übungsbeispiele ***zur Lautidentifikation***:

- **bewusstes, konzentriertes Lauschen** üben, um Laute aus Wörtern heraushören

- **„Normallaute“** und ihre Variationen als **Stellungslaute** in Wörtern vergleichen

Akustisch *unterstützte Lautidentifikationsübungen:*

- einen Buchstaben schriftlich vorgeben, **Wort als Gesamtwortklangbild** vorsprechen und auf diesen Laut hin untersuchen lassen, z. B.:
  Hört ihr ein „n“ in „Tina“?
  Variation: Indirekte Vorgabe des Wortklangbildes mittels Abbildungen

- Wörter danach untersuchen, ob deren **Vokale lang oder kurz** klingen, um die Klangvariationen eines Buchstabens auszutesten, z. B.:
  Klingt das „i“ in „Tina“ lang oder kurz? – Probiert beides aus.

- zu einem schriftlich oder klanglich vorgegebenen Buchstaben eine Anzahl von Bildkarten, deren Bezeichnungen den **passenden Laut** enthalten, durch ausprobierendes Sprechen herausfinden

Optisch *unterstützte Lautidentifikationsübungen:*

- vorangehendes normales Lesen, danach genau artikulierendes **Dehnlesen** (Fokus auf dem Lautaspekt); nun den am leichtesten ermittelbaren Anlaut (später auch schwierigere Binnen- und Endlaute) des Wortes nennen lassen unter folgenden Hilfestellungen:

  – Das Kind spricht gedehnt nach und ermittelt den Anlaut.
  Mögliche Unterstützung: Es beobachtet seine Artikulation mit dem Handspiegel.

  – Das Kind beobachtet das Dehnsprechen der Lehrkraft. Diese könnte den Anlaut durch Fingerzeig auf den Mund (oder durch evtl. eingeführte Lautgebärden) verdeutlichen.

  – *Häufige Anfangsschwierigkeit:* Auf die Frage nach dem Anfangslaut, z. B. von *„Tina“*, nennen Kinder oft die größere Sprecheinheit, z. B. *„Ti“*. Bestätigen Sie dieses, jedoch mit dem Hinweis und optischen Zeigen, dass *„Ti“* aus zwei Buchstaben und zwei Lauten besteht:
  Zusammen klingen beide Buchstaben „Ti“. Jeder Buchstabe klingt aber auch allein. Wie klingt der erste? Was hörst du bei „Ti“ am Anfang genau?

- kurze Wörter „stumm“, aber mit deutlicher Mund- bzw. Zungenbewegung vorsprechen und durch genaue **visuelle Beobachtung** herausfinden lassen, ob das Wort den zuvor vorgegebenen Laut/Buchstaben enthält

- Bei der **Auslautanalyse** sollten folgende Aspekte besonders beachtet werden:
  Auslaute am Wortende sind schwerer identifizierbar, weil sie in (unbetonten) Silben oft kaum hörbar (z. B. „Sonne“) oder leicht verwechselbar (z. B. *„Tell**er**“* versus *„Tell**a**“*) oder eben – für das Deutsche typisch – auslautverhärtet, d. h. irritierend lautverändert *(z. B. „Wald“, s. u.)* gesprochen werden bzw. klingen.
  Tipp: *solche Begriffe anfangs ganz vermeiden, später dann Wortklangbild nur zusammen mit dem geschriebenen Wortbild präsentieren.*

  – geschriebene oder mit Buchstabenkärtchen gelegte Wörter/Wortbilder vorlegen und auf den passenden **Auslaut** beim entsprechenden Wort *(z. B. „Wal**d**“, „San**d**“, „Sonn**e**“, „Zebr**a**“, „Ott**o**“)* zeigen lassen

- **Auslautverhärtung** keinesfalls ignorieren, sondern mit den Kindern die unterschiedliche Aussprache erarbeiten, z. B.:
  Das „d" am Ende von „Wald" klingt wie /t/.

- **Auslautvokale** mit Unterstützung der silbischen Segmentierung ermitteln:
  Zerlegen von Wörtern in Silben und Markieren des Vokals, z. *B.: „Son – **ne**", „Tan – **te**"*

- **Lückenwörter** (in Druckbuchstaben!) zur Buchstabenergänzung vorlegen, da hier Lautstruktur und Lautpositionen optisch klar hervortreten

Lautidentifikationsübungen – unterschiedliche graphemische Repräsentationen:

- aufzeigen, dass ein und derselbe Laut durch unterschiedliche Grapheme repräsentiert werden kann *(z. B.: A/a/Aa/aa/Ah/ah – i/ie/ieh/ih – S/s/ss/ß)*; darauf hinweisen, dass doppelte Buchstaben nicht doppelt gesprochen werden und dass *„h"* oder *„e"* hinter Vokalen oft nicht einzeln hörbar sind

- Wortkarten mit unterschiedlich markierten Vokalen auslegen; Kinder sortieren nach lang oder kurz klingendem Vokal, sprechen dazu, markieren ggf. farbig und/oder mit Strich *(langer Vokal)* oder Punkt *(kurzer Vokal)*, z. B.:

  - mit /a/-Lauten, wie in:
    Ampel, Wal, Aal, Saal, Sahne ...

  - mit /e/-Lauten, wie in:
    Esel, Ente, See, fehlen ...

  - mit /i/-Lauten, wie in:
    Igel, Insel, Biber, Pinsel, Wiese, sieht, zieht, ihr ...

  - mit /o/-Lauten, wie in:
    Oma, Ordner, Osten, Obst, Ohren, Zoo ...

  - mit /u/-Lauten, wie in:
    Unfall, Uhr, Hut, Mund ...

- einen Laut (z. B. lang oder kurz gesprochenes /e/) vorsprechen, unter einer Auswahl von Kärtchen alle zum Klang passenden Buchstaben und Buchstabengruppen herausfinden lassen:

E	e	ee	Eh	eh

Alphabetische Strategie als Lese- und Schreibprinzip

Lese- und Schreibfähigkeit als angewandte Erkenntnis der Buchstaben-Laut-Beziehungen

Beim ***Lesen*** von Wörtern muss jedem Buchstaben die richtige Lautvariante zugeordnet werden, und zwar in blitzschnell ablaufenden Vergleichsprozessen zwischen möglichen zu erzeugenden Lautketten und Gesamtwortklangbildern. Die ***Synthese*** besteht im Zusammenfügen dieser Einzellaute zu einer Lautkette als Wortklangbild, das aus dem Schriftbild zu erwarten war.

Beim ***Schreiben*** muss ein Wortklangbild zuerst analytisch abgehört und in eine adäquate Einzellautfolge „zerlegt" werden, um zu dieser Lautkette eine möglichst treffende Buchstabenkette aufzunotieren. Die ***Analyse*** besteht darin, mittels eines Buchstaben-Laut-Rasters die dem Wortklangbild ähnlichste Lautfolge herauszufinden und zu verschriften.

Übungsbeispiele „Lesen":

(zum vorgegebenen Buchstaben den richtigen Laut finden; nachhaltiges Einprägen der Grapheme – im Wortzusammenhang zur gleichzeitigen Lautanalyse)

- Groß- oder Kleinbuchstaben vorgeben und die Kinder ...
  - Bildkarten mit passendem **Anlaut zuordnen** lassen;
  - Wörter mit passendem Anlaut finden lassen;
  - den Begriff raten lassen
    (Ich sehe was, was du nicht siehst, und das fängt mit diesem Buchstaben an.);
  - in Wörtern (Tafel, Papier, Folie) **Auswahlbuchstaben farbig nachspuren** und sprechen lassen

- mit dem Finger einen **Buchstaben in die Luft** schreiben (lassen), den Klang des Buchstabens erraten lassen;
  alternativ: Buchstaben mit dem Finger auf den Rücken schreiben (lassen)

- in (geübten) Wörtern bekannte **Buchstaben zeigen**:
  Zeige das a in „Tina".

- in einfachen (geübten) Wörtern den fehlenden Buchstaben nennen und einsetzen lassen;
  Variation: In drei Wörtern fehlt der gleiche Buchstabe/Laut, z. B.:
  _ i n a   a l _   _ a n n e
  Diff.: zur Erleichterung einige Auswahlbuchstaben zur Verfügung stellen

- nur durch **Ertasten** einfache Wörter haptisch erlesen *(Buchstaben aus dickerer Pappe ausschneiden und jeweils auf einen Kartonstreifen oder mit einer Schnur kleben; bei gelegten Fühl-Buchstaben aus Holz, Knete etc. die Schülerhand ggf. führen);*
  Diff.: zur Erleichterung Wörter vorher nennen

Übungsbeispiele „Schreiben“:
(zum vorgegebenen Laut den richtigen Buchstaben finden und Schreibreihenfolge einüben)

- ein Bild zeigen, Begriff nennen lassen und zunächst nach **Anlaut** (später auch Auslaut, Binnenlaut) abhören lassen, dann **Graphem schreiben** oder legen lassen

- nacheinander drei Wörter mit dem gleichen Anlaut/Auslaut nennen; abhören lassen, was die drei **Wörter gemeinsam** haben; passenden Buchstaben schreiben oder legen lassen

- **Aufschreiben einfacher Wörter vor den Augen des Kindes,** dazu gedehnt synchron zum Schreiben mitlesen; Schrift **nachspuren** lassen, die einzelnen Buchstabenklänge synthetisierend aufbauend lesen lassen

- ein Wort (z. B. „Tina“) diktieren; Buchstaben durch vier passende Stempel in einen **Vierer-Lautkasten** hineinstempeln lassen
  Variation: kneten, schreiben, legen ...

- Unter Lautkästen einen Pfeil in **Leserichtung** zeichnen und/oder die Einzelfelder nummerieren:
  - nach schriftlicher Vorlage ein Wort in die Lautkästen abschreiben oder nachstempeln
  - Wörter nach Lautdiktat aufschreiben lassen, indem Sie als Lehrkraft die Klänge der Einzelbuchstaben nennen, z. B.: /t/ – /i/ – /n/ – /a/.
    (Wort im Anschluss noch einmal synthetisierend vorlesen lassen)

  Variation: Wörter mit Buchstabenkarten in Setzleisten stecken lassen, deren linke Seite als Startseite *(z. B. mit einem rotem Punkt)* markiert ist; aufbauend synthetisieren lassen

Syntheseschulung
Buchstaben-Lautqualitäten im synthetisierten Gesamtwortklangbild; Sinnerwartung
Hierbei geht es Ihnen als Lehrkraft um die Vermittlung, dass Grapheme im Buchstabenlehrgang als „Normallaute“ zunächst meist isoliert und in „idealtypischer“ Artikulation präsentiert werden, jedoch als Buchstabeneinzellaute nur Ähnlichkeit mit den Buchstabenlauten innerhalb der Lautkette eines synthetisierten Wortes haben *(Stellungs-, Übergangs-, Gleitlaute).* Sie wollen das schnelle Durchspielen möglicher Lautqualitäten mit dazugehöriger Hypothesenbildung für ein mögliches Klangbild schulen sowie dessen kritische Verifizierung, insbesondere beschleunigt durch Einschleifen von gängigen Buchstabengruppen und gestützt durch Sinnerwartung.

Übungsbeispiele:

- **Dehnlesen** von einfachen zweigliedrigen Silben oder Wörtern *(z. B.: Ma, ma, me, mi, mo, Na, se, Ti, Pa, pa – am, an, im, in)* im Wechsel von langsamem/schnellem Einzellautlesen und Dehnlesen

  Variation (I): Silben/Wörter vorsprechen („diktieren“), Anlaut abhören, legen bzw. schreiben lassen; dann zweiter Laut

  Variation (II): mit Unterstützung der Sinnerwartung auf Silben zurückgreifen, die Bestandteile von zweisilbigen Wörtern sind, und zuvor das gesamte Wortklangbild vorgeben; Silben klatschen (oder sprechschwingen), sprechen und gedehnt lesen lassen *(wahlweise die erste oder die zweite Silbe synthetisieren lassen)*:

Ma-ler – **ma**-len	**Na**-se – **Na**-me
En-**te** – Tan-**te**	O-**pa** – Pa-**pa**

- **Silbenlesen** *(ohne Dehnlesen)*: einfache Silben mit Buchstabenkarten legen und dabei zunächst Einzellaute nennen lassen; dann Synthese versuchen lassen
  Hilfe (I): Einzellaute getrennt vorsprechen, das Kind daraufhin synthetisieren lassen;
  Hilfe (II): Einzellaute getrennt und unmittelbar danach die Silbe synthetisiert vorsprechen;
  das Kind nachsprechen lassen

  Nach Erfassung des Syntheseprinzips:
  Vertiefung (I): einfache, ähnliche Silben- bzw. Wortkärtchen (s. o.) vorlegen und eines davon vorlesen *(oder einen Begriff mit dieser Anfangssilbe nennen)*; das Kind das passende Kärtchen finden lassen

Vertiefung (II): mit Silbenkärtchen längere Wörter zusammenbauen *(z. B. Ti-no, Ti-na, La-ma, ma-len, lesen, li-la)*, lesen lassen; Zielwort, z. B. *„Lama“*, nennen und legen lassen; klatschen lassen, mit Schreibhand schwingen lassen; danach erneut legen lassen *(alternativ: Wörter mit Silbenschieber bauen lassen)*

- **Einschleifen von Buchstabenkombinationen / Signalgruppen** mit Hilfe von **Reimwörtern** *(Prinzip der Minimalpaaranalyse)*:
  Das Kind liest *(evtl. mit Hilfe)* z. B. das Wort *„Sonne“*. Dann legen Sie ein „T“ auf das „S“ und lassen das Kind das neue Wort lesen (später legt das Kind selbst), z. B.:
  *Sonne – **T**onne; Tanne – **K**anne – **W**anne;*
  *Tina – **N**ina – **L**ina – **S**ina*

- **Sinnerwartung** fördern und steuern mittels Abbildungen, z. B.:
  Zu dem Bild einer Tanne werden drei ähnliche Auswahlwörter zum Ankreuzen präsentiert:
  Tonne – Tante – Tanne

- **Lese-Dominos:** Anlegen des passenden Wortes zum Bild *(z. B. Kopiervorlagen 31, 39, 47, 52)*

- zur **Lautunterscheidung** von langen und kurzen Vokalen *(Vorläuferfähigkeit für die Entwicklung von Rechtschreibstrategien)* mit Buchstabenkärtchen einfache Wörter legen und mit dem Kind die Klangmöglichkeiten des ersten Vokals als lang oder kurz erörtern *(z. B. bei „**Ta**fel“ und „**Ta**nne“)*

  Variation: zur Vokallängenunterscheidung kurze Wörter vorlegen, die das Kind zuerst alternativ liest *(mit langem und kurzem betonten Vokal)*; erst nach dem Ausprobieren entscheidet es, ob z. B. das *„e“* in *„W**e**g“*,*„W**e**lle“*, *„w**e**nn“*, *„w**e**n“* lang oder kurz klingt.

  (in beiden Varianten ggf. noch einmal klären, dass der Doppelkonsonant wie der einfache klingt)

Sinnerfassendes Lesen

Leseverstehen auf Satz- und Textebene

Hierbei geht es Ihnen als Lehrkraft darum, dass Ihr Kind – über die Wortebene hinaus – Sätze richtig lesen, syntaktische Bezüge (auch als Korrektiv) herstellen, optisch ähnliche Wörter unterscheiden sowie den Sinn des Gelesenen erfassen kann.

Übungsbeispiele:

- getrennte **Silben** zweisilbiger Wörter wieder **zusammenfügen** lassen *(z. B. „Ti-na“, „Na-se“)*, um langsam in das Lesen größerer Leseeinheiten hineinzufinden *(Lesevereinfachung, Lesebeschleunigung)*

- **Verlangsamung und Feingliederung des Erlesens** durch ...
  – Leseschablonen, die nur den Blick auf zu lesende Einzelsilben bzw. -wörter frei lassen;
  – Lesezeichen aus farbigem Transparentpapier, die den Blick auf Einzelbuchstaben farbig unterlegen und verstärken, trotzdem aber das vorauschauende Lesen zulassen

- einfache **Sätze Bildern passend zuordnen,** z. B.:
  Alle Esel essen Salat. –
  An Tinos Nase ist Salat. – Tante Lena ist nett.

  Hilfe: Wörter dabei optisch in Sprechsilben gliedern – zur bewussten Wahrnehmung und exakten Erfassung von Wortsilben, insbesondere der oft vergessenen Wortendungen

- **Wahre Aussagen finden** (aus fast identischen Sätzen den richtigen heraussuchen), z. B.:
  Tinte Lena ist nett. – Tante Lena ist nett.
  Tina ist im Tee. – Tina ist im See.

- **Rätsel** lesen lassen, die nur durch genaues Lesen und Verstehen zu lösen sind

- **Bilder nach Satzvorgaben ergänzen lassen,** z. B.:
  Tina ist am/im See. Tina ist im See.

  Hinweis: Bei mangelnden Deutschkenntnissen werden die Präpositionen zwar gelesen, jedoch oft nicht verstanden und deshalb nicht berücksichtigt – durch Suchspiele festigen!

- **Lückensätze / -texte: Einsetzübungen** von fehlenden Wörtern nach Vorgabe von Bildern

- **Stolperwörter-Sätze: Überflüssige zusätzliche Wörter aus einem Satz streichen,** z. B.:
  Tina ist in ~~unter~~ der Wanne. –
  Leon will ~~wollen~~ Wurst essen.

- Aussagesätze zu kurzen Texten als **richtig oder falsch** ankreuzen

- **Textinhalte mit eigenen Worten** wiedergeben lassen (zur Sicherung des Textverständnisses)

7 Lernstandsseiten und Lernerhebungsbogen zum Jo-Jo Leselehrgang

(Christiane Pfläging-Meyer)

Der Leselernprozess verläuft bei jedem Kind anders, und zwar sowohl zeitlich als auch inhaltlich. Einige Kinder bringen schon Erfahrungen mit, andere hatten bis zum Eintritt in die Schule kaum Berührung mit Buchstaben und der Laut-Buchstaben-Beziehung.
Umso wichtiger ist es, die Lernentwicklung jedes einzelnen Kindes im Blick zu haben und zu dokumentieren. Ein Baustein dabei ist natürlich die tägliche Beobachtung der Kinder im Unterricht.

7.1 Hinweise zum Einsatz des Lernentwicklungsheftes („Das kann ich schon")

Darüber hinaus enthält *das der Jo-Jo Fibel beigelegte Lernentwicklungsheft* 8 Lernstandsseiten bzw. Lernkontrollen, mit welchen das Erreichen wichtiger Lernziele parallel zum Leselehrgang überprüft werden kann. Diese Lernkontrollen enthalten jeweils den Kindern bekannte Übungsformen, nachdem diese im Arbeitsheft bereits geübt wurden. Idealerweise sollten diese Lernstandsseiten mit Halbgruppen bearbeitet werden, damit jedes Kind wirklich allein, unbeeinflusst und in seinem eigenen Tempo arbeiten kann.

Hat ein Kind eine Lernstandsseite fertig bearbeitet, kann es das Jo-Jo am Seitenfuß farbig anmalen.

Lernstandsseiten 1–3 zur ersten Phase des Jo-Jo Leselehrgangs
Mit Einheit 13 ist die erste, grundlegende Phase des Leselehrgangs abgeschlossen. Es ist deshalb sinnvoll, die ersten drei Lernstandsseiten *von allen Kindern* bearbeiten zu lassen.
Nur so kann rechtzeitig eine Unterstützung erfolgen, wenn Probleme in einzelnen Bereichen auftauchen.
Bei den Lernstandsseiten 1–3 werden die Arbeitsanweisungen noch mündlich von der Lehrkraft gegeben:

- LS 1: nach Einheit 4 (T/t – I/i – N/n – A/a – O/o)
- LS 2: nach Einheit 10 (S/s)
- LS 3: nach Einheit 13 (W/w)

Lernstandsseiten 4–8 zur zweiten Phase des Jo-Jo Leselehrgangs
Ab Einheit 14 kann der Unterricht stärker differenziert werden. Das Angebot von fünf weiteren Lernstandsseiten ist *vor allem für die schwächeren Kinder* vorgesehen, um ihnen, je nach Testergebnis, gezielte individuelle Förderung zukommen zu lassen. Hier kann die Lehrkraft auswählen, welche der Lernstandsseiten noch von allen Kindern zu bearbeiten und welche besonders sinnvoll für einzelne Kinder sind.
Die Aufgabenstellungen dieser Seiten sollten hier von den Kindern selbst erlesen werden.

- LS 4: nach Einheit 20 (ie)
- LS 5: nach Einheit 26 (Ö/ö – Ü/ü)
- LS 6: nach Einheit 31 (J/j)
- LS 7: nach Einheit 36 (V/v)
- LS 8: nach Einheit 41 (X/x) *Ende des Lehrgangs*

7.2 Lernerhebungsbogen zur Dokumentation der Lernentwicklung und zur Planung individueller Fördermaßnahmen

Die Ergebnisse der Bearbeitung einer Lernstandsseite können direkt in die Lernerhebungsbögen im Anhang der Lernstandshefte eingetragen werden oder in die analog aufgebauten Vorlagen der beiden Folgeseiten.

Dort sind zu jeder Lernstandsseite alle Übungen nummeriert aufgelistet. Deren Umsetzung wird durch einfaches Ankreuzen (Einstufung von – – bis ++) bewertet. Darunter enthält der Bogen jeweils einige Leerzeilen, zum Notieren individueller Fördermaßnahmen *(mit der Nummer der Übung auf der jeweiligen Lernstandsseite oder frei notiert).*
Bei fortlaufender Dokumentation können so die individuellen Lernfortschritte übersichtlich dokumentiert und gut abgelesen werden.

Die ausgefüllten Lernstandsseiten sind ausschließlich als Einschätzungshilfe für die Lehrkraft bestimmt und sollen den Kindern keinesfalls bewertet (in welcher Form auch immer) zurückgegeben werden.
Allerdings können sie, wie auch der Lernerhebungsbogen, bei Elterngesprächen zur Veranschaulichung dienen.

Lernerhebungsbogen zu den Lernstandsseiten 1–4

Lernzieleinstufung

++	+	0	–	–

LS 2 **nach Arbeitsheft, Seite 6:** **Tina – Tino** **Datum:** ____________

1 a.	Anlaut heraushören; passenden Buchstaben (groß und klein) zuordnen				
1 b.	Zuordnung von Klein- und Großbuchstaben				
2.	Erlesen / Ergänzen von Lückenwörtern (mit Auswahlbuchstaben)				
3.	Silben lesen und passend zur Abbildung miteinander verbinden				

Zusätzlicher Förderbedarf: ____________

____

____

LS 2 **nach Arbeitsheft, Seite 24:** **S / s** **Datum:** ____________

1.	Schreiben / Zuordnen erlernter Groß- und Kleinbuchstaben				
2.	Silbenschwingen; Silbenbögen in passender Anzahl setzen				
3.	Sinnerfassendes Lesen: Abbildungen mit passenden Silben verbinden (Namen)				

Zusätzlicher Förderbedarf: ____________

____

____

LS 3 **nach Arbeitsheft, Seite 32:** **W / w** **Datum:** ____________

1.	Anlaute heraushören, passenden Buchstaben schreiben				
2.	E / e- und P / p-Laut: Lautstellung heraushören und markieren				
3.	Sinnerfassendes Lesen von kurzen Sätzen (Bildzuordnung)				
4.	Zuordnen/Schreiben von passenden Endsilben (aus Silbenauswahl)				

Zusätzlicher Förderbedarf: ____________

____

____

LS 4 **nach Arbeitsheft, Seite 48:** **ie** **Datum:** ____________

1.	Sinnerfassendes Lesen: Frage; Auswahlantworten zum Ankreuzen				
2.	Wörter erlesen; Reimwörter darunter nach Bildvorgabe schreiben				
3.	Vollständige Analyse-Synthese: Aufschreiben von Wörtern mit Vorgabe von Abbildungen und Würfelbuchstaben				

Zusätzlicher Förderbedarf: ____________

____

____

Lernerhebungsbogen zu den Lernstandsseiten 5–8

Lernzieleinstufung

++	+	0	–	– –

LS 5 nach Arbeitsheft, Seite 63: Ü/ü **Datum:** ____________

1. Vollständige Analyse-Synthese: Aufschreiben von Wörtern mit Vorgabe von Abbildungen und Würfelbuchstaben
2. Lautanalyse: Abhören und Ergänzen von Lückenwörtern
3. Sinnerfassendes Lesen: reale Aussagen ankreuzen
4. Sinnerfassendes Lesen: Lückentext mit Auswahlwörtern vervollständigen

Zusätzlicher Förderbedarf: ____________

LS 6 nach Arbeitsheft, Seite 73: J/j **Datum:** ____________

1. Vollständige Analyse-Synthese: Aufschreiben von Wörtern mit Vorgabe von Abbildungen und Würfelbuchstaben
2. abgebildete Verben aus vorgegebenen Silben schreiben; Silbenbögen setzen
3. Sinnerfassendes Lesen: Abbildung nach Textaussagen ergänzen

Zusätzlicher Förderbedarf: ____________

LS 7 nach Arbeitsheft, Seite 84: V/v **Datum:** ____________

1. Reimwörter mit Konsonantenhäufung schreiben (Anlautvorgabe)
2. Lesen und Abschreiben schwieriger Wörter inkl. Artikelzuordnung
3. Sinnerfassendes Lesen und Schreiben: Verben aus Silbenauswahl bilden und in passenden Satz einschrieben; Silbenbögen setzen

Zusätzlicher Förderbedarf: ____________

LS 8 nach Arbeitsheft, Seite 95: X/x *(Abschluss)* **Datum:** ____________

1. Sinnerfassendes Lesen/Textrezeption: Erlesen eines umfangreicheren Textes und schriftliche Beantwortung von Fragen dazu
2. Freies Schreiben eines Satzes zu einer Bildvorgabe

Zusätzlicher Förderbedarf: ____________

Ferien mit Spaß

as Ferien-Übungsheft zu *Jo-Jo*

Kein Platz für Langeweile!
Viel spielen …, aber auch mal ein bisschen üben:
Im *Jo-Jo Ferienheft* stehen witzige Reime, Rätsel und Geschichten, die den Kindern die Zeit vertreiben. Dabei suchen sie fehlende Reimwörter, basteln gemeinsam oder lernen die verrückten Erfindungen von Froscholoff kennen. Wer das Lösungswort errät, kann es per Postkarte an die Lehrerin oder den Lehrer schicken.

Ferienspaß mit Jo-Jo
1. Schuljahr · Übungsheft
978-3-06-083177-7

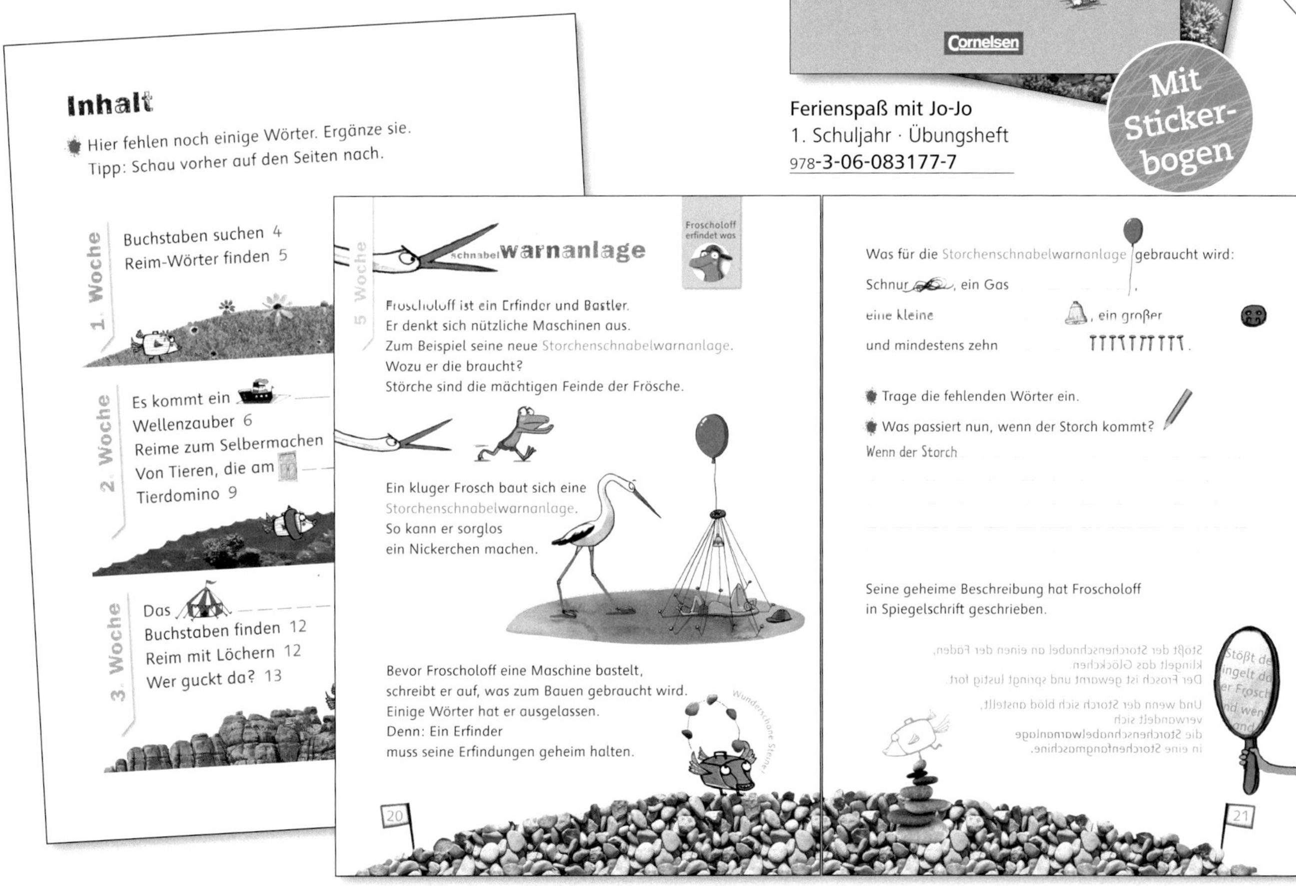

Den aktuellen Preis finden Sie im Internet unter
www.cornelsen.de

Cornelsen Verlag • 14328 Berlin

Willkommen in der Welt des Lernens

Cornelsen